3 Grandes Obras,
Grandes Nomes,
Fundamentos Essenciais.

O MELHOR DA
espiritualidade

Até que nada mais importe
Luciano Subirá

Piedade e paixão
Hernandes Dias Lopes

Coração em chamas pelo Espírito
Wesley L. Duewel

© 2016 Hernandes Dias Lopes —
Piedade e Paixão. © 2018 Luciano
Subirá — *Até que nada mais importe*.
© 1989 Wesley L. Duewel —
Ablazed for God
© 2018 — Coleção — Editora
Hagnos Ltda

Revisão
Equipe Hagnos

Capa
Douglas Lucas

Diagramação
Sonia Peticov

Gerente editorial
Juan Carlos Martinez

1ª edição — Novembro — 2018

Coordenador de produção
Mauro W. Terrengui

Impressão e acabamento
Imprensa da fé

Todos os direitos desta edição reservados para:
Editora Hagnos
Av. Jacinto Júlio, 27
04815-160 - São Paulo - SP - Tel. Fax: (11) 5668-5668
hagnos@hagnos.com.br - www.hagnos.com.br

Dados Internacionais de Catalogação na Publicação (CIP)
Angélica Ilacqua CRB-8/7057

Lopes, Hernandes Dias
    O melhor da espiritualidade: 3 grandes obras — 3 grandes nomes — 3 fundamentos essenciais / Hernandes Dias Lopes, Luciano Subirá, Wesley L. Duewel. — São Paulo: Hagnos, 2018.

    Bibliografia
    ISBN 978-85-243-0560-3

    1. Espiritualidade 2. Palavra de Deus 3. Espírito Santo 4. Jesus Cristo 5. Vida cristã 6. Reavivamento I. Título II. Subirá, Luciano III. Duewel, Wesley L.

18-1798   CDD—248

Índice para catálogo sistemático:
1. Religião — Espiritualidade

Editora associada à:

Sumário geral

Até que nada mais importe • 5
LUCIANO SUBIRÁ

Piedade e paixão • 145
HERNANDES DIAS LOPES

Coração em chamas pelo Espírito • 201
WESLEY L. DUEWEL

Até que nada mais importe

Como viver longe de um mundo de performaces religiosas e mais próximo do que Deus espera de você

L U C I A N O S U B I R Á

Sumário

Dedicatória	8
Introdução	9
1. Até que nada mais importe	11
2. Embriagados com o quê?	21
3. Um Deus exigente?	31
4. A reciprocidade de Deus	42
5. Amado e agradável	50
6. Fascinados por Deus	59
7. Descobrindo os tesouros de Cristo	74
8. Manancial ou cisterna?	85
9. Voltando à fonte	93
10. Vivendo de aparência	106
11. Vidas preciosas demais	118
12. Reacendendo a paixão	130
Bibliografia	142

Dedicatória

A Kelly, minha amada esposa, companheira de todas as horas,
parceira em todos os projetos, cúmplice da mesma
paixão pelo Senhor Jesus e minha maior incentivadora.
Ter você ao meu lado fez minha vida muito melhor.
Amo você e sou imensamente grato por tudo.

Introdução

> *O cristianismo, se é falso, não tem nenhuma*
> *importância, e, se é verdade, tem infinita importância.*
> *O que ele não pode ser é de moderada importância.*
>
> C. S. LEWIS

Tenho aprendido muito com o Senhor, por mais de duas décadas, acerca da importância de amá-lo e por que esse é chamado, nas Escrituras, de o maior mandamento. Como resultado desse entendimento, escrevi o livro *De todo o coração: vivendo a plenitude do amor ao Senhor.* Porém, nos últimos anos, comecei também a entender algo mais acerca da busca apaixonada pelo Senhor e a maneira correta de fazer isso, o que me levou a começar a pregar, desde fevereiro de 2008, a mensagem *"Até que nada mais importe"*, que agora apresento como livro, com um conjunto bem mais abrangente de ensinos bíblicos do que a pregação em si.

Preciso ressaltar também que fiquei muito impressionado, durante o mês de julho de 2011, com as mensagens que ouvi do irmão Dwayne Roberts, bem como com seu livro *Uma coisa* (já traduzido e publicado em português).[1] A similaridade entre o que tenho pregado nos últimos anos e o que passei a ouvir dele a partir de então é enorme!

Tive o privilégio de, com minha família, passar duas semanas com o Dwayne e sua família, num misto de férias e pregações em várias cidades brasileiras, e, com certeza, posso dizer que tanto ele como os demais irmãos que servem lá em Kansas City, nos Estados Unidos, no IHOP (*International House of Prayer* [Casa Internacional de Oração]), entenderam profundamente esse princípio.

Na época, o Dwayne ainda morava lá em Kansas — hoje ele está à frente do FHOP [*Florianópolis House of Prayer*] — e, através dele, acabei conhecendo o IHOP. Ainda recordo-me de uma conversa que tive com Mike

---

[1]ROBERTS, Dwayne. *Uma coisa.* Curitiba: Orvalho, 211, 251p.

Bickle, o fundador da Casa Internacional de Oração, em 2012. Eu estava participando, com outras lideranças do Brasil, de uma semana intensiva de exposição dos valores e práticas do IHOP-KC e, nessa conversa, o Mike me perguntou o que me fizera ir até Kansas City para conhecer o trabalho deles, se seria o meu interesse no movimento de oração contínua. Respondi que não e acrescentei que, ainda que estivesse sendo muito abençoado com aquele aprendizado, o que me despertara o desejo de conhecê-los foi a forte mensagem de *amor ao Senhor* que eles pregavam. E concluí: "O primeiro mandamento precisa ser resgatado pela igreja moderna". Ele respondeu que pensava o mesmo e que vinham trabalhando arduamente por isso.

Apesar de ter recebido do Senhor e começado a ensinar essas verdades antes de conhecer os irmãos do IHOP, reconheço que, nos últimos anos, também aprendi muito com eles, assim como também percebi que muitas verdades que já carregava dentro de mim foram despertadas com mais intensidade e clareza. Esse alinhamento do ensino sobre paixão por Jesus foi tão forte que cheguei a enviar meu filho, Israel Subirá, durante um tempo, para estudar e frequentar a Casa de Oração em Kansas City. Também tenho promovido a publicação de vários livros deles e penso que eles têm dado, ao Corpo de Cristo, uma colaboração enorme nessa área.

Reconheço, também, que ainda não entrei — como deveria — num lugar profundo de compreensão dessas verdades, a ponto de esgotar o assunto, embora eu reconheça que venho crescendo nisso à medida que os anos vão passando. Espero, de todo o meu coração, amadurecer mais e mais nesse assunto e desejo o mesmo a você, que separou tempo para esta leitura e reflexão!

Luciano Subirá
Orvalho.Com

CAPÍTULO 1

Até que nada mais importe

*Que não se admita no coração outro desejo ou
propósito, cujo objeto supremo não seja ele.*

JOHN WESLEY

O dia 19 de fevereiro de 2008 foi muito significativo no entendimento dessa mensagem que venho proclamando nos últimos anos. Portanto, creio que começar a partir do ocorrido que me levou a entender essa mensagem seja a melhor forma de introduzir o assunto. Aquele foi um dia incomum, diferente e profundamente marcante. Tudo começou pela manhã, com um texto bíblico que, em meu momento devocional matinal, saltou diante de meus olhos e martelou em minha cabeça o dia todo, terminando com uma forte confrontação de Deus em uma reunião à noite, quando então — e somente então — aquele texto bíblico fez, de fato, sentido.

Contudo, antes de falar dessa reunião, preciso voltar no tempo um pouco mais de um mês e meio. Eu comecei o ano de 2008 determinado a buscar o Senhor como nunca havia feito. Passei os primeiros vinte e um dias do ano em jejum, ingerindo somente água. Até então eu nunca havia feito esse tipo de jejum por mais de catorze dias. Entretanto, eu realmente estava disposto a ir além de qualquer limite e fazer coisas para Deus que nunca fizera. Estava em um propósito de ler a Bíblia muitas vezes naquele ano e de intensificar minha vida de oração. Portanto, se qualquer pessoa me questionasse acerca de como estava buscando o Senhor, eu provavelmente teria me avaliado muito bem.

Era uma terça-feira à noite, dia de treinamento de líderes na Comunidade Alcance, a igreja que pastoreio em Curitiba, no estado do Paraná. Não considerávamos essa reunião como um culto; apenas orávamos um pouco pela igreja antes de ministrar uma palavra prática de treinamento ministerial ou alinhamento da visão que norteia nosso trabalho. Contudo, por alguma razão que não me lembro, iniciamos a reunião daquela noite cantando uma conhecida canção do Marcos Witt: "Eu te busco... te anelo... te necessito..." E, à medida que cantávamos, a unção do Espírito Santo veio sobre nós de forma singular; num mesmo instante, os irmãos começaram a se ajoelhar, sentar e até mesmo prostrar-se ao chão por todo o salão. Poderia ser interpretado como algo previamente combinado, como se alguma diretriz nesse sentido tivesse sido dada, pois a maioria fez isso praticamente ao mesmo tempo. Lembro-me que caiu um grande temor do Senhor sobre nós e que me vi, em lágrimas, em um profundo senso de arrependimento por não estar buscando a Deus como deveria... e foi exatamente nesse ponto que tudo pareceu tão contraditório para mim.

Lembre-se que eu havia acabado de fazer o *maior* jejum da minha vida. Eu estava orando e lendo a Bíblia com muita determinação. Eu praticamente estava "quebrando todos os meus recordes" em relação a buscar a Deus! Por conta disso, quando percebi em que direção o Espírito Santo estava me levando naquele momento de arrependimento em que muitos choravam bem alto, resisti e lutei contra aquilo. Não me alegro em contar isso. Pelo contrário, sinto-me profundamente envergonhado cada vez que tenho de falar sobre o assunto. Mas a verdade é que eu me deixei levar pela minha carnalidade em vez de me permitir entrar num quebrantamento profundo. Não verbalizei isso em momento algum, mas meus pensamentos — tomado por um grande sentimento de indignação — pareciam gritar para Deus: "Se nada do que fiz até agora em todo este tempo de devoção e consagração foi bom, quando é que será bom o suficiente para ti? Quando chegarei ao ponto de realmente te agradar? O que esperas de mim? Qual é a intensidade com que devo te buscar? Até onde devo chegar?"

Por alguns instantes devo ter esquecido com quem estava falando e sou grato pela bondade, compaixão e misericórdia com que o Senhor me tratou. Hoje penso que, se eu estivesse no lugar de Deus, teria imediatamente esmagado o "inseto" que protestasse contra mim dessa forma! O curioso é que em nenhum momento senti ter insultado o Senhor; a maneira tão doce e amorosa como o Espírito Santo falou comigo naquela noite foi inesquecível. A primeira frase que ouvi como resposta à minha indagação tornou-se o título deste capítulo e também deste livro: "Até que nada mais importe".

Recordo-me de ter sido envolvido num amor tão intenso que faltam-me palavras para explicar. A voz doce do Espírito Santo parecia sussurrar em meu íntimo: "Eu não estou acusando você de nada. Eu o amo de uma forma que você não consegue entender. Eu desejo comunhão e intimidade contigo numa dimensão que vai além da sua compreensão; mas seu conceito de busca está equivocado e mantendo-o distante de mim. Não estou interessado em sua *performance* de busca; o que realmente quero é o seu coração. Quero que você me deseje a ponto de todas as outras coisas perderem sua importância e tornarem-se desinteressantes".

Nesse momento, uma porção da Escritura brilhou dentro de mim:

> *Mas o que, para mim, era lucro, isto considerei perda por causa de Cristo. Sim, deveras considero tudo como perda, por causa da sublimidade do conhecimento de Cristo Jesus, meu Senhor; por amor do qual perdi todas as coisas e as considero como refugo, para ganhar a Cristo* (Fp 3.7,8).

O apóstolo Paulo declara que *tudo* — isso mesmo, T-U-D-O perdeu seu valor e importância diante da sublimidade, da magnificência do Senhor Jesus, aquele que precisamos conhecer cada vez mais profundamente.

Uau! Aquilo veio como uma bomba em meu coração! Nessa ocasião eu tinha 35 anos de idade (sendo todos eles vividos na obediência da fé, dentro da igreja), vinte anos de vida no Espírito e dezessete anos de ministério. Mas reconheço que, em todo esse tempo, nunca cheguei a realmente entender aquilo que o apóstolo Paulo estava dizendo. Não considero esse tempo perdido, nem meu relacionamento com Deus nesses anos como algo nulo, mas a verdade é que, até então, eu baseara meu conceito de busca na *performance*, na produtividade. Eu valorizava quantas horas haviam sido gastas na oração; quantos capítulos da Bíblia eu havia lido; quantos dias de jejum havia feito... sem contar que sempre que possível deveria "quebrar o recorde" anterior. Mas nesse dia meus olhos se abriram e comecei a perceber uma outra maneira de como devemos buscar o Senhor e nos relacionar com ele.

Os textos bíblicos e suas aplicações práticas foram "sussurrados" pelo Espírito Santo em meu coração naquele dia. Fui confrontado, corrigido e, ao mesmo tempo, desafiado pelo Senhor! O que compartilho a seguir é fruto dessa experiência. Creio que foi mais do que uma experiência pessoal. Penso que o ocorrido nesse dia me permite, à semelhança dos profetas, dizer: "veio a mim a palavra do Senhor". Acredito que essa mensagem é mais do que o ensino de princípios bíblicos; ela é uma palavra profética para nossa geração!

Por isso, convido-o, à medida que você lê este livro, a separar tempo para oração e reflexão e a abrir-se à ação do Espírito Santo.

O PADRÃO DE BUSCA DETERMINADO POR DEUS

Muitas pessoas (e estou falando daqueles que de fato se converteram e conhecem o Senhor) vivem sem nenhum senso de propósito. Acordam, alimentam-se e trabalham por mais alimento, alguns estudam (menos ou mais do que precisam), relacionam-se com outros (embora alguns façam só o estritamente necessário) e voltam a dormir. Na verdade, eles apenas sobrevivem. Vivem tão presos àquilo que é terreno! Jesus declarou: *A vida do homem não consiste na abundância dos bens que ele possui* (Lc 12.15). Se isso é verdade — e sabemos que é — por que a vida de tantos cristãos reflete exatamente o contrário? Por que a maioria investe tanto da sua vida em busca do que é material e tão pouco em busca do que é espiritual?

Se tivéssemos um pouquinho mais de senso de propósito, nos questionaríamos acerca daquilo que é mais importante. Para que existimos? Para que fomos criados? Quando entendemos o propósito de Deus para nossa vida, podemos focar nossa energia e dedicação no que é realmente importante e prioritário.

O ser humano foi criado e estabelecido por Deus na terra com um único e distinto propósito: *buscar a Deus*. A Bíblia é muito clara acerca disso:

> *De um só fez toda a raça humana para habitar sobre toda a face da terra, havendo fixado os tempos previamente estabelecidos e os limites da sua habitação; PARA BUSCAREM A DEUS se, porventura, tateando, o possam achar, bem que não está longe de cada um de nós* (At 17.26,27 — grifo do autor).

Desde os meus 15 anos de idade, quando fui batizado no Espírito Santo, decidi viver focado no que é eterno; descobri, ainda adolescente, que a maioria dos cristãos estava mais focada no que é terreno (na verdade, o certo seria dizer que essa turma estava totalmente *desfocada*) do que no que é celestial.

O apóstolo Paulo instruiu os irmãos colossenses acerca do que realmente importa — as coisas de cima, e não as que são da terra:

> *... se fostes ressuscitados juntamente com Cristo, buscai as coisas que são de cima, onde Cristo está assentado à destra de Deus. Pensai nas coisas que são de cima, e não nas que são da terra; porque morrestes, e a vossa vida está escondida com Cristo em Deus* (Cl 3.1-3).

Apesar dessa ordem tão explícita sobre o foco correto do cristão, o que encontramos, na prática, é algo bem diferente. Buscar a Deus, na concepção de muitos crentes, é, na melhor das hipóteses, cumprir suas obrigações de ir aos cultos semanalmente (e especialmente evitar faltar na celebração mensal da Santa Ceia), conhecer o mínimo do que a Bíblia ensina, orar um pouco todo dia (pelo menos para agradecer a comida e, talvez, antes de dormir). É lógico que, se estiver em apuros e diante de grandes tribulações, esse cristão pode aumentar consideravelmente suas orações e, em casos extremos, até mesmo jejuar! O que atualmente chamamos de "busca" (e sei que estou generalizando — há exceções), pode ser classificado como uma coisa medíocre, interesseira e nada intensa.

É evidente a razão pela qual nossa paixão pelo Senhor tem se mostrado tão pobre. Li, em algum lugar, uma afirmação atribuída a William Inge que ilustra bem essa questão: "Se gastarmos dezesseis horas por dia em contato com coisas desta vida e apenas cinco minutos por dia em contato com Deus, será de admirar que as coisas desta vida sejam para nós duzentas vezes mais reais do que Deus?"

Nossa busca por Deus ainda é muito, muito fraca. É necessário compreender não apenas que fomos criados para buscar o Senhor, mas também como deve ser essa busca. Ao falar acerca dessa busca, as Escrituras Sagradas nos revelam que ela não pode acontecer de qualquer forma. Há um padrão de busca que Deus determinou para nós. Esse padrão é alcançado quando ele se torna mais importante do que qualquer outra coisa!

Devemos chegar a um ponto tal nesse anseio por Deus, que nada mais importe. O Senhor, através do profeta Jeremias, revelou qual é o tipo de busca que nos levará a encontrá-lo: *Buscar-me-eis e me achareis quando me buscardes de todo o vosso coração* (Jr 29.13).

Logo, o interesse de Deus não está apenas no fato de o buscarmos, mas em *como* fazemos isso. Ele não aceita nada menos que nossa inteira dedicação e paixão nessa busca. Essa é a razão pela qual o Senhor não está interessado na busca em si, mas no motivo que nos leva a buscá-lo.

Observe também que, ao falar sobre buscar a Deus, o profeta Jeremias usou a expressão *de todo coração*. Ela foi usada na Bíblia tanto para falar da intensidade de nossa busca ao Senhor como para determinar a intensidade de nosso amor para com Deus: *Amarás, pois, o Senhor, teu Deus, de todo o teu coração, de toda a tua alma, de todo o teu entendimento e de toda a tua força* (Mc 12.30).

O que Deus espera de nós é nada menos do que *amor total*. O maior mandamento determina que não só o amemos, mas que façamos isso com *toda a intensidade* possível! E o mesmo é verdadeiro em relação à nossa busca: *de todo o coração.* Essa é a única forma de busca aceitável: com todo o nosso ser, com tudo o que há em nós (coração, alma e entendimento), com toda a nossa força (dedicação, empenho, determinação, energia e entrega).

Há uma declaração de C. S. Lewis que merece ser destacada aqui: "O cristianismo, se é falso, não tem nenhuma importância, e, se é verdadeiro, tem infinita importância. O que ele *não pode ser* é de *moderada* importância". Contudo, me assusta constatar que a maioria dos cristãos parece estar vivendo como se a vida cristã fosse de moderada importância!

Somos parte de uma geração que o Senhor declarou não ser fria nem quente. Infelizmente, estamos exatamente nesse ponto, de atribuir ao relacionamento com Deus uma baixa ou moderada importância. A ausência não só da atitude da busca apaixonada como também da falta de ensino sobre o assunto é evidente por toda parte.

No livro *A vida crucificada: como viver uma experiência cristã mais profunda*, encontramos um desabafo de A. W. Tozer:

> A nossa fraqueza é que não prosseguimos para conhecer Cristo em intimidade e familiaridade enriquecidas; e, pior, nem estamos falando sobre fazer isso. Raramente ouvimos a seu respeito, e esse tema não entra nas nossas revistas, nos nossos livros ou em qualquer tipo de ministério midiático, e também não se encontra nas nossas igrejas. Estou falando desse anseio, desse desejo ardente de conhecer Deus em medida crescente. Esse anseio deveria empurrar-nos adiante, em direção à perfeição espiritual.[2]

O problema de muitos de nós é que ainda que aleguemos estar buscando a Deus, estamos fazendo isso com pouca intensidade. E a razão da falta de empenho nessa busca não é o fato de que não queremos Deus, senão nem mesmo buscando-o estaríamos. Penso que um dos nossos piores inimigos depois do pecado sejam as distrações.

DISTRAÇÕES

Diferentemente do cristão que está travando uma acirrada luta contra o pecado, o crente que costuma ser enredado pelas *distrações* é, em geral, alguém que não necessariamente tem cedido ao pecado, mas perde o alvo ao

---

[2]TOZER., A. W. *A vida crucificada: como viver uma experiência cristã mais profunda*, Introdução ao capítulo 2. São Paulo: Editora Vida, 213.

O *melhor da espiritualidade* **17**

distrair-se com coisas que talvez sejam até mesmo lícitas, mas roubam-lhe o foco de buscar intensamente o Senhor.

A Bíblia diz que, quando Moisés foi ao Egito com uma mensagem de libertação, o faraó aumentou o trabalho do povo para que este se esquecesse da adoração a Deus:

> *Disse também Faraó: O povo da terra já é muito, e vós o distraís das suas tarefas. Naquele mesmo dia, pois, deu ordem Faraó aos superintendentes do povo e aos seus capatazes, dizendo: Daqui em diante não torneis a dar palha ao povo, para fazer tijolos, como antes; eles mesmos que vão e ajuntem para si a palha. E exigireis deles a mesma conta de tijolos que antes faziam; nada diminuireis dela; estão ociosos e, por isso, clamam: Vamos e sacrifiquemos ao nosso Deus. Agrave-se o serviço sobre esses homens, para que nele se apliquem e não deem ouvidos a palavras mentirosas (Êx 5.5-9).*

Esse quadro, no meu entendimento, é uma ilustração da estratégia que Satanás tenta aplicar ainda hoje contra os cristãos. Aliás, na tipologia bíblica, o faraó é uma figura do diabo, o nosso antigo tirano e opressor, de quem Deus nos libertou (Cl 1.13). Hoje em dia, há muitas pessoas que se envolvem tanto em seus trabalhos e negócios que não conseguem ter tempo sequer de se lembrar de buscar a Deus, que dirá da busca propriamente dita.

Na antiga aliança, Deus exigia um dia semanal de descanso, no qual as pessoas não somente paravam de trabalhar, mas também usavam esse tempo para buscar e adorar o Senhor. Hoje, apesar de vivermos em uma melhor aliança baseada em melhores promessas (Hb 8.6), estamos vivendo aquém até mesmo do tempo mínimo de relacionamento com Deus que era esperado na antiga aliança. Infelizmente, essa distração tem se tornado um fator de esfriamento para muitos cristãos sinceros, que nem mesmo cederam às pressões do mundo ou do pecado. Eles venceram nessas áreas, mas sucumbiram diante das distrações.

Na parábola da grande ceia, Jesus tratou acerca disso:

> *Ele, porém, respondeu: Certo homem deu uma grande ceia e convidou muitos. À hora da ceia, enviou o seu servo para avisar aos convidados: Vinde, porque tudo já está preparado. Não obstante, todos, à uma, começaram a escusar-se. Disse o primeiro: Comprei um campo e preciso ir vê-lo; rogo-te que me tenhas por escusado. Outro disse: Comprei cinco juntas de bois e vou experimentá-las; rogo-te que me*

tenhas por escusado. E outro disse: Casei-me e, por isso, não posso ir. Voltando o servo, tudo contou ao seu senhor. Então, irado, o dono da casa disse ao seu servo: Sai depressa para as ruas e becos da cidade e traze para aqui os pobres, os aleijados, os cegos e os coxos. Depois, lhe disse o servo: Senhor, feito está como mandaste, e ainda há lugar. Respondeu-lhe o senhor: Sai pelos caminhos e atalhos e obriga a todos a entrar, para que fique cheia a minha casa. Porque vos declaro que nenhum daqueles homens que foram convidados provará a minha ceia (Lc 14.16-24).

Muitos perdem a consciência do convite de Deus por causa das distrações geradas por coisas que são legítimas, verdadeiros exemplos de bênçãos (ou até mesmo orações respondidas), como a aquisição de propriedades, a melhoria da capacidade de produção, ou até mesmo a constituição de uma família! Estas foram as três desculpas dadas nessa parábola contada pelo Senhor Jesus.

Recordo-me do dia em que cheguei em casa com um presente para o meu filho. O Israel, na época com 8 ou 9 anos de idade, estava muito desejoso de um novo *vídeo game*. Eu me senti um paizão quando ele abriu a caixa e comemorou tanto a chegada do novo brinquedo! Ele me abraçou e agradeceu muito. Muito mesmo. Como é boa a sensação de agradarmos nossos filhos a quem tanto amamos!

Porém, algo passou a acontecer a partir desse dia. Normalmente, quando eu chegava de viagem (o que tenho feito bastante nos últimos anos), meus filhos estavam na sala, só esperando pela minha chegada para celebrar a volta do pai a casa; contudo, depois da chegada do "bendito" *video game*, meu filho Israel já não costumava estar à minha espera quando eu retornava. Ao entrar em casa, apenas minha filha Lissa corria para me abraçar e beijar. Depois de fazermos nossa festa de reencontro, eu perguntava em voz alta: "Cadê o Israel?" E passou a ser comum ouvi-lo gritar de volta: "Já vai, pai! Só vou passar de fase no jogo e já corro até aí!"

Meu aborrecimento foi crescendo a ponto de um dia ter, literalmente, vontade de jogar aquele *video game* pela janela! Não duvidava do amor do meu filho por nem um instante sequer. Mas percebi que aquele jogo realmente o estava distraindo do que deveria ser nosso momento precioso de comunhão.

Penso que temos feito exatamente a mesma coisa em nosso relacionamento com Deus. Oramos e pedimos a ele algumas coisas que desejamos tanto. E o Pai celeste, em sua infinita bondade, nos atende e nos concede "os nossos brinquedos" (as bênçãos buscadas). Então aquelas coisas boas, lícitas, que não têm nada de errado em si mesmas, começam a nos distrair do Senhor...

Você já viu algo parecido com isso em sua vida?

Fiquei profundamente chocado ao descobrir isso em minha própria vida!

A Bíblia nos mostra que até mesmo o casamento, uma instituição divina (e, portanto, uma bênção), pode se tornar uma *distração*, algo que pode atrapalhar a nossa dedicação ao Senhor. Paulo falou disso quando escreveu aos coríntios:

> *O que realmente eu quero é que estejais* LIVRES DE PREOCUPAÇÕES. *Quem não é casado cuida das coisas do Senhor, de como agradar ao Senhor; mas o que se casou cuida das coisas do mundo, de como agradar à esposa, e assim está dividido. Também a mulher, tanto a viúva como a virgem, cuida das coisas do Senhor, para ser santa, assim no corpo como no espírito; a que se casou, porém, se preocupa com as coisas do mundo, de como agradar ao marido. Digo isto em favor dos vossos próprios interesses; não que eu pretenda enredar-vos, mas somente para o que é decoroso e vos facilite o* CONSAGRAR-VOS, DESIMPEDIDAMENTE, AO SENHOR (1Co 7.32-35 — grifo do autor).

É impressionante como coisas boas, de valor não só aos nossos olhos, mas até mesmo aos olhos de Deus, podem tornar-se um motivo de distração para a nossa comunhão com o Senhor. Isso é tão sério e, ao mesmo tempo, passa tão despercebido. Até mesmo o nosso próprio serviço prestado ao Senhor pode se tornar uma distração! Os irmãos da igreja de Éfeso perderam o seu primeiro amor (Ap 2.4), ainda que não tivessem parado de trabalhar para Deus (Ap 2.2,3)!

Encontramos também uma clara advertência do Senhor Jesus no relato bíblico da visita de Cristo à casa de Marta e Maria. Enquanto Maria estava aos pés de Jesus, Marta se queixava pelo fato de haver ficado sozinha na cozinha, servindo. Não creio que Marta estivesse trabalhando somente para manter a casa em ordem. Penso que ela tinha uma boa motivação. Seguramente, pelo respeito para com Jesus (o que era de esperar), ela queria ser uma boa anfitriã, queria receber e servir bem ao Senhor!

No entanto, até mesmo os bons motivos podem se tornar *distrações*, por isso Jesus disse o seguinte a Marta: *Respondeu-lhe o Senhor: Marta! Marta! Andas inquieta e te preocupas com muitas coisas. Entretanto, pouco é necessário ou mesmo* UMA SÓ COISA; *Maria, pois, escolheu a boa parte, e esta não lhe será tirada* (Lc 10.41,42).

Uma só coisa é necessária! Nada, absolutamente nada, é mais importante do que a nossa concentração em buscar a Deus sem *distração* alguma! Alguns anos depois de ter recebido de Deus essa advertência, conheci uma música da Misty Edwards, lá do IHOP de Kansas City, que diz: "dá-me olhos de pomba"; e, nessa canção, ela pede ao Senhor por uma "devoção sem distração, só para ti". Curioso, fui pesquisar sobre os olhos da pomba e descobri que essa ave não tem uma visão multifocal; pelo contrário, ela foca uma coisa de cada vez com seus olhos. Esse entendimento me fez concluir que a expressão "olhos de pomba" encontrada no livro de Cantares de Salomão (Ct 5.12) fala de não ter olhos para mais nada ou ninguém. Essa é a dimensão de paixão, devoção e busca que devemos ter para com o Senhor! Olhos só para ele, sem distração alguma!

Precisamos vigiar com relação a todas as coisas que podem nos distrair, tirar o nosso foco de termos o Senhor Jesus em primeiro lugar — até mesmo as coisas boas e lícitas que podem ser consideradas como bênçãos em nossa vida!

Cristo nos advertiu de buscar em primeiro lugar o seu reino e a sua justiça e disse que, então, somente então, as demais coisas (comida, vestuário etc.) seriam acrescentadas (cf. Mt 6.33).

O que Jesus estava nos ensinando era algo que poderíamos expressar assim: "Foquem no mais importante, buscar a Deus e seus interesses, e então o resto vem junto, a reboque". O problema é que invertemos tudo; hoje em dia, as pessoas vão à igreja buscar somente o que é material, embora me pareça que estejam na expectativa de que o reino acompanhe essas bênçãos materiais. Nossa busca principal deveria ser pela presença bendita de nosso Senhor. Mas a própria busca por outras coisas que podemos receber de Deus (e isso não é errado em si mesmo) tem nos distraído da pessoa dele. Isso é tão triste! E, ao mesmo tempo, tão imperceptível para a maioria de nós...

CAPÍTULO 2

Embriagados com o quê?

Muita gente passa a vida fazendo coisas boas e legítimas, porém o Senhor
não é o primeiro para elas. Ele não é o centro de sua vida. Se ele fosse, não o
colocariam de lado. Elas achariam tempo para ficar com ele!

DAVID WILKERSON

Uma palavra do Senhor que me foi dada em relação ao que nos distrai da busca a ele levou-me a perceber a questão da "embriaguez". Como mencionei anteriormente, na manhã daquele abençoado 19 de fevereiro de 2008, quando Deus me marcou profundamente com essa mensagem, eu li um texto bíblico em meu tempo devocional que, misteriosa e estranhamente, chamou *muito* minha atenção. Na verdade, posso dizer que aqueles versículos me pegaram de jeito. Nenhuma outra porção das Escrituras pareceu-me "agarrar-se" em meu espírito como essa. Os versículos eram estes:

> *Ai dos que se levantam pela manhã e seguem a bebedice e continuam até alta*
> *noite, até que o vinho os esquenta! Liras e harpas, tamboris e flautas e vinho há*
> *nos seus banquetes; porém não consideram os feitos do SENHOR, nem olham para*
> *as obras das suas mãos* (Is 5.11,12).

Durante todo aquele dia, travei uma batalha interior contra esses versículos. Eu pensava: "Nasci e cresci num lar cristão. Fui ensinado desde criança a manter distância das bebidas alcoólicas. Esses versículos sobre bebedice não têm nada a ver comigo!" Porém, naquele momento eu ignorava o fato de que nem toda embriaguez mencionada na Bíblia tem apenas o sentido literal. Jesus mencionou um tipo de embriaguez que diz respeito à vida espiritual: *Tenham cuidado, para não sobrecarregar o coração de vocês de libertinagem,* BEBEDEIRA *e ansiedades da vida, e aquele dia venha sobre vocês inesperadamente* (Lc 21.34 — grifo do autor).

O texto de Isaías fala de gente que corre o dia todo atrás de entretenimento (festas regadas a bebida, comida e música), mas *não consideram os feitos do SENHOR, nem olham para as obras das suas mãos.* Há um tipo de embriaguez que nos faz esquecer de Deus e das suas obras. Penso que essa é uma das principais razões pelas quais devemos cuidar do entretenimento. Não é errado divertir-se; contudo, é muito fácil alguém se envolver de tal forma com o entretenimento que acaba se esquecendo de Deus. Penso ser essa uma das possíveis razões que levou Leonard Ravenhill a afirmar que "o entretenimento é o substituto diabólico da alegria".

Um exemplo disso é o registro bíblico acerca de Noé e sua vinha. Logo depois do dilúvio (quando a terra estava mais regada do que nunca), ele plantou uma vinha. Quando chegou a hora da colheita — que era um tempo de festa e celebração pela bênção dada por Deus —, Noé exagerou na celebração e bebeu vinho demais, a ponto de embriagar-se: *Sendo Noé lavrador, passou a plantar uma vinha. Bebendo do vinho, embriagou-se e se pôs nu dentro de sua tenda* (Gn 9.20,21).

Perceba que o vinho ingerido era fruto da bênção de Deus que agora se celebrava (fato óbvio em razão de ter havido uma boa colheita). Já afirmei que o que nos distancia do Senhor e da sua presença não é apenas o pecado, mas também as distrações. Já vimos que elas podem ser coisas lícitas, que poderiam até mesmo ser classificadas como bênção divina, mas que acabam nos afastando de Deus.

Às vezes nos deixamos embriagar com o pecado e, outras vezes, chegamos a ponto de nos embriagar até mesmo com bênçãos divinas.

Clemente, bispo de Roma do primeiro século e um dos chamados pais da igreja, advertiu do perigo de um relacionamento errado com as bênçãos divinas: "Tomem cuidado, amados, para que as múltiplas bênçãos não se tornem nossa condenação, o que pode acontecer se não levarmos uma vida digna dele, se não vivermos em harmonia e se deixarmos de fazer o que é bom e agradável a ele".

TIPOS DE EMBRIAGUEZ

Há diferentes tipos de embriaguez na vida espiritual. Longe de achar que encontrei todos eles, digo que, no mínimo, localizei alguns. E quero falar brevemente sobre eles com o intuito de ajudá-lo a localizar o que pode estar afetando o seu relacionamento com o Senhor. São eles:

1. prazeres carnais;
2. prosperidade financeira;
3. posição;

O melhor da espiritualidade **23**

4. ativismo ministerial;
5. família.

Abaixo, comento brevemente cada uma dessas áreas de embriaguez.

PRAZERES CARNAIS

Quero começar falando daquela forma de embriaguez que, de forma clara e indiscutível, diz respeito ao *pecado*. Trata-se da entrega aos prazeres carnais. Davi pecou contra o Senhor quando, no caso de Bate-Seba, cometeu não somente um adultério, como também um homicídio — o de Urias. Ele se deixou embriagar pelo apelo e tentação da carne ao observar uma mulher casada se banhando. E depois, pelo orgulho de não querer admitir seu erro e queda, deixou a situação ainda mais grave do que no início. Uma embriaguez que trouxe um preço muito caro e doloroso.

O que me chama a atenção é o fato de que o profeta Natã declara que Deus havia concedido ao rei a casa e as mulheres de seu senhor (uma menção ao rei Saul) e acrescenta que, se fosse pouco, ele *teria dado mais*:

> *Então, disse Natã a Davi: Tu és o homem. Assim diz o SENHOR, Deus de Israel: Eu te ungi rei sobre Israel e eu te livrei das mãos de Saul; dei-te a casa de teu senhor e as mulheres de teu senhor em teus braços e também te dei a casa de Israel e de Judá; e, se isto fora pouco, eu teria acrescentado tais e tais coisas* (2Sm 12.8).

Esse versículo deixa claro que o que leva alguém a cair não é mera necessidade ou falta daquilo que estava tentando preencher em sua vida. Davi tinha isso tudo! O homem cai quando se embriaga com os desejos da sua própria carne!

PROSPERIDADE FINANCEIRA

Muitos têm se deixado embriagar pela prosperidade material e financeira. Esse foi o caso do rei Uzias:

> *Propôs-se buscar a Deus nos dias de Zacarias, que era sábio nas visões de Deus; nos dias em que buscou ao SENHOR, Deus o fez prosperar. [...] Mas, havendo-se já fortificado, exaltou-se o seu coração para a sua própria ruína, e cometeu transgressões contra o SENHOR, seu Deus, porque entrou no templo do SENHOR para queimar incenso no altar do incenso* (2Cr 26.5,16).

O próprio Senhor fez Uzias prosperar enquanto este o buscava. Porém, o resultado dessa busca, a prosperidade que Deus lhe deu, acabou sendo aquilo que o embriagou e o levou a pecar contra o Senhor. As conquistas materiais não podem, em si mesmas, ser classificadas como pecado. Porém, sem o devido cuidado, podem nos embriagar e, portanto, nos levar a pecar contra o Senhor.

Tenho observado o comportamento dos cristãos há muito tempo. Estou, neste momento, exercendo o pastorado há 25 anos e, como diz o ditado popular, "já vi muita água passar debaixo da ponte". Conheci e vi de perto muita gente, que foi abençoada pelo Senhor na área financeira, se distanciar daquele que os abençoou. Falo não só de cristãos apáticos, mas também de pessoas que foram incendiadas por Deus e acabaram, depois, se embriagando em sua prosperidade material. Precisamos guardar nosso coração!

Posição

Uma outra área que não é pecado em si mesma, mas pode levar-nos a pecar, diz respeito às posições que podemos alcançar. Até mesmo aquelas que dizem respeito ao reino de Deus!

O apóstolo João fala acerca de certo Diótrefes, que, além de não receber João ou seus enviados, ainda expulsava da igreja os que os recebessem. E a razão dessa atitude era uma só: tratava-se de alguém que gostava de *exercer a primazia entre eles*. Só Diótrefes podia brilhar, ninguém mais podia estar "sob os holofotes". Veja o texto bíblico:

> *Escrevi alguma coisa à igreja; mas Diótrefes, que* GOSTA DE EXERCER A PRIMAZIA *entre eles, não nos dá acolhida. Por isso, se eu for aí, far-lhe-ei lembradas as obras que ele pratica, proferindo contra nós palavras maliciosas. E, não satisfeito com estas coisas, nem ele mesmo acolhe os irmãos, como impede os que querem recebê -los e os expulsa da igreja* (3Jo 9,10 — grifo do autor).

Muitos não têm maturidade para assumir determinado lugar de posição, seja na vida secular (numa empresa, num cargo do governo), seja na igreja de Jesus. Essa é a razão pela qual Paulo aconselha a seu discípulo Timóteo que, na hora de separar os presbíteros (os que exercem governo na igreja), ele deveria escolher alguém que não fosse neófito (novo na fé). E o motivo era um só: para que ele não se ensoberbeça: *Não seja neófito, para não suceder que se ensoberbeça e incorra na condenação do diabo* (1Tm 3.6).

Ninguém se engane! Podemos nos embriagar com a soberba da interpretação equivocada acerca de uma simples posição onde somos colocados, mesmo dentro da igreja.

O ATIVISMO MINISTERIAL

Uma outra área em que nos deixamos embriagar diz respeito ao ativismo desequilibrado no serviço do Senhor. Entendo como desequilíbrio não a quantidade de trabalho em si, mas aquele nível de dedicação ao serviço que nos impede de desfrutar o tempo de comunhão que devemos ter com o Senhor. Foi o que aconteceu com Marta, irmã de Maria:

> Ora, quando iam de caminho, entrou Jesus numa aldeia; e certa mulher, por nome Marta, o recebeu em sua casa. Tinha esta uma irmã chamada Maria, a qual, sentando-se aos pés do Senhor, ouvia a sua palavra. Marta, porém, andava preocupada com muito serviço; e aproximando-se, disse: Senhor, não se te dá que minha irmã me tenha deixado a servir sozinha? Dize-lhe, pois, que me ajude. Respondeu-lhe o Senhor: Marta, Marta, estás ansiosa e perturbada com muitas coisas; entretanto poucas são necessárias, ou mesmo uma só; e Maria escolheu a boa parte, a qual não lhe será tirada (Lc 10.38-42).

Certamente Marta tinha a melhor das intenções de agradar a Jesus e recebê-lo bem. Sua motivação não seria questionada por ninguém, especialmente numa cultura que valorizava tanto a hospitalidade como a dela. Porém, o Senhor lhe declarou que *uma só coisa* é necessária e que Maria é quem havia feito a escolha correta.

Conheço muitos ministros que, pela correria do próprio ministério, não conseguem ter o tempo devido com Deus. Embriagaram-se com o ativismo de tal maneira que simplesmente não conseguem parar. Eu mesmo, muitas vezes, tenho lutado com isso. Para alguém hiperativo, o momento devocional pode ser visto como perda de tempo. Mas, como declarou Charles Spurgeon, "Às vezes achamos que estamos ocupados demais para orar. Este é um grande engano, porque orar é ganhar tempo". Falarei mais sobre esse assunto em outro capítulo.

A FAMÍLIA

A família é ideia e criação de Deus. Quando o Senhor presenteou Adão com uma esposa, não o fez para substituir o já estabelecido relacionamento do

26 ATÉ QUE NADA MAIS IMPORTE

homem com ele. O criador viu que Adão estava só. E solidão, nesse caso, fala de algo emocional, e não espiritual. Lembre-se de que esse fato se deu antes da Queda, ou seja, Adão não havia pecado ainda e tampouco encontrava-se separado de Deus. Portanto, o cabeça da raça humana desfrutava, nessa época, de plena comunhão com o Pai celestial. Mesmo depois de criar Eva, o Senhor ainda visitava o casal na viração do dia. É evidente que a mulher (e o mesmo se aplica à família) não foi dada ao homem para afastá-lo de Deus, mas para, com ele, buscar o Senhor.

Guarde isto: nem mesmo a nossa própria família pode tornar-se um motivo de embriaguez espiritual!

Conheço muita gente que buscou o Senhor por um casamento e, depois de contrair núpcias, esqueceu-se de Deus e de seu propósito. Nossa família deveria estar envolvida em nossa busca ao Senhor. Mas, em casos onde isso não acontece, devemos agir de modo que nada, nem mesmo nossa família, nos impeça de relacionar com o Pai celeste. Assim disse Jesus: *Se alguém vem a mim e não aborrece a seu pai, e mãe, e mulher, e filhos, e irmãos, e irmãs e ainda a sua própria vida, não pode ser meu discípulo* (Lc 14.26).

EVITANDO A EMBRIAGUEZ

Uma cena trágica e que, talvez, muita gente já viu é a de um bêbado querendo convencer outros a beber com ele. O problema de quase todo bêbado é que, além da sua própria embriaguez, ele se torna o causador da embriaguez de outros. Penso que espiritualmente falando a coisa não é tão diferente. Se eu me embriago, além de perder o melhor de Deus, também acabo atrapalhando os outros.

Foi exatamente isso que aconteceu com Davi e com Marta. Em certo sentido, podemos dizer que o mesmo rei Davi, que se embriagou com os prazeres carnais, planejou embriagar Urias depois. E Marta, além de não estar aos pés do Senhor como sua irmã Maria, ainda queria tirá-la de lá!

Precisamos fugir da embriaguez. Pelo nosso bem e pelo dos outros! Por isso a advertência bíblica de que cada crente em Jesus deve ser *sóbrio*.

> *Portanto, não durmamos como os demais, mas estejamos atentos e sejamos sóbrios; pois os que dormem, dormem de noite, e os que se EMBRIAGAM, embriagam-se de noite. Nós, porém, que somos do dia, SEJAMOS SÓBRIOS, vestindo a couraça da fé e do amor e o capacete da esperança da salvação* (1Ts 5.6-8, NVI — grifo do autor).

A embriaguez espiritual é um estado de dormência, de incapacidade para qualquer tipo de resposta a Deus. A sobriedade é o oposto disso; tem a ver com estar atento, pronto, indicando assim a facilidade de resposta ao Senhor. A palavra traduzida por *sóbrio*, no original grego, é *nepho* e, de acordo com o léxico de Strong, significa "ser sóbrio, estar calmo e sereno de espírito; ser moderado, controlado". Mas, apesar do significado básico e inicial ser o de não se deixar dominar pela embriaguez, a sobriedade vai além disso. É um estado de atenção, de percepção espiritual.

O texto sagrado nos mostra que, além de evitar a embriaguez, há cuidados que devemos ter para garantir a sobriedade. E o apóstolo menciona a importância da fé, do amor e da esperança da salvação. Além desses valores já destacados, quero compartilhar alguns princípios e práticas espirituais que nos auxiliarão a manter a sobriedade. Destaco três práticas que podem guardar nosso coração da embriaguez:

1. encher-se da Palavra;
2. encher-se do Espírito;
3. manter tempo de qualidade com Deus.

Enchendo-se da Palavra

Houve uma época em que não era possível cada um ter seu próprio exemplar das Escrituras, pois as cópias do Livro Sagrado eram feitas manualmente. Durante esse período, Deus ordenou que, pelo menos, o líder da nação tivesse uma cópia da Lei para lê-la todos os dias da sua vida:

> *Também, quando se assentar no trono do seu reino, escreverá para si um traslado desta lei num livro, do que está diante dos levitas sacerdotes. E o terá consigo e nele lerá todos os dias da sua vida, para que aprenda a temer o Senhor, seu Deus, a fim de guardar todas as palavras desta lei e estes estatutos, para os cumprir* (Dt 17.18,19).

No Novo Testamento, a ordem divina não é apenas para um líder; é para cada cristão: *Habite, ricamente, em vós a palavra de Cristo* (Cl 3.16). Devemos nos encher da Palavra de Deus! As Escrituras têm o poder de realizar uma obra sobrenatural em nosso íntimo. O conselho de Deus acerca do rei de Israel ler a sua Lei diariamente tinha um propósito claro: *para que aprenda a temer o Senhor, seu Deus, a fim de guardar todas as palavras desta lei e estes estatutos, para os cumprir*. O rei não aprenderia apenas a Lei a ser guardada; aprenderia a temer o Deus que deu a Lei que deveria ser guardada!

Uma relação intensa com a Palavra de Deus nos guardará da embriaguez com as coisas deste mundo. O evangelista D. L. Moody, referindo-se à Bíblia, declarou: "Ou este livro me afastará do pecado ou o pecado me afastará deste livro". Aprendi desde bem cedo essa verdade. O primeiro versículo bíblico que minha mãe me fez decorar foi: *Escondi a tua palavra no meu coração, para eu não pecar contra ti* (Sl 119.11).

Na epístola aos Romanos, Paulo fala acerca de não nos conformarmos com o mundo. Conformar-se com o mundo é mais do que uma mera atitude de tolerância; tem a ver com tomar a forma, amoldar-se, ajustar-se ao padrão e aos valores mundanos. E o remédio que o apóstolo apresenta para não cairmos nessa armadilha é transformarmo-nos mediante a renovação da nossa mente. Precisamos saturar nossa mente com as Escrituras Sagradas! Como está escrito: *a lei do SENHOR é perfeita e restaura a alma* (Sl 19.7). Há uma obra de restauração em nossa alma (sede da razão, das emoções e da vontade) que se dá por meio da Palavra. Tiago, pelo Espírito Santo, afirmou: *recebei com mansidão a palavra em vós implantada, a qual é poderosa para salvar as vossas almas* (Tg 1.21). A palavra traduzida por *salvar*, no original grego, é *sozo*, que significa: "curar, libertar, restaurar". É isso mesmo! Quando nos enchemos da Palavra de Deus, nossa alma passa por uma verdadeira "lavagem", por restauração divina, e isso nos impede de andar segundo a embriaguez do mundo.

ENCHENDO-SE DO ESPÍRITO

Uma outra coisa a ser feita para evitar a embriaguez é encher-se do Espírito Santo: *E não vos embriagueis com vinho, no qual há dissolução, mas enchei-vos do Espírito* (Ef 5.18).

Note que o texto bíblico fala sobre duas coisas distintas: 1) não embriagar-se com vinho; 2) encher-se do Espírito. Não adianta apenas deixar de fazer aquilo que é errado; precisamos ir além disso e ainda fazer o que é certo! Evitar a embriaguez literal (com vinho) e ainda a espiritual (de esquecer-se do Senhor por conta dos prazeres terrenos) não é suficiente. Precisamos garantir que, mais adiante, nosso coração não seguirá pelo mesmo caminho que agora estamos evitando. Precisamos nos encher do Espírito Santo.

No dia de Pentecostes, quando os discípulos foram, pela primeira vez, cheios do Espírito, algumas pessoas acharam que eles estavam bêbados! Não penso que foi pelo fato de falarem em outras línguas — uma vez que a Bíblia diz que quem os ouvia falando em línguas os entendiam falar na sua própria língua. O que os fez pensar isso? O mero comportamento diferente? Penso que não podemos ter certeza de um assunto que não foi claramente detalhado na Palavra de Deus, embora, por outro lado, haja algumas características da embriaguez natural que têm, no que eu classificaria de *uma forma positiva*, o seu paralelo na dimensão espiritual de quem é cheio do Espírito de Deus. Consideremos algumas delas:

- **Alegria.** A Bíblia faz a associação do vinho com a alegria (Sl 104.15), e este, por sua vez, é visto como um símbolo do Espírito Santo. O reino de Deus é alegria no Espírito Santo (Rm 14.17). A alegria é uma das características do fruto do Espírito (Gl 5.22). Há uma relação entre estar cheio do Espírito e de alegria: *Os discípulos, porém, transbordavam de alegria e do Espírito Santo* (At 13.52). A Bíblia fala sobre o óleo de alegria (Is 61.3), uma clara referência à obra do Espírito, e enfatiza isso ainda mais ao dizer que Jesus, foi "ungido" com esse óleo de alegria (Hb 1.9).
- **Ousadia.** Muita gente que normalmente é calada e quieta passa a falar mais depois de beber. Normalmente, quem já é falador não passa a falar menos, e quem não fala muito passa a falar. O vinho tem o conhecido poder de "soltar a língua", de trazer coragem para falar. Com o crente cheio do Espírito Santo não é diferente. Ele passa a testemunhar de Jesus e ninguém pode calá-lo (At 4.20). Cumpre-se nele o mesmo que se deu com os apóstolos: *todos ficaram cheios do Espírito Santo e, com intrepidez, anunciavam a palavra de Deus* (At 4.31).
- **Desprendimento da avareza.** Nunca ouvi falar de um bêbado econômico; pelo contrário, só ouvi falar de como são verdadeiros pródigos. Eles são conhecidos por, ao menos nesse estado, gastarem seu dinheiro e posses. Muitos, ao voltar à sobriedade, não fariam o que fizeram quando embriagados. Algo semelhante se dá com um crente cheio do Espírito! É só olhar como num ambiente de avivamento, no livro de Atos, os crentes passaram a contribuir de forma generosa e desprendida. Quando estamos cheios do Espírito Santo, também nos desprendemos da avareza.
- **Anestesia.** Pessoas bêbadas parecem estar anestesiadas não só dos seus problemas, mas, enquanto nesse estado, também parecem estar anestesiadas fisicamente. Elas quase não sentem frio; caem e não percebem quanto se machucam. Aliás, nos tempos antigos, quando ainda não havia anestesia para muitas intervenções cirúrgicas, o costume era embebedar o paciente. O crente cheio do Espírito também manifesta similar capacidade. O livro de Atos mostra cristãos que, mesmo perseguidos, não se abatiam diante de nada, não mudavam seu humor de acordo com as circunstâncias, da mesma

forma que Paulo declarava se portar diante de adversidades (Fp 4.11-13). Penso que algo parecido aconteceu com Estêvão; ao ser apedrejado, colocou-se de joelhos para orar pelos que o executavam (At 7.59,60). A reação normal de quem é apedrejado seria cobrir o rosto, proteger-se o máximo possível, e não ajoelhar-se para orar! Acredito que Estêvão, cheio do Espírito Santo (At 7.55), estava como que anestesiado naquele momento.

- **Não se lembra das ofensas**. Outra coisa que pode ser apresentada nesse paralelo é o fato de que, passada a embriaguez, a pessoa sóbria praticamente não se lembra das ofensas que fez nem das que recebeu quando estava sob o efeito do álcool. Penso que há uma dimensão, em Deus, onde podemos viver acima das ofensas.

Quando nos enchemos do vinho celestial, não há espaço para outro tipo de embriaguez. Portanto, vamos nos encher do Espírito Santo em vez de embriagar-se com qualquer outra coisa!

Tempo de qualidade

O relacionamento com Deus envolve intimidade. A Bíblia diz que *a intimidade do Senhor é para aqueles que o temem* (Sl 25.14). Há momentos, em nossa vida espiritual, de oração e adoração pública, congregacional, mas também há uma relação íntima, a sós, que devemos manter com o Senhor num ambiente que Jesus denominou de "lugar secreto": *Tu, porém, quando orares, entra no teu quarto e, fechada a porta, orarás a teu Pai, que está em secreto; e teu Pai, que vê em secreto, te recompensará* (Mt 6.6).

Penso que quanto maior nossa paixão pelo Senhor, mais intensa será nossa adoração a ele. Mas entendo que, por mais extravagante que seja nossa adoração pública, a força da intimidade está no momento a sós com Deus. Eu sempre tento expressar em público meu amor e carinho para com minha esposa, mas jamais a trataria em público da mesma forma como quando estamos a sós. Nossos momentos de intimidade não são para nenhuma plateia assistir!

Creio no poder que uma vida cheia da Palavra e do Espírito Santo tem para nos manter longe da embriaguez negativa, carnal e pecaminosa. Mas essas duas características parecem ser bem melhor vividas na vida daqueles que descobrem a importância da comunhão com o Senhor no lugar secreto.

Separar-se das atividades para estar a sós com o Senhor tem um poder maior do que imaginamos. Ajuda-nos a desligar das distrações e focar toda a nossa atenção em Deus.

CAPÍTULO 3

Um Deus exigente?

É necessário que estejamos dispostos a pagar qualquer preço; não importa quanto custa; qualquer preço vale seu sorriso e sua presença.

SMITH WIGGLESWORTH

Minha primeira reação, ao entender que deveria avançar a um ponto tal em minha busca ao Senhor *até que nada mais importe*, não foi das melhores. Como compartilhei anteriormente, o sentimento de uma aparente exigência exagerada da parte de Deus, como se fosse apenas uma forma de tornar as coisas mais difíceis para nós, roubava-me a capacidade de rendição e busca que eu precisava alcançar. Talvez você nunca tenha pensado dessa forma ou nada disso o tenha incomodado, mas, ao longo dos anos, eu já tive contato com muita gente que se identificava com esse tipo de pensamento imaturo e carnal. Portanto, quero encorajá-lo a refletir no ensino deste capítulo nem que seja para ajudar alguém que pensa dessa maneira, embora a ideia desse ensino seja a de valorizar mais a bênção de compreender os "porquês" por trás dos princípios do que a crise em si que eles podem gerar em alguns que não entendem.

Por que Deus estaria tão interessado em que nós o coloquemos em primeiro lugar?

Por que ele tem que ser o mais importante, a ponto de todas as outras coisas perderem a importância?

Não sei se você já imaginou Deus como um sujeito um pouco exigente e um ser um tanto egocêntrico, mas eu já. Em minha carnalidade, já pensei e questionei essas coisas, obviamente sem ter a coragem de verbalizar ou oficializar esse pensamento. Preferi acreditar que era um mero e momentâneo devaneio a imaginar que fosse uma espécie de julgamento. Era quase como se, em meu íntimo, eu tivesse vontade de dizer: "Desculpa-me, Senhor! Sei que essa provavelmente não deva ser a verdade a teu respeito e que o problema deve ser a minha limitação e falta de entendimento, mas às vezes me parece um pouquinho que tu tens uma necessidade muito grande de reconhecimento da nossa parte e uma leve inclinação a querer exercer domínio sobre nós..."

Algumas vezes eu me flagrava pensando no que Jesus classificou como o *maior* mandamento: *Amarás, pois, o Senhor, teu Deus, de todo o teu coração, de toda a tua alma, de todo o teu entendimento e de toda a tua força* (Mc 12.30). Não se trata apenas de amá-lo. Como eu afirmei no capítulo 1, trata-se de amá-lo com *amor total*. Com tudo o que há em nós! Parece ser uma exigência e tanto, não é mesmo?

Outras vezes eu também me via pensando na ordem de Jesus sobre dar prioridade ao reino de Deus acima das nossas necessidades mais básicas:

> *Portanto, não vos inquieteis, dizendo: Que comeremos? Que beberemos? Ou: Com que nos vestiremos? Porque os gentios é que procuram todas estas coisas; pois vosso Pai celeste sabe que necessitais de todas elas; buscai, pois, em primeiro lugar, o seu reino e a sua justiça, e todas estas coisas vos serão acrescentadas* (Mt 6.31-33).

Essa ideia do lugar de importância acerca de Deus e do seu reino pode ser assustadora se não tivermos o entendimento correto.

É lógico que se eu me imaginasse no lugar do criador provavelmente não aceitaria esse tipo de comentário vindo de uma das minhas criaturas. Mas a intenção desses pensamentos não era disputar com Deus o certo e o errado. O que eu queria, de fato, com toda a sinceridade, era entender melhor tanto o Senhor como o seu princípio de exigir que ele seja sempre o primeiro em nossa vida. Não queria me opor ao que ele estabeleceu por meio da sua Palavra. Não tinha a menor intenção de discutir se era ou não razoável. Só queria entender a melhor lógica por trás disso para não só facilitar a minha própria entrega, como também desfrutar melhor dos benefícios de tal rendição.

Deus não precisa disso!

A primeira coisa que o Senhor me levou a entender, não só racionalmente, mas por *revelação* — e não me refiro com esse termo a alguma espécie de visão mística, mas ao entendimento espiritual do fato — é que esse lugar que o Pai celeste quer ocupar em nossa vida não é uma necessidade dele. É algo de que nós é que temos necessidade. É para o nosso próprio bem!

Veja bem, eu criei dois filhos que atravessaram a fase da adolescência sem grandes dificuldades. Mas eu sabia, como adolescente que fui, os desafios e contrariedades à fé e aos valores bíblicos que eles enfrentariam, especialmente na escola. Sempre tentei levá-los a confiar em mim e na Kelly, minha esposa e mãe deles. Tentei mostrar-lhes, desde bem cedo, que *os pais "sempre" têm razão*. Por quê? Certamente não era pelo fato de nós, os pais, termos algum problema de autoimagem. Não tínhamos necessidade alguma desse nível de confiança deles. Mas queríamos isso para o bem deles mesmos. Eles é que precisavam nos ter em um lugar de alta confiança para que as outras vozes e conselhos (dos amigos e dos não tão amigos) não concorressem com aquela voz de instrução paternal que os guardaria e protegeria.

O curioso é pensar que, quando criança, no auge da minha imaturidade, eu também não achava "justo" os pais terem razão ou estar numa posição de terem de ser obedecidos, embora eu recebesse contínuos avisos do meu pai, daqueles do tipo "um dia você vai me entender" e não levasse muito a sério. Porém, o tempo passou, e eu me tornei pai e passei a estar na mesma posição em que meus pais também um dia estiveram. E foi quando me dei conta de que havia chegado a minha vez de dizer aos meus filhos (que um dia também dirão aos meus netos): "Um dia vocês irão me entender".

Sempre tentei levar meus filhos a entender que eu estava interessado no bem deles. Se isso vale para nós, os pais terrenos, que Jesus classificou como *maus* (Mt 7.11), o que dizer do Pai celeste, que é perfeito (Mt 5.48)? É necessário entender que Deus não é carente, não tem problemas de autoestima, não sofre de um ego inchado ou cheio de necessidades. Não! Ele é completo e absoluto em si mesmo! Um dos nomes com os quais ele se revela nas Escrituras é *El-Shaddai*. Estudiosos acreditam que esse nome remete não só ao significado de "Todo-poderoso", mas que também engloba a ideia de o "Deus que é mais do que suficiente".

O Senhor não necessita do nosso amor e atenção, não necessita que o coloquemos em primeiro lugar em nossa vida, tampouco precisa da nossa adoração ou obediência. Quem precisa dele nesse lugar de distinção somos nós. É para o nosso próprio bem! Somente assim não nos perderemos diante daquilo que promove a concorrência ao seu senhorio. Jesus nos advertiu de que poderia haver outros senhores disputando o senhorio divino em nosso coração: *Ninguém pode servir a dois senhores; porque ou há de aborrecer-se de um e amar ao outro, ou se devotará a um e desprezará ao outro. Não podeis servir a Deus e às riquezas* (Mt 6.24).

Há outros "senhores" tentando alcançar o domínio do nosso coração. E as riquezas estão no páreo! Mas uma escolha tem de ser feita. Não dá para servir a dois senhores. É a um ou a outro!

O que acontece com Deus se ele deixar de ser nosso Senhor e as riquezas dominarem nosso coração? Nada de mais! Certamente ele sentirá nossa falta, mas nossa escolha equivocada não muda a sua grandeza. E o que nós perdemos se ele deixar de ser nosso Senhor e as riquezas se assenhorearem de nós? Tudo! Porque não haverá glória ou futuro algum sem Deus! Aliás, as Escrituras revelam o desastre na vida dos que fizeram esse tipo de escolha:

> *Ora, os que querem ficar ricos caem em* TENTAÇÃO, *e* CILADA, *e em muitas concupiscências* INSENSATAS *e* PERNICIOSAS, *as quais* AFOGAM *os homens na* RUÍNA *e* PERDIÇÃO. *Porque o* AMOR *do dinheiro é* RAIZ DE TODOS OS MALES; *e alguns, nessa* COBIÇA, *se* DESVIARAM DA FÉ *e a si mesmos se* ATORMENTARAM *com muitas* DORES (1Tm 6.9,10 — grifo do autor).

A Bíblia nos ensina, na parábola do semeador, acerca daquela semente que caiu entre espinhos. Estes cresceram e sufocaram aquela semente que havia germinado (Mc 4.7). Sabemos que a semente é a Palavra de Deus (Mc 4.14). E qual o significado dos espinhos? Jesus mesmo explicou: *Os outros, os semeados entre os espinhos, são os que ouvem a palavra, mas os* CUIDADOS DO MUNDO, *a* FASCINAÇÃO DA RIQUEZA *e as* DEMAIS AMBIÇÕES, *concorrendo, sufocam a palavra, ficando ela infrutífera* (Mc 4.18,19 — grifo do autor). E some-se a essa lista a declaração de Paulo aos colossenses: *a avareza, que é idolatria* (Cl 3.5). Sim, é isso mesmo. Ele classifica como idolatria a avareza (ou o lugar errado do dinheiro no coração de um cristão).

Os versículos anteriormente citados nos mostram o porquê da incompatibilidade entre os dois senhores. Se o dinheiro dominar nosso coração, a Palavra será sufocada. Poderemos nos desviar da fé, além de outros sofrimentos e dores.

Portanto, quem perde em caso de não haver o senhorio divino no coração do homem? Não é Deus quem perde; somos nós mesmos! Dito isso, por que você acha que Deus quer ser nosso Senhor?

Um Deus acima de qualquer suspeita

Quando avaliamos o desejo de Deus de ser o primeiro, o mais importante, o que deve exercer maior atração e domínio sobre nosso coração e interpretamos isso como abuso ou egocentrismo, é porque nossa natureza carnal está avaliando quais seriam os nossos motivos corrompidos para desejar isso se estivéssemos em seu lugar. O Deus perfeito e incorruptível, que não tem

O *melhor da espiritualidade* **35**

necessidade de coisa alguma, só tem um motivo para desejar esse lugar: guardar o nosso coração de outros senhores que destruirão nossa vida! Portanto, não estamos falando de controle, e sim de proteção.

A fé se apoia no caráter de Deus. Um Deus que está acima de qualquer suspeita! Paulo declarou: *porque sei* EM QUEM *tenho crido* (2Tm 1.12 — grifo do autor). Observe que o apóstolo não disse *em que* tenho crido, e sim *em quem*. A fé entende que Deus é alguém digno de confiança.

Um pequeno vislumbre do que esperar de alguém com motivações perfeitas pode ser visto numa declaração de Jesus. O evangelho de Marcos nos relata que Tiago e João queriam que, depois que Cristo se assentasse no trono da sua glória, eles tivessem o privilégio de se sentarem um à sua direita e outro à sua esquerda. Era mais ou menos como um pedido para serem "ministro da Fazenda" e "ministro do Planejamento", ou algo do gênero. Qual a reação que isso gerou? A Bíblia diz: *Ouvindo isto, indignaram-se os dez contra Tiago e João* (Mc 10.41). E por que se indignaram? Obviamente porque cada um deles também queria o mesmo lugar! Isso revela o tipo de motivações que temos. Mas que dizer das do Senhor Jesus? Observe a declaração dele e conclua você mesmo:

> *Mas Jesus, chamando-os para junto de si, disse-lhes: Sabeis que os que são considerados governadores dos povos têm-nos sob seu domínio, e sobre eles os seus maiorais exercem autoridade. Mas entre vós não é assim; pelo contrário, quem quiser tornar-se grande entre vós, será esse o que vos sirva; e quem quiser ser o primeiro entre vós será servo de todos. Pois o próprio Filho do homem* NÃO VEIO PARA SER SERVIDO, MAS PARA SERVIR *e dar a sua vida em resgate por muitos* (Mc 10.42-45 — grifo do autor).

Não podemos olhar para Deus com o filtro de nossas limitações e motivações erradas. Ele é perfeito (Mt 5.48). Ele nunca falha. Ele nunca erra. Ele é *o Deus que não pode mentir* (Tt 1.2). Ele é fiel (2Ts 3.3). Como disse Paulo: *Que diremos, pois? Há injustiça da parte de Deus? De modo nenhum!* (Rm 9.14).

CALCULANDO O CUSTO

Alcançar aquele nível de busca em que nada mais importe *não é opcional*. É o padrão divino para todo crente em Jesus. Às vezes somos levados a acreditar que aqueles que cumprem o padrão da busca apaixonada são os que

36   Até que nada mais importe

poderíamos classificar como crentes "especiais", enquanto aqueles que não cumprem o padrão podem ser classificados como crentes "normais". Grande engano! Preste atenção ao que nosso Senhor falou acerca disso:

> *Grandes multidões o acompanhavam, e ele, voltando-se, lhes disse: Se alguém vem a mim e não aborrece a seu pai, e mãe, e mulher, e filhos, e irmãos, e irmãs e ainda a sua própria vida, NÃO PODE SER MEU DISCÍPULO. E qualquer que não tomar a sua cruz e vier após mim NÃO PODE SER MEU DISCÍPULO* (Lc 14.25-27 — grifo do autor).

Parece-me que muitos acham que os cristãos que decidem tomar a sua cruz são *especiais*. Então o que dizer dos que não tomam a sua cruz? Seguindo essa linha de raciocínio, acabamos concluindo que eles são os *normais*. O problema é que, pelas Escrituras Sagradas, essa ideia não tem base alguma. Jesus ensinou que quem não toma a sua cruz *não pode* ser seu discípulo! Ou se toma a cruz e é um discípulo de Cristo, ou não se toma a cruz e não é um discípulo de Cristo. Não tem outra forma de ver isso. Como disse François Fénelon: "Não há outra forma de viver esta vida cristã, a não ser mediante uma contínua morte para o eu".

É importante observar também que, depois de classificar quem é e quem não é discípulo, na sequência de seu ensino o Senhor Jesus nos mostra que todos deveriam aprender a calcular o custo antes de se lançar em qualquer empreitada:

> *Pois qual de vós, pretendendo construir uma torre, não se assenta primeiro para calcular a despesa e verificar se tem os meios para a concluir? Para não suceder que, tendo lançado os alicerces e não a podendo acabar, todos os que a virem zombem dele, dizendo: Este homem começou a construir e não pôde acabar. Ou qual é o rei que, indo para combater outro rei, não se assenta primeiro para calcular se com dez mil homens poderá enfrentar o que vem contra ele com vinte mil? Caso contrário, estando o outro ainda longe, envia-lhe uma embaixada, pedindo condições de paz. Assim, pois, todo aquele que dentre vós não renuncia a tudo quanto tem não pode ser meu discípulo* (Lc 14.28-33).

É lógico que o mestre não estava preocupado em ensinar apenas sobre planejamento financeiro, importância de fazer um orçamento ou técnicas da construção civil. Ele usa isso como um exemplo para aqueles que querem ser seus discípulos. Cristo está mostrando, por meio desse exemplo, que é necessário calcular quanto custa ser seu discípulo antes de nos dedicarmos a esse projeto.

O Senhor Jesus nos mostra que, à semelhança da edificação de uma torre, há aqueles que entram na caminhada cristã ignorando completamente o custo necessário para chegar até o fim. Não concluem a construção porque entraram nela completamente despreparados para o custo que os aguarda. O significado da segunda alegoria é o mesmo. Ele fala de um rei que, para entrar em guerra com outro rei, precisa calcular o custo do projeto para ver se pode dar cabo dele. E atente para o detalhe de que, em ambas as parábolas, a moral da história não é apenas sentar para calcular quanto custa a empreitada. A essência da mensagem tem a ver com *por que* temos de fazer as contas.

A conclusão, o ponto central desse ensino de Cristo, é que é melhor não começar do que começar sem ter condições de concluir a empreitada!

A que isso nos remete?

À semelhança daqueles que começaram a construir a torre e não puderam concluir, temos muitos cristãos, ao longo da história e, em especial, em nossos dias, que não completam a carreira cristã. E, assim como foi dito na parábola, o projeto acaba se tornando alvo de zombaria. O evangelho sofre escárnio e até descrédito por conta da nossa ignorância do que é, de fato, ser um cristão.

A mensagem deste livro não diz respeito apenas a ser um cristão melhor. Ela fala de sermos *verdadeiros* cristãos. Se amar ao Senhor de todo o coração é o *maior mandamento* e, mesmo assim, insistimos em nem sequer cumprir o primeiro da lista, o que esperar acerca da nossa obediência aos demais decretos divinos?

Muitos abraçam o evangelho pensando apenas naquilo que podem lucrar com a sua decisão. Infelizmente, a negligência da igreja começa a partir da nossa própria pregação e ensino, em nossa apresentação do cristianismo, que tem se tornado, cada vez mais, focada nos benefícios que as pessoas podem ter — em detrimento do preço que elas terão de pagar.

Preço? Você falou em preço a ser pago na vida cristã?

Eu não, quem falou foi Jesus! Ele é quem disse que temos de calcular o custo antes de começar a carreira cristã.

O conflito que esse conceito gera se deriva de uma visão incompleta dos princípios bíblicos. Ultimamente tenho ouvido muita gente afirmar que "quem entende a graça sabe que não há lugar para esforço na vida cristã". O problema dos que fazem tal afirmação é que estão apenas com parte da verdade, não estão enxergando o quadro todo.

Quando chegamos a Cristo, recebemos uma salvação que é pela fé, e não por obras (Ef 2.8,9). Não há mérito algum em nós e nada que possamos fazer que nos qualifique a receber a salvação como se ela fosse algum tipo de

38 ATÉ QUE NADA MAIS IMPORTE

recompensa. Isso é mais do que óbvio, e ninguém questiona essa verdade. Porém, uma coisa é dizer que nossos esforços não nos fazem merecedores — o que é fato — e outra coisa é dizer que eles não são necessários e que não podem, em hipótese alguma, interagir com a graça. O próprio Cristo afirmou: *ESFORCEM-SE para entrar pela porta estreita, porque eu lhes digo que muitos tentarão entrar e não conseguirão* (Lc 13.24, NVI — grifo do autor). Se não há necessidade de esforço, por que Jesus exigiria isso de nós?

A graça não é uma obra unilateral da parte de Deus. O acesso à graça é por meio da fé (Rm 5.2). Se eu não crer, não acesso os depósitos da graça. Portanto, a graça não apenas age em nossa vida; ela reage ao nosso comportamento de fé. E essa fé não se expressa somente por meio de palavras (Rm 10.9,10), mas também por meio de obras (Tg 2.17,18).

As recomendações bíblicas sobre diligência, dedicação e esforço são abundantes no Novo Testamento. Embora elas não nos façam merecedores de Deus ou de seu reino, não significa, em absoluto, que Deus e seu reino não mereçam nossa diligência, dedicação e esforço. Observe a instrução do apóstolo Pedro: *Por isso mesmo, vós, reunindo TODA A VOSSA DILIGÊNCIA* [...]. *Por isso, irmãos, procurai, COM DILIGÊNCIA CADA VEZ MAIOR, confirmar a vossa vocação e eleição; porquanto, procedendo assim, não tropeçareis em tempo algum* (2Pe 1.10 — grifo do autor).

A direção é clara e específica. Reunir *toda* a diligência. Não parte dela, mas ela toda! E, depois de empregarmos toda a diligência que já temos, ainda precisamos crescer para aquele nível de dedicação que ainda não temos; ou seja, uma diligência *cada vez maior.*

Paulo também estava disposto a dar o melhor de si para viver a vida cristã. Em sua defesa diante de Félix, governador romano, o apóstolo disse: *Por isso, também ME ESFORÇO por ter sempre consciência pura diante de Deus e dos homens* (At 24.16 — grifo do autor). Escrevendo aos coríntios, ele declara: *É por isso que também NOS ESFORÇAMOS, quer presentes, quer ausentes, para lhe sermos agradáveis* (2Co 5.9 — grifo do autor). Além de falar do seu próprio esforço, o apóstolo também recomendava aos cristãos que se esforçassem: *Esforcem-se para ter uma vida tranquila, cuidar dos seus próprios negócios e trabalhar com as próprias mãos, como nós os instruímos* (1Ts 4.11, NVI).

Insisto: isso não significa que alcançaremos resultados espirituais apenas mediante o esforço, mas, sim, que não viveremos o melhor de Deus sem ele!

Nosso amor e busca ao Senhor devem ser de todo o coração, nossa obediência e diligência devem ser completos. E com o assunto da nossa entrega não é diferente; o evangelho também requer rendição total. E precisamos, como afirmei anteriormente, notificar as pessoas a respeito do custo antes mesmo de elas começarem a caminhada cristã.

Nossa geração tem recebido um "evangelho transgênico" que apresenta muito bem os direitos do homem na aliança com Deus, mas se recusa a apresentar os deveres do homem no relacionamento com o Senhor.

QUANTO CUSTA O REINO DE DEUS?

Alguém, em determinada ocasião, me perguntou:

— Quanto custa o reino de Deus?

Respondi de imediato:

— Tudo o que você tem!

A pessoa, surpresa, me questionou:

— Mas não é de graça?

E eu disparei:

— É pela graça — um favor imerecido —, mas não é sem custo!

Vamos examinar o que Jesus falou sobre esse assunto:

> *O reino dos céus é semelhante a um tesouro oculto no campo, o qual certo homem, tendo-o achado, escondeu. E, transbordante de alegria, vai, vende tudo o que tem e compra aquele campo. O reino dos céus é também semelhante a um que negocia e procura boas pérolas; e, tendo achado uma pérola de grande valor, vende tudo o que possui e a compra (Mt 13.44-46).*

O ensino é o mesmo nas duas parábolas. Tanto na primeira como na segunda alegorias, temos alguém que encontra algo muito valioso (o campo com o tesouro e a pérola) e, em ambos os casos, o texto diz que a pessoa vende *tudo o que possui* para adquirir o que encontrou.

É lógico que a Bíblia não está dizendo que compramos nossa entrada no reino de Deus. Mas está dizendo que isso nos custa tudo o que temos. Como é possível conciliar isso?

Voltando à conversa que mencionei anteriormente, ao responder que a entrada no reino de Deus é pela graça, mas não sem custo, a mesma pessoa me questionou outra vez:

— Você está querendo dizer que temos de comprar nossa entrada no reino?

Ao que respondi:

— Não, você não compra nada. Na verdade, você é quem é comprado! — E passei, então, a explicar para essa pessoa a obra da redenção. A Palavra de

Deus nos revela que Jesus nos comprou para o Pai: *E entoavam novo cântico, dizendo: Digno és de tomar o livro e de abrir-lhe os selos, porque foste morto e com o teu sangue COMPRASTE PARA DEUS os que procedem de toda tribo, língua, povo e nação* (Ap 5.9 — grifo do autor).

A redenção pode ser vista como uma transação comercial, um ato de compra. E as Escrituras nos revelam que a moeda de pagamento foi o próprio sangue de Cristo:

> *Pois vocês sabem que o resgate para salvá-los do estilo de vida vazio que herdaram de seus antepassados não foi PAGO com simples ouro ou prata, que perdem seu valor, mas com o sangue precioso de Cristo, o cordeiro de Deus, sem pecado nem mancha. Ele foi escolhido antes da criação do mundo, mas agora, nestes últimos tempos, foi revelado por causa de vocês* (1Pe 1.18-20, NVT — grifo do autor).

Qual é a consequência de termos sido comprados?

Isso faz de Deus o nosso dono e faz de nós a sua propriedade: *Vós, porém, sois raça eleita, sacerdócio real, nação santa, povo de PROPRIEDADE EXCLUSIVA DE DEUS, a fim de proclamardes as virtudes daquele que vos chamou das trevas para a sua maravilhosa luz* (1Pe 2.9 - grifo do autor). Não somos donos de nós mesmos. Paulo explica isso aos coríntios. Depois de dizer que eles não poderiam entregar o corpo à imoralidade, o apóstolo apresenta a eles o motivo: *Acaso, não sabeis que o vosso corpo é santuário do Espírito Santo, que está em vós, o qual tendes da parte de Deus, e que NÃO SOIS DE VÓS MESMOS? Porque fostes COMPRADOS por preço. Agora, pois, glorificai a Deus no vosso corpo* (1Co 6.19,20 — grifo do autor).

Agora passemos à parte prática. Como o resultado desse ato redentor de compra se torna realidade em nossa vida?

Sabemos que essa provisão salvadora nos é oferecida pela graça e se recebe mediante a fé (Ef 2.8,9). Mas é importante ressaltar que a fé tem uma confissão — uma declaração verbal: *Se, com a tua boca, CONFESSARES JESUS COMO SENHOR e, em teu coração, creres que Deus o ressuscitou dentre os mortos, serás salvo. Porque com o coração se crê para justiça e com a boca se confessa a respeito da salvação* (Rm 10.9,10 — grifo do autor).

Portanto, além de crer com o coração, é necessário confessar com a boca a fim de receber a salvação. E aí surge outra questão: confessar o quê? A igreja moderna passou a pregar que precisamos confessar Jesus como *Salvador*. Mas não é isso que a Palavra de Deus diz. Ela diz que temos de confessar Jesus como *Senhor*!

Mas Cristo não é nosso Salvador?

Sim, mas esse não é o objeto da nossa confissão; é o resultado.

A palavra "senhor" é fraca em nossa língua e cultura, mas na língua e cultura dos tempos bíblicos, não. Era uma palavra que expressa algo maior do que costumamos mensurar hoje em dia. A palavra grega traduzida por *senhor* no Novo Testamento é *kurios* e, de acordo com o léxico de Strong, significa: "aquele a quem uma pessoa ou coisa pertence, sobre o qual ele tem o poder de decisão; mestre, senhor; o que possui e dispõe de algo; proprietário; alguém que tem o controle da pessoa". E, em relação aos governantes, poderia significar: "soberano, príncipe, chefe, o imperador romano". Resumindo, era "um título de honra, que expressa respeito e reverência e com o qual servos tratavam seus senhores".

Era esse o significado da palavra "senhor". Quando um escravo se dirigia ao seu amo, seu dono, o chamava de senhor. Era o reconhecimento de que ele nada era ou possuía; que em tudo ele era propriedade de seu senhor. Depois de entender isso, precisamos entender por que a Bíblia nos manda confessar Jesus como Senhor (com esse significado). Por trás dessa confissão é que se encontra a resposta de por que o reino de Deus custa tudo o que temos.

O ato redentor de compra realizado por Jesus requer uma apropriação de fé e uma confissão que reconhece, que torna legítimo o ato da compra. Ao confessar que Jesus é Senhor, estamos reconhecendo o direito que ele tem de ser o nosso dono e a consequente condição de sermos sua propriedade. No momento em que nos curvamos ao senhorio de Cristo e o reconhecemos como nosso dono, estamos "desistindo" de possuir qualquer coisa ou mesmo de ser senhores de nós mesmos.

A única forma de entrar no reino de Deus é mediante esse reconhecimento. Portanto, não há duas opções de cristianismo: uma em que você entrega o que quer e quando quer e outra, mais abnegada, em que você entrega tudo. Só existe a última! E mais uma vez enfatizo: Deus não precisa ser Senhor sobre nossa vida e não necessita de nós como seus servos. Nós é que necessitamos estar debaixo de seu senhorio e da sua vontade!

Quando mudarmos a forma de olhar para esse Deus maravilhoso, sem questionar o que pode parecer um alto padrão de exigência, reconhecendo o seu caráter inquestionável e nos dispondo a viver a mais profunda rendição e busca, tudo será diferente.

Neste capítulo abordei o *propósito* de fazer de Deus o mais importante, o primeiro em nossa vida. Isso diz respeito a nos proteger sob seu senhorio. No próximo capítulo darei ênfase às *consequências* de dar a ele esse lugar.

CAPÍTULO 4

A reciprocidade de Deus

Se você possui alguma coisa que Deus não pode ter,
você nunca terá um avivamento.

A.W. TOZER

Afirmei, no capítulo 1, que é necessário compreender não somente que fomos criados para buscar o Senhor, mas também como deve se dar essa busca. Ou seja, a Palavra de Deus nos revela não apenas *para que* fomos criados — para buscar o Senhor —, mas também nos mostra *como* devemos cumprir essa razão da nossa existência. Em outras palavras, qual deve ser a *intensidade* dessa busca.

Demonstrei também que, ao falar acerca dessa busca, que as Escrituras Sagradas nos revelam que ela não pode acontecer de qualquer forma. Há um padrão de busca que Deus determinou para nós. E esse padrão é alcançado somente quando o Senhor se torna mais importante do que qualquer outra coisa em nossa vida.

Devemos chegar a um ponto tal nesse anseio por ele que nada mais importe. O Senhor, por meio do profeta Jeremias, revelou qual é o tipo de busca que pode ser classificado como *eficaz*, que nos levará, de fato, a encontrá-lo: *Buscar-me-eis e me achareis* QUANDO *me buscardes de todo o vosso coração* (Jr 29.13).

Portanto, podemos afirmar que o interesse de Deus não está apenas no fato de o buscarmos, mas em *como* fazemos isso. Ele não aceita nada menos que nossa inteira dedicação e paixão nessa busca. Podemos afirmar que o Senhor não está interessado na busca em si, mas no *motivo* que nos leva a buscá-lo.

A nossa busca por Deus ainda é muito, muito fraca. É pobre de intensidade, embora, ainda que de forma moderada, possamos reconhecer que ela aconteça. É lógico que, ao falar assim, estou generalizando. Corro o risco de ser injusto com o que considero ser apenas a minoria dos cristãos, pois, se a maioria de nós estivesse buscando o Pai celestial como deveria, a terra já teria sido profundamente abalada há muito tempo!

Quero continuar batendo na mesma tecla do capítulo anterior, demonstrando que essa intensidade esperada por Deus tem muito mais a ver conosco do que com ele. Esse padrão não foi estabelecido porque o Senhor é altamente exigente. Normalmente não questionamos o motivo de algumas ordenanças divinas, mas entendo que o Todo-poderoso não tem necessidade alguma. Ele não precisa que o busquemos. Tampouco precisa que cheguemos a ponto de buscá-lo até que nada mais importe. Deus é perfeito e completo, absoluto em tudo. Não tem falta ou necessidade alguma!

Os verdadeiros beneficiados em cumprir o padrão divino da busca somos nós mesmos. Há motivos pelos quais esses princípios divinos foram estabelecidos e revelados. Primeiramente trabalhei a ideia de que dar a Deus o primeiro lugar é um princípio que protege o nosso coração, que nos leva a cumprir o *propósito* dessa busca apaixonada. Agora abordarei a questão da *consequência* do cumprimento desse propósito. Essa é a tônica deste capítulo. O propósito é que Deus tenha tudo de nós. A consequência é que tenhamos tudo dele. Recordo-me de uma frase de Valnice Milhomens que ouvi, quando ainda era um adolescente. Ela afirmou: "Você nunca terá tudo de Deus enquanto Deus não tiver tudo de você".

Mal sabia eu que aquela frase que pareceu se agarrar ao meu espírito (e não só à minha memória) seria divinamente usada, nos anos posteriores, para me fazer perceber uma lei espiritual que afeta o nosso relacionamento com Deus. Trata-se do que vou denominar como *a lei da reciprocidade*.

Porque o Senhor instituiu e mantém essa lei, ele nos encoraja a usá-la em nosso próprio benefício. Se entendermos essa lei, entenderemos também a importância de buscar a Deus de todo o coração.

A LEI DA RECIPROCIDADE

Antes de detalhar a lei da reciprocidade na Bíblia, quero começar pela definição da palavra "reciprocidade", que significa "o ato de ser recíproco". Por outro lado, a definição de recíproco é "o que se dá ou faz em recompensa de coisa equivalente; mútuo". Com isso em mente, observe o que Tiago declarou: *Chegai-vos a Deus, e ele se chegará a vós outros...* (Tg 4.8).

O que a Palavra de Deus nos revela nesse texto?

A mensagem é clara. A ação divina é equivalente à humana. A aproximação é mútua e proporcional. Isso é reciprocidade. E podemos, diante disso, afirmar que o Senhor se move dentro dessa lei da reciprocidade. Vamos, ao longo deste capítulo, considerar várias afirmações e exemplos das Escrituras e constatar que se trata de um padrão.

Até o momento da conversão, o homem é tratado por Deus de modo diferente do que ele tratou seu criador. Um claro exemplo disso é a declaração *onde abundou o pecado, superabundou a graça* (Rm 5.20). Porém, a partir do início da caminhada com Deus o homem tem de estar ciente da lei da reciprocidade.

Deixe-me antecipar algumas objeções a essa declaração. Essa lei espiritual não anula a soberania de Deus. Pelo contrário, foi justamente o Deus soberano que a estabeleceu por vontade dele.

O que vou compartilhar nas próximas páginas não sugere que o homem esteja no controle de tudo. Não pretendo insinuar que posso escolher tudo o que farei no reino de Deus, nem qual dom ou ministério exercerei, pois isso depende de um chamado específico, depende da vontade de Deus. Entendo isso e procuro viver dependente da vontade e do governo de Deus em minha vida (Tg 4.13-15). Mas o que quero mostrar, pelas Escrituras, é que a lei da reciprocidade afeta a *intensidade* do meu relacionamento com Deus e a *dimensão* das minhas conquistas nele, ainda que não afete o seu plano e propósito para minha vida.

A verdade é que nossa atitude para com Deus é que determina como Deus, em contrapartida, irá nos tratar. Observe a declaração divina: *Honrarei aqueles que me honram, mas aqueles que me desprezam serão tratados com desprezo* (1Sm 2.30, NVI).

Quem decide se vai receber de Deus honra ou desprezo é o próprio homem, e não Deus. Quando entendemos que dar honra ao Senhor significa receber honra de volta e que desprezar ao Senhor significa ser desprezado de volta, entendemos também que a escolha do tratamento a ser dado a Deus é nossa. Da parte dele, só podemos esperar reciprocidade: honra por honra e desprezo por desprezo.

Nos dias do rei Asa, Deus enviou Azarias para anunciar a lei da reciprocidade ao reino de Judá:

> *Veio o Espírito de Deus sobre Azarias, filho de Odede. Este saiu ao encontro de Asa e lhe disse: Ouvi-me, Asa, e todo o Judá, e Benjamim. O SENHOR ESTÁ CONVOSCO, ENQUANTO VÓS ESTAIS COM ELE; se o buscardes, ele se deixará achar; porém, SE O DEIXARDES, VOS DEIXARÁ* (2Cr 15.1,2 — grifo do autor).

O melhor da espiritualidade **45**

A mutualidade foi claramente definida. Por quanto tempo Deus estaria com aquele povo? A escolha não era definida por ele, e sim pelo próprio povo. Observe a reciprocidade: *o SENHOR está convosco, enquanto vós estais com ele.* E o Senhor poderia deixá-los? Sim! Em que condições? Na mesma base de igualdade de comportamento apresentada anteriormente: *se o deixardes, vos deixará.*

Minha intenção não é ser repetitivo, mas, a fim de demonstrar um padrão encontrado nas Escrituras, é necessário passar por vários textos que mostram a mesma verdade. Observemos, portanto, a advertência divina, por meio de Moisés, destacando os castigos da desobediência dos israelitas a Deus: *Se ainda com isto não vos corrigirdes para volverdes a mim, porém andardes contrariamente comigo, EU TAMBÉM SEREI CONTRÁRIO a vós outros e eu mesmo vos ferirei sete vezes mais por causa dos vossos pecados* (Lv 26.23,24 — grifo do autor).

O Senhor está dizendo ao seu povo que, se este fosse contrário a ele, a consequência é que ele *também* agiria da mesma forma. Observe a palavra *também*. Ela indica mutualidade.

Vale ressaltar que a reciprocidade, em si mesma, não é boa nem ruim. É simplesmente uma contrapartida de nossas ações. Se minha atitude para com Deus for negativa, então a consequência será igualmente negativa. Se minha atitude para com Deus for positiva, então a consequência será igualmente positiva. Se alguém trata mal o Senhor (com desonra e abandono), será igualmente maltratado por ele (com desonra e abandono). Se você trata Deus diferente (com honra e entrega), será tratado diferentemente por ele (com honra e intervenção). Isso é fato incontestável! Observe o que o Senhor disse ao rei Asa:

> *Naquele tempo, veio Hanani a Asa, rei de Judá, e lhe disse: Porquanto confiaste no rei da Síria e não confiaste no SENHOR, teu Deus, o exército do rei da Síria escapou das tuas mãos. Acaso, não foram os etíopes e os líbios grande exército, com muitíssimos carros e cavaleiros? Porém, tendo tu confiado no SENHOR, ele os entregou nas tuas mãos. Porque, quanto ao SENHOR, seus olhos passam por toda a terra, para mostrar-se forte para com aqueles cujo coração é totalmente dele; nisto procedeste loucamente; por isso, desde agora, haverá guerras contra ti* (2Cr 16.7-9).

O rei de Judá estava diante de uma guerra a ser travada. Ele poderia ter experimentado uma grande intervenção divina, como já havia desfrutado no passado; bastava apenas que seu coração fosse totalmente do Senhor — pois,

46 ATÉ QUE NADA MAIS IMPORTE

quando nos entregamos totalmente em confiança, podemos ver Deus "se entregando" totalmente em intervenções sobrenaturais.

Porém, a advertência divina foi que, diferentemente do ocorrido anteriormente, agora já não haveria intervenção celestial. O procedimento de Asa foi devidamente classificado: *procedeste loucamente*. Dizer que a derrota foi determinada por Deus seria um grande equívoco. Asa só foi informado das consequências da sua própria atitude.

Passemos a outro texto bíblico que mostra que nossa atitude é que determina qual a revelação de Deus que teremos. *Para com o benigno, benigno te mostras; com o íntegro, também íntegro. Com o puro, puro te mostras; com o perverso, inflexível* (Sl 18.25,26).

Atente para a correspondência entre a *atitude* humana e a *revelação* divina (Na NVI — Nova Versão Internacional —, a expressão *te mostras* foi traduzida por *te revelas*). Isto é reciprocidade: *com o benigno, benigno te mostras*. A quem Deus irá revelar sua benignidade? A quem escolheu andar em benignidade! A quem Deus irá revelar sua integridade? A quem escolheu andar em integridade! A quem Deus irá revelar sua pureza? A quem escolheu andar em pureza! Porém, observe que ao perverso Deus se mostrará *inflexível*. Outra versão diz *contrário*.

Mas por que Deus revelaria algo bom a uma pessoa e resistiria a outra? Alguém, diante disso, poderia objetar: "Mas a Bíblia não diz que Deus não faz acepção de pessoas?" É verdade! Está escrito: *Porque para com Deus não há acepção de pessoas* (Rm 2.11). E esse princípio aparece tanto na nova como na antiga aliança: *Pois o SENHOR, vosso Deus, é o Deus dos deuses e o Senhor dos senhores, o Deus grande, poderoso e temível, que NÃO FAZ ACEPÇÃO DE PESSOAS...* (Dt 10.17 — grifo do autor).

Contudo, isso não anula a lei da reciprocidade. Voltando ao Salmo 18.25,26, citado há pouco, a qualquer um que *escolher* andar em benignidade, Deus igualmente *revelará* sua benignidade; a qualquer um que agir perversamente, Deus se mostrará contrário. Não haverá acepção de pessoas. Um não terá mais privilégios quanto à revelação da benignidade do que outro, embora desfrutar de uma intensidade diferente dessa revelação seja possível e diretamente proporcional à intensidade que a pessoa manifestou em sua atitude.

Certa ocasião, ouvi alguém dizer que o Senhor não faz acepção de *pessoas*, mas faz acepção de *atitudes*. Concordo plenamente! Quando a Bíblia diz que o Senhor se agradou de Abel (e da sua oferta), mas não se agradou de Caim

O *melhor da espiritualidade*   **47**

(e da sua oferta), o foco não estava em quem as pessoas eram, e sim no que essas pessoas fizeram. Essa é a razão de Deus questionar a Caim: *Se procederes bem, não é certo que serás aceito?* (Gn 4.7). A aceitação estava relacionada com o proceder de Caim, e não com sua pessoa. Por isso o Senhor também disse: *Se, todavia, procederes mal, eis que o pecado jaz à porta* (Gn 4.7).

Quero demonstrar essa verdade bíblica através da comparação de outros dois textos. Ambos falam sobre oferta. Um determina que pessoas de condições materiais diferentes deveriam ofertar *o mesmo valor*. O outro, aparentemente contraditório ao primeiro, estabelece que pessoas de condições materiais diferentes deveriam ofertar *valores diferentes*, proporcionais ao ganho e condição financeira de cada um. Examinemos as porções bíblicas mencionadas:

- **Contribuição igual:** *Disse mais o* SENHOR *a Moisés: Quando fizeres recenseamento dos filhos de Israel, cada um deles dará ao* SENHOR *o resgate de si próprio, quando os contares; para que não haja entre eles praga nenhuma, quando os arrolares. Todo aquele que passar ao arrolamento dará isto: metade de um siclo, segundo o siclo do santuário* (este siclo é de vinte geras); *a metade de um siclo é a oferta ao* SENHOR. *Qualquer que entrar no arrolamento, de vinte anos para cima, dará a oferta ao* SENHOR. O RICO NÃO DARÁ MAIS *de meio siclo,* NEM O POBRE, MENOS, *quando derem a oferta ao* SENHOR, *para fazerdes expiação pela vossa alma* (Êx 30.11-15 — grifo do autor).

- **Contribuição diferente:** *No primeiro dia da semana, cada um de vós ponha de parte, em casa,* CONFORME A SUA PROSPERIDADE, *e vá juntando, para que se não façam coletas quando eu for* (1Co 16.1 — grifo do autor).

A aparente contradição se resolve quando entendemos que não se trata de regras diferentes para a mesma coisa. Na verdade, são aspectos diferentes de uma mesma coisa, a oferta ao Senhor. No primeiro texto, constatamos que cada pessoa, seja rica, seja pobre, tem o mesmo valor diante de Deus; esse texto sustenta o princípio de que Deus não faz acepção de pessoas. No segundo texto bíblico, constatamos que cada um contribui conforme a sua prosperidade. Não se trata de uma oferta igualitária, mas de algo voluntário e proporcional à renda. E, nesse tipo de oferta, os resultados também são determinados de acordo com a oferta de cada um. Observe que Paulo ensinou aos mesmos cristãos de Corinto que a bênção que será liberada sobre o ofertante depende de como ele agiu. Em outras palavras, o resultado é proporcional à atitude de cada um: *Lembrem-se: aquele que semeia pouco,*

TAMBÉM colherá pouco, e aquele que semeia com fartura, TAMBÉM colherá fartamente (2Co 9.6, NVI — grifo do autor).

Destaquei a palavra *também* no versículo anteriormente citado. Ela indica a mutualidade, a reciprocidade. Uma pequena semeadura produz uma colheita pequena. Uma grande semeadura produz uma colheita grande.

Recapitulando, a ideia de que Deus não faz distinção entre as pessoas é vista na oferta de resgate mencionada no livro de Êxodo. O rico e o pobre são iguais aos olhos de Deus; não há distinção entre eles. Mas e a diferença entre o que colhe pouco e o que colhe muito? O que se vê, nesse caso, não é acepção de pessoas, e sim de atitudes.

Quem escolheu quanto plantar foi o homem, e não Deus. Quem provocou a colheita diferenciada foi o homem, e não Deus. O criador apenas estabeleceu a lei espiritual, mas é o homem que decide como vai usá-la. Deus não vai, de modo algum, anular essa lei da reciprocidade, por ele mesmo instituída, pois, se por um lado ele não faz acepção de pessoas, por outro, ele o faz de atitudes.

É imperativo entender que nosso comportamento afeta o nosso relacionamento com Deus. Entenda que não estou dizendo que Deus seja volúvel e mude de acordo com nossas atitudes. Temos de separar aquilo que Deus é da forma que ele interagirá conosco. Nosso comportamento não muda o que Deus é. A maior prova disso está na declaração de Paulo a Timóteo: *se somos infiéis, ele permanece fiel, pois de maneira nenhuma pode negar-se a si mesmo* (2Tm 2.13). Ou seja, meu comportamento de infidelidade não muda o caráter de fidelidade de Deus.

Por quê? Porque ele não pode negar a si mesmo.

Então isso não é contraditório? De forma alguma!

Minhas atitudes não mudam o que Deus é, mas afetam a maneira como ele se revelará a nós. Observe os versículos anteriores ao que acabei de citar: *Fiel é esta palavra: Se já morremos com ele, também viveremos com ele; se perseveramos, também com ele reinaremos; SE O NEGAMOS, ELE, POR SUA VEZ, NOS NEGARÁ* (2Tm 2.11,12 — grifo do autor).

A lei da reciprocidade aparece claramente no versículo anterior: *se o negamos, ele, por sua vez, nos negará* (2Tm 2.12). Haverá mutualidade no comportamento divino? Com certeza! A infidelidade que leva o homem a negar a Deus gerará uma recíproca de negação da parte de Deus para com o homem; isso é *reciprocidade*. A diferença é que o comportamento humano está expressando quem o homem é, enquanto a reação divina não está expressando quem Deus é; isso é *identidade*. Esta é uma das maneiras do Senhor dizer aos homens: "O que vocês estão vivendo não é, necessariamente, a minha vontade, tampouco a revelação de quem eu sou. Trata-se apenas das consequências das suas escolhas e atitudes".

Precisamos acordar para o fato de que se nossas escolhas — o que inclui a responsabilidade de desejar Deus até que nada mais importe — não nos levarão a uma dimensão mais profunda de relacionamento com ele, então não haveria razão para essa busca.

As pessoas confundem as coisas. Já vi gente dizendo que Deus não irá revelar mais de si a uns do que a outros, tampouco abençoar mais a uns do que a outros, uma vez que ama a todos igualmente. Mas o fato é que os resultados que vivemos não são determinados de forma unilateral pelo Senhor. Por exemplo, desde a antiga aliança, Deus revelou um princípio: obediência atrai bênção (Dt 28.1-14) e desobediência atrai maldição (Dt 28.15-68). Não podemos responsabilizar Deus pelas bênçãos ou maldições que as pessoas experimentaram ao longo da narrativa bíblica (e ainda hoje experimentam). O criador estabeleceu a lei espiritual, mas quem escolhe provocar a bênção por meio da obediência ou a maldição por meio da desobediência são as pessoas, e não Deus!

O fato de que todos são igualmente amados pelo Pai celestial (e possuem o mesmo valor diante dele) não nivela o *relacionamento* das pessoas com Deus. Os que são igualmente amados pelo Senhor podem viver diferentes níveis de entrega e rendição em seu relacionamento com ele. Em sua obra *A vida crucificada: como viver uma experiência cristã mais profunda*, citada anteriormente, A. W. Tozer afirma: "Se você possui alguma coisa que Deus não pode ter, você nunca terá um avivamento". Como imaginar que podemos ter mais dele sem que ele tenha mais de nós? Isso fere não somente a lei da reciprocidade como também nos impede de agradar a Deus. Falarei mais sobre a nossa responsabilidade da entrega no capítulo 5.

CAPÍTULO 5

Amado e agradável

Nunca me sinto melhor do que quando me esforço ao máximo para Deus.
George Whitefield

Há uma diferença entre ser amado por Deus e ter uma maneira de viver a vida cristã que seja agradável a ele. O primeiro determina o nosso valor e tem a ver tanto com o que Deus é como com o que nós somos. O segundo tem a ver com o nosso comportamento e nada a ver com Deus ou nós somos.

A diferença entre ser amado e ser agradável

Deixe-me ilustrar isso com um episódio que vivi anos atrás, quando meu filho Israel tinha apenas 11 anos de idade. O menino chegou do colégio com indícios de nervosismo e, pela época da nossa conversa (era o fim do primeiro bimestre escolar), deduzi que o medo estampado no rosto dele apontava para o fato de que ele teria de entregar o boletim, que, por sua vez, teria alguma provável nota baixa. Fiquei com dó do aparente desespero do Israel e, tentando facilitar a notícia que ele teria de transmitir, adiantei o assunto:

— Em qual matéria você ficou com nota vermelha?

Ele foi logo se justificando:

— Foi em matemática, pai. É que quando eu voltei da nossa viagem houve uma prova surpresa antes que eu conseguisse repor a matéria perdida.

Permita-me definir o contexto do ocorrido. Era a primeira vez que isso acontecia com ele. A Kelly, minha esposa, além de muito boa mãe, é pedagoga e trabalhou anos como orientadora pedagógica; por conta disso, meus filhos tinham que "andar na linha" na questão das notas escolares. Além disso, eu estava me sentindo um pouco culpado porque eu tinha levado o meu filho comigo numa viagem (logo nos primeiros dias do retorno às aulas), e a matéria perdida que ocasionou a dificuldade do Israel manter a média era justamente a daqueles dias da viagem. Portanto, por se tratar de um "réu primário" e eu ter minha parcela de culpa, tentei aliviar o peso que o menino sentia na entrega do boletim escolar. E dei continuidade à nossa conversa, dizendo o seguinte:

— Filho, você está preocupado demais com o que eu possa pensar de você. Acho que você só está tão nervoso porque deve estar confundindo seu *valor* com a sua *performance*. Elas são duas coisas bem distintas.

Então emendei:

— Guarde isso para sempre no seu coração: Nada do que você fizer de *bom* fará com que eu ame você *mais* do que eu já amo. E nada do que você fizer de *errado* fará com que eu o ame *menos*. Quanto eu te amo não tem nada a ver com o que você faz; tem a ver com quem você é. Você é meu filho, e isso basta!

De repente, uma carinha meio malandra foi surgindo em meio à expressão de alívio que se formou no rosto do menino... Quase dava para ouvir o que ele estava pensando: "Então liberou geral? Você me amará igualmente, não importa o que eu faça?"

Era quase como se ele estivesse me perguntando: "E não há motivo algum para que eu me preocupe com a minha *performance* nos estudos?"

Foi quando decidi entrar logo em ação e disparei:

— Ser amado não tem nada a ver com sua *performance*, apenas com o que você é. Mas, se você quer me agradar, aí é outra conversa!

Graças a Deus, meu filho entendeu essa verdade. Isso, por um lado, tirou dele o peso da missão inútil de tentar ser merecedor do meu amor paterno; por outro lado, o conscientizou da responsabilidade de se dedicar mais para me agradar.

Alguns anos depois do ocorrido, li o livro *Extraordinário — o que você está destinado a viver*, de John Bevere,[3] e encontrei uma história semelhante sobre como ele explicou aos seus filhos a diferença entre ser amado e ser agradável. E, depois de estabelecer o mesmo paralelo que apliquei anteriormente, ele afirmou: "Sei que isso pode ser uma espécie de choque para você, mas o mesmo acontece em nosso relacionamento com Deus. Não podemos fazer nada para fazer com que Deus nos ame mais do que ele já nos ama; também não podemos fazer nada que faça com que ele nos ame menos. Mas quanto prazer ele sente por nossa causa? Isso é outra história". E acrescentou: "Nos últimos anos, ouvimos falar muito sobre o amor incondicional de Deus

---

[3]BEVERE, John. *Extraordinário — o que você está destinado a viver*. Rio de Janeiro: Lan Editora, 21.

— uma discussão muito útil e necessária. Entretanto, muitas pessoas concluíram em seu subconsciente que, uma vez que Deus as ama, ele também está satisfeito com elas. Isso simplesmente não é verdade".

Percebo dois tipos de comportamento errado na igreja e sei que eles nascem de um entendimento errado. Mas não há como tratar do efeito sem tratar da causa.

Há muitos cristãos se esforçando por "merecer" o amor do Pai celestial (mesmo colocando esse *merecer* entre aspas, ele ainda soa muito ridículo). Mas o amor divino não tem nada a ver com *performance*! Jesus, ao contar a parábola do filho pródigo, não disse que o pai estava desmotivado para amar ou perdoar o seu filho quando este regressou para casa. Não! O amor daquele pai não tinha absolutamente nada a ver com a *performance* do seu filho. Muitos estão vivendo nesse extremo. Acreditam que deveriam "merecer" esse amor e nunca conseguem viver à altura do que idealizaram.

Mas há um outro tipo (ou grupo) de cristãos, que sabe que a *performance* não determina valor ou aceitação, a ponto de não se importar com isso. O problema é que essas pessoas não entendem que, para agradar a Deus, diferente de ser amado por ele, temos de dar o melhor de nós.

Toda e qualquer pessoa tem o mesmo valor aos olhos de Deus. Todos são amados por Deus. Mas a pergunta a ser feita é: estamos todos agradando a Deus?

O princípio de agradá-lo é bíblico! *Finalmente, irmãos, nós vos rogamos e exortamos no Senhor Jesus que, como de nós recebestes, quanto à maneira por que deveis viver e* AGRADAR A DEUS, *e efetivamente estais fazendo, continueis progredindo cada vez mais* (1Ts 4.1 — grifo do autor).

Há uma maneira de viver e agradar a Deus. Isso deve ser praticado e devemos progredir nisso. É simples assim! Observe os versículos a seguir: *Portanto, os que estão na carne não podem* AGRADAR A DEUS (Rm 8.8); *De fato, sem fé é impossível* AGRADAR A DEUS, *porquanto é necessário que aquele que se aproxima de Deus creia que ele existe e que se torna galardoador dos que o buscam* (Hb 11.6 — grifo do autor).

Uma pessoa que *está na carne* é amada por Deus?

Claro que sim!

E ela está agradando a Deus?

Claro que não!

Uma pessoa que *não consegue andar em fé* é amada por Deus?

Sim!

E ela está agradando a Deus?

Não!

Nenhum de nós pode se esquecer disso. Tanto o ser amado por Deus como o ser agradável a Deus estão relacionados com *valor*. Porém, um determina o nosso valor para Deus enquanto o outro determina o valor de Deus para nós. Muito mais do que apenas ser extraordinariamente amado por Deus — o que determina *o nosso* alto valor para ele —, nós também devemos procurar, em tudo, *agradar* a Deus — o que determina o alto valor dele para nós.

A falta dessa compreensão básica tem impedido muitos de avançar a uma dimensão maior de intimidade com o Senhor. Alguns sabem que, como filhos, são tão amados pelo Pai celeste quanto os outros. O que, infelizmente, ignoram é que poderiam agradar mais ao Pai e desfrutar muito mais dele do que já chegaram a experimentar.

Essa lei da reciprocidade define a intensidade do nosso relacionamento com Deus. Mas, como veremos a seguir, também define o nível de conquistas e experiências que podemos ter com ele.

Quero demonstrar que ir mais fundo é nossa responsabilidade. Não se trata de algo que depende somente de Deus. Pelo contrário, depende de nós usarmos ou não os princípios que ele instituiu e revelou.

Você define o limite

Qual será a intensidade do meu relacionamento com Deus?

Quanto vou experimentar de Deus?

Eu mesmo é que decido!

Já vimos que a lei da reciprocidade define que aquilo que Deus faz — a parte dele — depende daquilo que eu faço — a minha parte.

Vou falar primeiro da intensidade e depois das conquistas. A dimensão de ambas é determinada pela nossa atitude de provocar (ou não) a lei da reciprocidade divina. Vejamos alguns exemplos bíblicos que comprovam isso.

Entrando no rio

Uma das figuras do mover do Espírito Santo pode ser vista no rio de Deus. Assim como lemos acerca de um rio, na Cidade Santa, no livro de Apocalipse, também lemos, em Salmos, que *há um rio, cujas correntes alegram a cidade de Deus* (Sl 46.4). O rio flui do trono de Deus (Ap 22.1,2), ou seja, é uma extensão dele mesmo, e faz coisas que só Deus pode fazer, como comunicar vida, curar etc.

Há um paralelo mencionado em Ezequiel 47, numa visão que o profeta teve, que apresenta muitas similaridades da descrição do rio no Apocalipse.

Saiu aquele homem para o oriente, tendo na mão um cordel de medir; mediu mil côvados e me fez passar pelas águas, águas que me davam pelos tornozelos. Mediu mais mil e me fez passar pelas águas, águas que me davam pelos joelhos; mediu mais mil e me fez passar pelas águas, águas que me davam pelos lombos. Mediu ainda outros mil, e era já um rio que eu não podia atravessar, porque as águas tinham crescido, águas que se deviam passar a nado, rio pelo qual não se podia passar (Ez 47.3-5).

Que lição temos aqui?

Deveria ser simples de entender, mas sei que o princípio aqui revelado tem passado despercebido a muita gente. Para ter mais do rio de Deus, *temos que entrar nele*! É isso mesmo. Não é o rio que invade a sua vida; *é você que tem que entrar no rio*!

Tenho conhecido muitos crentes que passam uma vida inteira esperando uma espécie de enchente espiritual. Avivamento, na concepção deles, parece ser o aguardado momento que ocorrerá essa "santa inundação" e o rio invadirá a sua vida.

Descobri que eu é que preciso entrar no rio. Descobri também que posso parar quando as águas ainda derem nos tornozelos; ou quando ainda derem nos joelhos; ou mesmo nos lombos. Isso não significa que essa seja a vontade de Deus. Penso que assim como o anjo que fazia a medição não deixou Ezequiel parar com as águas nos tornozelos, joelhos e lombos, mas o levou até as águas profundas, assim também o Senhor não quer que paremos nas águas rasas. Nosso destino é o lugar das águas profundas!

Mas, à semelhança do profeta, temos de avançar. Não podemos parar no raso. A profundidade tem que ser buscada. E ela depende mais de nós do que de Deus! O Senhor já criou o acesso e nos revelou o caminho. Só falta decidirmos chegar lá.

Bem, falei acerca da nossa responsabilidade de alcançar uma maior intensidade no relacionamento com Deus. Agora quero abordar a mesma responsabilidade no que tange às conquistas espirituais.

FLECHANDO O CHÃO

Já entendi que o mover de Deus será, em minha vida, do tamanho da minha fé. O limite não está em Deus; pelo contrário, o limite está em nós. Enxergamos isso claramente no episódio da visita do rei Jeoás ao profeta Eliseu:

Estando Eliseu padecendo da enfermidade de que havia de morrer, Jeoás, rei de Israel, desceu a visitá-lo, chorou sobre ele e disse: Meu pai, meu pai! Carros de Israel e seus cavaleiros! Então, lhe disse Eliseu: Toma um arco e flechas; ele tomou um arco e flechas. Disse ao rei de Israel: Retesa o arco; e ele o fez. Então, Eliseu pôs as mãos sobre as mãos do rei. E disse: Abre a janela para o oriente; ele a abriu. Disse mais Eliseu: Atira; e ele atirou. Prosseguiu: Flecha da vitória do SENHOR! *Flecha da vitória contra os sírios! Porque ferirás os sírios em Afeca, até os consumir. Disse ainda: Toma as flechas. Ele as tomou. Então, disse ao rei de Israel: Atira contra a terra; ele a feriu três vezes e cessou. [...] Então, o homem de Deus se indignou muito contra ele e disse: Cinco ou seis vezes a deverias ter ferido; então, feririas os sírios até os consumir; porém, agora, só três vezes ferirás os sírios* (2Rs 13.14-19,25).

Aqui temos um rei que recebeu uma palavra de Deus através de um dos mais sérios profetas da Bíblia. A promessa era explícita e incluía uma vitória esmagadora e permanente sobre o inimigo: *ferirás os sírios em Afeca, até os consumir.* Essa era a provisão divina, a vontade do Senhor, revelada por meio de seu servo.

Mas qual foi o resultado?

A indignação de Eliseu se manifestou quando aquele rei limitou o que Deus queria fazer. Sim, foi isso que ele fez! Jeoás limitou uma promessa que era bem maior do que ele creu que pudesse ser.

Como esse homem limitou o que lhe fora prometido?

Eliseu ordenou ao rei que atirasse pela janela. E ele o fez. Então profetizou: *Flecha da vitória do* SENHOR! *Flecha da vitória contra os siros! Porque ferirás os sírios em Afeca, até os consumir.* Aquela flecha não foi muito longe do quintal de Eliseu. Não se transformou num míssel balístico, de alta potência, que destruiu o arraial do inimigo. Aquilo era apenas um ato profético, uma declaração ao reino espiritual. E, na sequência, o profeta diz ao rei para ferir o chão, o que foi feito por apenas três vezes. O que o rei de Israel estava dizendo com seu ato? Que três vitórias eram suficientes para ele, que isso já seria mais do que bom. É nesse momento que, muito indignado, Eliseu declara que ele deveria ter ferido a terra mais vezes. E emenda: *então, feririas os sírios até os consumir.* Atente para a palavra *então.* Ela, junto com a conjugação do verbo no condicional, revela o desperdício da provisão divina. Além disso, ainda vem a sentença profética: *porém, agora, só três vezes ferirás os sírios.*

Quem determina a quantidade de vitórias que terá sobre o inimigo?

Aprendemos aqui que nós mesmos é que determinamos a quantidade de vitórias que teremos. E isso por meio da fé que expressamos. Não é a palavra de Deus que garante a vitória. É a nossa fé nessa palavra que produzirá resultados. As Escrituras nos ensinam que é com fé que herdamos as promessas (Hb 6.12). Em outras palavras, não basta ter promessa (ainda que divina); é preciso ter fé. Só assim poderemos entender o que Paulo disse a seu discípulo Timóteo: *Este é o dever de que te encarrego, ó filho Timóteo, segundo as profecias de que antecipadamente foste objeto: combate, firmado nelas, o bom combate, mantendo fé...* (1Tm 1.18,19*).

Mesmo diante de palavras proféticas, Timóteo é encorajado a manter a fé, a combater, firmado nessas profecias, o bom combate. Em outras palavras, temos de lutar pelo cumprimento do que Deus fala. E vemos essa mesma verdade em outras ocorrências bíblicas, como no caso de Abraão. *Porque eu o escolhi para que ordene a seus filhos e a sua casa depois dele, a fim de que guardem o caminho do SENHOR e pratiquem a justiça e o juízo; para que o SENHOR faça vir sobre Abraão o que tem falado a seu respeito* (Gn 18.19).

Repare que o Senhor diz que ele escolheu a Abraão para que o patriarca, por sua vez, fizesse a sua parte, para que, então — e somente então — o Senhor pudesse fazer a parte dele. A falta de fé de nossa parte nos impede de viver a plenitude do que Deus tem para nós. A falta de rendição da nossa parte também produz as mesmas consequências.

Uma verdade bíblica poderosa, resumida e simplificada por John Bevere, em uma frase, tem desencadeado muita coisa em minha vida. Em seu *livro Extraordinário — o que você está destinado a viver*, ele afirma: "Deus não responde à nossa necessidade; ele responde à nossa fé!"

Embora se trate de um princípio tão claro, percebo que, quando repito essa frase em meus ensinos, as pessoas reagem desconfortáveis a essa declaração. Mas vamos observar a aplicação dela na questão da salvação. Todo homem precisa de salvação; isso fica evidente quando lemos que todos *estão debaixo do pecado* e, como está escrito, *não há justo, nem um sequer* (Rm 2.9,10). É da vontade de Deus que todos se salvem (1Tm 2.4). Porém, as pessoas só são salvas *mediante a fé* (Ef 2.8). Por isso o apóstolo João declarou: *para que todo o que NELE CRÊ não pereça, mas tenha a vida eterna* (Jo 3.16 — grifo do autor). Viver eternamente ou experimentar a condenação eterna depende de crer ou não crer: *quem nele crê não é julgado; o que não crê já está julgado* (Jo 3.18).

A Bíblia nos revela que o rei Asa venceu uma batalha de modo milagroso porque confiou no Senhor, mas deixou de experimentar a intervenção divina em outra batalha quando não decidiu confiar em Deus (2Cr 16.7-9).

Se nós atentássemos para o fato de que, quanto mais nos entregamos ao Senhor mais desfrutamos dele, certamente nossa busca não seria tão rasa. Permita-me, no intuito de despertá-lo a buscar a Deus ainda mais, mostrar-lhe mais uma das facetas dessa lei da reciprocidade.

Cuidando dos interesses de Deus

Um fato interessante que encontramos nas Escrituras, desde a antiga aliança, é que, se cuidamos dos interesses de Deus, ele cuidará dos nossos. Isso é mutualidade. *Porque lançarei fora as nações de diante de ti e alargarei o teu território; ninguém cobiçará a tua terra quando subires para comparecer na presença do Senhor, teu Deus, três vezes no ano* (Êx 34.24).

O Senhor estava dizendo aos israelitas: "Não se preocupem com aquilo que é de vocês. Não tenham medo de subir a Jerusalém, três vezes ao ano, como lhes foi ordenado. Quando vocês fizerem isso, as suas terras não ficarão desguarnecidas de proteção".

Não estou dizendo que um crente nunca será roubado ou que jamais sofrerá perdas. Se eu dissesse isso, estaria contradizendo a afirmação de Jesus, que, falando aos seus discípulos — e não a estranhos — disse que aqui na terra os ladrões minam e roubam (Mt 6.20). Estou apenas dizendo que, no mínimo, há uma declaração divina que expressa algo parecido com isso: "Cuidem do que é meu, que eu cuido do que é de vocês".

A Bíblia revela que, quando ponho Deus em primeiro lugar, ele me supre. *Buscai, pois, em primeiro lugar, o seu reino e a sua justiça, e todas estas coisas vos serão acrescentadas* (Mt 6.33 — grifo do autor).

Se eu coloco Deus (e seu reino) em primeiro lugar, minhas necessidades serão supridas por ele! Aleluia! Porém, em contrapartida, quando eu não valorizo as coisas de Deus, ele não valoriza as minhas. Entenda: isso é reciprocidade, e não "birra" da parte de Deus (como alguns, equivocadamente, presumem).

Essa lição é a essência da mensagem do livro de Ageu. No momento em que eles se concentravam em cuidar das suas próprias casas, ignorando a casa de Deus, recebem a seguinte palavra profética por meio de Ageu:

> *Tendes semeado muito e recolhido pouco; comeis, mas não chega para fartar-vos; bebeis, mas não dá para saciar-vos; vestis-vos, mas ninguém se aquece; e o que recebe salário, recebe-o para pô-lo num saquitel furado. Assim diz o Senhor dos Exércitos: Considerai o vosso passado. Subi ao monte, trazei madeira e edificai*

a casa; dela me agradarei e serei glorificado, diz o SENHOR. *Esperastes o muito, e eis que veio a ser pouco, e esse pouco, quando o trouxestes para casa, eu com um assopro o dissipei. Por quê? — diz o* SENHOR *dos Exércitos; por causa da minha casa, que permanece em ruínas, ao passo que cada um de vós corre por causa de sua própria casa* (Ag 1.6-9).

Qual era a maneira de reverter esse quadro?

Ora, se, por um lado, Deus despreza aqueles que o desprezam, por outro, ele também honra aqueles que o honram (1Sm 2.30). Quando os judeus se arrependeram e decidiram priorizar a casa do Senhor, tudo mudou. Observe a outra mensagem que o Senhor, por meio do profeta Ageu, enviou ao seu povo daqueles dias:

Considerai, eu vos rogo, desde este dia em diante, desde o vigésimo quarto dia do mês nono, desde o dia em que se fundou o templo do SENHOR, *considerai nestas coisas. Já não há semente no celeiro. Além disso, a videira, a figueira, a romeira e a oliveira não têm dado os seus frutos; mas,* DESDE ESTE DIA, VOS ABENÇOAREI (Ag 2.18,19 — grifo do autor).

Essa lei da reciprocidade me ensina a não permanecer indiferente. Ela me ensina a dedicar-me cada vez mais ao Senhor. Não porque ele precise disso, e sim porque nós precisamos! O entendimento e uso correto dessa lei espiritual nos ajudará a ir além da mediocridade e entrar numa dimensão mais profunda de intimidade com o Senhor. É por isso que precisamos aprender a buscar o Senhor *de todo coração* e *até que nada mais importe*.

CAPÍTULO 6

Fascinados por Deus

O que nos molda não é aquilo a que nós dedicamos mais tempo, e sim o que exerce o maior poder sobre nós.

OSWALD CHAMBERS

Você sabia que o livro mais lido do mundo é a Bíblia? E também no Brasil. Esse é o resultado da 4ª edição da pesquisa "Retratos da Leitura no Brasil" (2016), que destaca o Livro Sagrado em primeiro lugar nas listas entre os "livros mais marcantes" e os "últimos livros mais lidos". Esse é o terceiro ano consecutivo em que a Bíblia aparece nessa colocação (os anos anteriores foram 2008 e 2012). Desenvolvida pelo Ibope, sob encomenda do Instituto Pró-Livro (IPL), entidade mantida pelo Sindicato Nacional dos Editores de Livros (SNEL), Câmara Brasileira do Livro (CBL) e Associação Brasileira de Editores de Livros Escolares (Abrelivros), a pesquisa concluiu que a Bíblia Sagrada continua sendo o livro mais lido, em qualquer nível de escolaridade.

Dentre os 66 livros que compõem o Livro Sagrado, o mais lido é o de Salmos. Alex Varughese, editor da obra *Descobrindo a Bíblia: história e fé das comunidades bíblicas*,[4] confirma a informação de Salmos como uma das porções mais lidas das Escrituras e comenta um detalhe que pode sugerir o porquê de uma preferência tão distinta por esse compêndio: "O livro de Salmos é um dos livros mais lidos e apreciados da Bíblia. Tanto a sinagoga como a igreja continuam a ler, entoar e orar os Salmos. Enquanto outros livros do Antigo Testamento representam a Palavra de Deus para a humanidade, os Salmos elevam a voz da humanidade a Deus".

Outra informação interessante é que, dos 150 salmos, 73 são atribuídos a Davi; ou seja, quase metade dos salmos! Se ainda levarmos em conta que

---

[4]VARUGHESE, Alex (ed). *Descobrindo a Bíblia: história e fé das comunidades bíblicas*. Rio de Janeiro: Central Gospel, 212.

50 salmos não possuem identificação de autoria, percebemos que restam apenas 27 que se dividem entre vários outros autores. Essa é a provável razão pela qual, quando se fala a respeito dos salmos, o nome de Davi seja o primeiro que nos vem à mente.

Apresento esses dados para destacar um fato: se a Bíblia é o livro mais lido do mundo e, se o livro mais lido da Bíblia é o de Salmos, e dos salmos Davi é o escritor que mais aparece, seria exagero declarar que ele se tornou um dos grandes nomes da história da humanidade? Para o mundo, o rei Davi tornou-se conhecido mais por seus salmos do que por suas guerras. Para os hebreus, provavelmente essa faceta de conquistador tenha bem mais destaque do que para o resto do mundo. Esse homem foi o primeiro líder a levar a nação de Israel a possuir a totalidade da terra prometida, Canaã.

Mas a mais surpreendente classificação de Davi na Bíblia fala não da sua reputação diante dos homens, mas diante de Deus. Sim, ele é o único na Bíblia que foi chamado de *homem segundo o coração de Deus*.

Sabemos que esse adjetivo não foi usado para indicar que ele era um homem perfeito, pois alguns de seus pecados — que são as claras evidências de suas limitações como homem — estão registrados nas Escrituras. Nessa relação de pecados, temos um adultério e um homicídio, ambos os pecados envolvendo um dos seus mais fiéis valentes, Urias, embora seja justo também dizer que os tropeços de Davi se limitam principalmente a essas ações: *Porquanto Davi fez o que era reto perante o SENHOR e não se desviou de tudo quanto lhe ordenara, em todos os dias da sua vida, senão no caso de Urias, o heteu* (1Rs 15.5).

Então, se não foi por causa da perfeição que o filho de Jessé teria sido chamado de *homem segundo o coração de Deus*, por qual outra razão seria?

Penso que isso se deva a um fato, claramente revelado nas Escrituras, embora nem sempre percebido. Davi foi assim chamado pelo Senhor por apresentar algo *essencial* que o Senhor espera dos homens. A ideia de que Deus está buscando algo nas pessoas pode ser vista na frase: *Achei Davi, meu servo* (Sl 89.20), embora esse texto sozinho possa sugerir que a busca divina fosse por uma pessoa, e não necessariamente pela característica nela encontrada. Portanto, vejamos outra declaração bíblica — e neotestamentária — sobre o assunto: *... elevou-lhes Davi como rei, ao qual também, dando testemunho, disse: ACHEI A DAVI, filho de Jessé, homem SEGUNDO O MEU CORAÇÃO, e ele fará todas AS MINHAS VONTADES* (At 13.22 — grifo do autor). Esse outro versículo relaciona a frase *achei Davi* com as expressões *homem segundo o meu* *coração e fará todas as minhas vontades.* Elas precisam ser vistas e examinadas como conectadas umas às outras.

Mostrei, pela Palavra de Deus, logo no capítulo 1, que a humanidade foi criada *para buscar a Deus.* E, se essa é a razão da nossa existência, seria de causar admiração pensar que essa é uma das características que o criador mais espera que manifestemos?

Há um texto que revela muito do que o Senhor encontrou em Davi (e que vou explorar melhor depois) e que pode nos ajudar a estabelecer um roteiro e, assim, "juntar as peças do quebra-cabeça" a respeito do homem segundo o coração de Deus. *Uma coisa peço ao Senhor, e a buscarei: que eu possa morar na Casa do Senhor todos os dias da minha vida, para contemplar a beleza do Senhor e meditar no seu templo* (Sl 27.4).

O foco de Davi em estar perante o Senhor, contemplar a sua beleza e meditar no seu santo templo revela algo especial acerca do que Deus encontrou nele. Essa é a primeira "dica" bíblica que nos ajuda a entender a verdade por trás do que o Senhor achou em seu servo.

O tabernáculo de Davi

Outra declaração das Escrituras que amplia o entendimento da primeira — ao mesmo tempo que se soma a ela — é a respeito do tabernáculo de Davi:

> *Naquele dia, levantarei o tabernáculo caído de Davi, repararei as suas brechas; e, levantando-o das suas ruínas, restaurá-lo-ei como fora nos dias da antiguidade; para que possuam o restante de Edom e todas as nações que são chamadas pelo meu nome, diz o Senhor, que faz estas coisas* (Am 9.11,12).

O profeta Amós foi contemporâneo de Isaías e de Miqueias. Morador de Tecoa (uma vila a dezesseis quilômetros ao sul de Jerusalém), ele foi tirado de trás do gado para ser mensageiro do Senhor em sua geração. Ele pregou em Betel, no reino do Norte (nessa época do *reino dividido* a nação de Israel contava com dez tribos, enquanto Judá e Benjamim compunham o reino do Sul). Ali sofreu forte oposição, o que o levou a retornar a Judá, onde registrou sua mensagem.

Judá vivia, nessa época — e em comparação com as últimas gerações — um momento de glória. Nos dias do rei Uzias, a nação prosperou não só economicamente como também militarmente. Tornou-se uma potência do mundo de então (2Cr 26.3-15). Uzias talvez seja, depois de Davi, o maior conquistador que Judá teve. O homem era tido como um herói nacional. Digo isso porque, nos dias do rei Uzias, a nação de Judá chegou o mais perto possível da glória que teve nos dias de Davi. Qualquer um que conhecesse a história (e sabemos que ela era devidamente valorizada e contada) sabia disso. Portanto, em dias de uma possível comparação com o reinado de Davi, não me parece coincidência que Deus tenha protestado ao seu povo justamente para falar do que ele mais sentia falta da geração davídica. Não era do poderio econômico ou militar. Não era da glória de um povo promovendo a glória de seu Deus. Não era da possessão da terra prometida.

O que o Senhor sentia falta dos dias de Davi e queria de volta nos dias de Uzias?

O tabernáculo de Davi!

É isso mesmo! Observe a profecia de Amós: LEVANTAREI *o tabernáculo* CAÍDO *de Davi*, REPARAREI *as suas* BRECHAS; *e*, LEVANTANDO-O DAS SUAS RUÍNAS RESTAURÁ-LO-EI COMO FORA NOS DIAS DA ANTIGUIDADE. Perdoe-me, mas preciso ser repetitivo e enfático. Observe cada uma das frases (e ações) desse texto bíblico que indica a intenção divina:

1. *levantar* o tabernáculo caído;
2. *reparar* as suas brechas;
3. *levantar* o tabernáculo das suas ruínas;
4. *restaurar* o tabernáculo como foi nos dias da Antiguidade.

Deus queria de volta uma única coisa dos tempos gloriosos de Davi: o tabernáculo que foi levantado naquela ocasião! O curioso é que de todos os edifícios levantados e consagrados para ser a casa de Deus nos tempos bíblicos (o que inclui o tabernáculo de Moisés, o templo de Salomão, a reconstrução do templo nos dias de Esdras — e até mesmo o templo de Herodes dos dias de Jesus), o que Davi edificou é o mais simples de todos. Ele não tinha a sobrenatural obra de arte que foi encontrada no de Moisés. Não tinha a glória do templo de Salomão, levantado posteriormente, e nada que pudesse se comparar ao templo de Esdras. Não tinha as suntuosas pedras e edificações do templo de Herodes — cujas ruínas impressionam até hoje.

O tabernáculo de Davi era apenas uma tenda simples com a arca da aliança no meio. O resto da mobília do tabernáculo de Moisés nem sequer foi levado para o tabernáculo de Davi. Em razão disso, é mais fácil concluir que o Senhor queria *o que um dia aconteceu ali* do que a tenda em si.

A pergunta, por ora, é: "O que Deus queria desse tabernáculo?"

Abordarei melhor o que acontecia na tenda levantada pelo rei Davi mais adiante. Por ora, vamos ao um breve resumo. Davi trouxe de volta a arca da aliança — símbolo da presença de Deus — que estava perdida por décadas e colocou-a nesse tabernáculo (1Cr 15.1) e depois deu ordens aos levitas que, 24 horas por dia, 7 dias por semana, permanecessem em volta da arca adorando a Deus (1Cr 16.1,7,37). A partir desse momento, a música estava oficialmente tornando-se parte do culto ao Senhor. Mas o que está por trás do que Davi fez é maior do que a música. Adiante, voltarei a esse assunto.

Se olharmos apenas para o livro do profeta Amós, pode parecer-nos, a princípio, que essa mensagem fosse somente para o povo dos seus dias. Porém, encontramos no Novo Testamento uma afirmação que mostra que a aplicação dessa mensagem profética liberada por Amós se estende à nova aliança e revela os propósitos atuais de Deus para a Igreja de Jesus Cristo:

> *Cumpridas estas coisas, voltarei e reedificarei o tabernáculo caído de Davi; e, levantando-o de suas ruínas, restaurá-lo-ei. Para que os demais homens busquem o Senhor, e também todos os gentios sobre os quais tem sido invocado o meu nome, diz o Senhor, que faz estas coisas conhecidas desde séculos* (At 15.16-18).

Tiago, o irmão do Senhor, aplicou esse texto como fundamento para a proclamação do evangelho aos gentios, o que me faz entender que, neste tempo em que vivemos, há algo que acontecia no tabernáculo de Davi que Deus quer de volta!

Entenda que não estou falando sobre literalmente construir uma réplica da arca da aliança, colocá-la sob uma tenda e dispor os músicos em volta para, continuamente, louvarem o Senhor. O que Deus quer restaurar é mais do que um *formato* de culto e adoração; até porque, depois desse *upgrade* dado por Davi quanto à adoração, a coisa evoluiu mais ainda! Lembra-se de Jesus falando com a mulher samaritana e anunciando a chegada de um novo tempo? Ele disse: *Mas vem a hora e já chegou, em que os verdadeiros adoradores adorarão o Pai em espírito e em verdade* (Jo 4.23). Aliás, baseado nessa conversa de Jesus com a mulher samaritana, junto ao poço de Jacó, podemos entender melhor o que Deus está procurando. O final do mesmo versículo citado nos revela algo importante: *porque são estes que o Pai procura para seus adoradores.*

O QUE DEUS ESTÁ PROCURANDO?

O problema de muitos é não entender a essência do que Deus está procurando. Já vi gente afirmando que o Pai procura a verdadeira adoração, mas não foi isso que Jesus falou. Cristo afirmou que Deus, o Pai, procura os verdadeiros *adoradores*, e não a verdadeira *adoração*. São coisas bem distintas! Assim como, se tratarmos do assunto das ofertas, também teremos que ressaltar o interesse de Deus no ofertante, e não na oferta. Se o interesse divino fosse meramente na oferta, então qualquer oferta deveria ser aceita. Mas percebemos, ao longo das Escrituras, que Deus não aceitou a oferta de muita gente. Aliás, a pergunta feita da parte do Senhor, por Malaquias, o profeta, foi: *mas, com tais ofertas nas vossas mãos, aceitará ele A VOSSA PESSOA? — diz o SENHOR dos Exércitos* (Ml 1.9 — grifo do autor). Deus aceita o ofertante! Quando ele rejeita a oferta, é porque perdeu o prazer no ofertante: *Eu não tenho PRAZER EM VÓS, diz o SENHOR dos Exércitos, nem aceitarei da vossa mão a oferta* (Ml 1.10 — grifo do autor). Ananias e Safira que o digam! Deram uma considerável quantia de oferta e foram julgados. E o que dizer de Abel e Caim, na primeira menção bíblica das ofertas? O próprio texto sagrado responde: *Agradou-se o SENHOR de Abel e de sua oferta* (Gn 4.4), *ao passo que de Caim e de sua oferta não se agradou* (Gn 4.5). O ofertante sempre é mencionado primeiro. Por razões óbvias!

O diferencial na questão das ofertas — uma das formas de adoração — é o coração com que fazemos o que Deus pediu que fizéssemos. Qual foi o problema de Caim? Segundo as Escrituras, foi seu comportamento. Observe o que o Senhor lhe disse: *Se procederes bem, não é certo que serás aceito?* e, na sequência, complementou: *Se, todavia, procederes mal, eis que o pecado jaz à porta...* (Gn 4.7). Entendido isso, a pergunta a ser feita é: "O que estava por trás do comportamento?"

O coração. Repare no que Caim fez: *Aconteceu que NO FIM DE UNS TEMPOS trouxe Caim do fruto da terra uma oferta ao SENHOR* (Gn 4.3 — grifo do autor). A palavra usada no original hebraico não é específica sobre quanto tempo se passou. A palavra é vaga e pode se referir a dias, semanas, meses e anos. Mas o que é claro é a palavra *fim*. Ela mostra que Caim deixou Deus para o fim. Isso é ainda mais evidente quando a Bíblia fala de Abel e sua atitude aparece contrastando com a de seu irmão: *Abel, por sua vez, trouxe das primícias do seu rebanho e da gordura deste* (Gn 4.4). A palavra *primícias* significa "primeiros frutos". Portanto, quando Abel teve acesso aos seus primeiros ganhos, antes de pensar em usufruir do seu próprio trabalho, colocando-se em primeiro lugar, ele preferiu honrar o Senhor, colocando-o em primeiro lugar e ficando por último. Caim, por sua vez, fez o oposto: colocou-se em primeiro lugar e deixou Deus por último.

O que Deus queria? A oferta? Claro que não! Ele queria a declaração por trás da oferta, o anseio de valorizar Deus por trás daquele ato. O Senhor queria um coração que o valorizasse acima de tudo, inclusive dos ganhos materiais e financeiros.

Qual é o maior mandamento? Ao ser questionado sobre isso, Jesus respondeu que o maior mandamento é *amar a Deus acima de tudo*: *Amarás, pois, o Senhor, teu Deus, de TODO o teu coração, de TODA a tua alma, de TODO o teu entendimento e de TODA a tua força* (Mc 12.30 — grifo do autor).

Quando o Senhor revela esperar que o amemos com tudo que há em nós, de todo o nosso coração, de toda a nossa alma, de todo o nosso entendimento e com todas as nossas forças, está apontando para o fato de que ele quer ser o mais importante em nossa vida. Não porque Deus precise disso, mas porque, se não dermos a ele esse lugar, jamais nos doaremos a esse relacionamento com deveríamos.

Pois bem, permita-me recapitular o que aprendemos até agora e compor melhor "o quadro maior". Já vimos que o homem foi criado para buscar a Deus (At 17.26,27) e que a busca eficaz, que de fato nos leva a encontrar o Senhor, está relacionada à intensidade, a buscar a Deus de todo o coração (Jr 29.13). Também procuramos entender aquela "uma coisa" que realmente importa, da qual Cristo falou a Marta, irmã de Maria e Lázaro (Lc 10.38-42), e que Paulo falou de ser o momento em que Jesus se torna tão importante que nada mais importa (Fp 3.7,8), razão pela qual não podemos nos distrair e tampouco nos embriagar. Depois, percorremos a Palavra de Deus constatando a lei da reciprocidade; ela nos permite entender que a única razão pela qual temos de buscá-lo intensamente é porque essa atitude é que nos levará à mutualidade divina, a aproximação do Senhor em nossa direção.

Tudo aponta numa só direção: Deus quer um relacionamento com o homem. Isso é evidente desde o primeiro casal, Adão e Eva, que o Senhor estabeleceu no Éden e parecia visitá-lo diariamente (Gn 3.8). Quando falo acerca disso, costumo brincar que o Senhor nem "respeitou" a lua de mel do casal. O anseio divino pela comunhão com o homem é inegável.

Mas Deus espera que o nosso anseio por ele também seja intenso. E uma das coisas que podem nos ajudar nessa jornada de entrega é a descoberta de quem ele é. Trata-se da fascinação gerada pela revelação da pessoa de Deus.

Cultivando comunhão e intimidade

É fácil entender por que Deus não quer a adoração nem a oferta e porque ele quer o adorador e o ofertante. O Senhor sempre quis o homem ou, melhor dizendo, a comunhão com a sua criação. É possível ter a adoração sem ter o coração do adorador! Através do profeta Isaías, o protesto divino alcançou os ouvidos da casa de Israel: *Este povo honra-me com os lábios, mas o seu coração está longe de mim* (Mc 7.6). E, na sequência, o Pai celeste classificou isso como uma adoração inútil, ao dizer *em vão me adoram* (Mc 7.7). O que é adoração inútil? É a adoração que não traz junto de si o coração do adorador — o verdadeiro alvo da expectativa divina.

Há um padrão, ao longo das Escrituras, mostrando-nos sempre o que Senhor realmente quer. Davi, de quem voltarei a falar em breve, nos mostra uma impressionante percepção, já na antiga aliança, do que realmente é importante no relacionamento com Deus: *a intimidade. A intimidade do* Senhor *é para os que o temem, aos quais ele dará a conhecer a sua aliança* (Sl 25.14).

O coração de Davi era continuamente atraído à pessoa de Deus, ao relacionamento pessoal e à busca pela intimidade com o criador. Foi justamente esse anseio, a valorização do relacionamento, que colocou o rei salmista como o homem segundo o coração de Deus.

Outra coisa que ajuda a fortalecer essa ideia é o fato de que nem Davi valorizava tanto a tenda que ele levantou, como Deus o fez posteriormente, dizendo querer vê-la novamente erguida. Na verdade, o rei Davi se incomodava com o fato de morar numa boa casa e a casa de Deus ser uma tenda simples como era. Veja o que diz a Escritura: *Sucedeu que, habitando Davi em sua própria casa, disse ao profeta Natã: Eis que moro em casa de cedros, mas a arca da Aliança do* Senhor *se acha numa tenda* (1Cr 17.1).

O que incomodava a Davi? Era o fato de ele morar numa casa melhor (na perspectiva da qualidade da construção) do que a casa de Deus. Esse dilema é destacado no Salmo 132:

> *Lembra-te, Senhor, a favor de Davi, de todas as suas provações; de como jurou ao Senhor e fez votos ao Poderoso de Jacó: Não entrarei na tenda em que moro, nem subirei ao leito em que repouso, não darei sono aos meus olhos, nem repouso às minhas pálpebras, até que eu encontre lugar para o Senhor, morada para o Poderoso de Jacó. Ouvimos dizer que a arca se achava em Efrata e a encontramos no campo de Jaar. Entremos na sua morada, adoremos ante o estrado de seus pés.*

Levanta-te, Senhor, entra no LUGAR DO TEU REPOUSO, tu e a arca de tua fortaleza. Vistam-se de justiça os teus sacerdotes, e exultem os teus fiéis (Sl 132.1-9 — grifo do autor).

Mas uma pergunta a ser feita, no que diz respeito ao dilema de Davi, é: "E Deus? Ele estava incomodado com sua casa?" E a resposta é não!

Quando expressou a dor do seu coração por ver Deus numa casa pior que a sua, Davi convenceu o profeta Natã de que aquele era um bom projeto: construir uma casa para o Senhor. Mas Deus repreendeu o profeta e mandou lembrar a Davi que o Senhor nunca havia morado numa casa de cedro, que ele havia andado, geração após geração, de tenda em tenda e de tabernáculo em tabernáculo. Veja a descrição bíblica do ocorrido:

Então, Natã disse a Davi: Faze tudo quanto está no teu coração, porque Deus é contigo. Porém, naquela mesma noite, veio a palavra do Senhor a Natã, dizendo: Vai e dize a meu servo Davi: Assim diz o Senhor: Tu não edificarás casa para minha habitação; porque em casa nenhuma habitei, desde o dia que fiz subir a Israel até ao dia de hoje; mas tenho andado de tenda em tenda, de tabernáculo em tabernáculo. Em todo lugar em que andei com todo o Israel, falei, acaso, alguma palavra com algum dos seus juízes, a quem mandei apascentar o meu povo, dizendo: Por que não me edificais uma casa de cedro? (1Cr 17.2-6).

Em outras palavras, Deus estava perguntando: "Quando foi, em qualquer momento, que eu pedi por isso?" Isso não significa que, no plano e propósito divinos, uma casa não viria a ser construída. No mesmo capítulo 17 de 1Crônicas o Senhor fala acerca do templo que Salomão edificaria. Mas, naquele momento, era como se Deus estivesse tentando dizer a Davi: "Você parece estar mais incomodado do que eu com essa situação".

O templo que Salomão veio a edificar posteriormente era magnífico. Mas lá na frente, gerações depois, do que o Senhor tinha saudade? Do que ele sentia falta? Não era do glorioso e magnificente templo de Salomão. Era do tabernáculo de Davi! Por quê? Porque assim como Deus não quer a adoração, e sim o adorador; assim como ele não quer a oferta, e sim o ofertante, assim também ele nunca quis a casa que lhe construíram, e sim o que lhe seria oferecido lá!

Esse é o grande diferencial. A casa de Deus edificada por Davi não era um palácio; era uma tenda simples. E o atrativo desse lugar era o próprio Deus, pois não havia mais nada de empolgante por lá. O tabernáculo de Moisés era uma obra-prima que nenhum homem poderia produzir; os artesãos precisaram ser cheios do Espírito de Deus e divinamente capacitados para realizar a obra que realizaram (Êx 35.30-33). O templo de Salomão era de uma extravagância impressionante se atentarmos na quantidade de ouro e metais utilizados. Mas em nenhuma dessas outras casas houve adoração contínua. O padrão de busca ali desenvolvido, que focava muito mais quem Deus é do que o que ele pode fazer, merece nossa atenção.

Agora observe o paradoxo: Davi, como vimos, acreditava que a casa de Deus era inferior à sua própria. Mas, mesmo assim, queria morar na casa de Deus em vez de morar na sua! É o que ele disse no Salmo 27: *Uma coisa peço ao SENHOR, e a buscarei: que eu possa morar na Casa do SENHOR todos os dias da minha vida...* (v. 4). Observe que ele não está falando de dormir um dia ou dois por lá, mas de morar lá *todos os dias* da sua vida!

E qual a razão para desejar isso? O verdadeiro atrativo daquela tenda: o próprio Deus!

Davi mesmo deixa claro o motivo: *para contemplar a beleza do SENHOR e meditar no seu templo* (Sl 27.4). Quero abordar um pouco mais a questão da contemplação e admiração pelo Senhor. Isso é algo que talvez a gente nem veja nem fale tanto a respeito, mas está na Bíblia.

Dito isso, vamos checar o que a Palavra de Deus ensina. O profeta Isaías descreve, em seu livro, uma visão extraordinária e impactante de Deus.

> *No ano da morte do rei Uzias, eu vi o SENHOR assentado sobre um alto e sublime trono, e as abas de suas vestes enchiam o templo. Serafins estavam por cima dele; cada um tinha seis asas: com duas cobria o rosto, com duas cobria os seus pés e com duas voava. E clamavam uns para os outros, dizendo: SANTO, SANTO, SANTO é o SENHOR dos Exércitos; toda a terra está cheia da sua glória* (Is 6.2,3 — grifo do autor).

As Escrituras falam de serafins em volta do trono. Tem havido muita discussão sobre o termo "serafim", se ele é ou não uma categoria angelical ou se o termo refere-se apenas ao zelo encontrado nesses seres celestiais, uma vez que a palavra "serafim" significa "aquele que queima". O fato, que nem precisamos discutir, é o que eles faziam ali. Estavam proclamando a santidade de Deus!

Isso aconteceu cerca de setecentos anos antes de Cristo. Agora observemos outro episódio das Escrituras, acrescentando a informação de que isso aconteceu quase cem anos depois de Cristo. Ou seja, temos cerca de oitocentos anos de diferença entre o episódio bíblico da visão de Isaías e o que vem a seguir, a visão do apóstolo João, no Apocalipse. Repare se você percebe as similaridades:

> *Há diante do trono um como que mar de vidro, semelhante ao cristal, e também, no meio do trono e à volta do trono, quatro seres viventes cheios de olhos por diante e por detrás. O primeiro ser vivente é semelhante a leão, o segundo, semelhante a novilho, o terceiro tem o rosto como de homem, e o quarto ser vivente é semelhante à águia quando está voando. E os quatro seres viventes, tendo cada um deles, respectivamente, seis asas, estão cheios de olhos, ao redor e por dentro; não têm descanso, nem de dia nem de noite, proclamando: SANTO, SANTO, SANTO é o Senhor Deus, o Todo-Poderoso, aquele que era, que é e que há de vir* (Ap 4.6-8 — grifo do autor).

Em primeiro lugar, temos Deus no trono. Em segundo, temos seres celestiais proclamando o mesmo coro ouvido por Isaías: *santo, santo, santo*. Em terceiro, temos que reconhecer que eles estão numa atividade contínua e ininterrupta, pois está escrito que *não têm descanso, nem de dia nem de noite*. Ou seja, se no livro de Isaías não dá para ter certeza de quanto tempo estava por trás daquela cena de adoração, em Apocalipse encontramos isso com clareza. Em quarto e último lugar, temos a contemplação: enquanto no livro de Isaías isso não está tão claro, uma vez que os serafins cobriam o rosto, no Apocalipse lemos que os seres viventes *estão cheios de olhos, ao redor e por dentro* (Ap 4.8).

A primeira pessoa que me falou sobre isso foi meu amigo Dwayne Roberts, como mencionei na introdução do livro. Ele perguntou: se nós estivéssemos naquela posição dos seres à volta do trono, proclamando noite e dia, sem parar, a santidade de Deus, quanto tempo aguentaríamos. Isso me chocou. Só entre a visão de Isaías e a de João são quase oitocentos anos. Mas a Bíblia não diz quando começou e, certamente, ainda não terminou.

Recordo-me de que o Dwayne comentou, dez anos atrás, que a única coisa que não deixaria esses seres celestiais entediados (ou a gente, no lugar deles) é se, em vez de apenas repetir algo decorado, eles estivessem sendo "alimentados" por algo que contemplavam.

Sim, é disso que esse texto fala! Trata-se de contemplar a beleza de Deus e reconhecer que ele é um ser inesgotável. Era disso que Davi falava ao mencionar que queria *contemplar a sua formosura*. Os seres viventes também *eram cheios de olhos*. Isso fala não só do fato de que há muita beleza divina para poucos olhos (penso que só dois olhos como temos não são suficientes para

70 ATÉ QUE NADA MAIS IMPORTE

contemplar tanta beleza!), mas também fala de *foco* e daquela busca *sem distração* que já foi abordada.

Pois bem, já falei do que Deus espera de nós baseado no que ele encontrou em Davi. Agora passemos às ações práticas do homem segundo o coração de Deus.

A NOSSA RESPONSABILIDADE

Voltemos ao texto bíblico que expressa muito do coração do cantor de Israel: *UMA COISA PEÇO ao SENHOR, e a BUSCAREI: que eu possa MORAR na Casa do SENHOR todos os dias da minha vida, para CONTEMPLAR a beleza do SENHOR e MEDITAR no seu templo* (Sl 27.4 — grifo do autor).

Destaquei as palavras-chave no versículo anteriormente mencionado para ajudar a nossa reflexão e aplicação:

1. *uma coisa;*
2. *peço;*
3. *buscarei;*
4. *morar;*
5. *contemplar;*
6. *meditar.*

Prioridade

Observe a declaração do salmista: *UMA COISA peço ao SENHOR*. A expressão *uma coisa* indica prioridade. Obviamente havia algo que se destacava das demais coisas para Davi. Ele, como rei, podia ter praticamente o que quisesse, além do fato de que também tinha crédito com Deus. O profeta Natã, quando o repreendeu por seu adultério, disse da parte do Senhor: *Dei-lhe a casa e as mulheres do seu senhor. Dei-lhe a nação de Israel e Judá. E, se tudo isso NÃO FOSSE SUFICIENTE, eu lhe TERIA DADO MAIS AINDA* (2Sm 12.8, NVI — grifo do autor). Em outras palavras, Deus estava dizendo o seguinte: "Se lhe faltava alguma coisa que não dei, bastava pedir que você receberia".

Agora pense comigo. Você pode ter quase tudo o que quiser, mas resolve pedir *uma coisa* só. Essa coisa precisaria ser bem importante para escolhê-la em detrimento das demais, não é verdade? Quando Davi fala dessa *uma coisa*, quando Jesus fala a Marta sobre essa *uma coisa* e quando Paulo fala que tudo que era lucro se tornou em perda diante dessa *uma coisa*, estão todos falando de uma coisa só.

É quando Deus se torna tão importante que o resto perde a sua importância!

Petição

A frase *Uma coisa PEÇO ao SENHOR* indica a presença de uma petição. Depois de definida a prioridade, o salmista segue falando que pediu isso ao Senhor. Nossas orações refletem as nossas prioridades e também a nossa *dependência* de Deus para alcançar o que não conseguiríamos sozinhos. Jesus disse: *sem mim nada podeis fazer* (Jo 15.5). Precisamos dele em tudo e para tudo. Até para viver aquilo que o Pai planejou para nós, precisamos da sua graça, dos seus recursos e da sua liderança e intervenção. Portanto, devemos ir à fonte a fim de poder desfrutar dessa bendita *uma coisa*.

Busca

Ao mesmo tempo que Davi orava a Deus por isso, ele também estava determinado a *buscar* essa *uma coisa*. A expressão *e a buscarei* aponta para tal. Isso nos remete ao entendimento de que há duas partes envolvidas nessa história: a parte de Deus e a nossa parte.

Devemos pedir a ajuda dele sem achar que isso nos isenta da nossa responsabilidade de buscar. Assim como a oração, a busca em si também é uma ferramenta de aproximação de Deus. E ela ainda garante, pela lei da reciprocidade, que também haverá a aproximação divina em nossa direção. No mesmo salmo, encontramos, no versículo 8, uma frase que mostra uma disposição interior do coração de Davi para buscar a Deus: *Quando disseste: Buscai o meu rosto; o meu coração te disse a ti: O teu rosto, SENHOR, buscarei* (Sl 27.8). Essa busca é uma decisão e também uma atitude do coração.

Vale lembrar, também, que há uma forma correta de buscar o Senhor: *Buscar-me-eis e me achareis quando me buscardes DE TODO O VOSSO CORAÇÃO* (Jr 29.13).

Morada

A frase *que eu possa morar na Casa do SENHOR todos os dias da minha vida* indica um coração completamente atraído por um lugar que não era o seu próprio palácio. O que o homem de Deus estava declarando era mais ou menos o seguinte: "Eu não quero encontros ocasionais com a presença divina; quero viver isso todos os dias! Eu não quero a religiosidade; quero é a intimidade e o relacionamento com Deus!"

O anelo de Davi pela casa do Senhor, como já vimos, não é porque houvesse lá algum tipo de atrativo senão a presença de Deus. Nessa época, a presença divina estava reclusa ao ambiente do templo e/ou associada à arca.

72   ATÉ QUE NADA MAIS IMPORTE

Quando a arca da aliança voltou a Israel, foi colocada no tabernáculo de Davi. Ela representava a presença do Senhor.

Observe esta declaração de Davi: *Eu amo, SENHOR, o lugar da tua habitação, onde a tua glória habita* (Sl 26.8). O que atraía o servo do Senhor era a própria presença divina, a glória que ali se manifestava.

Lembre-se de que o Senhor não deseja apenas que nós o busquemos. Ele deseja que nós *queiramos* buscá-lo! Esse anseio do homem segundo o coração de Deus é que validava a sua busca. E também é o que irá validar a nossa.

Contemplação

A expressão *para contemplar a beleza do SENHOR* indica o propósito pelo qual Davi queria estar todos os dias na casa de Deus. Já falei antes sobre contemplação, mas quero abordar aqui algo diferente. Não se trata apenas de contemplar o que é belo, no caso os atributos divinos. Trata-se de se deixar *fascinar* por aquilo que podemos contemplar. Este capítulo fala a respeito da fascinação pela presença do Senhor.

O que levava o apóstolo Paulo a declarar *considero tudo como perda, por causa da sublimidade do conhecimento de Cristo Jesus, meu Senhor* (Fp 3.8)? Era a sua fascinação pela pessoa de Cristo. O que era essa grandeza, essa coisa tão superior e sublime diante da qual o resto perdia a importância? Era um lugar, uma dimensão espiritual de fascinação onde ele havia entrado!

Meditação

A frase *e meditar no seu templo* revela um segundo propósito (além da contemplação) pelo qual Davi queria estar todos os dias na casa de Deus. A palavra traduzida por meditar, no original hebraico, é *baqar*. De acordo com o léxico de Strong, significa "buscar, perguntar, considerar, refletir". Aparece também em algumas versões bíblicas como *inquirir* (Almeida Revista e Corrigida) e *estudar* (Tradução Brasileira). Se olharmos o contexto mais abrangente das traduções dessa palavra, podemos entender um pouco mais a abrangência do seu significado. Em Levítico 13.36, ela é traduzida por *procurar*, falando do *exame* que o sacerdote precisava fazer no leproso. Em Levítico 27.33, a tradução dessa palavra é *investigar*. Em 2Reis 16.15, a tradução aponta para *deliberar*. Em Ezequiel 34.11,12, aparece como *buscar*, falando da ovelha perdida. A soma desses possíveis significados fala de alguém que vai ao santuário de Deus para estudá-lo, examiná-lo, investigá-lo... Todas essas expressões falam de alguém que decidiu procurar conhecê-lo melhor.

Deus quer ser conhecido e tenta se revelar ao homem. Escrevendo aos romanos, Paulo afirmou que a própria criação divina tenta levar o homem nessa direção do conhecimento de Deus:

Porquanto o que de Deus SE PODE CONHECER é manifesto entre eles, porque Deus lhes manifestou. Porque os atributos invisíveis de Deus, assim o seu eterno poder, como também a sua própria divindade, CLARAMENTE SE RECONHECEM, desde o princípio do mundo, sendo percebidos por meio das coisas que foram criadas (Rm 1.19,20 — grifo do autor).

Concordam com isso as palavras do salmista: *Os céus proclamam a glória de Deus, e o firmamento anuncia as obras das suas mãos* (Sl 19.1).

Citei este salmo porque ele é atribuído a Davi. Embora o salmista reconhecesse que é possível conhecer mais desse Deus que deseja ser conhecido, ele não fala apenas de contemplar a criação. Ele fala, no Salmo 27.4, de ir ao santuário, separar um tempo de qualidade na presença daquele que precisamos não somente adorar, mas *conhecer!*

A. W. Tozer fez uma clara distinção do comportamento da busca dos santos da Antiguidade com os da atualidade: "Hoje, buscamos Deus e paramos de sondá-lo, enquanto os antigos santos buscavam Deus, encontravam-no e continuavam buscando-o mais e mais".

Jesus nos mandou entrar no quarto e fechar a porta para falar com o Pai em secreto. Se não fizermos isso, a intimidade não vai acontecer. E a intimidade envolve o conhecimento profundo de quem ele é.

Que o nosso coração seja tomado de uma fascinação cada vez maior por Jesus! Que uma santa obsessão por Cristo se aposse de nós!

CAPÍTULO 7

Descobrindo os tesouros de Cristo

*Um pouco de conhecimento de Deus vale muito mais do que
uma grande quantidade de conhecimento sobre ele.*

J. I. PACKER

Você já participou de alguma "caça ao tesouro"? Acho engraçado ver as gincanas de jovens e adolescentes nos retiros das igrejas, a mobilização que fazem por um tesouro que não é bem *um tesouro*. Mas há verdadeiros caçadores de tesouro! Se por um lado há pessoas que se empolgam com um prêmio que de tesouro só tem o nome, por outro, há aqueles que de fato estão buscando tesouros verdadeiros.

O *site* da BBC Brasil noticiou, em agosto de 2015: "Caçadores de tesouros encontram 4,5 milhões de dólares em moedas de ouro em um galeão espanhol do século 18". E parte da reportagem esclarece: "Caçadores de tesouros nos Estados Unidos informaram que descobriram 350 moedas de ouro espanholas do século 18 que valem 4,5 milhões de dólares. As moedas ficaram no fundo do oceano Atlântico na costa do estado americano da Flórida durante trezentos anos. O carregamento pertencia a uma frota de onze galeões espanhóis que afundaram durante um furacão enquanto faziam a viagem de Cuba à Espanha. A descoberta é o segundo grande achado feito por caçadores de tesouros nos últimos meses. Em junho, foram encontradas cerca de cinquenta moedas no valor de um milhão de dólares".

Hoje há muita gente no mundo investindo tempo e dinheiro — e muito dinheiro — na busca de tesouros perdidos. O que os faz investir tanto nessa empreitada? A possibilidade de encontrarem uma boa e genuína recompensa.

A verdade é que, seja uma caça ao tesouro ou não, em qualquer outra situação em que mensuramos uma grande recompensa e constatamos que ela vale a pena, nos dispomos a correr atrás do prêmio. Portanto, penso que, se entendêssemos que há um tesouro a ser encontrado no relacionamento com

O melhor da espiritualidade **75**

Cristo, a maneira de buscá-lo — que é o tema central deste livro — mudaria drasticamente em nossa vida.

Não estou dizendo que o tesouro a ser buscado seja o encontro com Cristo que todo pecador necessita. Não! Estou falando aos que já se converteram e tiveram o seu encontro com Cristo e ainda não sabem do tesouro que está à disposição deles!

O fato é que há um tesouro, chamado de "tesouro escondido", e o apóstolo Paulo falou acerca dele em sua carta aos Colossenses:

> *Para que o coração deles seja confortado e vinculado juntamente em amor, e eles tenham toda a riqueza da forte convicção do entendimento, para compreenderem plenamente o mistério de Deus, Cristo, EM QUEM TODOS OS TESOUROS da sabedoria e do conhecimento ESTÃO OCULTOS (Cl 2.2,3 — grifo do autor).*

Além de usar as palavras *entendimento* e *compreensão*, o apóstolo também emprega as palavras *sabedoria* e *conhecimento*. A correlação entre elas deixa claro em que direção estamos sendo conduzidos. O tesouro é o conhecimento, a sabedoria, a compreensão, o entendimento dos mistérios de Cristo. Paulo diz *para compreenderem plenamente o mistério de Deus, Cristo* porque nossa compreensão ainda não é plena; é parcial.

O desafio é conhecer a plenitude de Cristo. E precisamos entender que esse conhecimento é progressivo. Como disse o profeta Oseias: *Conheçamos e prossigamos em conhecer ao SENHOR* (Os 6.3). A maneira como o apóstolo Paulo exaltou a *sublimidade do conhecimento de Cristo Jesus* (Fp 3.8) poderia sugerir que ele estivesse falando de algo que o pecador ainda precisa alcançar e que nós, os convertidos, na verdade já teríamos. Porém, logo depois ele fala, taxativamente, do seu alvo: *para o conhecer* (Fp 3.10). Isso não significa que o apóstolo dos gentios não conhecia *nada* acerca de Jesus. Significa apenas que ele ainda não conhecia *tudo* acerca de Jesus.

Será que já conhecemos tudo sobre Jesus? Se sim, porque Paulo faria orações como as que fez (e transcrevi abaixo e na página seguinte)?

> *Não cesso de dar graças por vós, fazendo menção de vós nas MINHAS ORAÇÕES, para que o Deus de nosso Senhor Jesus Cristo, o Pai da glória, vos conceda espírito de sabedoria e de REVELAÇÃO no PLENO CONHECIMENTO DELE, iluminados os olhos do vosso coração, PARA SABERDES QUAL É a esperança do seu chamamento, QUAL A riqueza da glória da sua herança nos santos e QUAL A suprema grandeza do seu*

poder para com os que cremos, segundo a eficácia da força do seu poder; o qual exerceu ele em Cristo, ressuscitando-o dentre os mortos e fazendo-o sentar à sua direita nos lugares celestiais (Ef 1.16-20 — grifo do autor).

Por esta razão, também nós, desde o dia em que o ouvimos, não cessamos de orar por vós e de pedir que TRANSBORDEIS DE PLENO CONHECIMENTO da sua vontade, EM TODA A SABEDORIA e entendimento espiritual, a fim de viverdes de modo digno do Senhor, para o seu inteiro agrado, frutificando em toda boa obra e CRESCENDO NO PLENO CONHECIMENTO de Deus (Cl 1.9,10 — grifo do autor).

Além disso, o apóstolo fala, em sua carta aos crentes efésios, de algo que ainda não alcançamos e, portanto, devemos buscar: *ATÉ QUE TODOS CHEGUEMOS à unidade da fé e do PLENO CONHECIMENTO DO FILHO DE DEUS, à perfeita varonilidade, à medida da estatura da plenitude de Cristo* (Ef 4.13 — grifo do autor).

Portanto, o ponto a ser explorado aqui é que há mais de Jesus para que eu e você conheçamos! Há tesouros — os tesouros da sabedoria e da ciência — escondidos em Cristo, aguardando ser encontrados. Quem se aventura a essa busca?

UMA JORNADA DE DESCOBERTA

Desde o início da sua caminhada de fé, o apóstolo Paulo tomou conhecimento de que havia mais acerca de Jesus a ser descoberto do que aquilo que lhe foi revelado na sua conversão. Sabemos que o Senhor Jesus, de forma contundente e gloriosa, apareceu a ele na estrada para Damasco. Mas nessa mesma ocasião Cristo fez distinção entre o papel de Paulo de ser testemunha dessa primeira visão e das outras que ele ainda haveria de ter. Sim, é isso mesmo que estou falando! O apóstolo dos gentios, além de ver Jesus na sua conversão, recebeu uma promessa de que o veria outras vezes! Observe o relato bíblico:

Então, eu perguntei: Quem és tu, Senhor? Ao que o Senhor respondeu: Eu sou Jesus, a quem tu persegues. Mas levanta-te e firma-te sobre teus pés, porque por isto te apareci, para te constituir ministro e testemunha, tanto das coisas em que me viste como daquelas pelas quais TE APARECEREI AINDA (At 26.15,16 — grifo do autor).

Isso quer dizer que Paulo sabia, desde o início, que havia uma dimensão maior de conhecimento e revelação de nosso Senhor Jesus Cristo. Portanto, penso que, ao falar dos tesouros da sabedoria e da ciência escondidos em

Cristo, o apóstolo queria nos despertar para a "caça ao tesouro" ou para o que prefiro denominar de *uma jornada de descoberta.*

Esses preciosos tesouros estão escondidos em Jesus com qual propósito? Não acredito que seja para permanecerem ocultos, mas, sim, para serem *descobertos* por aqueles que procuram. Isso faz todo o sentido para mim quando penso que, por trás da busca, há uma promessa de revelação. O mesmo profeta Jeremias que foi usado por Deus para falar de buscar o Senhor de todo o coração também o foi para nos dizer o seguinte: *Invoca- -me, e te responderei; anunciar-te-ei coisas grandes e ocultas, que não sabes* (Jr 33.3).

Eu sei que para muitos a oração talvez não passe da primeira fase: invocar e ser respondido. Mas, no plano divino, há mais — muito mais — do que isso à nossa disposição. O Senhor também nos prometeu revelação. Sim, ele disse: *anunciar-te-ei coisas grandes e ocultas, que não sabes.* Aleluia! Podemos entrar numa dimensão maior de compreensão não somente das verdades, como também da pessoa de Jesus Cristo.

Já vimos, no capítulo 1, que Deus se revela àqueles que o buscam e que não está longe (inacessível, inalcançável) de cada um de nós (At 17.27). Também demonstramos, pela Palavra de Deus, que à proporção que o buscamos é que poderemos encontrá-lo (Tg 4.8) e que precisamos desenvolver uma fascinação por ele. Essa fascinação será o combustível dessa busca. Mas ela não é só uma obsessão por Cristo, como também é um profundo anelo de conhecê-lo melhor. E este capítulo trata da jornada de descoberta desses tesouros escondidos.

Para entender melhor esses tesouros escondidos em Cristo, quero fazer uso de uma figura simbólica, tipológica, que o próprio Jesus utilizou. Trata- -se de uma de suas promessas aos vencedores: *Quem tem ouvidos, ouça o que o Espírito diz às igrejas: Ao vencedor, dar-lhe-ei do* MANÁ ESCONDIDO (Ap 2.17 — grifo do autor).

Por que Jesus mencionou o maná *escondido?*

É óbvio que ele estava falando de algo espiritual. Portanto, como veremos a seguir, não se tratava do maná literal. Também me parece igualmente óbvio que ele estava falando de algo bom o suficiente para ser considerado uma recompensa estimuladora para vencer.

Falo disso em meu livro *O conhecimento revelado;*[5] nele me limito a falar da revelação da Palavra de Deus. Aqui quero abranger um pouco mais e falar

---

[5]SUBIRÁ, Luciano. *O conhecimento revelado.* Curitiba: Orvalho, 3ª. edição, 25.

78 ATÉ QUE NADA MAIS IMPORTE

do conhecimento da pessoa de Cristo por meio da sua Palavra. Vamos examinar, portanto, a tipologia bíblica em questão.

A TIPOLOGIA DA ARCA E DO MANÁ

Gosto de dizer que o Antigo Testamento *ilustra* o Novo, enquanto o Novo Testamento, por sua vez, *explica* o Antigo. O autor de Hebreus afirma que *a lei tem sombra dos bens vindouros, não a imagem real das coisas* (Hb 10.1). Paulo também falou de festas e dias sagrados da Lei mosaica em sua carta aos Colossenses e se referiu a isso da seguinte maneira: *as quais coisas são sombras das vindouras* (Cl 2.17, TB).

O que significa, na tipologia bíblica, uma *sombra*? É a projeção limitada de uma forma. Por exemplo, se eu estender a mão sobre o computador em que digito o texto original deste livro agora, vejo projetada nele a silhueta da minha mão. A sombra não tem cor, não revela a textura da minha pele, nem dá o efeito tridimensional que a própria mão tem. A sombra apenas nos permite ter uma vaga noção do que a está projetando. Essa era a revelação da antiga aliança: só víamos a sombra, e não a mão. Mas a revelação da nova aliança nos permite não somente ver a sombra, como também a mão que a projeta!

Por exemplo, aquela serpente de bronze levantada por Moisés no deserto (Nm 21.4-9) era uma sombra, um tipo. Era uma figura profética que revelava o que ainda estava por vir. Naquele tempo, só se via a sombra, sem se entender o que a projetava. Até que veio o antítipo (o cumprimento do tipo), Jesus, que revelou que a serpente de metal era uma figura que se cumpriria nele: *E do modo por que Moisés levantou a serpente no deserto, assim importa que o Filho do homem seja levantado* (Jo 3.14).

Assim, como queremos entender o que Jesus falou sobre o maná escondido, focaremos a tipologia bíblica do maná.

O que o maná figura?

Lemos em Hebreus 9.4, acerca da arca da aliança, que ele tinha em seu interior um vaso de ouro com o maná, além das tábuas da Lei e a vara de Arão que floresceu. Lembre-se de que na arca e nos elementos em seu interior não temos a imagem exata das coisas, e sim a sombra dos bens futuros. Ao analisar esses objetos, segundo o ensino do Novo Testamento, precisamos ir além da imagem exata — o que vemos neles literalmente — e compreender a sombra, ou seja, o que eles tipificam: os bens futuros da nova aliança.

Para entendermos isso claramente, compararemos dois textos bíblicos, um do Antigo Testamento, apresentando a figura, e um do Novo Testamento, interpretando-a.

Ele te humilhou, e te deixou ter fome, e te sustentou com o maná, que tu não conhecias, nem teus pais o conheciam, para te dar a entender que não só de pão viverá o homem, mas de tudo o que procede da boca do SENHOR viverá o homem (Dt 8.3).

Jesus, porém, respondeu: Está escrito: Não só de pão viverá o homem, mas de toda palavra que procede da boca de Deus (Mt 4.4).

Observe que, em Deuteronômio, as Escrituras dizem que *o homem não vive só de pão, mas de tudo o que sai da boca do SENHOR*. E, segundo esse texto, o que saía da boca do Senhor? O maná! Agora repare que Jesus usa essas mesmas palavras, ao ser tentado no deserto pelo diabo, e as interpreta assim: *Nem só de pão viverá o homem, mas de toda palavra que sai da boca de Deus.* Ele substitui o termo "maná" por "palavra de Deus", que era o significado dessa figura, a qual não tinha a imagem exata, mas era uma sombra de um bem vindouro.

O maná, portanto, é um *tipo* ou *símbolo* da Palavra de Deus. É o alimento que vem do céu para o sustento do seu povo.

E qual é a figura da arca da aliança? Ela representa a presença de Deus no meio dos homens. Veja a passagem bíblica que autentica essa afirmação: *Partindo a arca, Moisés dizia: Levanta-te, SENHOR, e dissipados sejam os teus inimigos, e fujam diante de ti os que te odeiam. E, quando pousava, dizia: Volta, ó SENHOR, para os milhares de milhares de Israel* (Nm 10.35,36).

Quando a arca partia, Moisés dizia: *Levanta-te, ó Deus!*, e, quando ela pousava, ele dizia: *Volta, ó SENHOR!*, porque a arca representava a presença de Deus, que estava entre os querubins, como ele mesmo dissera a Moisés. Vemos também que em 1Samuel 4.21,22, quando os filisteus tomaram a arca, dizia-se em Israel: *Icabode! De Israel se foi a glória!*

A fim de entendermos melhor a figura apresentada nos versículos anteriormente mencionados, que indicam a arca como uma figura da presença divina, temos de recordar que, ao instruir Moisés sobre a construção da arca e seu propiciatório (que era uma espécie de tampa), o Senhor lhe disse: *ali virei a ti* (Êx 25.22). Portanto, a arca era o lugar onde a presença divina se manifestava.

Se a arca representava a presença de Deus no meio dos homens, então ela é uma figura ou símbolo de Jesus! Lembre-se que, no Novo Testamento, é ele que é chamado de *Emanuel, que traduzido é: Deus conosco* (Mt 1.23). E sobre ele escreveu João, o Apóstolo do Amor, dizendo: *E o Verbo se fez carne e habitou entre nós, cheio de graça e de verdade, e vimos a sua glória, glória como do unigênito do Pai.* [...] *Ninguém jamais viu a Deus; o Deus unigênito, que está no seio do Pai, é quem o revelou* (Jo 1.14,18).

A arca, portanto, é uma figura de Cristo, da presença de Deus no meio dos homens. Ela era um objeto composto de dois materiais distintos: madeira e ouro. Na verdade, era madeira revestida de ouro. Na tipologia bíblica, em especial no tabernáculo de Moisés, a madeira simboliza a humanidade, enquanto o ouro simboliza a glória ou a divindade. Logo, a figura da madeira revestida de ouro — que fala de humanidade e divindade — aponta para aquele que tem o mesmo papel que a arca tinha na antiga aliança: a presença de Deus entre os homens.

O MANÁ ESCONDIDO

Logo que o maná foi enviado por Deus ao povo de Israel, Moisés, por ordem divina (Êx 16.34), orientou Arão a guardar uma porção dele dentro da arca da aliança: *Disse também Moisés a Arão: Toma um vaso, mete nele um gômer cheio de maná e coloca-o diante do Senhor, para guardar-se às vossas gerações* (Êx 16.33), fato confirmado na epístola aos Hebreus (Hb 9.4).

Depois que compreendermos essas figuras, entenderemos melhor o que Paulo disse aos colossenses: *em quem* [Cristo] *todos os tesouros da sabedoria e do conhecimento estão ocultos* (Cl 2.3).

Veja bem: assim como o maná encontrava-se escondido dentro da arca da aliança, assim também estão escondidos em Cristo todos os tesouros da sabedoria e da ciência! A arca é uma figura de Cristo, e o maná, da Palavra de Deus. O maná encontrava-se escondido dentro da arca do mesmo modo que os tesouros da sabedoria e da ciência — os mistérios do reino, a Palavra de Deus — estão escondidos em Cristo!

É importante ressaltarmos o termo "escondido". O maná não estava apenas *guardado* na arca, mas *escondido*! A arca não tinha janela nem vitrine. Ela era um baú de madeira, revestido de ouro, coberto pela tampa de ouro maciço do propiciatório, sobre o qual estavam os querubins. O que se colocava dentro dela não podia ser visto por ninguém. Essa é a razão de Jesus dizer à igreja de Pérgamo: *ao que vencer lhe darei do maná escondido* (Ap 2.17).

Se olhássemos superficialmente para a arca, não teríamos como ver o maná escondido, a não ser que fizéssemos um exame mais cuidadoso, abrindo-a para examinar o seu conteúdo. Da mesma maneira, se você tiver um contato apenas superficial com Cristo, jamais descobrirá os tesouros da sabedoria e da ciência! Você jamais poderá conhecer os mistérios do reino!

Do mesmo modo que, com uma olhada de maneira superficial para a arca, não encontraríamos o maná, assim também um contato distante com Cristo jamais nos revelará os seus tesouros escondidos!

Infelizmente, essa é a realidade da maioria dos cristãos que, servindo a Jesus durante anos e anos, jamais chegam a experimentar desse maná escondido. Talvez eles pensem que isso é para ser desfrutado somente no céu, por causa da promessa de Jesus ao anjo da igreja de Pérgamo. Entretanto, o que Jesus de fato disse é que, quando os vencedores chegassem no céu, eles *continuariam* a desfrutar do maná escondido, pois é impossível chegarmos a desfrutar da plenitude desses tesouros em Cristo ainda nesta vida! Eles são inesgotáveis!

Esses tesouros escondidos são os mesmos segredos de Deus que Davi mencionou no Salmo 25.14. Todas as vezes em que você pegar a sua Bíblia para lê-la, estudá-la e meditar nela, lembre-se de que há tesouros escondidos que jamais se tornarão conhecidos através de um mero exame superficial. Entenda, no entanto, que, ao falar sobre buscarmos esses tesouros de uma maneira mais profunda, não estou me referindo meramente a um estudo ou pesquisa, embora devamos praticar isso com a maior dedicação possível. Refiro-me a recebermos do céu, pelo Espírito Santo, as verdades de Deus, ou seja, a experimentarmos o conhecimento por revelação!

O RELACIONAMENTO COM A PALAVRA

O maná é uma figura da Palavra, mas também do próprio Cristo, pois ele é chamado, nas Escrituras Sagradas, de "o Verbo". O apóstolo João inicia seu Evangelho identificando o Senhor Jesus dessa forma:

> *No princípio era o Verbo, e o Verbo estava com Deus, e o Verbo era Deus. Ele estava no princípio com Deus. Todas as coisas FORAM FEITAS POR INTERMÉDIO DELE, e, sem ele, nada do que foi feito se fez. [...] E o Verbo se fez carne e habitou entre nós, cheio de graça e de verdade, e vimos a sua glória, glória como do unigênito do Pai (Jo 1.1-3,14 — grifo do autor).*

Observe que há uma relação, apresentada na passagem anterior, entre Jesus como o Verbo, a Palavra, e a criação: *todas as coisas foram feitas por intermédio dele, e, sem ele, nada do que foi feito se fez.* Porque João fez essa relação? Na verdade, essa relação entre a Palavra de Deus e a criação está em toda a Bíblia. Começa em Gênesis, quando as Escrituras enfatizam: *Disse Deus: Haja luz; e houve luz* (Gn 1.3). E depois se estende até o Novo Testamento, onde há muita ênfase sobre a relação entre a pessoa de Cristo e a Palavra:

> *Este é a imagem do Deus invisível, o primogênito de toda a criação; pois, NELE, FORAM CRIADAS TODAS AS COISAS, nos céus e sobre a terra, as visíveis e as invisíveis, sejam tronos, sejam soberanias, quer principados, quer potestades. TUDO FOI CRIADO POR MEIO DELE e para ele. Ele é antes de todas as coisas. Nele, tudo subsiste* (Cl 1.15-17 — grifo do autor).

> *Havendo Deus, outrora, falado, muitas vezes e de muitas maneiras, aos pais, pelos profetas, nestes últimos dias, nos falou pelo Filho, a quem constituiu herdeiro de todas as coisas, PELO QUAL TAMBÉM FEZ O UNIVERSO. Ele, que é o resplendor da glória e a expressão exata do seu Ser, sustentando todas as COISAS PELA PALAVRA DO SEU PODER, depois de ter feito a purificação dos pecados, assentou-se à direita da majestade, nas alturas* (Hb 1.1-3 — grifo do autor).

Cristo é a própria Palavra! Observe em suas próprias palavras esta afirmação:

> *Em verdade, em verdade vos digo: quem crê em mim tem a vida eterna. Eu sou o PÃO DA VIDA. Vossos pais comeram o MANÁ no deserto e morreram. Este é o PÃO QUE DESCE DO CÉU, para que todo o que dele comer não pereça. Eu sou o pão vivo que desceu do céu; se alguém dele comer, viverá eternamente; e o pão que eu darei pela vida do mundo é a minha carne* (Jo 6.47-51 — grifo do autor).

Feita essa relação entre a pessoa de Jesus e a Palavra, passemos à centralidade de Cristo nas Escrituras e ao que na teologia denominamos de "convergência bíblica": *Examinais as Escrituras, porque julgais ter nelas a vida eterna, E SÃO ELAS MESMAS QUE TESTIFICAM DE MIM* (Jo 5.39 — grifo do autor).

Cristo é a Palavra, e a Palavra revela Cristo. É simples assim! Ou podemos usar a definição de J. I. Packer: "Jesus considerava-se a chave para as Escrituras, e estas, a chave para ele próprio".

Contudo, o problema de nossa geração é que as pessoas alegam querer conhecer Cristo, mas não entendem, ou não querem entender, que não há como conhecê-lo íntima e profundamente, a não ser pela sua Palavra!

O rei Davi, o mesmo que queria "estudar" Deus (Sl 27.4), como detalhamos no capítulo anterior, amava e desejava intensamente a Palavra de Deus. Não considero coincidência que aquele que foi chamado de "o homem segundo coração de Deus", justamente por ansiar conhecê-lo, amasse conhecer a Palavra através da qual Deus decidiu se revelar. Veja essa declaração de Davi:

> *A lei do SENHOR é perfeita e restaura a alma; o testemunho do SENHOR é fiel e dá sabedoria aos símplices. Os preceitos do SENHOR são retos e alegram o coração; o mandamento do SENHOR é puro e ilumina os olhos. O temor do SENHOR é límpido e permanece para sempre; os juízos do SENHOR são verdadeiros e todos igualmente, justos. São mais desejáveis do que ouro, mais do que muito ouro depurado; e são mais doces do que o mel e o destilar dos favos. Além disso, por eles se admoesta o teu servo; em os guardar, há grande recompensa* (Sl 19.7-11).

No Novo Testamento, não é diferente. As Escrituras continuam sendo exaltadas quando Paulo, pelo Espírito Santo, declara aos colossenses: *Habite ricamente em vós a Palavra de Cristo* (Cl 3.16). Mas nós temos negligenciado a Palavra de Deus! Não lemos, não conhecemos, não meditamos e, portanto, acabamos não vivendo ou praticando a Palavra.

Agora vamos refletir juntos: se essa é uma ordem divina (encher-se da Palavra), que nós escolhemos negligenciar, e se sabemos que o não cumprimento da ordem de Deus é pecado, então como classificar o nosso não envolvimento com as Escrituras?

É pecado!

Certa ocasião, ouvi alguém dizer que o que a igreja mais precisa em nossos dias não é de avivamento, mas de "abibliamento". Precisamos voltar à Palavra! Celebramos, em 2017, quinhentos anos de Reforma Protestante e talvez nunca estivemos tão próximos de precisar voltar a dizer *sola Scriptura*.

Queremos ter a comunhão e a paixão que os homens de Deus, envolvidos nas histórias de avivamento do passado, tiveram. A questão é que, aparentemente, não queremos o mesmo envolvimento que eles tinham com a Palavra de Deus.

Permita-me concluir este capítulo e também o desafio de valorizarmos a Palavra de Deus (como forma de conhecermos melhor a Cristo) com algumas frases de alguns desses homens, usados por Deus no passado, que refletem o seu amor, respeito e dedicação pelas Escrituras Sagradas.

Agostinho: "Nossa fé é alimentada pelo que está claro nas Escrituras e testada pelo que é obscuro".

Martinho Lutero: "Minha consciência é escrava da Palavra de Deus".

João Calvino: "A Bíblia é o cetro pelo qual o Rei celestial governa sua igreja".

John Wesley: "Todo o conhecimento que você deseja ter está em um único livro: a Bíblia. Quero conhecer uma coisa: o caminho para o céu [...]. O próprio Deus dignou-se a ensinar o caminho [...]. Ele o escreveu em um livro. Oh, dá-me esse livro! A qualquer preço, dá-me o livro de Deus!"

George Müller: "O vigor de nossa vida espiritual está na proporção exata do lugar que a Bíblia ocupa em nossa vida e em nossos pensamentos. A maneira como estudamos essa Palavra é uma questão da mais profunda importância. A parte mais cedo do dia que nos for disponível deve ser dedicada à meditação nas Escrituras. Devemos alimentar nosso homem interior na Palavra".

Charles Spurgeon: "O apetite da Palavra de Deus aumenta naqueles que se alimentam dela. Por que você lê tanto a Bíblia? Porque não tenho tempo de ler mais".

D. L. Moody: "Ou este livro me afasta do pecado ou o pecado me afastará deste livro".

Smith Wigglesworth: "Encha seu coração e sua mente com a Palavra de Deus. Você precisa estar ensopado com a Palavra de Deus, tão cheio dela que você mesmo seja uma carta viva, conhecida e lida por todos os homens. Os crentes são fortes apenas quando a Palavra de Deus habita neles".

A. W. Tozer: "Nunca vi um cristão útil que não fosse estudante da Bíblia".

John Flavel: "As Escrituras ensinam-nos a melhor maneira de viver, a mais nobre forma de sofrer e o modo mais confortável de morrer".

Resumindo: se queremos conhecer melhor a Cristo e descobrir os tesouros da sabedoria e da ciência que nele se encontram, precisamos nos envolver com a Palavra de Deus num nível muito mais profundo do que o que alcançamos até agora. Que o Senhor nos ajude a despertar e a recomeçar nessa área!

CAPÍTULO 8

Manancial ou cisterna?

*Não há nada que diga a verdade a nosso respeito
como cristãos tanto quanto nossa vida de oração.*

MARTYN LLOYD-JONES

Tive o privilégio de nascer e crescer num lar cristão. Aprendi, desde criança, a importância de cultivar um tempo devocional com Deus. Tanto por preceitos como pelo exemplo dos meus pais, eu soube que devemos cultivar esse momento diário de busca, a sós com o Senhor.

Quero falar, neste capítulo, acerca de outro elemento essencial ao relacionamento com Deus que também abrange o nosso envolvimento com as Escrituras Sagradas que abordei anteriormente. Trata-se da *busca diária*. Trata-se de algo óbvio e ao mesmo tempo ignorado ou, no mínimo, negligenciado. Comecemos pela palavra profética liberada por Jeremias: *Porque dois males cometeu o meu povo: a mim me deixaram, o manancial de águas vivas, e cavaram cisternas, cisternas rotas, que não retêm as águas* (Jr 2.13).

Nos dias em que Deus liberou essa palavra por meio do profeta Jeremias, não havia água encanada e o povo dependia dos *mananciais* para a sua sobrevivência. Contudo, tanto pela falta de mananciais (que não eram encontrados em qualquer lugar) como pelo comodismo de não precisarem buscar água todos os dias, as pessoas passaram a usar *cisternas*.

A cisterna era um reservatório de águas das chuvas, e era muito prática, uma vez que, pelo fato de armazenar água, ela evitava o esforço da caminhada diária em busca de uma fonte. Temos muitos exemplos bíblicos de pessoas indo a poços ou fontes (às vezes bem distantes) para buscar água. Entre esses episódios descritos na Bíblia, podemos destacar o encontro de Jacó com Raquel (Gn 29.1-10) e o encontro de Jesus com a mulher samaritana junto à fonte de Jacó (Jo 4.5-14). Essa era uma realidade comum a todos os povos da Antiguidade, razão pela qual Deus escolheu justamente essa figura para ilustrar a verdade espiritual que o seu povo tanto necessitava ouvir e entender.

Qualquer um sabe que há uma diferença na qualidade da água proveniente de uma fonte e a que foi tirada de uma cisterna. Mas o enfoque dado por Deus nesse texto não é a qualidade da água, e sim o fato de que, espiritualmente falando, no paralelo estabelecido por Deus, as cisternas não funcionam.

O Senhor chamou de *rotas* as cisternas que o seu povo vinha cavando, enfatizando que elas não podiam armazenar água. Estamos falando da diferença entre beber da *fonte* ou de um *reservatório*. Portanto, nessa comparação que o Senhor fez, a conclusão é uma só: quem bebe da fonte tem a água, ao passo que quem tenta fazer uso do reservatório acaba ficando sem ela!

Muitos de nós achamos que é possível "driblar" o princípio da busca diária e tentamos "encher os nossos reservatórios" nos cultos semanais. Há pessoas que durante toda a semana não oram, não adoram, tampouco leem a Bíblia, mas acham que frequentar um culto é suficiente para mantê-las abastecidas. Foi exatamente sobre isso que o Senhor falou por intermédio do profeta Jeremias.

Por que preferimos encher as nossas cisternas, em vez de irmos diariamente à fonte? Talvez seja por mero comodismo, mas o fato é que temos falhado numa área vital do nosso relacionamento com o Pai celestial.

Ninguém sobrevive de estoques em sua vida espiritual. Não existe uma espécie de "crente camelo", que enche o tanque e suporta quarenta dias de caminhada no deserto! Entretanto, muitos de nós agimos como se isso fizesse parte da nossa realidade.

Erramos em não buscar a renovação diária em Deus. Como declarou Smith Wigglesworth, o apóstolo da fé: "Se há algo que desagrada a Deus é a estagnação". Creio que essa é uma área importantíssima a ser consertada em nossa vida. Não há nada que nos leve a ficar mais próximos de Deus do que o nosso relacionamento diário.

Essa ideia de beber da fonte é usada por Deus em toda a Bíblia. Creio que isso serve para cultivar em nós uma mentalidade correta com relação ao nosso relacionamento com ele.

> *Respondeu-lhe Jesus: Se tivesses conhecido o dom de Deus e quem é o que te diz: Dá-me de beber, tu lhe terias pedido e ele te haveria dado água viva. [...] Replicou-lhe Jesus: Todo o que beber desta água tornará a ter sede; mas aquele que beber da água que eu lhe der se fará nele uma fonte de água que jorre para a vida eterna. (Jo 4.10,13,14).*

Ora, no último dia, o grande dia da festa, Jesus pôs-se em pé e clamou, dizendo: Se alguém tem sede, venha a mim e beba. Quem crê em mim, como diz a Escritura, do seu interior correrão rios de água viva (Jo 7.37,38).

Pois o cordeiro que se encontra no meio do trono os apascentará e os guiará para as fontes da água da vida. E Deus lhes enxugará dos olhos toda lágrima (Ap 7.17).

O Espírito e a noiva dizem: Vem! Aquele que ouve, diga: Vem! Aquele que tem sede venha, e quem quiser receba de graça a água da vida (Ap 22.17).

A fonte não somente retrata o nosso relacionamento diário com Deus, a nossa busca contínua, mas também exprime a ideia de que não é necessário estocarmos ou armazenarmos água, e que podemos dar preferência à água fresca. Decida hoje mesmo a investir em seu relacionamento diário com o Senhor e a fazer disso a sua fonte de águas vivas. Não se deixe levar pelo desejo de cavar para você mesmo uma cisterna rota que não retém as águas.

Chegar ao ponto crucial da busca ao Senhor, onde nada mais importa, envolve tanto a intensidade como a frequência. Não pode haver, em nosso relacionamento com Deus, somente um desses elementos. Tem gente tentando viver a intensidade da busca sem a frequência. E tem gente tentando viver a frequência sem a intensidade. Se não combinarmos essas duas características em nossa busca, ela se tornará incompleta e não cumprirá o seu propósito.

Quando o Novo Testamento retrata a maneira pela qual a igreja reagiu à visitação do Espírito Santo em seus dias, ele destaca o aspecto da relação diária com o Senhor:

DIARIAMENTE perseveravam unânimes no templo, partiam pão de casa em casa e tomavam as suas refeições com alegria e singeleza de coração, louvando a Deus e contando com a simpatia de todo o povo. Enquanto isso, acrescentava-lhes o Senhor, dia a dia, os que iam sendo salvos (At 2.46,47 — grifo do autor).

E TODOS OS DIAS, no templo e de casa em casa, não cessavam de ensinar e de pregar Jesus, o Cristo (At 5.42 — grifo do autor).

É tempo de voltarmos a essa dimensão de vida cristã e ministerial: avivamento diário!

A busca diária

Deus espera que o busquemos todos os dias. Isso me parece bem claro na oração-modelo que Jesus nos ensinou: *O pão nosso de cada dia nos dá hoje* (Mt 6.11).

O Senhor Jesus ensinou que devemos nos colocar diante do nosso Pai celestial e buscar a sua provisão *diariamente*. Ele destaca o pão de *cada dia*, ou, conforme uma outra versão bíblica, o pão *cotidiano*, e nos ensina a pedir que Deus nos dê esse pão hoje. Portanto, esse é um padrão de busca para cada dia de nossa vida.

E quanto ao dia seguinte? Devemos voltar a buscar o Senhor a cada novo dia. Assim diz Mateus 6.34: *Portanto não vos inquieteis com o dia de amanhã, pois o amanhã trará os seus cuidados; basta ao dia o seu próprio mal.*

Quando o Senhor Jesus nos ensinou a depender de Deus para a nossa provisão, ele não quis dizer que deveríamos simplesmente ficar sentados e esperar. Ao contrário, percebemos que o caminho bíblico proposto é o de irmos ao Senhor em oração diariamente. E o próprio texto sagrado sugere que as respostas divinas às nossas orações são liberadas em "cotas diárias".

Há uma relação entre esse ensino do Senhor Jesus e o que aconteceu nos dias de Moisés com relação ao maná, o pão do céu. Vemos que, depois que a nação de Israel deixou o Egito e saiu pelo deserto em direção a Canaã, eles se encontraram em grandes dificuldades para obter o seu próprio alimento, uma vez que, em viagem, não tinham tempo nem condições de plantar e colher. O resultado foi o envio da provisão divina e diária do maná:

> Então o SENHOR disse a Moisés: *eis que vos farei chover do céu pão, e o povo sairá, e colherá* DIARIAMENTE *a porção para cada dia, para que eu ponha à prova se anda na minha lei ou não* (Êx 16.4 — grifo do autor).

A cada novo dia, os israelitas tinham que se levantar em busca do pão. Deus queria que fosse exatamente assim:

> Disse-lhes Moisés: *Ninguém deixe dele para a manhã seguinte. Eles, porém, não deram ouvidos a Moisés, e alguns deixaram do maná para o dia seguinte; porém deu bichos e cheirava mal. E Moisés se indignou contra eles. Colhiam-no, pois, manhã após manhã, cada um quanto podia comer; porque, em vindo o calor, se derretia* (Êx 16.19-21).

O que temos aqui não é apenas uma lição de dependência, mas inclui também os parâmetros divinos segundo os quais o povo deveria relacionar-se com o Senhor. Aparentemente, era isso o que acontecia no jardim do Éden, onde Deus visitava os seus filhos diariamente (Gn 3.8).

Observe a desobediência deliberada e imediata dos israelitas. O Senhor claramente os advertiu de não estocar o maná para o dia seguinte. Ele prometeu uma nova porção a cada novo dia. Ainda assim, eles lhe desobedeceram e tentaram fazer reservas para o dia seguinte. Por quê? Para não terem que se preocupar em buscar o maná todo dia. Isso é comodismo. Eu, particularmente, prefiro fazer uma boa compra no supermercado a ter que ir, todos os dias, buscar a cota de alimento que só sirva para aquele dia. Mas só faço essa opção porque ela não me foi proibida por Deus.

A verdade é que, semelhantemente ao erro que, no futuro, a nação de Israel haveria de cometer — trocando o manancial de águas vivas por cisternas rotas —, vemos essa geração que saiu do Egito optando pelo caminho mais fácil e, com isso, falhando em algo fundamental. E o triste é que ainda hoje, como povo de Deus, estamos repetindo o mesmo erro.

Dando continuidade à ideia de uma vida cristã que se vive dia após dia, repare que Jesus falou sobre uma atitude de renúncia que precisa estar presente na vida de seus seguidores e que deve ser renovada a cada novo dia: *Dizia a todos: Se alguém quer vir após mim, negue-se a si mesmo, tome CADA DIA a sua cruz e siga-me* (Lc 9.23, TB — grifo do autor).

Através do profeta Isaías, Deus condenou a forma errada com que o povo jejuava e o buscava em seus dias. Apesar da motivação errada e dos tropeços cometidos na carnalidade deles, a Bíblia revela que, pelo menos, eles estavam fazendo corretamente uma coisa: a busca diária.

> *Mesmo neste estado, ainda me procuram DIA A DIA, têm prazer em saber os meus caminhos; como povo que pratica a justiça e não deixa o direito do seu Deus, perguntam-me pelos direitos da justiça, têm prazer em se chegar a Deus, dizendo: Por que jejuamos nós, e tu não atentas para isso? Por que afligimos a nossa alma, e tu não o levas em conta? Eis que, no dia em que jejuais, cuidais dos vossos próprios interesses e exigis que se faça todo o vosso trabalho* (Is 58.2,3 — grifo do autor).

A versão Almeida Revista e Corrigida optou nesse texto pela tradução *cada dia*. Portanto, mais uma vez se evidencia que o plano de Deus para o nosso relacionamento com ele envolve a busca diária. Temos, porém, uma inclinação a errarmos justamente aí. Basta observarmos o que ocorreu com os israelitas no deserto: mesmo sendo advertidos de não colherem mais do que a porção diária do maná, alguns deles tentaram fazê-lo.

Repito: a razão de agirem assim foi puro comodismo, para que não tivessem de levantar cedo e ter o mesmo trabalho no dia seguinte, uma vez que, quando o sol se levantava, o maná se derretia.

A humanidade vive procurando atalhos para todas as coisas. Como diminuir o serviço e tornar tudo mais cômodo parece ser uma das áreas em que mais vemos progressos e avanços tecnológicos. A ideia é simplificar tudo o que for possível. As crianças de hoje só usam fraldas descartáveis; temos o *freezer*, o micro-ondas, a embalagem longa vida, o telefone celular e uma infinidade de outras coisas que foram inventadas em nome da praticidade. E não estou reclamando. Eu, como a maioria, gosto disso. O problema, no entanto, é que temos transferido essa ideia para o nosso relacionamento com Deus. E isso tem acontecido desde o início da humanidade.

Os israelitas demonstraram que tinham esse mesmo tipo de pensamento, ao achar que poderiam "driblar" a regra da busca diária. E nós também, milhares de anos depois, continuamos presos a essa mesma forma de pensamento.

Não há como trabalhar com estoques no que diz respeito à presença de Deus. Devemos buscá-lo a cada novo dia. O que experimentamos dele num dia não elimina a necessidade de continuar a buscá-lo no dia seguinte. Como registrou o profeta Jeremias, falando da misericórdia do Senhor, elas renovam-se cada manhã (Lm 3.23). Não que ela tenha prazo de validade. As "cotas" do que Deus nos disponibiliza é que são liberadas diariamente para que sempre voltemos à fonte.

Há uma renovação diária não só das misericórdias divinas, mas do nosso ser interior. Paulo declarou aos coríntios: *... mesmo que o nosso homem exterior se corrompa, contudo, o nosso homem interior se renova de dia em dia* (2Co 4.16). E essa renovação é automática? Não! Ela só é alcançada ao buscarmos o Senhor. Smith Wigglesworth declarou: "O lugar da santa comunhão está aberto para todos nós. Há um lugar onde podemos ser renovados diariamente, recebendo novo poder".

Tempo aos pés do Senhor

Muitas vezes tentamos agradar a Deus apenas com o nosso trabalho, porém é mais importante para ele que nos assentemos aos seus pés para termos comunhão com ele e crescer espiritualmente. O nosso serviço é importante, não se pode negar, mas estar com o Senhor, investindo tempo em sua presença, é muito mais importante. Além disso, depois de um tempo de comunhão com ele, o nosso serviço torna-se muito mais eficaz.

Observe um episódio bíblico que Deus fez questão de registrar para o nosso ensino:

> *Ora, quando iam de caminho, entrou Jesus numa aldeia; e certa mulher, por nome Marta, o recebeu em sua casa. Tinha esta uma irmã chamada Maria, a qual, sentando-se aos pés do Senhor, ouvia a sua palavra. Marta, porém, andava preocupada com muito serviço; e aproximando-se, disse: Senhor, não se te dá que minha irmã me tenha deixado servir sozinha? Dize-lhe, pois, que me ajude. Respondeu-lhe o Senhor: Marta, Marta, estás ansiosa e perturbada com muitas coisas; entretanto poucas são necessárias, ou mesmo uma só; e Maria escolheu a boa parte, a qual não lhe será tirada* (Lc 10.38-42).

Enquanto Marta corria com os afazeres domésticos, Maria estava aos pés do Senhor. Todos conhecemos essa história e o que o Senhor ensinou com base no ocorrido. Entretanto, parece-me que muitos de nós nada fazemos para evitar que a mesma situação continue se repetindo.

Às vezes só conseguimos pensar nos compromissos diários, na agenda cheia, em como fazer tudo o que nos aguarda. Preocupamo-nos com coisas que não merecem tanto a nossa atenção. Deixamos que o "urgente" tome o lugar do "importante" e acabamos invertendo as prioridades.

Sei muito bem do que estou falando não só pelo convívio com outras pessoas, mas por mim mesmo. Sou, por natureza, agitado e não gosto de ficar parado. Se eu deixar as coisas caminharem conforme o meu jeito natural de ser, eu não paro um instante. Sou mais parecido com Marta. No entanto, entendi que na vida com Deus as coisas são diferentes. Aprendi desde o início da minha caminhada com o Senhor que a chave de tudo é o tempo investido em nosso relacionamento com o Pai. Muito embora, por temperamento, eu seja uma pessoa mais parecida com Marta, por princípio bíblico tenho forçado o meu comportamento a ajustar-se ao de Maria. É claro que, às vezes, tenho as minhas recaídas. Mas luto comigo mesmo, pois quero o melhor de Deus!

Ninguém tem o direito de desculpar-se, dizendo: "Este é o meu jeito de ser!" Se Deus nos fizesse de modo diferente uns dos outros, dando a uns melhores condições de buscá-lo do que a outros, então ele estaria sendo injusto com muitos de nós. Ele estaria praticamente escolhendo antecipadamente quem poderia agradá-lo. Mas isso não é verdade.

Buscá-lo diariamente não é uma mera questão de temperamento, e sim de *comportamento*. Precisamos aprender as prioridades corretas para crescer espiritualmente. A falta de tempo com Deus é um dos maiores obstáculos ao crescimento espiritual dos cristãos.

Costumamos permanecer tão cegos em nosso comportamento errado que, às vezes, tentamos convencer até mesmo Deus de que estamos certos. Marta foi pedir a Jesus que ele fizesse com que Maria se levantasse e a ajudasse, e ela estava certa de que Jesus agiria de uma forma justa, mas não esperava que naquela situação a errada fosse ela mesma. Ela tentou convencer até o próprio Jesus do valor e da importância da sua "correria".

De modo semelhante, muitas vezes estamos errados e tentamos convencer a nós mesmos (e aos outros) do contrário. Contudo, as palavras de Jesus são muito fortes e contundentes: *poucas coisas são necessárias, ou mesmo uma só.*

O que ele estava querendo dizer a Marta? Que, de toda a nossa correria, poucas coisas são realmente uma necessidade. Muito do que julgamos ser necessário, na verdade, não é. Por exemplo, observe o nosso consumismo e veja como criamos "necessidades". Fazemos o mesmo na administração da nossa agenda diária. Assimilamos muitas coisas que poderiam esperar, como se o mundo fosse acabar em dois dias. E o resultado não é somente um estresse, mas também a falta de poder espiritual.

A presença de Deus é um refrigério, e devemos cultivá-la com dedicação. *O Senhor Jesus declarou: poucas coisas são necessárias, ou mesmo uma só.* Creio que com essa frase, na verdade, ele estava dizendo: "Pode enxugar sua agenda, porque os seus compromissos, na maioria, não são tão importantes assim. E se você tiver que escolher uma única coisa para fazer, então fique na minha presença!"

Não estou dizendo a ninguém para parar de trabalhar. Estou falando principalmente de coisas que não precisam necessariamente ser feitas na hora em que as fazemos. Por exemplo, muitos de nós "precisamos" assistir ao noticiário todos os dias. Será que precisamos mesmo? Muitos de nós achamos "necessário" nos divertir com um bom filme ou seriado quase todo dia. Mas será que não podemos ter um intervalo maior de dias entre um entretenimento e outro? *Porque poucas coisas são necessárias...*

Você pode questionar-se sobre o nível de importância de muitas coisas que faz, mas o fato é que, se você tivesse que escolher uma única atividade em seu dia, por ser a mais importante ou a única que verdadeiramente pudesse ser chamada de necessidade, essa atividade deveria ser a sua permanência aos pés do Senhor.

CAPÍTULO 9

Voltando à fonte

Quem não faz da oração um importante fator em sua vida, é fraco na obra de Deus e impotente para projetar a causa de Deus ao mundo.

E. M. BOUNDS

Em janeiro de 1995, tive uma experiência inesquecível — seguida de um aprendizado muito marcante. Eu estava no ministério pastoral havia um ano e alguns meses e tirando minhas primeiras férias. Estive no ministério itinerante por quase três anos antes de assumir o pastorado em uma igreja local.

Um dos compromissos que assumi com a liderança de nossa igreja, junto com o restante de nossa equipe pastoral, é que aceitaria e respeitaria a norma já estabelecida pela igreja de tirar um mês de férias a cada ano corrido, embora, vale dizer, na época (e tenho pena de mim quando recordo isso), eu achasse desnecessário tirar férias. Eu ainda era solteiro e muito novo; estava com apenas 22 anos de idade nessa ocasião.

Acabei aceitando tirar três períodos de dez dias, para não me ausentar muito do rebanho, e decidi que aquelas férias seriam só da rotina de trabalho na igreja local, e não do ministério. Então agendei compromissos de pregação em várias igrejas de pastores amigos, a maioria no litoral de Santa Catarina. A escolha do local foi estratégica porque, na minha opinião, é lá que estão as melhores praias do sul do país. Convidei outros dois amigos, também solteiros, a me acompanharem na viagem. Disse a eles que nos divertiríamos de dia e à noite serviríamos às igrejas daquela região.

Meu plano parecia fantástico. Eu era jovem demais para conseguir valorizar o descanso. Lembro-me de que, quando cheguei em uma daquelas cidades litorâneas, já fui avisando ao pastor amigo que nos hospedou a maior parte daqueles dias: "Desta vez não espere que eu fique trancado no quarto orando a maior parte do dia. Estou de férias com os amigos e vamos para a praia todos os dias. Já estou sacrificando as minhas noites de férias para servi-los; então, por favor, não me exija mais do que isso". Ele não apenas concordou comigo, como disse achar muito justo.

Seguimos com o plano a cada dia daquele período, valorizando as praias, os passeios e toda diversão que conseguimos incluir. Durante as noites, vivemos o melhor daqueles dias. A glória de Deus se manifestou; a Palavra fluía e tocava as pessoas de maneira impactante; provamos do mover do Espírito, curas e manifestações dos dons. Algumas dessas igrejas eram ligadas. Então, à medida que havia testemunhos das intervenções de Deus, alguns irmãos das igrejas das cidades vizinhas começaram a frequentar as outras reuniões também, o que fez com que a frequência aumentasse a cada dia.

Tudo seguiu bem por oito dias. No nono dia, fomos à praia e passamos o dia todo "desfrutando das nossas férias". Ao final da tarde, lembro-me de que o pastor nos chamou para voltar para a casa dele, onde só teríamos tempo de nos banhar e nos vestir adequadamente para o culto. De repente, ao sair de dentro da água, comecei a passar mal. Era uma dor de cabeça sem igual; não me lembro de ter sentido algo assim antes nem depois daquele dia. Além da dor e de um mal-estar físico em todo o corpo, algo pareceu acometer meu estado emocional e, subitamente, a alegria e o prazer de viver pareciam ter desaparecido. Queria orar contra aquilo, mas não conseguia. Penso que essa foi a pior parte do que experimentei naquele dia. Era uma desconexão com Deus e o céu como nunca eu havia provado. Meu mundo deixou de ser "colorido" e ficou "preto e branco" em fração de segundos!

Quando entramos no carro, eu desmaiei. Meus amigos acharam que eu apenas tinha caído no sono. Recobrei a consciência quando estávamos chegando na casa do pastor e, além do mal-estar completo (em meu espírito, alma e corpo), eu estava apavorado com aquilo tudo que estava acontecendo. Principalmente por não fazer ideia do que se passava.

Ao entrar no quarto em que estava hospedado, simplesmente me lancei na cama, sem tomar banho ou mesmo trocar de roupa. Eu não gostaria que alguém, hospedado em minha casa, por mais amigo que fosse, se jogasse na cama ainda sujo de areia e com sal no corpo e na roupa, mas foi o que fiz. Enquanto todo mundo corria para se arrumar em tempo recorde, eu mal conseguia me mexer naquela cama. Era uma sensação de morte muito forte. Parecia que, inexplicavelmente, minha vida estava acabando de uma hora para outra. Nunca senti nada assim antes nem depois daquela ocasião.

Recordo-me que o pastor entrou em nosso quarto para nos apressar, de modo que não nos atrasássemos para a reunião, e, surpreso, me encontrou naquele estado.

— Você ainda não se arrumou? — perguntou ele, quase indignado. E emendou: — Nós vamos acabar atrasando!

Eu respondi de pronto:

— Não, eu não vou me atrasar. Porque atrasar significa chegar à igreja depois do horário do início da reunião.

Então acrescentei a frase que gerou nele uma cara de espanto, quase de desespero:

— Eu não tenho condições de ir a lugar nenhum. Não consigo sequer me levantar desta cama para tomar banho!

Ainda me recordo do final daquela conversa. Seria cômico se não houvesse uma pitada de tragédia em meu estado.

— E o que eu digo para toda aquela gente que estará lá esperando que você ore por cura?

Eu respondi de forma curta e direta:

— Diga que o ministro de cura não pode comparecer porque ficou doente!

Ele saiu do quarto meio atordoado, e os dois colegas que me acompanhavam naquela viagem foram saindo junto com ele. Protestei:

— Estou quase morrendo e vocês vão me deixar sozinho aqui? Na hora de desfrutar dos bons momentos, vocês foram parceiros e agora, quando mais preciso de ajuda, simplesmente se vão? Fiquem aqui e orem comigo!

Eles decidiram ficar e orar por mim, o que fizeram fervorosamente. Clamaram ao Senhor em meu favor por muito tempo, embora eu não saiba precisar exatamente quanto tempo foi. Sei que na primeira meia hora, aproximadamente, eu não sentia nada. Meu coração estava empedernido. Eu não conseguia orar com eles, tampouco acreditar que algo poderia acontecer. Parecia que toda a minha fé simplesmente tinha ido embora quando saí daquela praia! Mas eles persistiram e batalharam em oração até que, em algum momento, algo aconteceu. Parecia que alguém derramava sobre mim algo semelhante ao mel, não consigo explicar. Era como se, falando em termos de consistência, um grande pote de mel estivesse sendo derramado sobre o meu corpo. Era grosso e denso, não como um líquido qualquer e tampouco como óleo. Eu não via nada em meu corpo, mas sentia aquilo sendo derramado de forma muito nítida. De repente, a glória de Deus me envolveu!

Dei um pulo daquela cama e, em fração de segundos, eu estava novamente me sentindo bem no meu corpo, em minhas emoções e no meu espírito. Meu mundo voltou a ficar "colorido", e eu fui cheio do Espírito Santo. Se por um lado o que até então eu sentia era singularmente trágico, por outro, o que experimentei depois foi singularmente glorioso!

Minha primeira reação, quando percebi minha completa restauração, foi pensar: "Vou correr para tomar um banho, me arrumar e ir para a igreja. Mesmo que não dê tempo de pregar, ainda posso orar pelos enfermos no final...". E, nessa hora, para a minha grande surpresa, o Espírito Santo falou em meu coração: "Você não vai a lugar algum! O que você precisa agora é entender o que aconteceu e o porquê disso tudo". E foi nesse momento que os meus olhos se abriram para entender a exposição bíblica que reproduzo a seguir.

O DESGASTE DA BATALHA

Super-herói espiritual não existe, pois todos nos cansamos; temos limites. A razão pela qual o Senhor instituiu o descanso é que precisamos dele. Embora inicialmente apresentemos relativa dificuldade para aceitar, o tempo e a experiência nos mostram que este é um fato: a cada um de nós sobrevirá aquele momento de desgaste, principalmente após as batalhas e ministrações a outras pessoas. Mesmo quando ministramos no poder do Espírito, nos cansamos. Não sentimos isso enquanto estamos sob a unção, mas, quando ela se vai, é aí que percebemos quão limitados somos.

A Bíblia fala acerca de como Elias, depois de sair de um dos mais espetaculares cenários de avivamento, quando viu descer fogo do céu sobre o sacrifício e a nação cair de joelhos gritando "Só o Senhor é Deus", fugiu de Jezabel e escondeu-se numa caverna, pediu para si a morte. O que houve com o profeta? Ele vivenciou o que classifico como "ressaca ministerial".

Embora a primeira ideia sobre ressaca seja a de alguém que está sofrendo do abuso do álcool, há outros conceitos englobados nessa palavra. Podemos falar da "ressaca muscular" de quem abusou dos exercícios no dia anterior, ou do mar agitado como consequência do mau tempo. Em todos esses exemplos, encontramos uma consequência de algum tipo de exagero ocorrido. Foi o que eu experimentei naquele dia, quando passei tão mal na praia, e detalharei melhor o ocorrido depois de falar sobre outro texto bíblico acerca disso.

Há um exemplo nas Escrituras que se enquadra perfeitamente nesse contexto do desgaste da batalha, da ressaca ministerial. É o caso de Sansão. Observe o que ocorreu com ele numa ocasião em que experimentou uma poderosa manifestação de Deus:

> *Quando ele chegou a Leí, os filisteus lhe saíram ao encontro, jubilando. Então o Espírito do Senhor se apossou dele, e as cordas que lhe ligavam os braços se tornaram como fios de linho que estão queimados do fogo, e as suas amarraduras se*

desfizeram das suas mãos. E achou uma queixada fresca de jumenta e, estendendo a mão, tomou-a e com ela matou mil homens. Disse Sansão: Com a queixada de um jumento, montões e mais montões! Sim, com a queixada de um jumento matei mil homens. E acabando ele de falar, lançou da sua mão a queixada, e chamou-se aquele lugar Ramá-Leí (Jz 15.14-17).

É importante lembrar que Sansão não possuía nenhuma força descomunal, a não ser quando o Espírito de Deus se apossava dele; salvo essas ocasiões, era um homem normal. Depois de ter sido usado poderosamente pelo Senhor, a unção se retirou dele, mas deixou um saldo de grande desgaste. Ou seja, aquela força que havia se manifestado não era dele, mas o corpo, sim; portanto, quando a força se foi, restou o cansaço.

Seria muita ingenuidade de nossa parte supor que jamais poderíamos experimentar o mesmo. Muitas vezes, depois de vencermos o inimigo externo, descobrimos que não podemos lidar com a nossa própria limitação! Foi o que ocorreu com o juiz israelita:

> *Depois, como tivesse grande sede, clamou ao* SENHOR, *e disse: Pela mão do teu servo tu deste este grande livramento; e agora morrerei eu de sede, e cairei nas mãos destes incircuncisos? Então o* SENHOR *abriu a fonte que está em Leí, e dela saiu água; e Sansão, tendo bebido, recobrou alento, e reviveu; pelo que a fonte ficou sendo chamada En-Hacore, a qual está em Leí até o dia de hoje* (Jz 15.18,19).

O corpo de Sansão quase sucumbiu, pois o esforço de matar (e empilhar e contar) aqueles mil homens foi muito grande. A Bíblia diz que o desgaste foi tamanho que ele quase morreu de sede. Veja bem, podemos extrair uma outra lição do ocorrido. Existem dois níveis de unção: a externa e a interna.

A unção externa é aquela em que o Espírito Santo vem *sobre* nós; esse tipo de unção nos leva a fazer alguma coisa para Deus. Jesus disse: *O Espírito do Senhor está sobre mim, pelo que me ungiu para...*, e então segue-se uma lista das coisas que essa unção sobre ele o levaria a fazer para Deus (Lc 4.18). A unção interna é aquela em que o Espírito Santo flui *em* nós, do lado de dentro; esse tipo de unção está relacionado com o que Deus faz por nós. O apóstolo João escreveu em sua epístola acerca da unção que recebemos do Espírito Santo, que permanece *em nós* e nos ensina todas as coisas (1Jo 2.27).

Em suma: com um tipo de unção, fazemos algo para Deus; com outro, Deus é que faz para nós. Sansão descobriu que experimentar somente a unção externa, e vencer o inimigo, não é suficiente, pois, para vencer o desgaste resultante da batalha (a sede que quase o matou), é preciso uma fonte; e isso fala da unção interior que refrigera.

A Fonte do Que Clama

A fonte que Deus abriu ganhou um nome: *En-Hacore*, que significa "a fonte do que clama", pois foi em oração que Sansão a alcançou.

Certa ocasião, enquanto eu estava meditando nesse texto bíblico, ocorreu-me que Deus não abriu a fonte para Sansão apenas porque ele necessitava disso. Esse juiz de Israel estava a ponto de morrer de sede, mas não foi sua necessidade que gerou a intervenção divina. Foi o seu clamor!

Semelhantemente, cada um de nós também precisa dessa fonte, que só pode ser experimentada mediante a oração. Somente essa fonte pode nos proporcionar refrigério e descanso quando nos encontramos cansados da batalha.

E o que essa fonte simboliza?

Sabemos que ela é ativada pela oração, e não pela necessidade. Mas o que, exatamente, é ativado quando oramos?

Um dos símbolos do Espírito Santo, na Bíblia, é o de uma fonte:

> *Ora, no último dia, o grande dia da festa, Jesus pôs-se em pé e clamou, dizendo: Se alguém tem sede, venha a mim e beba. Quem crê em mim, como diz a Escritura, do seu interior correrão rios de água viva. Ora, isto ele disse a respeito do Espírito que haviam de receber os que nele cressem; pois o Espírito ainda não fora dado, porque Jesus ainda não tinha sido glorificado* (Jo 7.37-39).

Somos convidados por Jesus a beber de uma fonte que sacia a nossa sede. Essa fonte é o bendito Espírito Santo. Observe o detalhe apresentado por Jesus: essa fonte "flui do nosso interior". Não é nada mais, nada menos, que a unção interior. Deus abriu aquela fonte em Leí porque Sansão orou; e a abrirá em nossa vida quando orarmos. E digo mais: Jesus falou sobre um saciar da sede bebendo de um rio que jorra do íntimo de cada um de nós. A Bíblia diz que a água flui do nosso interior; e eu pergunto: por onde jorra? Por nossos lábios, quando oramos...

O que entendi, naquele dia em que havia passado tão mal naquela praia, foi que negligenciei a fonte. Passei oito dias pregando, orando com as pessoas, movendo-me nos dons do Espírito Santo e, nesse tempo, a unção externa fluiu livremente. Experimentei, à semelhança de Sansão, o poder divino fluindo de mim contra um inimigo espiritual. Pessoas foram salvas, libertas e curadas. Lares foram restaurados. Corações foram despertados e fortalecidos no Senhor. Porém, enquanto eu lutava com forças que não eram minhas, só havia um meio de prevenir o grande desgaste que senti depois: bebendo da fonte. Mas minha tentativa de conciliar férias (com direito a aproveitar bem o dia inteiro) com as ministrações me manteve distante da oração.

Oração não é algo opcional. É uma questão de sobrevivência! Então por que a maioria de nós não parece levar a sério a vida de oração?

Apenas saber que orar é importante, necessário, fundamental, não resolverá o problema gerado por nossa omissão. Acredito que isso só tem um remédio: a paixão pelo Senhor. A fascinação por sua presença, a realização que encontramos somente nos encontros com ele, deveria ser o nosso combustível para correr à fonte todos os dias.

Não estou falando de gastar menos tempo trabalhando para ver se conseguimos ter mais tempo para orar. A vida de oração, além de nos poupar do desgaste da batalha, aumentará a nossa produtividade. Estou falando de fazer mais para Deus em menos tempo que o normal, depois de garantir nosso tempo com ele. George Müller, homem de grandes realizações, declarou: "Um crente pode fazer mais em quatro horas, depois de empregar uma em orar, que cinco sem orar".

AFIANDO O MACHADO

A falta de tempo a sós com Deus impede que o sirvamos melhor. Atualmente há até mesmo muitos ministérios que estão sendo formados de maneira errada. Eles são ensinados apenas a fazer, fazer e fazer, mas é somente depois de investirmos tempo com o Senhor que aumentamos o proveito do nosso serviço. Veja este princípio bíblico: *Se estiver embotado o ferro, e não se afiar o corte, então se deve pôr mais força; mas a sabedoria é proveitosa para dar prosperidade* (Ec 10.10).

Quando o rei Salomão foi inspirado pelo Espírito Santo a escrever essas palavras, ele não nos deixou apenas um princípio natural, mas também, paralelamente, estabeleceu um fundamento espiritual.

Assim como a sabedoria de afiar o corte do machado para rachar lenhas torna o trabalho mais eficaz, também há recursos espirituais que tornam o nosso andar com Deus mais frutífero. Se o machado do lenhador se encontra embotado, sem corte, ele tem de exercer muito mais força e energia em seu trabalho, consumindo assim mais do seu tempo. Mas, ao investir uma parte do seu tempo afiando o corte do machado, no fim ele economiza tempo e energia. A partir do momento em que a ferramenta adquire um corte melhor, será o corte que determinará o resultado, e não a força do golpe na lenha. Resumindo: se tentarmos economizar o tempo que usaríamos para a manutenção da ferramenta, acabaremos perdendo mais tempo ainda no trabalho que executamos. O povo de Deus precisa aprender urgentemente essa lição!

O que precisamos aprender e provar na prática é que o tempo gasto com Deus é o machado sendo afiado. Se economizarmos nessa prática, perderemos muito mais tempo e energia depois e não conseguiremos fazer o serviço tão bem. D. L. Moody, um dos grandes evangelistas da história da Igreja, afirmou: "Nesta era de correria e incessantes atividades, precisamos de algum chamado especial para nos retirarmos e nos colocarmos a sós com Deus por um tempo, todos os dias".

A correria gerada principalmente pelo crescimento do ministério pode tornar-se um dos maiores inimigos do próprio ministério. No livro de Atos, vemos que o crescimento da igreja trouxe consigo alguns problemas: *Ora, naqueles dias, multiplicando-se o número dos discípulos, houve murmuração dos helenistas contra os hebreus, porque as viúvas deles estavam sendo esquecidas na distribuição diária* (At 6.1).

Era tanta gente se convertendo, chegando à igreja, que alguns passaram a ser literalmente esquecidos; afinal era gente demais para cuidar. Os apóstolos decidiram resolver não apenas a necessidade de atendimento a todos, mas também a necessidade de eles mesmos voltarem ao que nunca poderiam ter negligenciado: sua vida de oração.

> *Então, os doze convocaram a comunidade dos discípulos e disseram: Não é razoável que nós abandonemos a palavra de Deus para servir às mesas. Mas, irmãos, escolhei dentre vós sete homens de boa reputação, cheios do Espírito e de sabedoria, aos quais encarregaremos deste serviço; e, quanto a nós, nos consagraremos à oração e ao ministério da palavra* (At 6.2-4).

Nada deve nos afastar de nossa fonte!

O nosso relacionamento diário com Deus determina não só o sucesso, como a sobrevivência do nosso ministério, portanto ele jamais deve ser negligenciado.

Quando a ideia de que há muito para fazer me incomoda, pois sei que isso me rouba do meu tempo com Deus, procuro lembrar-me de que cada minuto investido na presença do Senhor significará menos esforço e mais eficiência no trabalho do ministério depois. Afiar o machado é algo estratégico, sábio, que traz prosperidade no trabalho. Da mesma forma, o tempo com Deus não significa uma falta de produtividade, e sim um aumento da nossa capacidade produtiva.

Um modelo a ser seguido

Jesus é nosso referencial em tudo. Não só em seu caráter, como também em suas obras. Suas escolhas e comportamentos refletem princípios que devem ser seguidos. E uma característica de Cristo que recebe destaque nas Escrituras é a sua vida de oração. Porém, antes de dar ênfase à sua vida de oração, quero mostrar algo importante.

Nós recebemos, por meio dos Evangelhos, detalhes que comprovam a humanidade de Jesus, que ele viveu como homem aqui na terra. Lemos que nosso Senhor se cansou (Jo 4.6), teve fome (Mt 4.2; 21.18), sentiu sede (Jo 19.28), tinha necessidade de dormir (Mt 8.24) e até mesmo que ele chorou (Jo 11.35). A maioria dessas informações tem apenas uma menção e nem sequer recebem uma descrição detalhada. Também vale ressaltar que a maioria delas tem apenas um versículo que nos comunica aquele aspecto da humanidade de Cristo.

Dito isso, pergunto: e a vida de oração de Jesus? Nesse assunto, não encontramos apenas um ou dois versículos, mas vários! Não temos apenas uma *menção,* mas o que podemos classificar como *descrição*, porque isso envolve detalhes. E ainda podemos afirmar que temos não só a descrição de episódios variados, como também encontramos material suficiente que define um *estilo de vida*. O mestre cultivava uma vida de oração exemplar, digna de ser imitada!

Destaco, a seguir, vários versículos que comprovam esse fato. Sugiro que você não apenas passe os olhos, numa leitura corrida e superficial, mas que medite, reflita e analise cuidadosamente os detalhes dos textos bíblicos.

> *Quando todo o povo estava sendo batizado, também Jesus o foi. E, enquanto ele* ESTAVA ORANDO, *o céu se abriu e o Espírito Santo desceu sobre ele em forma corpórea, como pomba...* (Lc 3.21,22 — grifo do autor).

Jesus só começou seu ministério aos 30 anos de idade, ocasião em que foi batizado nas águas e revestido do poder do Espírito Santo. Logo a seguir, passados os quarenta dias de jejum e oração no deserto, quando foi tentado pelo diabo, podemos dizer que seu ministério não apenas teve início, mas "explodiu"! Cristo passou a atrair as multidões e entrou numa dimensão de exposição pública fora do comum:

> *Ao pôr do sol, o povo trouxe a Jesus todos os que tinham vários tipos de doenças; e ele os curou, impondo as mãos sobre cada um deles. Além disso, de muitas pessoas saíam demônios gritando: Tu és o Filho de Deus! Ele, porém, os repreendia e não permitia que falassem, porque sabiam que ele era o Cristo. Ao romper do dia, JESUS FOI PARA UM LUGAR SOLITÁRIO. As multidões o procuravam, e, quando chegaram até onde ele estava, insistiram que não as deixasse* (Lc 4.40-42).

Quero chamar sua atenção para algo nesse texto. Justamente quando o ministério de Jesus estava "bombando", quando ele teria tudo para, à semelhança de muitos de nós, alegar que já não teria tempo para orar, é que o vemos afastar-se da multidão, do agito do sucesso ministerial, para um local solitário.

Qual seria, exatamente, a necessidade de Jesus se retirar? O que ele teria ido fazer nesse local? Por que Cristo precisaria ficar a sós? O evangelho de Marcos é que nos fornece essa resposta, dando esse detalhe quando fala do mesmo episódio:

> *De madrugada, quando ainda estava escuro, Jesus levantou-se, saiu de casa e foi para um LUGAR DESERTO, ONDE FICOU ORANDO* (Mc 1.35 — grifo do autor).

Uau! É impressionante a atitude do mestre e contrastante com quanto acabamos destoando do nosso referencial. Normalmente, o crescimento ministerial se transforma em desculpa para que oremos menos (eu, pelo menos, já usei essa desculpa e a ouvi de muitos outros ministros amigos). Mas com Cristo era diferente. Observe:

> *Todavia, as notícias a respeito dele se espalhavam ainda mais, de forma que multidões vinham para ouvi-lo e para serem curadas de suas doenças. Mas JESUS RETIRAVA- SE PARA LUGARES SOLITÁRIOS, E ORAVA* (Lc 5.15,16 — grifo do autor).

Oração era parte da vida de relacionamento que o Filho cultivava com o Pai.

Num daqueles dias, Jesus saiu para o monte a fim de orar, e passou a noite orando a Deus (Lc 6.12).

Qual foi a última vez em que você passou uma noite inteira orando a Deus? Ou mesmo o dia inteiro? Se Jesus — que era Jesus — sentia necessidade disso, a pergunta a ser feita é: "E nós?" Não podemos sequer cogitar a ideia de que não precisamos de oração!

Por várias vezes, encontraremos o destaque bíblico dos lugares privados que nosso Senhor Jesus Cristo costumava frequentar a fim de orar.

> *Certa vez Jesus estava ORANDO EM PARTICULAR, e com ele estavam os seus discípulos; então lhes perguntou: Quem as multidões dizem que eu sou?* (Lc 9.18 — grifo do autor).

> *Aproximadamente oito dias depois de dizer essas coisas, Jesus tomou consigo a Pedro, João e Tiago e SUBIU A UM MONTE PARA ORAR. ENQUANTO ORAVA, a aparência de seu rosto se transformou, e suas roupas ficaram alvas e resplandecentes como o brilho de um relâmpago* (Lc 9.28,29 — grifo do autor).

> *Certo dia Jesus ESTAVA ORANDO EM DETERMINADO LUGAR. Tendo terminado, um dos seus discípulos lhe disse: Senhor, ensina-nos a orar, como João ensinou aos discípulos dele* (Lc 11.1 — grifo do autor).

O maior ensino de Jesus sobre a oração não é o da Oração-modelo, ou da assim chamada Oração do Pai-Nosso. Sua própria vida de oração, seu exemplo, foi a maior escola que os apóstolos tiveram. Eles somente lhe pediram que lhes ensinasse a orar porque, mais do que uma instrução dada aos seus discípulos, essa era a prática de Jesus, seu estilo de vida.

> *Chegando ao lugar, ele lhes disse: Orem para que vocês não caiam em tentação. Ele se afastou deles a uma pequena distância, ajoelhou-se e começou a orar* (Lc 22.40,41, NVI).

O PRAZER DE ORAR

Que nosso coração se inspire a seguir nosso modelo em tudo, inclusive na vida de oração. É hora de voltar à fonte! Porém, como estou afirmando desde o primeiro capítulo, que possamos descobrir mais do que a responsabilidade (ou mesmo a obrigação) de orar. Que possamos encontrar o prazer de orar!

104 ATÉ QUE NADA MAIS IMPORTE

Cabe citar as palavras introdutórias de Mike Bickle, em seu livro *Crescendo em oração*. Ele é o fundador do IHOP-KC (Casa Internacional de Oração, em Kansas City), que já funciona ininterruptamente há cerca de dezenove anos.

A oração é um sublime chamado e um surpreendente privilégio. No entanto, muitos a veem como um *pesado dever*. Por quê? A oração pode ser uma luta feroz. Eu conheço esta luta e a experimento frequentemente. Em meus primeiros anos, a oração foi especialmente difícil.

O meu amigo Larry Lea me encorajou, declarando que, quando persistimos na oração, a nossa vida de oração progride de dever para disciplina e para prazer. Muito tempo atrás, decidi que eu saberia o que significava ter prazer na oração. Não tinha certeza como isso aconteceria, mas ferozmente resolvi descobrir.

Pela graça de Deus, *funcionou*. Tenho tido prazer na oração há muitos anos e tenho recebido respostas a inúmeras e incalculáveis orações. Não estou dizendo que a oração nunca é uma luta para mim hoje, e sim que agora sei a maneira de passar pelos tempos de resistência e dificuldades para que a oração prazerosa que traz resultados verdadeiros seja a norma.

Isaías profetizou que o Senhor *alegraria os seus servos em sua Casa de Oração* (Is 56.7). Aqui Isaías referiu-se a um novo paradigma para a oração: a oração caracterizada pela alegria. É o que gosto de chamar de *oração prazerosa*. O Senhor deseja que a igreja seja surpreendida pela alegria de comunicar-se com ele.

A oração prazerosa é a oração que refrigera a nossa alma e revigora o nosso espírito. Imagine como a oração pode ser prazerosa! Vamos querer nos envolver nela continuamente. Por outro lado, se não for prazerosa, oraremos somente intermitentemente — ou não oraremos absolutamente nada.

Como é precioso o teu amor, ó Deus! Os homens encontram refúgio à sombra das tuas asas. Eles se banqueteiam na fartura da tua casa; tu lhes dás de beber do teu rio de delícias. Pois em ti está a fonte da vida; graças à tua luz, vemos a luz. (Sl 36.7-9, NVI).

Precisamos voltar à fonte. No reino de Deus, a maneira como começamos não é tão importante como a forma com que terminamos. Muitos de nós já começamos voando baixo, feito um avião decolando na pista, mas, à medida que o tempo passa, deixamos a fonte e paramos de nos relacionar com Deus como deveríamos. Entramos na rotina, no comodismo. E Deus tem trazido ao meu coração muito peso a esse respeito.

Devemos fazer da comunhão com Deus e da oração o ponto de onde devem começar todas as coisas. Algum tempo atrás, numa reunião com os pastores, falei a eles da expectativa do meu coração de quanto eu acreditava ser o mínimo de tempo que deveríamos dedicar à oração todos os dias. "É impossível, com tudo o que o senhor já nos comissionou a fazer, orarmos por esse período", eles me disseram. "O nosso problema é que tentamos colocar a oração por último na nossa agenda", tive de reconhecer.

Paulo diz a Timóteo: *Antes de tudo, pois, exorto que se use a prática de súplicas, orações, intercessões, ações de graças, em favor de todos os homens* (1Tm 2.1).

Na verdade, deveríamos começar pela oração e só depois dedicar-nos ao resto. É como com a entrega do dízimo. Se não colocamos o dízimo logo no início da lista do orçamento, a tendência é negligenciar a entrega dele.

Quem diz "Se der, depois eu oro", provavelmente não vai fazer isso. A oração deve ser o ponto de partida. Deus está nos chamando. Em vez de trocarmos o manancial pelas cisternas, temos de abandonar as cisternas rotas. Como vimos, usar a cisterna não funciona. No reino de Deus, precisamos beber da fonte, e beber todos os dias.

Vamos corresponder e agir com Deus da forma apropriada.

CAPÍTULO 10

Vivendo de aparência

O crescimento espiritual consiste mais no crescimento
da raiz que está fora do alcance da visão.

Matthew Henry

A religiosidade — que defino como a valorização da forma, da aparência —
tem, em nome do zelo, roubado a essência da relação com Deus, que deveria
ser honesta e sincera. O formalismo frio de um culto sem coração desagrada
profundamente a Deus. Essa verdade nos é claramente apresentada pelo próprio Senhor Jesus, ao citar, e aplicar para os seus dias, a profecia de Isaías:

> *Ele respondeu: Bem profetizou Isaías acerca de vocês, hipócritas; como está*
> *escrito: Este povo me honra com os lábios, mas o seu coração está longe de mim.*
> *Em vão me adoram; seus ensinamentos não passam de regras ensinadas por*
> *homens. Vocês negligenciam os mandamentos de Deus e se apegam às tradições*
> *dos homens. E disse-lhes: Vocês estão sempre encontrando uma boa maneira de*
> *pôr de lado os mandamentos de Deus, a fim de obedecerem às suas tradições!*
> (Mc 7.6-9, NVI).

Cristo denunciou uma atitude dos religiosos de sua época que consistia
em manter uma aparência de devoção sem que ela, de fato, existisse no coração. Ele condenou o culto exterior que é desprovido do transbordar de uma
paixão interior. É evidente, na afirmação do mestre, que o anseio divino pelo
coração do homem se aproximando dele é o mais importante.

Ouvi, há muitos anos, uma declaração que me fez parar e pensar. Certo
casal teve uma séria discussão por conta da seguinte situação: a esposa, depois
de o marido acompanhá-la numa compra de supermercado (atividade que a
maioria dos homens parece não apreciar tanto), disse a ele que preferia que
ele nunca mais a acompanhasse.

O cônjuge, indignado, protestava:

— Faz anos que essa mulher pede que eu a acompanhe para fazer as compras. Eu detesto isso! Mas hoje resolvi agradá-la e fui com ela; entretanto, agora ela está dizendo que não quer mais que eu vá com ela ao supermercado. Quem entende isso?

A esposa, muito calma, retrucou:

— Eu nunca quis que você fosse comigo ao supermercado.

A essa altura da conversa, o marido explodiu:

— Como não? Eu tenho testemunhas de quantas vezes você disse que queria que eu fosse com você às compras!

A mulher, mantendo a mesma tranquilidade, respondeu:

— Eu nunca quis que fosse ao supermercado. O que eu queria *é que você quisesse ir*! — E acrescentou: — Para ir com a cara emburrada do jeito que você foi, reclamando do tempo e me apressando o tempo todo, prefiro que nunca mais vá! Obviamente estava estampado na sua cara sua falta de vontade de estar lá comigo. Para ir desse jeito, eu realmente prefiro que você não mais me acompanhe ao supermercado.

Como não dar razão àquela esposa?

Ela tinha o desejo de esperar que o marido se agradasse em fazer aquilo. Não queria obrigá-lo a fazer algo do qual era visível seu desinteresse.

Enquanto refletia nesse episódio, pareceu-me ouvir certo sussurro do Espírito Santo em meu coração: "Eu também não quero apenas que você me busque. Eu desejo que você *queira* me buscar".

Vejo algo semelhante no protesto divino: *Este povo me honra com os lábios, mas o seu coração está longe de mim*. O culto de lábios é mais do que aceito; é esperado. Desde que seja um transbordar de um coração inclinado ao Senhor.

Não podemos inverter as coisas e deduzir que o culto de lábios não seja importante. O Pai celeste espera que ofereçamos sempre, ininterruptamente, esse culto verbal: *Por meio de Jesus, portanto, ofereçamos continuamente a Deus um sacrifício de louvor, que é fruto de lábios que confessam o seu nome* (Hb 13.15, NVI).

O problema não está nos lábios que adoram a Deus, e sim quando isso deixa de ser um transbordar do coração. Jesus disse que a boca fala do que está cheio o coração (Mt 12.34). Mas, nessa adoração que o profeta Isaías classificou como inútil, a boca está fazendo um esforço para declarar aquilo que o coração não está dizendo. Trata-se de mera encenação!

Um problema antigo

Vamos refletir um pouco mais nesse tipo de comportamento. Muita gente aprende a reproduzir um comportamento de piedade que é puro teatro. Deus não quer essa encenação; ele quer nosso coração! A atitude errada de viver tentando manter a aparência tem roubado o ser humano do melhor de Deus. E não é de hoje. A humanidade tem a tendência de maquiar e esconder os pecados, bem como fingir espiritualidade, desde o início da sua existência. Foi o que Adão e Eva fizeram ao pecar:

> *Os olhos dos dois se abriram, e perceberam que estavam nus; então juntaram folhas de figueira para cobrir-se. Ouvindo o homem e sua mulher os passos do Senhor Deus que andava pelo jardim quando soprava a brisa do dia, esconderam-se da presença do Senhor Deus entre as árvores do jardim. Mas o Senhor Deus chamou o homem, perguntando: Onde está você? E ele respondeu: Ouvi teus passos no jardim e fiquei com medo, porque estava nu; por isso me escondi* (Gn 3.7-10).

Ao perceber sua condição de nudez, o primeiro casal teve, como imediata reação, a tentativa de cobrir-se com folhas de figueira e depois de esconder-se. Antes de focarem no conserto a ser feito com Deus, Adão e Eva se mostraram primeiramente preocupados com a sua própria imagem. A questão da aparência tem sido um problema *desde o início* da humanidade. E há profecias bíblicas de que isso continuará *até o fim*:

> *Saiba disto: nos últimos dias sobrevirão tempos terríveis. Os homens serão egoístas, avarentos, presunçosos, arrogantes, blasfemos, desobedientes aos pais, ingratos, ímpios, sem amor pela família, irreconciliáveis, caluniadores, sem domínio próprio, cruéis, inimigos do bem, traidores, precipitados, soberbos, mais amantes dos prazeres do que amigos de Deus, tendo* APARÊNCIA DE PIEDADE, *mas negando o seu poder. Afaste-se também destes* (2Tm 3.1-5, NVI — grifo do autor).

As Escrituras afirmam que nos últimos dias os homens terão aparência de piedade, mas negarão o seu poder (a sua essência). A deterioração humana será enorme! Ainda que esses homens não se classifiquem como amigos de Deus, eles tentarão manter a aparência de piedade. A vida deles será totalmente contraditória à Palavra de Deus (penso que negar o poder divino é, basicamente, negar a transformação), mas ainda tentarão preservar a aparência de piedade. Isso é trágico!

Falei, nos capítulos anteriores, que o Senhor quer nosso desejo de buscá-lo, e não apenas a *performance* da busca em si. Às vezes trocamos a busca pela aparência dela; substituímos o desejo sincero da presença de Deus por uma busca fundada somente na aparência, que só tem a única motivação de levar as pessoas a criarem uma imagem melhor de nós e de nossa espiritualidade.

Ainda recordo-me claramente de algo ridículo que fiz aos quinze anos de idade. Eu tinha recebido o batismo no Espírito Santo havia pouco tempo, e meu zelo para buscar o Senhor havia sido profundamente despertado. Não nego, de forma alguma, o real anelo por Deus que meu coração sentia naquele tempo. O problema é que, junto com esse zelo, havia também uma preocupação exagerada com a opinião dos outros a meu respeito. Até então eu quase não lia a Bíblia (ainda que meus pais me obrigassem as leituras ocasionais), mas depois dessa experiência com Deus eu queria "comer" a Palavra. O fato é que eu havia, na ocasião, acabado de comprar uma Bíblia nova e fiquei com vergonha pelo fato de ela estar tão "limpinha", sem aquelas marcações, destaques ou anotações comuns de quem estuda as Escrituras. Pensei: "Quem vir essa Bíblia nesse estado vai achar que eu não leio" (embora essa fosse, então, a mais pura verdade). Então resolvi pintar alguns textos com um marcador amarelo para *parecer* que eu havia estudado as Escrituras (o que até então eu não tinha realmente feito). Minha lógica foi bem simplista; raciocinei assim: "Se o livro mais lido da Bíblia é o de Salmos, então vou começar por lá". O problema é que eu não estava realmente lendo; fui pintando distraído (acho que estava na frente da televisão ou envolvido em alguma outra distração) até que, quando me dei conta, eu havia terminado de pintar de amarelo todos os 150 salmos! A partir desse dia, eu tinha era vergonha de abrir a Bíblia no livro de Salmos; de tão amarelo, parecia mesmo uma lista telefônica (acho que a nova geração nem sabe o que é isso)!

O que leva alguém a agir assim?

Obviamente, é o anseio de ser visto pelos homens como alguém que busca a Deus, mesmo que não esteja buscando de fato. Muitas vezes, parece que o que queremos mais é impressionar as pessoas, em vez de nos dedicar a alcançar o coração de Deus. Essa é a razão pela qual Jesus confrontou tanto esse estilo de vida aparente.

JESUS CONFRONTA A VIDA APARENTE

O ser humano, como já afirmamos, é extremamente focado na aparência. Conforme vimos em Marcos 7.6,7, ele consegue louvar a Deus com um

110 ATÉ QUE NADA MAIS IMPORTE

coração distante somente para manter a aparência de devoção, ainda que esta seja superficial, fingida ou até mesmo inexistente.

O livro de Atos, detalhando um momento importante da igreja em seu início, relata a história de Ananias e Safira, um casal que estava mais preocupado em que as pessoas o vissem dando uma grande oferta do que com a atitude correta de agradar e obedecer ao Deus a quem eles ofertavam (At 5.1-11). Um triste e lastimável fato que não se limita só à vida desse casal!

O Senhor Jesus nos instruiu em relação a isso, para que nos guardássemos de cair nesse tipo de armadilha:

> *Tenham o cuidado de não praticar suas obras de justiça diante dos outros para serem vistos por eles. Se fizerem isso, vocês não terão nenhuma recompensa do Pai celestial. Portanto, quando você der esmola, não anuncie isso com trombetas, como fazem os hipócritas nas sinagogas e nas ruas, A FIM DE SEREM HONRADOS PELOS OUTROS. Eu lhes garanto que eles já receberam sua plena recompensa. Mas quando você der esmola, que a sua mão esquerda não saiba o que está fazendo a direita, de forma que você preste a sua ajuda em segredo. E seu Pai, que vê o que é feito em segredo, o recompensará* (Mt 6.1-4, NVI — grifo do autor).

Em outras palavras, o mestre advertia: "Não procure aparecer com o que você faz, senão sua recompensa se limitará a tão somente ser visto e reconhecido pelos homens. Haja discretamente, buscando agradar só a Deus e, assim, você guardará o seu coração de uma atitude errada, de uma vida aparente. E isso trará a recompensa divina a você!"

Observe que a intenção do ato de dar esmolas é claramente revelado na frase *a fim de serem honrados pelos outros*. E Cristo não falou acerca disso somente quando falava das esmolas, mas também ao ensinar sobre as orações e os jejuns:

> *E quando vocês orarem, não sejam como os hipócritas. Eles gostam de ficar orando em pé nas sinagogas e nas esquinas, A FIM DE SEREM VISTOS PELOS OUTROS. Eu lhes asseguro que eles já receberam sua plena recompensa. Mas quando você orar, vá para seu quarto, feche a porta e ore a seu Pai, que está em secreto. Então seu Pai, que vê em secreto, o recompensará* (Mt 6.5, NVI — grifo do autor).

> *Quando jejuarem, não mostrem uma aparência triste como os hipócritas, pois eles mudam a aparência do rosto A FIM DE QUE OS OUTROS VEJAM que eles estão*

jejuando. Eu lhes digo verdadeiramente que eles já receberam sua plena recompensa. Ao jejuar, arrume o cabelo e lave o rosto, PARA QUE NÃO PAREÇA AOS OUTROS que você está jejuando, mas apenas a seu Pai, que vê em secreto. E seu Pai, que vê em secreto, o recompensará (Mt 6.16-18, NVI — grifo do autor).

Obviamente, Jesus não estava nos proibindo de compartilhar com alguém uma experiência de jejum. Até por que ele mesmo também fez isso; do contrário, como ficaria o fato de os Evangelhos nos contarem acerca de seu jejum de quarenta dias?

O erro não está no que fazemos e tampouco se contamos ou não aquilo que fazemos. A questão é o anseio de promover essa aparência de espiritualidade quando resolvemos anunciar aquilo que fazemos.

Nós valorizamos demais a casca, a embalagem. Mas a verdade é que a forma não é tão importante quanto a essência. Veja o que o apóstolo Paulo ensinou aos coríntios: *Mas temos esse tesouro em vasos de barro, para mostrar que este poder que a tudo excede provém de Deus, e não de nós* (2Co 4.7, NVI).

A essência (o tesouro interior) é o que tem valor. A embalagem em que ela se encontra (o vaso de barro) não tem a mesma importância. Quem deve receber destaque é o Senhor e seu poder, não a gente!

Jesus não estava dizendo que nunca podemos ser vistos ou reparados pelos homens. Isso é inevitável. O que não podemos é desejar ser vistos ou esforçar-nos para estar em evidência. Isso deveria ser só uma consequência, um mero efeito colateral.

Eu sei que não há como ser um cristão genuíno e não ser notado. Cristo também ensinou sobre isso e, quando o fez, obviamente ele não estava se contradizendo. Observe o texto bíblico:

Vocês são o sal da terra. Mas se o sal perder o seu sabor, como restaurá-lo? Não servirá para nada, exceto para ser jogado fora e pisado pelos homens. Vocês são a luz do mundo. Não se pode esconder uma cidade construída sobre um monte. E, também, ninguém acende uma candeia e a coloca debaixo de uma vasilha. Ao contrário, coloca-a no lugar apropriado, e assim ilumina a todos os que estão na casa. Assim brilhe a luz de vocês diante dos homens, PARA QUE VEJAM AS SUAS BOAS OBRAS e glorifiquem ao Pai de vocês, que está nos céus (Mt 5.13-16, NVI — grifo do autor).

Tanto o sal como a luz têm que cumprir o seu papel, e não há como fazer isso sem aparecer. Jesus ainda afirmou que, quando nossas obras *são vistas* pelos homens, Deus pode ser glorificado nisso. Não é errado ser visto. Errado é fazer somente para ser visto! Podemos e devemos ser sal e luz neste mundo. Entretanto, mesmo ao cumprir nossa responsabilidade de salgar e iluminar, não devemos agir pensando apenas na aparência, no reconhecimento.

Mas o fato é que Jesus, seja com os seus ensinos públicos, seja com a sua forma de vida ou mesmo com suas instruções aos discípulos, nunca entrou no esquema dos judeus. O mestre pregava contra a doutrina dos líderes deles: *Estejam atentos e tenham cuidado com o fermento dos fariseus e dos saduceus* (Mt 16.6). Os discípulos chegaram a pensar que a conversa de Jesus era sobre pão literal, mas depois compreenderam: *Então entenderam que não estava lhes dizendo que tomassem cuidado com o fermento de pão, mas com O ENSINO dos fariseus e dos saduceus* (Mt 16.12 — grifo do autor).

Podemos mensurar um pouco da importância dessa questão da vida aparente (e o dano que ela produz) ao observarmos quanto tempo e ensino Cristo empregou para combatê-la. Ele fazia isso repetidas vezes e de forma muito clara:

> *Então, Jesus disse à multidão e aos seus discípulos: Os mestres da lei e os fariseus se assentam na cadeira de Moisés. Obedeçam-lhes e façam tudo o que eles lhes dizem. Mas não façam o que eles fazem, pois não praticam o que pregam. Eles atam fardos pesados e os colocam sobre os ombros dos homens, mas eles mesmos não estão dispostos a levantar um só dedo para movê-los* (Mt 23.1-4).

Precisamos entender o que Jesus falou sobre os fariseus e mestres da lei não praticarem o que pregavam. Os fariseus eram da seita mais rigorosa dentro do judaísmo. Dizimavam até mesmo a horta de casa, obedeciam aos mínimos preceitos da Lei. O apóstolo Paulo, referindo-se ao seu tempo de fariseu, afirma como ele vivia como judeu antes de sua conversão: *quanto à justiça que há na Lei, irrepreensível* (Fp 3.6). Eles eram conhecidos como, na versão da sua época, os verdadeiros beatos. Não eram o tipo de pessoas que classificaríamos como desobedientes deliberados.

Então qual era o problema deles? É que até mesmo sua obediência à Lei era mero pretexto por um anseio de reconhecimento!

Observe o que Jesus disse:

> *Tudo o que fazem É PARA SEREM VISTOS pelos homens. Eles fazem seus filactérios bem largos e as franjas de suas vestes bem longas; gostam do lugar de honra nos banquetes e dos assentos mais importantes nas sinagogas, de serem saudados nas praças e de serem chamados rabis* (Mt 23.5-7).

Que afirmação forte! *Tudo o que fazem é para serem vistos pelos homens.* Essa vida aparente se torna uma verdadeira anulação da obediência praticada. Os motivos errados corrompem até mesmo a prática da obediência.

Estou casado desde 1995. Eu amo a minha esposa cada dia mais e sei que ela me ama. Entretanto, se eu declarasse meu amor por minha esposa somente em público, e nunca quando estamos a sós, ela desconfiaria dos meus sentimentos. Ela me questionaria se eu realmente a amo ou se apenas quero fazer com que os outros pensem que a amo. Mas, infelizmente, essa parece ser, muitas vezes, a conduta da noiva de Cristo. Expressam amor nas reuniões públicas sem se importarem de fazer isso no âmbito pessoal. A quem estamos tentando agradar? Àquele que afirmamos amar ou ao público que assiste à nossa declaração de amor?

Esforçamo-nos muito para transparecer algo aos outros. A religiosidade (que defino como a prática de manter a aparência de piedade) é algo mais danoso do que podemos mensurar. Ela tem trazido grande estrago ao reino de Deus!

A RELIGIOSIDADE É PIOR QUE A IMORALIDADE

A religiosidade é algo tão perverso, tão espiritualmente venenoso, que, ao observar o ensino do Senhor Jesus, entendemos que ela pode ser pior até mesmo do que a imoralidade. Sim, é isso mesmo que estou afirmando. E por quê? Porque, diferentemente dos demais pecadores, o religioso, por sua aparência de piedade, é um pecador vacinado contra o arrependimento!

Lemos na Bíblia que a perversa cidade de Sodoma teria se aberto ao ministério de Jesus e sua pregação de arrependimento, enquanto os judeus de seus dias, não.

> *E você, Cafarnaum, será elevada até ao céu? Não, você descerá até o Hades! Se os milagres que em você foram realizados tivessem sido realizados em Sodoma, ela teria permanecido até hoje. Mas eu lhe afirmo que no dia do juízo haverá menor rigor para Sodoma do que para você* (Mt 11.23, NVI).

Cafarnaum, lugar onde Cristo operou tantos milagres, terá juízo mais rigoroso que Sodoma! Por quê? A explicação dada por Jesus é clara. Porque diante de milagres como os que Jesus operou, os piores pecadores de Sodoma tinham maior possibilidade de arrependimento. Pior do que um pecador (por mais terrível que seja) só mesmo um outro pecador que é vacinado contra o arrependimento. É isso que a religiosidade faz: bloqueia os pecadores

114 Até que nada mais importe

contra o arrependimento. Ela promove um senso de justiça baseado na vida aparente que, por sua vez, o cega para a sua real condição espiritual.

Em outro momento, o Senhor Jesus afirmou que as prostitutas estão mais próximas do reino de Deus do que os religiosos dos seus dias.

> *E que vos parece? Um homem tinha dois filhos. Chegando-se ao primeiro, disse: Filho, vai hoje trabalhar na vinha. Ele respondeu. Sim, senhor, porém não foi. Dirigindo-se ao segundo, disse-lhe a mesma coisa. Mas este respondeu: Não quero; depois, arrependido, foi. Qual dos dois fez a vontade do pai? Disseram: O segundo. Declarou-lhes Jesus: Em verdade vos digo que publicanos e meretrizes vos precedem no reino de Deus. Porque João veio a vós outros no caminho da justiça, e não acreditastes nele; ao passo que publicanos e meretrizes creram. Vós, porém, mesmo vendo isto, não vos arrependestes, afinal, para acreditardes nele* (Mt 21.28-32).

À semelhança dos fariseus dos dias de Jesus, nós pecamos hoje por nossa religiosidade. Aprendemos a falar e nos comportar com ares de bons cristãos e, com isso, encobrir nossa desobediência.

Dos dois filhos, quem demonstrou ser obediente? Aparentemente foi o primeiro, que respondeu afirmativamente ao chamado do pai. Porém, na prática, o filho obediente foi o segundo. Ainda que a princípio tenha se rebelado e dito que não faria o que o pai tinha pedido, depois, arrependido, foi e obedeceu. Jesus compara esses dois filhos a dois grupos de pessoas: os *fariseus* (o grupo religioso mais rigoroso dentro do judaísmo) e os *pecadores* (os coletores de impostos e prostitutas, que recebiam os piores rótulos sociais e espirituais naqueles dias). Jesus termina dizendo que o último grupo entraria no reino de Deus antes dos fariseus (os beatos e carolas da época).

Conclui-se, então, que de nada adianta passar horas sentado na igreja, ouvindo a Palavra de Deus, agindo como quem diz *sim* a tudo que nosso Pai celestial nos pede, se depois não se faz o que ele nos ordenou. A aparência de obediência não está entre os pecadores; está entre os religiosos. Já a verdadeira obediência nem sempre está com eles!

A igreja de nossos dias tem se comportado de modo semelhante ao primeiro filho. Porque preocupa-se mais com a aparência e o conceito dado pelos outros, então sempre responde sim às ordens do Pai. Mas nem sempre faz aquilo que disse que faria! Não basta termos aparência de religiosidade; é preciso praticar a Palavra.

> *Tornai-vos, pois, praticantes da palavra, e não somente ouvintes, enganando-vos a vós mesmos. Porque, se alguém é ouvinte da palavra e não praticante, assemelha-se ao homem que contempla num espelho o seu rosto natural; pois a si mesmo se contempla e se retira, e para logo se esquece de como era a sua aparência. Mas aquele que considera atentamente na lei perfeita, lei da liberdade, e nela persevera, não sendo ouvinte negligente, mas operoso praticante, esse será bem-aventurado no que realizar* (Tg 1.22-25).

Note que a Bíblia diz que aquele que não pratica a palavra engana *a si mesmo*. Essa pessoa não está enganando os outros, tampouco a Deus. Ela está enganando a si mesma! Muitos acreditam que, por demonstrarem aparência de piedade ao frequentar os cultos ou estudar a Bíblia sozinhos, alcançarão um lugar em Deus, mas isso não é verdade. A única coisa que legitima nossa entrada no reino de Deus é o reconhecimento do senhorio de Jesus; e este, por sua vez, só se evidencia por meio da obediência e sujeição *total* a Cristo.

Ouvir a Palavra de Deus parece autenticar a religiosidade de alguém, mas é a prática da Palavra que autentica a obediência na vida de um cristão. Há também o aspecto do resultado provado por cada um. Tiago fala do *ouvinte negligente* e do *operoso praticante*, mas deixa claro que o abençoado na história é aquele que persevera em obedecer aos mandamentos do Senhor que ouviu e aprendeu.

Na parábola de Jesus, compreendemos que o segundo filho, que a princípio rebela-se contra as ordens do Pai e depois arrepende-se de sua atitude e muda sua postura para a obediência, é quem agrada a Deus. Uau! Jesus comparou o primeiro filho com os religiosos de sua época e o segundo, com as prostitutas, o que me faz concluir que a religiosidade chega a ser pior do que a imoralidade. Não pela comparação da gravidade de um pecado (e suas consequências) sendo medido por outro, mas pelo fato de, como afirmei anteriormente, a religiosidade blindar o coração do pecador contra a necessidade de arrependimento.

Esse conceito vai se repetindo ao longo das Escrituras; é só observar como Deus liberou juízo sobre diferentes tipos de pecado. O *imoral* de Corinto foi expulso da igreja e entregue à destruição do corpo (1Co 5.5), mas Ananias e Safira foram mortos (At 5.5)! A religiosidade desse casal da igreja em Jerusalém foi punida com rigor maior do que a imoralidade que alguém da igreja em Corinto cometeu. Isso é um fato!

Como afirmei antes, o problema do religioso é que ele não enxerga sua desobediência (pois é mascarada de obediência aparente) e está vacinado

116 ATÉ QUE NADA MAIS IMPORTE

contra o arrependimento. Quem está no pecado, sabe que está errado e que tem de mudar, mas o problema do religioso é que, por sua aparência de piedade, ele se acha justo e perfeito. O mestre também ensinou sobre isso:

> *A alguns que confiavam em sua própria justiça e desprezavam os outros, Jesus contou esta parábola: Dois homens subiram ao templo para orar; um era fariseu e o outro, publicano. O fariseu, em pé, orava no íntimo: Deus, eu te agradeço porque não sou como os outros homens: ladrões, corruptos, adúlteros; nem mesmo como este publicano. Jejuo duas vezes por semana e dou o dízimo de tudo quanto ganho. Mas o publicano ficou a distância. Ele nem ousava olhar para o céu, mas batendo no peito, dizia: Deus, tem misericórdia de mim, que sou pecador. Eu lhes digo que este homem, e não o outro, foi para casa justificado diante de Deus. Pois quem se exalta será humilhado, e quem se humilha será exaltado* (Lc 18.9-14, NVI).

Não quer dizer que todo pecador que não seja religioso vai se arrepender. Mas ele está menos resistente ao arrependimento por não se considerar justo. É claro que também há pecadores não religiosos que não querem se arrepender, mas entre esses você ainda vai encontrar muitos que não estão tão resistentes ao arrependimento. Um dos ladrões que foram crucificados ao lado de Jesus repreendeu o outro que insultava a Cristo: ...*Você não teme a Deus, nem estando sob a mesma sentença? Nós estamos sendo punidos com justiça, porque estamos recebendo o que os nossos atos merecem. Mas este homem não cometeu nenhum mal* (Lc 23.40,41, NVI).

Penso que, dentre os problemas do religioso, do que cultiva essa vida aparente de devoção exterior sem paixão interior, estão duas coisas terrivelmente danosas à sua relação com Deus: a *justiça própria* e o *orgulho*.

Falando da justiça própria, podemos destacar que Jesus endereçou a parábola do fariseu e o publicano que subiram ao templo para orar aos que *confiavam em sua própria justiça* (Lc 18.9). Não temos justiça própria; imaginar que isso seja possível é um grande engano! A Palavra de Deus afirma que *todos nós somos como o imundo, e todas as nossas justiças, como trapo da imundícia* (Is 64.6). Nossa justiça nos é imputada por meio de Cristo.

No que diz respeito ao orgulho, sabemos que Deus não quer que ninguém se glorie. Essa é uma das razões pelas quais a Bíblia diz que somos salvos pela graça, e não por obras, *para que ninguém se glorie* (Ef 2.8,9). Ou como Paulo disse aos coríntios: *a fim de que ninguém se glorie na presença de Deus*

(1Co 1.29). E ainda: *para que, como está escrito: Aquele que se gloria, glorie-se no Senhor* (1Co 1.31). O orgulho e a vanglória serão evitados mediante contínuo quebrantamento e reconhecimento de quanto dependemos de Deus. Para tudo. Sim, até para viver a vida cristã!

ESCUDOS DE OURO OU DE BRONZE?

O problema de quem vive de aparência é nunca reconhecer que está andando de tanque vazio, que está morrendo de sede. Temos a indecência de tentar manter as aparências até mesmo quando "a água da Fonte" já está sumindo da nossa vida.

Creio que isso aborrece muito o coração de Deus, porque, além de não estarmos buscando a água, fingimos que estamos cheios da água viva. Observe uma ilustração bíblica que revela muito desse tipo de comportamento:

> *No quinto ano do rei Roboão, Sisaque, rei do Egito, subiu contra Jerusalém e tomou os tesouros da Casa do SENHOR e os tesouros da casa do rei; tomou tudo. Também levou todos os escudos de ouro que Salomão tinha feito. Em lugar destes, fez o rei Roboão escudos de bronze e os entregou nas mãos dos capitães da guarda, que guardavam a porta da casa do rei* (1Rs 14.25-27).

Em vez de lutar para recuperar os escudos de ouro que havia perdido, ou procurar repô-los, Roboão diz, com sua atitude, algo parecido com isto: "Vamos manter as aparências, o bronze é mais barato, mais fácil e acessível. Além disso, as pessoas não têm contato de perto com os escudos; o contato é de longe, e, a distância, um bronze batido e polido pode até parecer com o ouro. Então, fingimos que os escudos de ouro estão aqui, quando não estão mais".

Será que muitos de nós não temos trocado os escudos de ouro pelos de bronze em nossa vida de oração, em nossa vida de busca por Deus?

Quando, então, nos perguntam se tudo está bem, respondemos que sim. Embora a verdade, nesse caso, é que não está nada bem. Deus está dizendo que isso é uma maldade. Alguém pode dizer: "Mas, pastor, a gente não apostatou como Israel". Ainda não, mas, se não mudarmos logo a rota, é inevitável que sigamos no mesmo caminho.

Que o Senhor, sem o qual nada podemos fazer (Jo 15.5), nos capacite a sustentar tanto o entendimento como a decisão de viver essa busca intensa — sem que misturemos isso a qualquer anseio de reconhecimento ou a uma mera vida de aparência.

CAPÍTULO 11

Vidas preciosas demais

Se você não está pronto para morrer por uma causa,
então você não está pronto para viver por ela.
Martin Luther King Jr.

Como mencionei anteriormente, tive o privilégio de nascer num lar cristão e ser dedicado ao Senhor desde criança. Aprendi, logo cedo, valores importantes da Palavra de Deus. Com cerca de 8 anos de idade, meu coração começou a queimar para o ministério. Lembro-me de que eu estava ouvindo, com muitas outras crianças, uma missionária que trabalhava em certa tribo indígena da Amazônia (ainda me recordo claramente da cena) quando ela falou sobre aquele texto conhecido do livro de Isaías: *Depois disto, ouvi a voz do* Senhor, *que dizia: A quem enviarei, e quem há de ir por nós? Disse eu: eis-me aqui, envia-me a mim* (Is 6.8). Aquela irmã — da qual nem sequer lembro o nome — passou a nos dizer que Deus estava atrás de voluntários que se dispusessem a cooperar com ele para a salvação das almas, e, de repente, eu já me vi "fisgado" em meu coração. Tomei uma decisão ali mesmo, com essa pouca idade, sob uma convicção que dura até hoje.

Naquele tempo, não era necessário falar mais do que isso ao se fazer um apelo a quem quisesse servir a Deus. Parece-me que bastava falar da vontade do Senhor e do clamor do seu coração, somar a isso a necessidade dos perdidos — cuja eternidade estava em jogo —, e nem era preciso dar muito destaque à nobreza do chamado. Pronto: era o suficiente!

Hoje em dia, a gente fala sobre o que arde no coração de Deus, enfatiza a necessidade de os perdidos receberem a salvação, exalta a grandeza do ministério e, ainda assim, parece ser tão difícil despertar as pessoas para responder ao chamado divino. O volume de gente disposta a servir a Cristo tem sido cada vez menor. E olha que, proporcionalmente falando, a igreja de hoje é muito maior que a de quase quatro décadas atrás!

O melhor da espiritualidade **119**

Por que a resposta ao chamado ministerial, especialmente no que tange a missões mundiais, tem se tornado cada vez mais rara?

Um dia desses, quando eu questionava o Senhor sobre o porquê desse baixo nível de resposta da igreja, o Espírito Santo falou comigo. Uma frase veio forte, eu arriscaria dizer "quase gritada", ao meu coração: "Vidas valiosas demais!" Imediatamente veio, também, ao meu coração, a seguinte passagem bíblica: *Porém em nada considero a* VIDA PRECIOSA *para mim mesmo, contanto que complete a minha carreira e o ministério que recebi do Senhor Jesus para testemunhar o evangelho da graça de Deus* (At 20.24 — grifo do autor).

Então percebi o que estava por trás da declaração de Paulo, esse gigante da fé, quando disse não considerar sua vida preciosa. A palavra usada por ele no original grego, nesse versículo, que foi traduzida por *preciosa*, é *timios*. De acordo com o léxico de Strong, significa "de grande valor, precioso, mantido em honra, estimado, especialmente querido". Em outras palavras, ele estava dizendo que não considerava a sua vida como valiosa ou estimada demais.

É óbvio que não estou falando de não amar a si próprio ou não dar valor à vida. Estou falando de valorizar mais o propósito de Deus do que a própria vida! O segredo daqueles que se doam ao reino de Deus é a sua capacidade de não darem mais valor à vida em si do que à razão dela.

O espantoso é quando avaliamos, dentro do seu contexto, o que o apóstolo aos gentios disse: E qual é o contexto dessa afirmação? Encontramos isso nos versículos que precedem sua declaração: *E, agora, constrangido em meu espírito, vou para Jerusalém, não sabendo o que ali me acontecerá, senão que o Espírito Santo, de cidade em cidade, me assegura que* ME ESPERAM CADEIAS E TRI- BULAÇÕES (At 20.22,23 — grifo do autor).

Uau! Que declaração! Atualmente, quando desafiamos as pessoas a pregar o evangelho, lembrando e encorajando-as acerca do galardão vindouro, da recompensa eterna, já é difícil gerar resposta. Imagine, então, quão difícil seria se déssemos a elas a mesma garantia que Paulo tinha de que o que lhe aguardava eram cadeias e tribulações!

O que leva alguém, à semelhança do apóstolo, a encarar esse tipo de desafio? Como alguém chega a esse ponto de topar qualquer coisa pelo chamado?

A chave pode ser encontrada na frase *em nada considero* A VIDA PRECIOSA *para mim mesmo*. Como afirmei anteriormente, o segredo de quem se entrega totalmente a Deus e ao seu reino é a sua capacidade de não valorizar a própria vida acima do chamado divino. Era isso que movia o apóstolo Paulo. Ele era norteado pelo seu propósito, pelo seu chamado. A prova disso é a frase seguinte, que fala da razão de não ter sua vida como valiosa demais: *contanto que COMPLETE A MINHA CARREIRA E O MINISTÉRIO que recebi do Senhor Jesus para testemunhar o evangelho da graça de Deus.*

Em outras palavras, Paulo estava dizendo: "O importante para mim não é permanecer vivo por mais tempo. É viver pelo que vale a pena!" Ele não queria garantir seu conforto. Ele não estava atrás de realizações egoístas e carnais. O apóstolo queria viver o seu propósito. Como dizia Myles Munroe: "A maior tragédia na vida não é a morte. É uma vida sem propósito".

Entendo que essa resposta dada não retrata apenas a atitude de Paulo, mas a de todo cristão que foi relevante e cumpriu o seu propósito. Ao longo dos séculos, os cristãos que fizeram diferença tinham algo em comum: a renúncia e a abnegação. Eram crentes que não amavam sua própria vida mais do que ao Senhor. Estavam dispostos a sacrificar-se pelo bem maior, o chamado de Deus, a missão a ser cumprida.

Sei que a nossa natureza carnal e egoísta tem a inclinação de lutar contra a autonegação. É o instinto de sobrevivência, diriam alguns. Mas vamos tratar do assunto por uma perspectiva lógica. Não temos, necessariamente, que vivenciar uma grande emoção, um sentimento arrebatador, para chegar a essa dimensão de entrega. O que precisamos é *compreender* alguns valores e princípios bíblicos.

Pelo que vale viver?

Muitos mártires morreram pela fé ao longo dos séculos. Por quê? Porque a exigência feita para que lhes fosse permitido continuar a viver era negar sua fé em Cristo. E imagino que a primeira coisa que eles, nessa hora, devem ter pensado foi algo parecido com isto: "Vale a pena viver depois de ter negado a Cristo?" E, penso eu, a resposta seria: "Claro que não!" A própria lógica, e não necessariamente a emoção, os remeteria à seguinte conclusão: "É melhor morrer do que viver fora do propósito de Deus!"

Qual é o grande valor da nossa vida? O que torna a vida significativa? O que faz dela algo pelo qual vale a pena se viver? É uma vida que agrada a Deus, que nos leva a experimentar o cumprimento do nosso propósito.

A própria Palavra de Deus nos ensina que há coisas pelas quais não vale a pena viver. Observe, por exemplo, o que Jesus falou acerca dos escândalos:

Qualquer, porém, que fizer tropeçar a um destes pequeninos que creem em mim, melhor lhe fora que se lhe pendurasse ao pescoço uma grande pedra de moinho, e fosse afogado na profundeza do mar. Ai do mundo, por causa dos escândalos; porque é inevitável que venham escândalos, mas ai do homem pelo qual vem o escândalo! (Mt 18.6,7).

Não há como esperar um cristianismo sem escândalos. Cristo disse que é inevitável que eles aconteçam. Porém, embora ele deixe claro que não dá para evitá-los na vida coletiva, na história da cristandade, é possível evitá-los em nossa vida pessoal. E a razão — uma muito boa razão — que nosso Senhor nos dá para evitar tais escândalos é a sua declaração (eu diria um tanto quanto assustadora): *melhor lhe fora que se lhe pendurasse ao pescoço uma grande pedra de moinho, e fosse afogado na profundeza do mar.*

Sério? É isso mesmo que Jesus estava querendo dizer? Que seria melhor suicidar-se do que servir de escândalo? Sim, goste você ou não, foi exatamente isso que ele falou. Quando alguém amarrava uma pedra em seu pescoço, grande e pesada o suficiente para não conseguir flutuar ou nadar com ela, e então lançava-se nas águas profundas, não havia mais volta. Era morte certa! E planejar e executar essa ação contra si mesmo não poderia ser classificado de outra forma. Era suicídio. Logo, foi isso mesmo que o mestre falou.

Entenda que eu não estou fazendo apologia ao suicídio e tampouco pode se dizer que Cristo tenha feito isso. As consequências do suicídio são graves, é algo muito sério. Paulo disse aos coríntios que *Se alguém destruir o santuário de Deus, DEUS O DESTRUIRÁ; porque o santuário de Deus, que sois vós, é sagrado* (1Co 3.17 — grifo do autor). Observe a frase *Deus o destruirá.* O que você acha que ela significa? Deus destruirá o quê? Certamente não é o corpo, o templo do Espírito e santuário de Deus, porque esse — numa situação de suicídio — o homem já teria destruído. O que é que sobrou, depois disso, para ser destruído? A Bíblia, obviamente, está falando do homem interior. Está apontando a consequência de perdição eterna para quem tira a própria vida (embora haja determinadas situações em que alguém privado da saúde mental necessária ou levado por um estado de surto ou grave depressão possa tirar a própria vida. Essa, porém, é uma questão de outro jaez, que não é nosso foco aqui).

Portanto, ninguém pode dizer que essa é uma sugestão dada pelo Messias. O que ele estava dizendo era o seguinte: "Se você cogita a possibilidade de viver para servir de escândalo e, além de arruinar a sua própria vida, vai fazer tropeçar muitos dos meus pequeninos, seria melhor prejudicar só a si mesmo". Ou seja, o juízo para quem serve de escândalo é pior do que o juízo para quem se mata. Não significa apoio ao suicídio. É uma forma de dizer: "dos males, o menor".

Encontramos nos versículos posteriores ao que estamos analisando o mesmo tipo de conselho. Observe:

> *Portanto, se a tua mão ou o teu pé te faz tropeçar, corta-o e lança-o fora de ti; melhor é entrares na vida manco ou aleijado do que, tendo duas mãos ou dois pés, seres lançado no fogo eterno. Se um dos teus olhos te faz tropeçar, arranca-o e lança-o fora de ti; melhor é entrares na vida com um só dos teus olhos do que, tendo dois, seres lançado no inferno de fogo* (Mt 18.8,9).

O que é sugerido aqui? Que se corte o pé ou a mão? Que se arranque um olho? Não! A orientação é sobre não pecar! E para demonstrar a seriedade e importância de observar essa orientação, bem como ajudar a tomar a decisão correta, Cristo mostra que seria melhor — ou menos grave — optar pela perda menor. Embora sábio mesmo seja não escolher nem um nem outro.

O mesmo é verdadeiro em relação à nossa vida. Há coisas pelas quais não vale a pena viver. E viver para si, em vez de para o Senhor, certamente está entre elas.

UMA EXIGÊNCIA AOS QUE QUEREM SER DISCÍPULOS

Em determinada ocasião, quando as Escrituras enfatizam que havia *grandes multidões* seguindo a Jesus (e me parece que, sempre que essa ênfase é dada, encontraremos algum ensino de Cristo que parece ser a forma de certificar-se de que as pessoas entenderam o que significa, de fato, segui-lo), ele estabelece uma exigência, uma condição, aos que querem ser seus discípulos:

> *Grandes multidões o acompanhavam, e ele, voltando-se, lhes disse: Se alguém vem a mim e não aborrece a seu pai, e mãe, e mulher, e filhos, e irmãos, e irmãs e ainda a sua própria vida, não pode ser meu discípulo. E qualquer que não tomar a sua cruz e vier após mim não pode ser meu discípulo* (Lc 14.25-27).

Não estamos falando de um conselho ou sugestão, mas de um requerimento inegociável. Só poderia tornar-se discípulo de Jesus quem preenchesse tal requisito: tomar a sua cruz. Se estamos reconhecendo que tomar a cruz é uma exigência para ser discípulo de Cristo — o que acredito ser o que queremos de fato —, então como não entender qual é, exatamente, essa exigência?

O *melhor da espiritualidade*   **123**

Precisamos compreendê-la, do contrário jamais atenderemos à exigência feita e, consequentemente, não poderemos ser seus discípulos. Hudson Taylor declarou: "Uma vida fácil, que a si mesmo não se negue, nunca será poderosa. Produzir frutos exige suportar cruzes".

Já ouvi todo tipo de conversa e tentativa de explicação sobre esse assunto. Alguns pensam que tomar a cruz tem a ver com alguma dificuldade que tenham de suportar, uma prova pela qual precisam passar. Certa ocasião, alguém me apresentou a sogra e, divertidamente (e espero que ele tivesse mesmo essa liberdade), a apresentou desta forma: "Ei, pastor, esta aqui é a minha cruz!" Mas nenhuma dessas coisas se encaixa no que Cristo ensinou.

Então o que, de fato, significa a expressão *tomar a sua cruz*?

Deixemos a própria Bíblia explicar a Bíblia. Quando o Império Romano sentenciava algum prisioneiro a esse tipo de morte, por crucificação, era comum fazer com que ele desfilasse publicamente carregando a sua cruz. Essa caminhada até o local da execução era uma forma de reconhecer, perante todos, a própria sentença de morte. As Escrituras nos mostram que fizeram isso com nosso Senhor: *Tomaram eles, pois, a Jesus; e ele próprio, CARREGANDO A SUA CRUZ, saiu para o lugar chamado Calvário, Gólgota em hebraico, onde o crucificaram e com ele outros dois, um de cada lado, e Jesus no meio* (Jo 19.17,18 — grifo do autor).

Em determinado momento, pela provável dificuldade de fazer isso sozinho, em razão dos sofrimentos que lhe foram infligidos, Jesus precisou de ajuda para carregar a sua cruz: *E OBRIGARAM a Simão Cireneu, que passava, vindo do campo, pai de Alexandre e de Rufo, a carregar-lhe a cruz* (Mc 15.21 — grifo do autor). A expressão *obrigaram* significa que os próprios soldados romanos impuseram compulsoriamente a tal ajuda a esse Simão que voltava do campo (frase que sugere que ele era só um passante, e não um espectador que acompanhava a multidão).

Diante de tais informações pergunto, novamente, o que é tomar a sua cruz? É assumir, publicamente, uma sentença de morte que já foi decretada sobre nós. Ou seja, Cristo estava ensinando que, para sermos seus discípulos, temos de decidir morrer para o nosso próprio eu, para a nossa carne e para o mundo. E não só aceitar isso, mas tornar público que já estamos sentenciados à morte.

Isso fica ainda mais evidente quando Jesus relaciona o ato de negar a si mesmo com o de tomar a cruz. Portanto, vemos que as duas coisas estão conectadas. E é acerca disso que passo a discorrer agora.

Negar a si mesmo

Então, convocando a multidão e juntamente os seus discípulos, disse-lhes: Se alguém quer vir após mim, A SI MESMO SE NEGUE, tome a sua cruz e siga-me (Mc 8.34 — grifo do autor).

O que significa a exigência de Jesus apresentada aos que aspiravam a ser seus discípulos? Quando ele disse *a si mesmo se negue*, o que, exatamente, isso queria dizer?

Desde o início da história humana, o grande conflito que nós, humanos, temos com Deus é uma guerra de vontades. O Senhor disse ao primeiro casal que não era da vontade dele que comessem da árvore do conhecimento do bem e do mal; mas eles escolheram sua própria vontade e comeram. A obediência é um requisito definido pelo criador para regrar o seu relacionamento com a humanidade desde o início; e o perigo de comprometer isso tudo sempre residiu na vontade e no poder de escolha dos homens, que tendem a diferir da vontade e das ordenanças divinas. Essa foi a razão pela qual Deus advertiu a Caim, antes de ele pecar: ... *o seu desejo será contra ti, mas a ti cumpre dominá-lo* (Gn 4.7). Nossos desejos carnais trabalham contrários ao propósito divino, portanto, são contra nós!

Nosso Senhor Jesus Cristo não veio apenas remover a culpa e a condenação do pecado; ele veio para restaurar o propósito inicial, comprometido pela desobediência do homem e suas trágicas consequências. Mas é ridículo acharmos que pode haver a restauração plena de tudo o que o homem tinha antes da Queda sem que a mesma dimensão de obediência a Deus (e plena sujeição ao seu senhorio) seja restabelecida, como no princípio.

O evangelho de Cristo é uma mensagem de obediência. Temos tentado proclamar uma mensagem de fé desacompanhada da obediência, e isso não se harmoniza com a revelação bíblica. Aliás, por duas vezes, Paulo relaciona, em sua carta aos Romanos, a obediência com a fé. Atente para as frases destacadas:

Por meio dele e por causa do seu nome, recebemos graça e apostolado para chamar dentre todas as nações um povo PARA A OBEDIÊNCIA QUE VEM PELA FÉ. E vocês também estão entre os chamados para pertencerem a Jesus Cristo (Rm 1.5,6, NVI — grifo do autor).

Ora, àquele que tem poder para confirmá-los pelo meu evangelho e pela proclamação de Jesus Cristo, de acordo com a revelação do mistério oculto nos tempos passados, mas agora revelado e dado a conhecer pelas Escrituras proféticas por ordem do Deus eterno, para que todas as nações venham A CRER NELE E A OBEDE-CER-LHE; sim, ao único Deus sábio seja dada glória para todo o sempre, por meio de Jesus Cristo. Amém (Rm 16.25-27, NVI — grifo do autor).

Na verdade, há uma inquestionável conexão nas Escrituras entre crer e obedecer. Cristo nos mandou pregar o evangelho a toda criatura e disse que os que cressem seriam salvos (Mc 16.15,16). Portanto, o evangelho requer do homem uma resposta de fé. Mas o mesmo Jesus também ordenou que fizéssemos discípulos das nações e os ensinássemos a guardar (obedecer, cumprir, atender) tudo o que ele havia ensinado (Mt 28.19,20). Fé e obediência andam juntas!

Em seu precioso livro *Coração ardente: acendendo o amor por Deus*,[6] John Bevere diz o seguinte sobre isso: "Na Bíblia, *crer* significa não somente reconhecer a existência de Jesus, mas também obedecer à sua vontade e à sua Palavra. Em Hebreus 5.9, lemos: '*E, uma vez aperfeiçoado, tornou-se a Fonte da salvação eterna para todos os que lhe obedecem*'. Crer é obedecer".

Com isso em mente, é necessário reconhecer que a ordem de Cristo sobre negar a si mesmo não é uma mera tentativa de nos privar de algo supostamente bom. Trata-se do princípio da obediência sendo cultivado através do exercício da única coisa que pode barrar nossa inclinação ao pecado: o domínio próprio.

Paulo definiu a autonegação nas seguintes palavras: *Estou crucificado com Cristo; logo, já não sou eu quem vive, mas Cristo vive em mim* (Gl 2.19,20). Em outra epístola, o apóstolo descreveu a maneira como podemos nos manter crucificados com Cristo: *Mas esmurro o meu corpo e o reduzo à escravidão, para que, tendo pregado a outros, não venha eu mesmo a ser desqualificado* (1Co 9.27).

O que é a autonegação? Ela não deve ser confundida com autoflagelo. A linguagem de Paulo sobre "esmurrar o corpo" deve ser vista como figurada, o que percebemos, especialmente, quando ele fala sobre "reduzir o corpo à escravidão". Aliás, para entender a não literalidade da afirmação do apóstolo, basta nos questionar: "De que forma essa segunda frase poderia ser literal?"

Quando José, no Egito, disse não à sua vontade carnal de aceitar a proposta indecente da mulher de Potifar e adulterar com ela, ele estava

---

[6]BEVERE, John. *Coração ardente: acendendo o amor por Deus*. Rio de Janeiro: Edilan, 216.

126 ATÉ QUE NADA MAIS IMPORTE

"esmurrando seu corpo" e "reduzindo-o à escravidão". Quando Jesus, no Getsêmani, orou para que a vontade do Pai celeste fosse feita, e não a sua, ele estava fazendo o mesmo.

Richard Baxter declarou: "A morte perde metade de suas armas quando negamos em primeiro lugar os prazeres e interesses da carne".

LUTANDO CONTRA O INSTINTO DE SOBREVIVÊNCIA

O ensino de Jesus, porém, sobre o assunto não parou na instrução acerca da autonegação e da decisão de carregar a cruz (Mc 8.34). Ele aborda, no versículo seguinte, a questão da nossa luta contra esse processo de morte para o nosso eu. Quero denominar essa nossa indisposição carnal — e resistência à exigência de Cristo aos seus discípulos — como "instinto de sobrevivência". Observe as palavras do mestre: *Quem quiser, pois, salvar a sua vida perdê-la-á; e quem perder a vida por causa de mim e do evangelho salvá-la-á* (Mc 8.35).

Normalmente tiramos essa frase do contexto e, assim, acabamos confundindo o que Jesus queria nos dizer. Quando ele diz *quem quiser salvar a sua vida perdê-la-á*, não está falando sobre salvação no sentido espiritual da palavra. Se assim fosse, de acordo com o que Cristo disse, os que querem ser salvos acabariam se perdendo. E o contrário também seria verdade, pois ele também disse que "quem perder a vida salvá-la-á"; assim, todos aqueles que não se importassem com a salvação e escolhessem se perder é que seriam salvos. Pensar assim é mais do que um equívoco; é uma contradição a tudo o que a Palavra de Deus ensina.

O versículo citado anteriormente não pode ser analisado ou mesmo compreendido à parte do versículo que o antecede. O mestre tinha dito que, se alguém quisesse segui-lo, tinha de negar a si mesmo (morrer para si) e tomar a sua cruz (admitir que está sentenciado à morte). Então, imediatamente depois, ele fala sobre salvar a si mesmo. Nosso Senhor falava daqueles que deixariam o seu "instinto de sobrevivência" ativado e no controle. Essa tentativa de salvar-se é nada mais, nada menos, do que a tentativa de viver um outro evangelho, sem cruz, sem autonegação. Nós só temos a perder quando fazemos esse tipo de escolha, uma vez que Jesus declarou que *quem quiser salvar a sua vida perdê-la-á*.

Como eu disse anteriormente (ao apresentar a lei da reciprocidade), nunca teremos tudo de Deus sem que ele tenha, primeiro, tudo de nós. E, quando deixamos de nos entregar a ele, somos nós mesmos quem perdemos. Perdemos a oportunidade de, em contrapartida, desfrutar mais do Senhor.

Madame Guyon afirmou: "É impossível amar a Deus sem amar a cruz [...]. Deus nos dá a cruz, e a cruz nos dá Deus".

Quando falo do "instinto de sobrevivência", refiro-me à natureza egoísta do ser humano. Não temos uma inclinação natural a morrer para nós mesmos. Isso é um fato em toda a história da humanidade, pois tem a ver com a natureza humana. Porém, as Escrituras advertem que no tempo do fim esse comportamento iria piorar ainda mais: *Sabe, porém, isto, que nos últimos dias, virão tempos difíceis; pois os homens serão AMANTES DE SI MESMOS* (2Tm 3.1,2, TB — grifo do autor).

A expressão *amantes de si mesmos* refere-se àqueles cuja vida é valiosa demais para aceitarem sua sentença de morte e tomar a sua cruz. Fala daqueles que evitam a autonegação e querem salvar a si mesmos.

QUANDO NÃO TEMOS MAIS NADA A PERDER

É necessário entendermos que, se por um lado quem tenta salvar sua vida desse processo de morte para si mesmo acaba perdendo (deixando de desfrutar a plenitude do que Deus tem para nós), por outro lado, os que se dispõem a perder a sua própria vida, aceitando a exigência de Cristo, acabam ganhando com isso (certamente provarão mais do que Deus tem para eles). Ou seja, a perda (a entrega) se torna em ganho (mais de Deus), e o ganho (tentativa de escapar da cruz) se torna em perda (menos de Deus).

Só isso já seria, por si, motivo suficiente para não evitar a cruz que Cristo determinou que seus discípulos carreguem. Mas há algo mais. Há outro motivo para não evitarmos isso. E penso ser igualmente necessário compreendê-lo.

Afirmei, anteriormente, que ao longo da história da igreja os que mais contribuíram para o avanço e estabelecimento do reino de Deus foram os que mais se renderam ao Senhor por meio do sacrifício de si mesmos. Isso é um fato confirmado na história da igreja. Talvez a pergunta a ser feita, no tocante a isso, seja: "Por que essas pessoas realizaram mais?"

Acredito que, quando já nos doamos a Deus a ponto de morrer para nós mesmos, não temos *mais nada a perder* e não podemos ser detidos por nada. É o que a Palavra de Deus nos revela, no livro de Apocalipse, quando fala daqueles que venceram Satanás:

> *Eles, pois, o venceram por causa do sangue do cordeiro e por causa da palavra do testemunho que deram e, mesmo em face da morte, não amaram a própria vida* (Ap 12.11).

128 ATÉ QUE NADA MAIS IMPORTE

Normalmente falamos daqueles que venceram o diabo e damos ênfase somente ao sangue do cordeiro e à palavra do testemunho como recursos para essa vitória. Mas há um terceiro recurso nessa lista que tem sido ignorado nessa receita para vencer o inimigo: "mesmo em face da morte, eles não amaram suas vidas!" Eram pessoas que faziam coro com a declaração de Paulo: *Todavia, não me importo, nem considero a minha vida de valor algum para mim mesmo, se tão somente puder terminar a corrida e completar o ministério que o Senhor Jesus me confiou, de testemunhar do evangelho da graça de Deus* (At 20.24 — NVI).

Há algo por trás dessa disposição de colocar o Senhor acima de tudo e de todos em nossas vidas, de chegar ao ponto em que nada mais importa, que pode nos levar a uma dimensão extraordinária de conquistas em prol do reino. Paulo sabia disso. E, repito, muitos dos que ajudaram a escrever a história da igreja de Cristo também demonstraram, na prática e por declarações, que entendiam esse princípio. John Wesley, fundador do metodismo, e um ícone no reavivamento da Inglaterra no século 18, dizia: "Senhor, dá-me 100 homens que odeiem o pecado e não desejem *mais nada além de ti*; então *abalarei o mundo*".

Vamos considerar, por um instante, os mártires que, ao longo da história, deram suas vidas por amor a Cristo. Nem todo cristão tem de ser um amante da história, mas penso que esse é um assunto que merecia um pouco mais da nossa consideração. A igreja de Cristo foi edificada com o derramar não só do suor da labuta de muitos obreiros mas também com o sangue de muitos santos que, literalmente, se sacrificaram por causa do evangelho! A geração atual talvez não entenda essa dimensão de compromisso, muito menos a nobreza espiritual daqueles crentes. Gosto da definição do livro de Hebreus que fala sobre alguns de quem *o mundo não era digno* (Hb 11.38).

Se a Bíblia declara que a forma de alguns crentes vencerem ao diabo foi *mesmo em face da morte, não amaram a própria vida* (Ap 12.11), pressupõe-se que Satanás estava por trás das ameaças de morte (e até a sua execução) deles. Porém, vale questionar o seguinte: "Por que o diabo tentaria levar a morte para esses cristãos? Seria somente pelo fato de vê-los como ameaça e desejar pará-los?" A história comprova que um martírio somente fortalece uma causa, não a debilita. E já sabemos que, quanto à causa do evangelho foi exatamente assim, os martírios apenas fortaleceram a igreja. Então por que Satanás tentou usar essa arma contra os santos?

Descobri, nas Escrituras, que o diabo não quis usar a morte nessas tentativas de parar os crentes. Sua força de intimidação contra as pessoas era outra. Observe o que a Bíblia diz sobre isso:

> *Portanto, visto que os filhos são pessoas de carne e sangue, ele também participou dessa condição humana, para que, por sua morte, derrotasse aquele que tem o poder da morte, isto é, o diabo, e libertasse aqueles que durante toda a vida estiveram escravizados pelo medo da morte* (Hb 2.14,15, NVI).

O texto revela que Jesus derrotou quem detinha o poder da morte, a saber o diabo. Mas também nos informa como é que Satanás escravizava as pessoas: "pelo *medo* da morte". Embora tivesse o poder da morte, a escravidão do Maligno não era imposta pela morte em si, mas, sim, pelo medo dela!

O que isso significa? Que o diabo não consegue dominar quem não tem medo da morte. É por isso que Apocalipse 12.11 fala de crentes que o venceram por não amarem a sua vida!

A vida deles não era "valiosa demais" para eles como era para aqueles que a Bíblia classificou como "amantes de si mesmos". Josif Ton afirmou: "Quando você coloca a vida no altar, quando se prontifica e aceita morrer, você se torna invencível. Não tem mais nada a perder". Quem já entregou sua vida e tudo de si a Cristo, não tem mais nada a perder. Não há ameaças que possam intimidá-lo. É por isso que vemos, no livro de Atos, uma igreja "imparável". Não havia prisões, ameaças, perseguições ou martírios que pudessem parar aquela primeira geração de cristãos.

Que nível de rendição e entrega você já alcançou? Você já se dispôs ao mais profundo nível de doação a Deus? Ou sua vida ainda é valiosa demais aos seus próprios olhos? Essas são perguntas que precisamos fazer periodicamente.

Alcançar essa dimensão de entrega e rendição em que nada mais importa, nem mesmo a nossa própria vida, não apenas fortalecerá nossa intimidade e comunhão com o Senhor, como também nos tornará "imparáveis" e invencíveis diante de nosso Adversário.

Que o Senhor nos dê graça e nos ajude tanto a entender mais profundamente como a praticar esse princípio inegociável do seu reino!

CAPÍTULO 12

Reacendendo a paixão

Prazer em Deus é a saúde de sua alma. Essa é a chave da adoração aceitável. Deus não está satisfeito, nem nós somos renovados, por uma obediência repleta de tarefas, mas isenta de prazer.

RICHARD BAXTER

Em seu livro Um coração ardente: acendendo o amor por Deus, John Bevere, um dos grandes mestres bíblicos da atualidade (com livros traduzidos em mais de cem idiomas), declara:

> Os dias e tempos que vivemos hoje trazem com eles questões difíceis. Por que tantos na igreja não possuem essa paixão? Por que investimos milhões em mídia, edifícios, anúncios e inúmeras outras formas de propagarmos o evangelho, enquanto tantos na igreja ainda lutam contra a luxúria e o desejo pelos prazeres deste mundo? Por que mais de 80% dos convertidos acabam voltando para um mundo de trevas? Como os pecadores podem declarar que tiveram uma experiência de novo nascimento, mas não demonstrar nenhuma mudança? Creio que a resposta para todas essas questões pode ser resumida de uma única maneira: a ausência do fogo e da paixão por Deus.

Concordo que a questão da paixão e do amor pelo Senhor é central na Bíblia, senão não seria chamado de "o maior mandamento". Reconheço também, na prática, que temos dois problemas ligados a essa falta de paixão. Em primeiro lugar, temos aqueles que nunca amaram o Senhor e precisam entrar nessa dimensão de relacionamento. Mas, em segundo lugar, e não menos problemático do que o primeiro, temos aqueles que já amaram o Senhor e perderam esse amor.

O que apresento neste capítulo pode ajudar os que nunca amaram Cristo como deveriam, mas meu foco é principalmente, mas não exclusivamente, aqueles que abandonaram seu primeiro amor. Para tratar desse assunto, começaremos por uma declaração de Jesus que, embora muito conhecida, acredito que ainda seja muito mal compreendida e até mesmo ignorada.

Nas visões que o apóstolo João teve em seu exílio na ilha de Patmos, o Senhor lhe confiou algumas mensagens às igrejas da Ásia. Em Apocalipse, na carta endereçada à igreja de Éfeso, Jesus protestou com relação à decadência do amor que essa igreja estava apresentando naquele momento. Ele protestou pela perda do que classificou como o primeiro amor:

> *Conheço as tuas obras, tanto o teu labor como a tua perseverança, e que não podes suportar homens maus, e que puseste à prova os que a si mesmos se declaram apóstolos e não são, e os achaste mentirosos; e tens perseverança, e suportaste provas por causa do meu nome, e não te deixaste esmorecer. Tenho, porém, contra ti que abandonaste o teu primeiro amor. Lembra-te, pois, de onde caíste, arrepende-te e volta à prática das primeiras obras; e, se não, venho a ti e moverei do seu lugar o teu candeeiro, caso não te arrependas (Ap 2.2-5).*

O PRIMEIRO AMOR

O que é esse primeiro amor a que o Senhor Jesus se refere nessa mensagem? É um fogo de grande intensidade em nosso íntimo, que coloca Jesus acima de todas as coisas. Isso foi muito bem exemplificado em uma das parábolas de Cristo: *O reino dos céus é semelhante a um tesouro oculto no campo, o qual certo homem, tendo-o achado, escondeu. E, transbordante de alegria, vai, vende tudo o que tem e compra aquele campo* (Mt 13.44).

O Senhor está falando de alguém que, além de transbordar de alegria por ter encontrado o reino de Deus, ainda se dispõe a abrir mão de tudo o que tem para desfrutar do seu achado. Essas duas características são evidentes na vida de quem teve um encontro real com Jesus.

Essa alegria inicial foi mencionada por Jesus na parábola do semeador. O problema é que alguns cristãos permitem que ela desapareça diante de algumas provações: *O que foi semeado em solo rochoso, esse é o que ouve a palavra e a recebe logo, com alegria; mas não tem raiz em si mesmo, sendo, antes, de POUCA DURAÇÃO; em lhe chegando a angústia ou a perseguição por causa da palavra, logo SE ESCANDALIZA*(Mt 13.20,21 — grifo do autor).

Outros cristãos, por sua vez, até mesmo diante das mais duras provações, ainda permanecem transbordantes dessa alegria. Isso nos mostra que o responsável pela perda da paixão não são as circunstâncias em si. Pois, enquanto o amor de uns chega a se esfriar, o de outros não sofre dano algum, mesmo diante das adversidades. A questão é a atitude que cada um tem diante das circunstâncias. Consideremos o comportamento dos apóstolos: *Chamando os apóstolos, açoitaram-nos e, ordenando-lhes que não falassem em o nome de Jesus, os soltaram. E eles se retiraram do Sinédrio* REGOZIJANDO-SE *por terem sido considerados dignos de sofrer afrontas por esse Nome* (At 5.40,41— grifo do autor).

O primeiro amor também pode ser visto como aquele nosso primeiro momento de relacionamento com Cristo em que nos devotamos de todo o nosso ser a ele. Abrimos mão de tudo por causa de Jesus. Citei, há pouco, a parábola do tesouro escondido no campo; mas só entenderemos: *O reino dos céus é também semelhante a um que negocia e procura boas pérolas; e, tendo achado uma pérola de grande valor, vende tudo o que possui e a compra* (Mt 13.45,46).

O reino de Deus passa a ser prioridade absoluta. É quando amamos a Deus de todo o nosso coração, de toda a nossa alma, de todo o nosso entendimento e com todas as nossas forças! Esse primeiro amor nos leva a viver intensamente a fé. Foi assim desde o início da era cristã:

> *Então, os que aceitaram a palavra foram batizados, havendo um acréscimo naquele dia de quase três mil pessoas. E perseveravam na doutrina dos apóstolos e na comunhão, no partir do pão e nas orações. Em cada alma havia temor; e muitos prodígios e sinais eram feitos por intermédio dos apóstolos. Todos os que creram estavam juntos e tinham tudo em comum. Vendiam as suas propriedades e bens, distribuindo o produto entre todos, à medida que alguém tinha necessidade. Diariamente perseveravam unânimes no templo, partiam pão de casa em casa e tomavam as suas refeições com alegria e singeleza de coração, louvando a Deus e contando com a simpatia de todo o povo. Enquanto isso, acrescentava-lhes o Senhor, dia a dia, os que iam sendo salvos* (At 2.41-47).

Os relatos de Atos nos revelam uma igreja viva, cheia de paixão e fervor:

> *Da multidão dos que creram era um o coração e a alma. Ninguém considerava exclusivamente sua nem uma das coisas que possuía; tudo, porém, lhes era comum. Com grande poder, os apóstolos davam testemunho da ressurreição do Senhor Jesus, e em todos eles havia abundante graça. Pois nenhum necessitado havia entre eles, porquanto os que possuíam terras ou casas, vendendo-as, traziam os valores correspondentes e depositavam aos pés dos apóstolos; então, se distribuía a qualquer um à medida que alguém tinha necessidade* (At 4.32-35).

O *melhor da espiritualidade* **133**

Esse amor nos leva à prática de buscar intensamente o Senhor. Aliás, vale ressaltar que há um padrão de busca que Deus determinou para nós. É quando ele se torna mais importante para nós do que qualquer outra pessoa ou coisa. Devemos chegar a um ponto tal nesse anseio por ele que nada mais importe!

É possível entrar nesse lugar de fascinação tão intensa pelo Senhor? Claro que sim! Vemos isso na Bíblia, a Palavra inspirada de Deus. Observe esta declaração que o salmista faz ao Senhor: *A quem tenho nos céus senão a ti? E na terra, NADA MAIS DESEJO além de estar junto a ti* (Sl 73.25 — grifo do autor).

Esse fogo do amor também faz com que trabalhemos para Deus. Cristo relacionou esse amor com obras quando disse a Pedro que, se ele o amasse, deveria apascentar o seu rebanho (Jo 21.15-17). O apóstolo Paulo falou que o amor de Cristo (ou o entendimento da profundidade desse amor) nos constrange a não mais vivermos para nós, e sim para ele: *Pois o amor de Cristo NOS CONSTRANGE, julgando nós isto: um morreu por todos; logo, todos morreram. E ele morreu por todos, para que os que vivem não vivam mais para si mesmos, mas para aquele que por eles morreu e ressuscitou* (2Co 5.14,15 — grifo do autor).

Foi esse constrangimento de amor que fez com que o apóstolo Paulo trabalhasse mais do que os demais apóstolos: *Mas, pela graça de Deus, sou o que sou; e a sua graça, que me foi concedida, não se tornou vã; antes, trabalhei muito mais do que todos eles; todavia, não eu, mas a graça de Deus comigo* (1Co 15.10).

Isso também deveria ser assim conosco. O primeiro amor é uma profunda resposta ao entendimento do amor de Cristo, o que nos leva a buscar e a servir ao Senhor com intensidade e paixão.

DEFININDO A PERDA DO PRIMEIRO AMOR

Às vezes, a melhor forma de compreender o que alguma coisa é começa pela definição do que ela *não é*. Portanto, a fim de melhor entender a diminuição do amor vivida pelos efésios, devemos analisar também o que as Escrituras mostram não ser a perda do primeiro amor.

Alguns acham que, se o primeiro amor nos leva ao trabalho, então, em contrapartida, a perda do primeiro amor poderia ser definida como uma *diminuição da produtividade*. Porém, de acordo com a mensagem de Jesus na carta à igreja de Éfeso, a perda do primeiro amor não é apenas uma questão de relaxarmos no trabalho de Deus, uma vez que o Senhor lhes disse: *Conheço as tuas obras, tanto o teu labor como a tua perseverança...* (Ap 2.2). A palavra grega traduzida por labor é *kopos*, que, de acordo com o léxico de Strong, significa "intenso trabalho unido a aborrecimento e fadiga". Esse tipo de labor seguido de perseverança, por parte dos efésios, não nos permite concluir que eles tenham demonstrado alguma queda de produtividade no serviço ao Senhor.

Perder a paixão pelo Senhor também não é enfrentar uma crise de desânimo ou simplesmente desejar desistir, uma vez que, nessa mensagem profética, o Senhor Jesus elogia a persistência desses cristãos de Éfeso: *e tens perseverança, e suportaste provas por causa do meu nome, e não te deixaste esmorecer* (Ap 2.3).

A perda do primeiro amor também não pode ser vista como sendo um momento de crise no trabalho ou na dedicação, uma vez que é algo que Deus tem contra nós: *Tenho, porém, contra ti que abandonaste o teu primeiro amor. Lembra-te, pois, de onde caíste, arrepende-te e volta à prática das primeiras obras; e, se não, venho a ti e moverei do seu lugar o teu candeeiro, caso não te arrependas* (Ap 2.4,5).

Portanto, a perda do primeiro amor é uma queda, é chamada de *pecado*, e necessita de *arrependimento*. Recordo-me de uma ocasião em que alguém me pediu oração e, como de costume, indaguei pelo que tal pessoa gostaria que eu orasse. Ela disse que "estava em crise". Curioso, indaguei que crise era. Gosto de saber pelo que vou orar. A pessoa prontamente me respondeu:

— É que eu perdi meu primeiro amor.

Retruquei na hora:

— Então você não está em crise; está em pecado.

Recebi, imediatamente, um olhar de reprovação, que indicava um possível exagero da minha parte. Então tive de demonstrar, pelas Escrituras, que Jesus classificou a perda da paixão inicial como sendo uma queda, que também é chamada de *pecado*, e que necessita de *arrependimento*.

Há muitos crentes que continuam se dedicando ao trabalho do Senhor, mas perderam a paixão. Fazem o que fazem por hábito, por rotina, por medo, pelo galardão, por quaisquer outros motivos, os quais, acompanhados daquele primeiro amor intenso, fariam sentido, mas sozinhos não!

A queixa que o Senhor faz é a de que esses crentes haviam abandonado o primeiro amor. A palavra grega *aphiemi*, traduzida por abandonar nesse texto bíblico, tem um significado bem abrangente. O léxico de Strong define essa palavra da seguinte maneira: "enviar para outro lugar; mandar ir embora ou partir; de um marido que divorcia sua esposa; enviar, deixar, expelir; deixar ir, abandonar, não interferir; negligenciar; deixar ir, deixar de lado uma dívida;

desistir; não guardar mais; partir; deixar alguém a fim de ir para outro lugar; desertar sem razão; partir deixando algo para trás; deixar destituído".

Essas expressões refletem não uma perda que possa ser denominada como sendo meramente acidental, mas um ato voluntário de abandono, de descaso.

O Senhor Jesus tampouco está exortando essa igreja por não o amar mais! Não se tratava de uma ausência completa de amor, pois ainda havia amor! No entanto, o amor deles havia perdido a sua intensidade e não era mais o amor que ele esperava encontrar neles!

POR QUE PERDEMOS O AMOR

O primeiro amor é como um fogo. Se colocamos lenha, ele fica mais inflamado. Contudo, se jogamos água, ele se apaga! Falhamos tanto por não alimentar o fogo como por permitir que outras coisas o apaguem.

Muitas coisas contribuem para que o nosso amor pelo Senhor perca a sua intensidade. No entanto, há quatro coisas, especificamente, que eu gostaria de enfatizar aqui. Se quisermos nos prevenir e evitar essa perda, ou se quisermos uma restauração, depois que perdemos esse amor, precisaremos entender esses aspectos e a maneira como eles nos afetam:

1. O convívio com o pecado;
2. a falta de profundidade;
3. a falta de tratamento;
4. as distrações.

O CONVÍVIO COM O PECADO

O primeiro fator de esfriamento do nosso amor para com o Senhor é o convívio com o pecado: *E, por se multiplicar a iniquidade, o amor de muitos se esfriará* (Mt 24.12).

Ao falar do convívio com o pecado, em vez do pecado em si, pretendo estabelecer uma diferença importantíssima. É óbvio que quem vive no pecado está distante de Deus. Embora a ausência do primeiro amor seja chamada de pecado, esse pecado não é necessariamente ocasionado por algum outro pecado na vida de quem sofreu essa perda. Muitas vezes, esta frieza pode ser gerada pelo convívio com o pecado dos outros!

Creio que, em Mateus 24.12, Jesus está se referindo aos pecados da sociedade em que vivemos. Em razão da multiplicação do pecado à nossa volta (e

136 ATÉ QUE NADA MAIS IMPORTE

não necessariamente em nossa vida), passamos a conviver com algumas coisas que, ainda que não as pratiquemos, as toleramos.

Precisamos ter o cuidado de não nos acostumar com o pecado à nossa volta. Muitas vezes, o enredo dos filmes que nos proporcionam entretenimento faz com que nos acostumemos com alguns valores contrários ao que pregamos. Acabamos aceitando com naturalidade a violência, a imoralidade e muitos outros valores mundanos. Mesmo que não venhamos a ceder a esses pecados, se não mantivermos um coração que aborreça o mal, ficaremos acostumados com esses valores errados a ponto de permitir que o nosso amor se esfrie! Quando o Novo Testamento fala de Ló, sobrinho de Abraão, destaca uma característica que não é vista com clareza no Antigo Testamento. Trata-se do testemunho de que ele se afligia com as iniquidades das pessoas à sua volta:

> *E, reduzindo a cinzas as cidades de Sodoma e Gomorra, ordenou-as à ruína completa, tendo-as posto como exemplo a quantos venham a viver impiamente; e livrou o justo Ló, afligido pelo procedimento libertino daqueles insubordinados (porque este justo, pelo que via e ouvia quando habitava entre eles, atormentava a sua alma justa, cada dia, por causa das obras iníquas daqueles) [...] porque o SENHOR sabe livrar da provação os piedosos e reservar, sob castigo, os injustos para o Dia de Juízo* (2Pe 2.6-9 — grifo do autor).

Penso ser essa a razão pela qual o Senhor Jesus fala com o anjo da igreja de Éfeso sobre odiar aquilo que ele também odeia (Ap 2.6). Não podemos apenas evitar o que nos foi proibido. Devemos entender o que é não se agradar daquilo que desagrada a nosso Senhor. Foi exatamente isso que Salomão, pelo Espírito de Deus, enfatizou quando falava sobre o temor do Senhor: *O temor do SENHOR consiste em ABORRECER o mal; a soberba, a arrogância, o mau caminho e a boca perversa, eu os aborreço* (Pv 8.13 — grifo do autor).

A FALTA DE PROFUNDIDADE

O segundo fator que contribui para o esfriamento do nosso amor pelo Senhor é a nossa falta de profundidade na vida cristã. Há muitas pessoas que vivem o seu relacionamento com Cristo de forma superficial.

Na parábola do semeador, Jesus falou sobre a semente que caiu em solo pedregoso. O resultado é uma planta que brota depressa, mas não desenvolve a profundidade. E a razão disso é apresentada quando Cristo explica que a raiz não consegue penetrar profundamente no solo que não tem muita terra, tornando-se assim superficial. O risco que essa planta corre, pelo fato de ter se desenvolvido apenas na superfície, é que, saindo o sol (figura do calor das provações), ela pode morrer rapidamente: *A que caiu sobre a pedra são os que, ouvindo a palavra, a recebem com alegria; estes não têm raiz, creem apenas por algum tempo e, na hora da provação, se desviam* (Lc 8.13).

Um dos segredos de não nos afastarmos do Senhor nem perdermos a alegria inicial é o desenvolvimento da profundidade em nossa vida espiritual. Muitos cristãos vivem somente dos cultos semanais. Não investem tempo num relacionamento diário, não oram, não se enchem da Palavra, não procuram mortificar a sua carne para viver no Espírito, não desenvolvem relacionamentos edificantes e não se envolvem no trabalho do Pai. São cristãos sem profundidade, que vivem meramente na superfície.

A questão da profundidade nas coisas espirituais é tratada na Bíblia não somente quando se trata da nossa vida com Deus, mas também naqueles que servem a Satanás. Na carta à igreja de Tiatira, no Apocalipse, o Senhor Jesus elogiou os que não conheceram as *profundezas* de Satanás: *Mas eu vos digo a vós, e aos restantes que estão em Tiatira, a todos quantos não têm esta doutrina, e não conheceram, como dizem, as* PROFUNDEZAS *de Satanás, que outra carga vos não porei. Mas o que tendes retende-o até que eu venha* (Ap 2.24,25, RC — grifo do autor).

O mesmo princípio da profundidade que se aplica à vida espiritual de quem se encontra no reino de Deus também se aplica a quem está no reino das trevas. Se quem vive no engano do reino das trevas chega a desenvolver uma profundidade nessa caminhada que leva à perdição, então nós, que conhecemos a verdade, não podemos nos relacionar com ela de um modo meramente superficial. Se desenvolvermos raízes profundas em Deus, não fracassaremos na fé!

A FALTA DE TRATAMENTO

O terceiro fator que contribui para o esfriamento do nosso amor pelo Senhor é a falta de tratamento em algumas áreas da nossa vida. Já vimos na parábola do semeador que um dos exemplos de como o potencial de frutificação da Palavra de Deus pode vir a ser abortado na vida de alguém é a falta de raiz, de profundidade. Mas há um outro exemplo que o Senhor Jesus nos deu nessa parábola — o da semente que caiu entre espinhos: *Outra caiu no meio dos espinhos; e estes, ao crescerem com ela, a sufocaram* (Lc 8.7).

Os espinhos não pareciam ser tão comprometedores porque eram pequenos. E, justamente por não parecerem perigosos, não foram arrancados.

138 ATÉ QUE NADA MAIS IMPORTE

Porém, eles cresceram depois e sufocaram a semente da Palavra, abortando assim o propósito divino de frutificação. *A que caiu entre espinhos são os que ouviram e, no decorrer dos dias, foram* SUFOCADOS *com os cuidados, riquezas e deleites da vida; os seus frutos não chegam a amadurecer* (Lc 8.14 — grifo do autor).

As áreas que não são tratadas em nossa vida talvez não pareçam tão nocivas hoje, mas serão justamente as que poderão nos sufocar na fé e no amor ao Senhor posteriormente.

A queda espiritual nunca é um ato instantâneo ou imediato. É um processo que envolve repetidas negligências da nossa parte, e são essas mesmas "inocentes" negligências que nos vencerão depois. Por isso, devemos dar mais atenção às áreas que precisam ser trabalhadas em nossa vida!

As distrações

Como já tratei da questão das distrações anteriormente, no início do livro, não retornarei a esse assunto agora. Mas vale destacar que é uma das áreas em que precisamos de vigilância, pois pode comprometer nossa paixão por Jesus.

Esse é um caminho de proteção do nosso amor pelo Senhor. O nosso cuidado nessas quatro áreas é útil para prevenirmos e evitar a perda — ou depreciação — do nosso primeiro amor.

Contudo, enquanto enfatizamos, por um lado, a prevenção necessária para evitar a perda de nosso amor, não podemos ignorar, por outro lado, que há aqueles que já perderam o seu primeiro amor. Assim sendo, é preciso orientá-los acerca do que fazer com relação à perda já sofrida. E é justamente para essas pessoas que quero compartilhar o que tenho entendido, pelas Escrituras, ser o caminho de volta.

O caminho de volta

O caminho de volta é o caminho da restauração. Foi o próprio Senhor Jesus quem propôs esse caminho: Lembra-te, pois, de onde caíste, arrepende-te e volta à prática das primeiras obras; e, se não, venho a ti e moverei do seu lugar o teu candeeiro, caso não te arrependas (Ap 2.5). Cristo mencionou, no versículo acima, três passos práticos que devemos dar a fim de voltar ao primeiro amor:

1. Lembrança (lembra-te);
2. arrependimento (arrepende-te);
3. recomeço (volta à prática das primeiras obras).

LEMBRANÇA

O primeiro passo é um ato de recordação, de lembrança do tempo anterior à perda do primeiro amor. Não há melhor maneira de retomá-lo do que esta: relembrar os primeiros momentos da nossa fé, da nossa experiência com Deus.

O profeta Jeremias declarou: *Quero trazer à memória o que me pode dar esperança* (Lm 3.21).

Algumas lembranças têm o poder de produzir em nós um caminho de restauração. Muitas vezes, não nos damos conta do que temos perdido. Uma boa forma de dimensionar as nossas perdas é contrastar o que estamos vivendo hoje com o que já experimentamos anteriormente em Deus.

Recordo-me de uma ocasião em que fui visitar os meus pais e entrei no quarto que, quando solteiro, eu compartilhava com os meus irmãos. O simples fato de eu entrar naquele ambiente trouxe à minha memória inúmeras lembranças. Revivi em minha mente os momentos de oração e intimidade com Deus que eu havia passado lá. Recordei, emocionado, as horas que, diariamente, eu passava ali, trancado em oração!

Sem que ninguém me falasse nada, percebi que a minha vida de oração já não era como antes. Aquelas lembranças ocasionaram na época uma retomada da minha dedicação à oração, e, até mesmo hoje, ao recordar aqueles momentos da poderosa visitação de Deus que eu vivi naquele quarto, sinto-me motivado a resgatar o que deixei de lado.

Contudo, a lembrança em si daquilo que eu havia provado lá na casa dos meus pais não produziu mudança alguma. Ela simplesmente trouxe um misto de saudade, tristeza e arrependimento, pelo fato de eu ter deixado de lado algo tão importante. E esta é exatamente a segunda atitude que Jesus pediu aos irmãos de Éfeso: *Arrepende-te!*

ARREPENDIMENTO

Não basta ter saudades de como as coisas eram anteriormente. É preciso que sintamos dor por termos perdido o nosso primeiro amor. Precisamos lamentar, chorar e clamar pelo perdão de Deus.

É imperativo reconhecer que a perda do primeiro amor é mais do que um desânimo ou qualquer outra crise emocional; é um pecado de falta de amor, de desinteresse para com Deus!

À semelhança dos profetas do Antigo Testamento, Tiago definiu como devemos nos posicionar em arrependimento diante do Senhor. Deve haver choro, lamento e humilhação:

Chegai-vos a Deus, e ele se chegará a vós outros. Purificai as mãos, pecadores; e vós que sois de ânimo dobre, limpai o coração. Afligi-vos, lamentai e chorai. Converta-se o vosso riso em pranto, e a vossa alegria, em tristeza. Humilhai-vos na presença do Senhor, e ele vos exaltará (Tg 4.8-10).

O fato de nos humilharmos perante o Senhor é o caminho para a exaltação (restauração) diante dele. Se reconhecermos que abandonamos o nosso primeiro amor, teremos que separar rapidamente um tempo para orar e chorar em arrependimento diante do Senhor e para buscarmos uma renovação.

Eu sei que recordar e chorar pelo passado também não é a cura em si, mas é um passo nessa direção! É um estágio de preparação, por assim dizer. Por isso, o conselho proposto pelo Senhor na carta à igreja de Éfeso ainda tem um *terceiro passo* prático: *Volta à prática das primeiras obras!* Portanto, não basta apenas reviver as lembranças e chorarmos. Temos de voltar a fazer o que abandonamos!

RECOMEÇO

É necessário um recomeço, ou seja, retornar ao que fazíamos no início da caminhada de fé. Essas primeiras obras a que Cristo se refere não são o primeiro amor em si, mas estão atreladas a ele. Elas são uma forma de expressar e alimentar o nosso primeiro amor. Elas têm a ver com a como buscávamos o Senhor antes e também com a maneira como nós o servíamos.

Jesus não protestou porque os efésios não o amavam mais, e sim porque já não o amavam *como anteriormente!*

Precisamos mais do que o reconhecimento da nossa perda. Precisamos voltar a agir como no início da nossa caminhada com Cristo. É tempo de resgatar o nosso amor ao Senhor e dar-lhe nada menos que nosso *amor total!*

Separe um tempo para estar em oração e avaliação da sua vida e relacionamento com Cristo. Reflita e, se necessário, escreva as suas conclusões. E, se houver o menor sinal de deterioração em seu amor para com o Senhor, inicie imediatamente o caminho de volta.

AMOR INCORRUPTÍVEL

Embora haja um caminho de volta para quem perdeu o primeiro amor, não precisamos chegar a esse ponto. Podemos ser preventivos e evitar essa perda. Com isso em mente, encerro este capítulo final com a declaração do apóstolo Paulo no encerramento da sua epístola aos Efésios: *A graça seja com todos os que amam a nosso Senhor Jesus Cristo com* AMOR INCORRUPTÍVEL (Ef 6.24, NVI — grifo do autor).

Encontramos no versículo anteriormente mencionado uma definição do tipo de amor que garante um livre fluir da graça do Senhor em nossa vida. O texto fala de graça aos que amam nosso Senhor; ou seja, não se trata da graça que qualquer um pode usufruir, senão daquela que é ativada por um comportamento específico: o *amor incorruptível* para com Cristo.

Algumas versões bíblicas empregam um termo diferente na tradução desse texto e usam a expressão *amor sincero* ou ainda *amor perene*. A Tradução Brasileira (TB), a Nova Versão Internacional (NVI) e a Versão Revisada de Almeida (VR) optaram pelo termo *incorruptível*.

O Dicionário Vine nos mostra que a palavra grega empregada nesse texto pelo apóstolo Paulo e que se encontra nos manuscritos originais é *aphtharsia*, que significa "incorrupção". Essa palavra é usada em relação ao corpo da ressurreição (1Co 15.42,50,53,54) e traduz uma condição associada a glória, honra e vida! Às vezes, é traduzida por *imortalidade* (Rm 2.7; 2Tm 1.10) e também pode dar a ideia de *sinceridade*, de acordo com essa linha de pensamento. Por outro lado, o léxico de Strong aponta alguns prováveis significados para ela: "1) incorrupção, perpetuidade, eternidade; 2) pureza, sinceridade".

De qualquer forma, o amor puro e sincero é o que não se corrompe, que traz em si a perpetuidade, que dura para sempre.

A afirmação de Paulo aos efésios faz com que reconheçamos que há pelo menos dois diferentes tipos de amor que os crentes podem manifestar ao Senhor ao longo do tempo: o amor incorruptível e o *amor corruptível*.

Portanto, quando falamos de amor ao Senhor, não basta apenas reconhecer que há pessoas que o amam e pessoas que não o amam (1Co 16.22). Se assim fosse, a nossa única tarefa seria a de levar os que não amam o Senhor a amá-lo. No entanto, o nosso desafio é ainda maior!

Até mesmo dentre os que hoje professam amar o Senhor Jesus Cristo, há os que o amam com um amor incorruptível e os que têm permitido que o seu amor por ele se corrompa. Que possamos estar no grupo certo, entre os que amam com amor incorruptível e vivem em tamanha fascinação por Jesus *até que nada mais importe!*

Bibliografia

Livros consultados e citados:

BEVERE, John. *Coração ardente: acendendo o amor por Deus.* Rio de Janeiro: LAN, 2016.

_____. *Extraordinário: o que você está destinado a viver.* Rio de Janeiro: LAN, 2014.

BICKLE, Mike. *Crescendo na oração.* Orvalho.com, Curitiba, 2018.

CLEMENTE. *Pais apostólicos.* São Paulo: Editora Mundo Cristão, 2017.

ENGLE, Lou. *O DNA do nazireu.* Orvalho.com, Curitiba, 2012.

FERREIRA, Aurélio Buarque de Holanda. *Dicionário Aurélio.* Curitiba: Editora Positivo, 2010.

RAVENHILL, Leonard. *Por que tarda o pleno avivamento?* Belo Horizonte: Editora Betânia, 2014.

ROBERTS, Dwayne. *Uma coisa.* Orvalho.com, Curitiba, 2011.

RYRIE, Charles C. *A Bíblia anotada.* São Paulo: Editora Mundo Cristão, 2006.

SHEETS, Dutch. *Meu maior prazer.* Rio de Janeiro: LAN, 2014.

SUBIRÁ, Luciano. *De todo o coração: vivendo a plenitude do amor ao Senhor.* Orvalho.com, Curitiba, 2009.

_____. *O conhecimento revelado.* Orvalho.com, Curitiba, 2005.

_____. *O devocional diário.* Orvalho.com, Curitiba, 2006.

TOZER, A. W. *A vida crucificada: como viver uma experiência cristã mais profunda.* São Paulo: Editora Vida, 2013.

VARUGHESE, Alex. *Descobrindo a Bíblia: história e fé das comunidades bíblicas.* Rio de Janeiro: Editora Central Gospel, 2012.

VINE, W. E., UNGER, Merril F. e WHITE JR., William. *Dicionário VINE.* Rio de Janeiro: CPAD, 2002.

WESLEY, John. *Explicação clara da perfeição cristã*. São Paulo: Imprensa Metodista, 1984.

Notas:

1 Sociedade Bíblica do Brasil. "Bíblia Sagrada: 1º. lugar no *ranking* dos livros mais marcantes e lidos do país", matéria publicada no site da SBB, com data de 3 de junho de 2016.

2 BBC Brasil. Matéria intitulada "Caçadores de tesouros encontram 4,5 milhões de dólares em moedas de ouro em um galeão espanhol do século 18", extraída do site, datada de 20 de agosto de 2015.

3 As consultas de palavras em hebraico e grego foram feitas no aplicativo da *Olive Tree*, na versão Atualizada de Almeida com números de Strong.

Piedade e paixão

A vida do ministro é a vida do seu ministério

HERNANDES DIAS LOPES

Sumário

Dedicatória	149
Prefácio	151
Introdução	153

1. Piedade   157
   A vida do ministro é a vida do seu ministério

2. Fome por Deus   168
   Oração e jejum

3. Fome pela palavra de Deus   181
   O estudo do pregador

4. Unção   188
   A ação do Espírito Santo

5. Paixão   194
   Lógica em fogo

Conclusão   198

Dedicatória

Dedico este livro aos doutores David Jussely e Elias Medeiros, meus professores e conselheiros, homens de vida piedosa, ministério profícuo e profundo compromisso com a exposição fiel das Escrituras.

Prefácio

A igreja evangélica brasileira está crescendo assustadora e desordenadamente. Qualquer pastor ou líder que pretende avaliar honestamente a condição em que ela se encontra neste início do século 21 terá de fazer uma introspecção muito cuidadosa.

Por quê?

Porque a igreja é o reflexo do seu pastor.

No entanto, infelizmente, os ministros evangélicos têm sido arrastados por uma tormenta espiritual, emocional e social que desabou sobre suas casas e igrejas, comunidades e culturas.

Será que o ministério faz diferença nestes tempos moralmente atribulados e desconexos?

Sim! Necessitamos urgentemente de homens de Deus para liderarem os rebanhos. Contudo, os pastores, aqueles que têm a missão de orientar, equipar, socorrer as ovelhas, também correm sérios perigos. Com o crescimento numérico da igreja, "bebês" na fé esperam ser alimentados. O desafio é gigantesco!

Existem, sim, aqueles que arregaçam as mangas, dispostos não apenas a "fazer os partos", mas também a alimentar aqueles que estão crescendo, até conduzi-los em seus primeiros passos rumo à vida madura, quando estarão "aptos à reprodução".

No entanto, são muitos os que têm caído à beira das estradas, vencidos pelo cansaço, pelo desânimo e pelo desespero. Outros desistem do ministério após fracassos morais e familiares. Ainda há os que estão exaustos depois de sofrerem financeiramente durante anos, desvalorizados por uma igreja que não hesita em abusar de sua entrega ao trabalho de Deus.

Meu amigo pastor Hernandes Dias Lopes, que tem percorrido todo o Brasil, pregado em centenas de igrejas de várias denominações, inclusive no exterior, ouviu atentamente pastores e membros.

Ele viu ministros sérios desenvolvendo trabalhos dignos do nome de Cristo; viu, porém, pastores íntegros e bem-intencionados que, por desconhecimento ou pura desobediência, quebraram princípios bíblicos e estavam recebendo dividendos vergonhosos.

Ele presenciou a luta de pastores por autorrealização, negligenciando nesse processo esposa e filhos. Pastores com prioridades invertidas pagando alto preço por sua opção. Pastores possuídos por uma postura dominadora, por vezes agindo como autênticos déspotas contra suas ovelhas, deixando-as humilhadas e desgarradas.

Viu líderes e ministros evangélicos serem tentados — muitos caindo, deixando atrás de si uma esposa traída e amargurada, filhos desolados e perdidos, afastados do evangelho; igrejas divididas e desacreditadas.

Ele ainda viu colegas vendendo seu ministério, seu pastorado no altar do evangelho da prosperidade. Homens que priorizaram o crescimento quantitativo e financeiro, enquanto as pessoas morrem de fome por falta de instrução bíblica clara, de um pastoreio compassivo e um comprometimento irrestrito.

Depois de analisar cuidadosamente a situação da igreja, o pastor Hernandes está convencido de que a maior necessidade que ela apresenta atualmente é de uma profunda restauração espiritual na vida dos próprios pastores.

O Reino precisa de mais pastores segundo o coração de Deus; profetas do Senhor no púlpito, instrumentos cheios do Espírito Santo, inflamados e apaixonados; homens de profunda intimidade com o Pai através da oração e da meditação na palavra.

Em seu livro instigante, ele destaca a vida, o caráter do pastor, sua intimidade com Deus através do estudo da Bíblia, da oração e do jejum — e a suprema importância de ser ungido e cheio do Espírito Santo, tendo paixão pelo ministério.

Após ter lido *Piedade e paixão*, fui sensivelmente desafiado a avaliar minha própria vida, minha intimidade com Deus e meu ensino e pregação. Para mim, pessoalmente, este livro é um recado divino: "Cuide-se!"

JAIME KEMP

Introdução

Pregadores rasos e secos pregam sermões sem poder para auditórios sonolentos

Todos nós precisamos de modelos para viver. Aprendemos pela observação. Mentores espirituais são uma necessidade em nossa jornada. Todo Josué precisa de um Moisés, todo Eliseu precisa de um Elias, todo Timóteo precisa de um Paulo. Quando seguimos as pegadas de homens piedosos, que percorrem as veredas da probidade, alcançamos uma vida bem-aventurada; porém, quando seguimos os modelos errados, colhemos os amargos frutos de uma dolorosa decepção. Homens cheios do Espírito Santo são como mourões e esteios em nossa vida. São referenciais e marcos balizadores em nosso caminho. Eles são como espelhos para nós. Quando miramos o espelho, vemos a nós mesmos. O espelho nos mostra quem somos e aponta-nos onde precisamos melhorar a nossa imagem. O espelho possui algumas características que lançam luz sobre a vida do pregador como um referencial para a igreja.

Em primeiro lugar, o espelho é mudo e nos mostra quem somos não pelo som, mas através da imagem. Ele não discursa; ele revela. Não alardeia; reflete. Assim deve ser o pregador. Seu sermão mais eloquente não é o sermão pregado do púlpito, mas aquele vivido no lar, na igreja e na sociedade. Ele não prega apenas aos ouvidos, mas também aos olhos. Não prega apenas com palavras, mas sobretudo com a vida e o exemplo. O exemplo não é apenas uma forma de ensinar, mas *a* única forma eficaz.

Em segundo lugar, o espelho deve ser limpo. Um espelho embaçado e sujo não pode refletir a imagem com clareza. Quando o pregador vive uma duplicidade, quando usa máscaras vivendo como um ator, quando fala uma coisa e vive outra, quando há um abismo entre o que professa e o que pratica, quando os seus atos reprovam as suas palavras, então ficamos confusos e decepcionados. Um pregador impuro no púlpito é como um médico que

154 PIEDADE E PAIXÃO

começa uma cirurgia sem fazer assepsia das suas mãos. Ele causará mais mal do que bem.

Em terceiro lugar, o espelho precisa ser plano. Um espelho côncavo ou convexo distorce e altera a imagem. Precisamos ver no pregador um exemplo de vida ilibada e irrepreensível. O pecado do líder é mais grave, mais hipócrita e mais danoso em suas consequências. Mais grave porque os pecados do mestre são os mestres do pecado. E mais hipócrita porque ao mesmo tempo que combate o pecado em público, ele o pratica em secreto. Ao mesmo tempo que o condena nos outros, capitula-se à sua força e o abriga no coração. É mais danoso em suas consequências porque o líder, ao pecar contra um maior conhecimento, sua queda torna-se mais escandalosa. Quanto maior uma árvore, maior é o estrondo da sua queda. Quanto mais projeção tiver um líder, maior será a decepção com o seu fracasso. Quanto mais amada for uma pessoa, maior poderá ser a dor se ela destruir com as suas próprias mãos o referencial em que ela investiu toda uma vida para nos ensinar.

Finalmente, o espelho precisa ser iluminado. Sem luz, podemos ter espelho e olhos, mas ainda assim ficaremos imersos em trevas espessas. Deus é luz. Sua palavra é luz. Sempre que um líder afasta-se de Deus e da sua palavra, a sua luz apaga-se e todos aqueles que o miravam como um alvo ficam perdidos e confusos. Os mourões que sustentam os valores da sociedade estão caindo. As cercas estão se afrouxando. Os muros da nossa civilização estão quebrados, e as portas de proteção e liberdade estão queimadas a fogo. Estamos expostos a toda sorte de influências destrutivas, porque os nossos referenciais estão fracassando.

A crise avassaladora que atinge a sociedade também alcança a igreja. Embora estejamos assistindo a uma explosão de crescimento da igreja evangélica brasileira, não temos visto a correspondente transformação na sociedade. Muitos pastores, no afã de buscar o crescimento de suas igrejas, abandonam o genuíno evangelho e se rendem ao pragmatismo prevalecente da cultura pós-moderna. Buscam não a verdade, mas o que funciona; não o que é certo, mas o que dá certo. Pregam para agradar os seus ouvintes, e não para levá-los ao arrependimento. Pregam o que eles querem ouvir, e não o que eles precisam ouvir. Pregam outro evangelho, um evangelho antropocêntrico, de curas, milagres e prosperidade, e não o evangelho da cruz de Cristo. Pregam não todo o conselho de Deus, mas doutrinas engendradas pelos homens. Pregam não as Escrituras, mas as revelações heterodoxas de seu próprio coração.

O resultado desse semievangelho é que muitos pastores e pregadores passam a fazer do púlpito um balcão de negócios, do templo uma praça de barganhas, onde as bênçãos e os milagres de Deus são comprados por dinheiro. Outros passam a governar as ovelhas de Cristo com dureza e rigor. Encastelam-se no topo de uma teocracia absolutista e rejeitam ser questionados. Exigem de seus fiéis uma obediência subserviente e cega. O resultado é que o povo de Deus perece por falta de conhecimento e de padrões.

A crise teológica e doutrinária deságua na crise moral. Nessa perda de referenciais, muitos líderes têm caído nas armadilhas insidiosas do sexo, do poder e do dinheiro. A crise moral na vida de muitos pastores brasileiros tem sido um terremoto avassalador. Muitos ministros do evangelho que eram considerados modelos e exemplos para suas igrejas têm sucumbido na vida moral. Muitos líderes de projeção nacional têm naufragado no casamento. Não poucos são aqueles que têm dormido no colo das Dalilas e acordado como Sansão, sem poder, sem dignidade, sem autoridade, ficando completamente subjugados nas mãos do inimigo. A cada ano cresce o número de pastores que naufragam no ministério por causa de sexo, dinheiro e poder. É assustador o número de pastores que estão no ministério, subindo ao púlpito a cada domingo, exortando o povo de Deus à santidade, combatendo tenazmente o pecado e ao mesmo tempo vivendo uma duplicidade, uma mentira dentro de casa, sendo maridos insensíveis e infiéis, pais autocráticos e sem nenhuma doçura com os filhos. Há muitas esposas de pastores vivendo o drama de ter um marido exemplar no púlpito e um homem intolerante dentro de casa. Há muitos pastores que já perderam a unção e continuam no ministério, sem chorar pelos seus próprios pecados. Não são poucos aqueles que em vez de alimentar o rebanho de Cristo têm apascentado a si mesmos. Em vez de proteger o rebanho dos lobos vorazes, são os próprios lobos vestidos de toga. Charles H. Spurgeon dizia que um pastor infiel é o maior agente de Satanás dentro da igreja.

O número de pastores e líderes que estão abandonando o lar, renegando os votos firmados no altar, divorciando-se por motivos banais, não permitidos por Deus, e casando-se novamente é estonteante. Essa perda de referencial é como um atentado terrorista contra a igreja de Deus. Ela produz perdas irreparáveis, sofrimento indescritível, choro inconsolável e feridas incuráveis. O pior é que o nome de Deus é blasfemado entre os incrédulos por causa desses escândalos.

A classe pastoral está em crise. Crise vocacional, crise familiar, crise teológica, crise espiritual. Quando os líderes estão em crise, a igreja também está. A igreja reflete os seus líderes. Não existem líderes neutros. Eles são uma bênção ou um entrave para o crescimento da igreja.

A crise pastoral é refletida diretamente no púlpito. Estamos vendo o empobrecimento dos púlpitos. Poucos são os pastores que se preparam convenientemente para pregar. Há muitos que só preparam a cabeça, mas não o coração. São cultos, mas vazios. São intelectuais, mas áridos. Têm luz, mas não fogo. Têm conhecimento, mas não unção. Pregadores rasos e secos pregam sermões sem poder para auditórios sonolentos. Se quisermos um reavivamento genuíno na igreja evangélica brasileira, os pastores são os primeiros que terão de acertar sua vida com Deus.

É tempo de orarmos por um reavivamento na vida dos pastores. É tempo de pedirmos a Deus que nos dê pastores segundo o seu coração. Precisamos de homens de Deus no púlpito. Precisamos de homens cheios do Espírito, de homens que conheçam a intimidade de Deus. John Wesley dizia: "Dá-me cem homens que não amem ninguém mais do que a Deus e que não temam nada senão o pecado, e com eles eu abalarei o mundo".

Quando o pastor é um graveto seco que pega o fogo do Espírito, até lenha verde começa a arder.

CAPÍTULO 1

PIEDADE

A vida do ministro é a vida do seu ministério

Uma das áreas mais importantes da pregação é a vida do pregador. John Stott afirma que a prática da pregação jamais pode ser divorciada da pessoa do pregador.[1] A pregação com consistente exegese, sólida teologia e brilhante apresentação não glorificará a Deus, não alcançará os perdidos nem edificará os crentes sem um homem santo no púlpito. O que nós precisamos desesperadamente nestes dias não é apenas de pregadores eruditos, mas sobretudo de pregadores piedosos. Erroll Hulse define pregação como sagrada eloquência através de um embaixador cuja vida deve ser consistente em todos os aspectos com a mensagem que ele proclama.[2] A vida do pregador fala mais alto que os seus sermões. "A ação fala mais alto que as palavras. Exemplos influenciam mais que preceitos."[3] E. M. Bounds descreve essa realidade da seguinte maneira:

> Volumes têm sido escritos ensinando detalhadamente a mecânica da preparação do sermão. Temos nos tornado obcecados com a ideia de que estes andaimes são o próprio edifício. O pregador jovem tem sido ensinado a gastar toda a sua força na forma, estilo e beleza do sermão como um produto mecânico

[1] STOTT, John R. W. *I believe in preaching. The preacher as a person.* London: Hodder and Stoughton, 1982, p. 265.
[2] HULSE, Erroll. "The preacher and piety". In: LOGAN JR., Samuel T. (ed.). *The preacher and preaching: peviving the art in the twentieth century.* Phillipsburg: Presbyterian and Reformed Publishing Company, 1986, p. 62.
[3] SHAW, John. *The Character of a Pastor According to God's heart considered.* Morgan: Soli Deo Gloria Publications, 1998, p. 6.

e intelectual. Como consequência, temos cultivado esse equivocado conceito entre o povo e levantado um clamor por talento em vez de graça. Temos enfatizado eloquência em vez de piedade, retórica em vez de revelação, fama e desempenho em vez de santidade. O resultado é que temos perdido a verdadeira ideia do que seja pregação. Temos perdido a pregação poderosa e a pungente convicção de pecado [...]. Com isso não estamos dizendo que os pregadores estão estudando muito. Alguns deles não estudam. Outros não estudam o suficiente. Muitos não estudam a ponto de se apresentarem como obreiros aprovados que não têm de que se envergonhar (2Tm 2.15). Mas nossa grande falta não é em relação à cultura da cabeça, mas à cultura do coração. Não é falta de conhecimento, mas falta de santidade [...]. Não que não conheçamos muito, mas é que não meditamos o suficiente sobre Deus e sua palavra. Nós não temos vigiado, jejuado e orado o suficiente.[4]

A vida do ministro é a vida do seu ministério. "A pregação poderosa está enraizada no solo da vida do pregador."[5] Uma vida ungida produz um ministério ungido. Santidade é o fundamento de um ministério poderoso. Piedade é uma vital necessidade na vida de todo pregador. Erroll Hulse define piedade:

> Piedade é uma constante cultura da vida interior de santidade diante de Deus e para Deus, que por sua vez se aplica em todas as outras esferas da vida e prática. Piedade consiste em oração junto ao trono de Deus, estudo de sua palavra em sua presença e a manutenção da vida de Deus em nossa alma, que afeta toda a nossa maneira de viver.[6]

R. L. Dabney diz que a primeira qualificação de um orador sacro é uma sincera e profunda piedade.[7] Um ministro do evangelho sem piedade é um desastre. Infelizmente, a santidade que muitos pregadores proclamam é cancelada pela impiedade de sua vida. Há um divórcio entre o que os pregadores

---

[4]BOUNDS, E. M. "Power through prayer". In: *E. M. Bounds on prayer*. New Kensington: Whitaker House, p. 499.

[5]MARTIN, A. N. *What's wrong with preaching today?* Edinburgh: The Banner of Truth Trust, 1992, p. 6.

[6]HULSE, Erroll. Op. cit., p. 65.

[7]DABNEY, R. L. *Evangelical eloquence: a course of lectures on preaching*. Pennsylvania: The Banner of the Truth Trust, 1999, p. 4.

proclamam e o que eles vivem. Há um abismo entre o sermão e a vida, entre a fé e as obras. Muitos pregadores não vivem o que pregam. Eles condenam o pecado no púlpito e o praticam em secreto. Charles Spurgeon chega a afirmar que "o mais maligno servo de Satanás é o ministro infiel do evangelho".[8]

John Shaw diz que, enquanto a vida do ministro é a vida do seu ministério, os pecados do ministro são os mestres do pecado. Ele ainda afirma que é uma falta indesculpável no pregador quando os crimes e pecados que ele condena nos outros são justamente praticados por ele.[9] O apóstolo Paulo evidencia esse grande perigo:

> *Tu, pois, que ensinas os outros, não ensinas a ti mesmo? Tu, que pregas que não se deve furtar, furtas? Tu, que dizes que não se deve cometer adultério, adulteras? Tu, que abominas os ídolos, rouba-lhes os templos? Tu, que te glorias na lei, desonras a Deus pela transgressão da lei? Pois, como está escrito, por vossa causa o nome de Deus é blasfemado entre as nações.* (Rm 2.21-24, A21)

Richard Baxter diz que os pecados do pregador são mais graves do que os pecados dos demais homens, porque ele peca contra o conhecimento. Ele peca contra mais luz. Os pecados do pregador são mais hipócritas, porque ele tem falado diariamente contra eles. Mas também os pecados do pregador são mais pérfidos, porque ele tem se engajado contra eles.[10] Antes de pregar aos outros, o pregador precisa pregar a si mesmo. Antes de atender sobre o rebanho de Deus, o pregador precisa cuidar da sua própria vida (At 20.28). Conforme escreve Thielicke, "seria completamente monstruoso para um homem ser o mais alto em ofício e o mais baixo em vida espiritual; o primeiro em posição e o último em vida".[11]

É bem conhecido o que disse Stanley Jones: "O maior inimigo do cristianismo não é o anticristianismo, mas o 'subcristianismo'". O maior perigo não vem de fora, mas de dentro. Não há maior tragédia para a igreja do que um pregador ímpio e impuro no púlpito. Um ministro mundano representa um perigo maior para a igreja do que falsos profetas e falsas filosofias. É um

---

[8]SPURGEON, Charles Haddon. *Um ministério ideal.* São Paulo: PES, 199, vol. 2, p. 65.

[9]SHAW, John. Op. cit., p. 5-6.

[10]BAXTER, Richard. *The reformed pastor.* Edinburgh: The Banner of Truth Trust, 1999, p. 76-77.

[11]THIELICKE, Helmut. *Encounter with Spurgeon.* Philadelphia: Fortress Press, 1963, p. 116.

160 PIEDADE E PAIXÃO

terrível escândalo pregar a verdade e viver uma mentira, chamar o povo à santidade e viver uma vida impura. Um pregador sem piedade é uma contradição, um inaceitável escândalo. Um pregador sem piedade presta um grande desserviço ao reino de Deus. William Evans adverte:

> O pregador precisa ser puro em todos os hábitos de sua vida. Pequenas raposas destroem a vinha. Ele não pode ter hábitos impuros nem vícios secretos. Deus abertamente exporá à vergonha pública aqueles que cometem seus pecados em secreto. A vida de Davi é uma ilustração dessa verdade (2Sm 12.12). A exortação de Paulo a Timóteo é pertinente: fuja das paixões da mocidade. O pregador será privado do poder no púlpito se não for limpo em sua vida privada. Não poderá pregar ao seu povo com poder se sabe que sua vida é impura. A confiança do povo repreenderá a sua hipocrisia. Se um pregador não purificar a si mesmo, não será um vaso de honra nem poderá ser usado pelo divino Mestre para toda a boa obra.[12]

Segundo Charles H. Spurgeon, "é uma coisa horrível ser um ministro inconsistente".[13] O apóstolo João adverte: *Aquele que diz que permanece nele, esse deve também andar assim como ele andou* (1Jo 2.6). O apóstolo Paulo dá o seu testemunho: *Sede meus imitadores, como também eu sou de Cristo* (1Co 11.1). Pedro e João disseram ao paralítico que estava mendigando à porta do templo: *Olha para nós* (At 3.4). Gideão disse aos seus soldados: *Olhai para mim e fazei como eu fizer* (Jz 7.17). O pregador deve ser um modelo para todos os crentes (1Tm 4.16). Quando os pregadores não são coerentes, a sua pregação torna-se vazia, pobre e infrutífera. Eloquência sem piedade não pode gerar verdadeiros crentes. Ortodoxia sem piedade produz morte, e não vida.

Em 1Timóteo 6.11-14 Paulo lista quatro marcas de um homem de Deus: ele deve ser identificado por aquilo do que *foge*, por aquilo que *segue*, por aquilo pelo qual *luta* e por aquilo ao qual é *fiel*.[14] A Bíblia não é um livro silencioso a respeito da necessidade imperativa do caráter íntegro e da profunda piedade do pregador. O apóstolo Paulo adverte seu filho Timóteo:

---

[12]EVANS, William. *How to prepare sermons*. Chicago: Moody Press, 1964, p. 17-18.
[13]SPURGEON, Charles Haddon. *Lectures to my students*. Grand Rapids: Associated Publishers and Authors, 1971, p. 13.
[14]MACARTHUR JR., John. *Rediscovering expository preaching*. Dallas: Worldly Publishing, 1992, p. 86.

Tem cuidado de ti mesmo e da doutrina (1Tm 4.16). Em suas cartas a Timóteo (1Tm 3.1-7) e a Tito (Tt 1.5-9) Paulo oferece um *check-up* para o pregador; em 1Tessalonicenses 2.1-12 aprofunda o tema sobre a vida do pregador. Nesse texto Paulo apresenta três solenes princípios: primeiro, o pregador precisa de uma MISSÃO CONCEDIDA PELO PRÓPRIO DEUS (v. 1,2); segundo, o pregador precisa de uma GENUÍNA MOTIVAÇÃO (v. 3-6); terceiro, o pregador precisa de MANEIRAS GENTIS. O apóstolo Paulo dá o seu próprio exemplo. Ele era como uma mãe para o seu povo (v. 7,8), era como um trabalhador (v. 9,10) e comparou-se a um pai (v. 11,12).[15]

Muitas das derrotas que os pregadores têm sofrido ocorrem porque eles não têm fome de santidade.[16] Infelizmente, muitos pregadores estão vivendo como atores. Representam diante do povo o que não vivem em seu lar ou em sua vida privada. Usam máscara, vivem uma mentira, pregam sem poder e levam a congregação a dormir ou se entediar com sermões vazios e secos. Muitos pregadores pretendem ser no púlpito o que não são na realidade. Piedade no púlpito precisa ser acompanhada de piedade no lar. É impossível ser um pregador eficaz e ao mesmo tempo um mau marido ou pai. Nem ser boca de Deus e carregar ao mesmo tempo um coração ensopado e entupido de impureza (Jr 15.19). Não é possível lidar de forma elevada e santa com as coisas espirituais e lidar de forma má e impura com as coisas terrenas. A. N. Martin afirma: "Muitos ministérios de alguns preciosos servos de Deus estão fracassando pelo insucesso da prática de piedade no reino da vida doméstica".[17]

Piedade é um caminho de vida. Isso inclui vida doméstica e relacionamento do marido com a esposa e do pai com os filhos. O apóstolo Paulo exorta: *Pois, se alguém não sabe governar a própria casa, como cuidará da igreja de Deus?* (1Tm 3.5). Assim, um ministro sem piedade não tem autoridade para pregar o santo evangelho. Não atrai pessoas para a igreja, mas as repele. Ele não constrói pontes para aproximar-se das pessoas; cava abismos para separá-las do Senhor. Charles H. Spurgeon afirma que "a vida do pregador deveria ser como um instrumento magnético a atrair as pessoas para Cristo; mas é triste constatar que muitos pregadores afastam as pessoas de Cristo".[18] Ministros sem piedade têm sido o principal impedimento para o saudável

---

[15]VINES, Jerry e SHADDIX, Jim. *Power in the pulpit: how to prepare and deliver expository sermons.* Chicago: Moody Press, 1999, p. 73-74.
[16]MARTIN, A. N. Op. cit., p. 14.
[17]Idem.
[18]SPURGEON, Charles Haddon. Op. cit., 199, p. 14.

162 Piedade e paixão

crescimento da igreja. É bem conhecido o que Dwight Moody disse: "O principal problema da obra são os obreiros". Semelhantemente, David Eby escreve: "Os pregadores são o real problema da pregação".[19]

No Brasil e ao redor do mundo muitos pregadores têm caído em terríveis pecados morais, provocando escândalos e produzindo grande sofrimento ao povo de Deus. Catástrofes espirituais, que vão de pastores adúlteros a divórcio na família pastoral, têm se tornado inaceitavelmente muito frequentes. Em recente pesquisa no Brasil, constatou-se que as três classes mais desacreditas do país são: os políticos, a polícia e os pastores. No passado quando alguém se apresentava como pastor, portas se-lhe abriam. Hoje, quando alguém se apresenta como pastor, portas se fecham. Em muitos redutos, "pastor" tornou-se sinônimo de caloteiro. Suas palavras são vazias de valor. Sua conduta é repreensível e sua vida é reprovável.

Torna-se cada vez mais comum, em solo pátrio, homens inescrupulosos, em nome de Deus, transformarem a igreja de Deus em empresa particular, o evangelho num produto, o púlpito num balcão, o templo em praça de comércio e os crentes em consumidores. Esses despachantes da fé, caloteiros espirituais, mercadejam a palavra de Deus com o propósito de se enriquecerem. Torcem a mensagem para enganar os fiéis com o fim de arrancar-lhes o último centavo. Esses embaixadores de si mesmos, constroem verdadeiros impérios financeiros e vivem em torres de marfim para engordar o coração no luxo e no fausto.

Multiplicam-se os escândalos financeiros dentro dos redutos chamados evangélicos. O amor ao dinheiro suplantou o amor a Cristo e à sua igreja. Na esteira desses escândalos, vêm outros problemas morais atrelados. Charles Colson comenta:

> O índice de divórcio entre os pastores está aumentando mais rápido do que entre outras profissões. Os números mostram que um em cada dez tem tido envolvimento sexual com um membro de sua congregação e 25% tem tido contato sexual ilícito.[20]

A única maneira de viver uma vida pura é guardar puro o coração através da meditação da palavra (Sl 119.9). Salomão exorta: *Sobre tudo o que se deve*

---

[19]EBY, David. *Power preaching for church growth*. La Habra: Mentor Publications, 1998, p. 11.
[20]COLSON, Charles. *The body*. Waco: Word Press, 1992, p. 34.

guardar, guarda o teu coração, porque dele procedem as fontes da vida (Pv 4.23). Jó disse que fez uma aliança com os seus próprios olhos, de não fixá-los com lascívia em uma donzela (Jó 31.1). Aquele que guarda o seu coração, bem como os seus olhos, estará seguro. O adultério tem sido a principal causa da queda de muitos ministros hoje.[21] Todos os pregadores devem estar alerta.

Há, contudo, muitos pregadores que vivem uma vida mundana e mesmo assim recebem muitas pessoas em suas igrejas. Para alcançar seus objetivos, esses pregadores se rendem à filosofia pragmática. Para eles, o importante não é mais a verdade, mas o que funciona; não o que é certo, mas o que *dá* certo. Assim, muitos têm mudado a mensagem e pregado outro evangelho (Gl 1.6-8). Mas o sucesso desses pregadores aos olhos dos homens não representa necessariamente sucesso aos olhos de Deus. O crescimento numérico não é o único critério pelo qual devemos analisar um verdadeiro ministro e uma bem-sucedida e fiel igreja.[22] Deus não julga a aparência, mas as motivações e intenções do coração. Ele requer que os seus despenseiros sejam encontrados fiéis (1Co 4.1,2).

Mudar a mensagem e pregar o que o povo *quer* ouvir, e não o que *precisa* ouvir; mercadejar a palavra de Deus para atrair pessoas à igreja é um caminho errado para conduzi-la ao crescimento. Alistair Begg, citando Dick Lucas, escreve: "Os bancos não podem controlar o púlpito".[23] O pregador não pode ser seduzido pelas leis do mercado. Ele não prega para agradar os ouvintes, mas para levá-los ao arrependimento. As pessoas precisam sair do templo não alegres com o pregador, mas tristes consigo mesmas. O pregador não é um animador de auditório; é um arauto de Deus. Sua agenda de pregação não é determinada pelos grandes temas discutidos pela humanidade, mas pelas próprias Escrituras. O pregador não sobe ao púlpito para entreter ou agradar seus ouvintes, mas para anunciar-lhes todo o desígnio de Deus. Sem uma pregação fiel não há santidade. Sem santidade não há salvação. Sem santidade ninguém verá a Deus. A palavra de Deus não pode ser mudada, atenuada ou torcida para agradar os ouvintes. Ela é imutável. O pregador precisa pregar a palavra integral, completa e fielmente. Ortodoxia é a base da santidade. Teologia é a mãe da ética. Piedade deve ser fundamentada na verdade. Piedade sem ortodoxia é misticismo, e misticismo deve ser rejeitado.

---

[21]Idem, ibidem.

[22]HULSE , Erroll. Op. cit., 1986, p. 15.

[23]BEGG, Alistair. *Preaching for God's glory.* Wheaton: Crossway Books, 1999, p. 19.

164 PIEDADE E PAIXÃO

John Piper, comentando sobre a vida e o ministério de Jonathan Edwards, diz que a experiência deve estar fundamentada na verdade. "Calor e luz, fogo e brilho são essenciais para trazer luz à mente porque afeições que não brotam da apreensão da verdade pela mente não são afeições santas."[24]

Há muitas igrejas cheias de pessoas vazias e vazias de pessoas cheias de Deus,[25] porque os pastores estão produzindo discípulos que se conformam com a sua própria imagem e semelhança. Por isso, estamos vendo o crescimento vertiginoso da igreja evangélica brasileira, mas não estamos vendo transformação da sociedade. Se o pregador não é um homem de Deus, se vive uma vida misturada com o mundo, se é um pregador sem piedade, será uma pedra de tropeço, e não um exemplo para a sua igreja. Hipocrisia sempre repele. Um pregador impuro não permanece por muito tempo no ministério sem ser desmascarado. Um pregador jamais será uma pessoa neutra. Ele é uma bênção ou uma maldição!

A falta de piedade é uma coisa terrível, especialmente na vida dos ministros do evangelho. Mas outro perigo insidioso é ortodoxia sem piedade. Há muitos pastores pregando sermões bíblicos, doutrinas ortodoxas, mas seus sermões estão secos e sem vida. E. M. Bounds diz que a pregação que mata pode ser, e geralmente é, dogmática e inviolavelmente ortodoxa. A ortodoxia é boa. Ela é a melhor. Mas nada é tão morto como a ortodoxia morta.[26]

> Geralmente os pregadores fecham-se em seus escritórios de estudo e tornam-se peritos fazedores de sermões. Isto é bom e necessário, mas preparação intelectual sem piedade dá ao pregador uma boa *performance*, e não poder espiritual. Pregação sem santidade não pode transformar vidas; não pode produzir o crescimento da igreja. "Sem oração, o pregador cria morte, e não vida."[27]

Richard Baxter escreve:

> Não se contente em apenas estar em estado de graça, mas também seja cuidadoso para que essa graça seja guardada em vigoroso e vivo exercício em sua

[24]PIPER, John. *The supremacy of God in preaching*. Grand Rapids: Baker Book House, 199, p. 85.
[25]HULSE, Erroll. Op. cit., 1986, p. 15.
[26]BOUNDS, E. M. Op. cit., p. 474.
[27]Idem, p. 476.

O *melhor da espiritualidade* **165**

vida. Pregue para você mesmo o sermão que você estuda, antes de pregá-lo para os outros. Faça isso por amor a você mesmo e por amor à igreja. Quando sua mente estiver embebida com as coisas santas e celestiais, seu povo usufruirá desses frutos. Suas orações, louvores e doutrina serão doces e celestiais para eles. Seu povo irá saber quando você gastou muito tempo com Deus. Então, aquilo que deleitou seu coração também deleitará os seus ouvintes.[28]

Infelizmente, muitos ministros têm somente a aparência de piedade. Professam uma fé ortodoxa, mas vivem uma pobre vida espiritual. Não têm vida devocional. Não têm vida de oração. Apenas fazem orações rituais e profissionais. Contudo, orações profissionais ajudam apenas a pregação a realizar o seu trabalho de morte. Orações profissionais, diz E. M. Bounds, "insensibilizam e matam tanto a pregação quanta a própria oração".[29] É triste dizer que muito poucos ministros têm qualquer hábito devocional sistemático e pessoal.[30] O pastor é o que é de joelhos em secreto diante do Deus todo-poderoso, e nada mais.

Piedade também não é uma matéria de imitação. Cada pregador deve cultivar seu próprio relacionamento com o Senhor. O pregador não deve copiar outros pregadores. Cada um deve desenvolver a sua própria relação de intimidade com Deus e seu próprio estilo de pregação. William Evans corretamente comenta:

> Se o seu nome é Davi e você foi chamado para matar o seu Golias, então não cobice a armadura de Saul, mas pegue a sua própria funda com as pedras, e pela ajuda de Deus o altivo gigante cairá e beijará o pó. O pregador deve ser ele mesmo. Deve apresentar o melhor de si mesmo. Deve consagrar o melhor de si mesmo. Fazendo assim, demonstrará sua sinceridade, honrará o seu Deus e se tornará um instrumento de bênção para o povo sobre quem ministra.[31]

Certamente piedade é uma consequência de uma vida devocional. Erroll Hulse, comentando sobre a vida de Lutero, diz que sua piedade

---

[28]Baxter, Richard. Op. cit., p. 61.
[29]Bounds, E. M. Op. cit., p. 476.
[30]Martin, A. N. Op. cit., p. 8.
[31]Evans, William. Op. cit., p. 15-17.

166 Piedade e paixão

pode ser comparada a um fogo, um fogo de devoção diante de Deus.[32] Hulse declara que a piedade de João Calvino e seu relacionamento pessoal com o Senhor Jesus Cristo foram sua linha de defesa contra as pressões do seu ministério.[33] A pregação fracassa hoje porque não está enraizada em uma vida devocional profunda por parte dos pregadores.[34] O pregador deveria ir geralmente da presença de Deus para a presença dos homens. Semelhantemente, E. M. Bounds diz que "uma vida santa não é vivida em secreto, mas ela não subsistirá sem oração em secreto".[35] Antes de levantar-se diante dos homens, o pregador deve viver na presença de Deus. Antes de alimentar o povo de Deus, o pregador deve alimentar seu próprio coração. Antes de pregar ao povo de Deus, o pregador deve aplicar a palavra à sua própria vida. A parte mais importante do sermão é o homem atrás dele. E. M. Bounds escreve:

> Todo homem está atrás do sermão. Pregação não é a *performance* de uma hora. Pelo contrário, é o produto de uma vida. Leva-se vinte anos para fazer um sermão, porque gasta-se vinte anos para fazer um homem. O verdadeiro sermão é algo vivo. O sermão cresce porque o homem cresce. O sermão é vigoroso porque o homem é vigoroso. O sermão é santo porque o homem é santo. O sermão é cheio da unção divina porque o homem é cheio da unção divina.[36]

Charles H. Spurgeon declara que nós somos, em certo sentido, as nossas próprias ferramentas, portanto devemos guardar-nos em ordem. Nosso próprio espírito, alma, corpo e vida interior são as nossas mais íntimas ferramentas para o serviço sagrado.[37] A chave para uma robusta pregação poderosa é uma robusta piedade pessoal. A pregação poderosa não acontece num vácuo. Ela sempre tem lugar na vida de uma pessoa piedosa e santa. Charles H. Spurgeon cita John Owen: "Ninguém prega bem seu sermão para os outros

---

[32]Hulse, Erroll. Op. cit., p. 65.
[33]Idem, p. 71.
[34]Bryson, Harold T. e Taylor, James L. *Building sermons to meet people needs.* Nashville: Broadman & Holman Publishers, 198, p. 14.
[35]Bounds, E. M. "Purpose in prayer". In: *E. M. Bounds on prayer*, p. 36.
[36]Bounds, E. M. "Power through prayer", In: *E. M. Bounds on prayer*, p. 468-469.
[37]Spurgeon, Charles Haddon. *Lectures*, p. 1, 282.

se não prega primeiro para o seu próprio coração".[38] "Não lute para ser um tipo de pregador. Lute para ser um tipo de pessoa."[39]

Martyn Lloyd-Jones comenta sobre Robert Murray McCheyne, um pregador da Escócia no século 19:

> É o comentário geral que quando aparecia no púlpito, mesmo antes de dizer uma única palavra, o povo já começava a chorar silenciosamente. Por quê? Por causa deste elemento de seriedade. Todos tinham a absoluta convicção de que ele subia ao púlpito vindo da presença de Deus e trazendo uma palavra da parte de Deus para eles.[40]

O próprio Robert Murray McCheyne resume este tópico nestas palavras: "Não é a grandes talentos que Deus abençoa de forma especial, mas à grande semelhança com Jesus. Um ministro santo é uma poderosa e tremenda arma nas mãos de Deus".[41]

[38]Idem, p. 11.
[39]PIPER, John. Op. cit., p. 6.
[40]LLOYD-JONES, Martyn. *Preaching & preachers*. Grand Rapids: Zondervan Publishing House, 1971, p. 86.
[41]BONAR, Andrew. *Memoirs of McCheyne*. Chicago: Moody Press, 1978, p. 95.

CAPÍTULO 2

FOME POR DEUS

Oração e jejum

O pregador deve ser prioritariamente um homem de oração e jejum. O relacionamento do pregador com Deus é a insígnia e a credencial do seu ministério público. "Os pregadores que prevalecem com Deus na vida pessoal de oração são os mais eficazes em seus púlpitos."

ORAÇÃO

A oração precisa ser prioridade tanto na vida do pregador como na agenda da igreja. A profundidade de um ministério é medida não pelo *sucesso* diante dos homens, mas pela *intimidade* com Deus. A grandeza de uma igreja é medida não pela beleza de seu templo ou pela pujança de seu orçamento, mas pelo seu poder espiritual através da oração. No século 19, Charles H. Spurgeon disse que em muitas igrejas a reunião de oração era apenas o esqueleto de uma reunião, à qual as pessoas não mais compareciam. Ele concluiu que "se uma igreja não ora, ela está morta".

Infelizmente, muitos pregadores e igrejas têm abandonado o alto privilégio de uma vida abundante de oração. Hoje nós gastamos mais tempo com reuniões de planejamento do que com reuniões de oração. Dependemos mais dos recursos humanos do que dos recursos de Deus. Confiamos mais no preparo humano do que na capacitação divina. Consequentemente, temos visto muitos pregadores eruditos no púlpito, mas ouvido uma imensidão de mensagens fracas. Eles têm pregado sermões eruditos, porém sem o poder do Espírito Santo. Têm luz em sua mente, contudo não têm fogo no coração. Têm erudição, mas não poder. Têm fome de livros, mas não de Deus. Eles amam o conhecimento, mas não buscam a intimidade de Deus. Pregam para a mente, e não para o coração. Eles têm uma boa *performance* diante dos

O melhor da espiritualidade **169**

homens, mas não aprovação diante de Deus. Gastam muito tempo preparando seus sermões, mas não preparando seu coração. Sua confiança está firmada na sabedoria humana, e não no poder de Deus.

Homens secos pregam sermões secos, e sermões secos não produzem vida. Como escreve E. M. Bounds, "homens mortos pregam sermões mortos, e sermões mortos matam". Sem oração não existe pregação poderosa. Charles H. Spurgeon diz que "todas as nossas bibliotecas e estudos são um mero vazio comparado com a nossa sala de oração. Crescemos, lutamos e prevalecemos na oração 'em secreto'". Arturo Azurdia cita Edward Payson afirmando que "é no lugar secreto de oração que a batalha é perdida ou ganha".

A oração tem uma importância transcendente, porque ela é o mais poderoso instrumento para promover a palavra de Deus. É mais importante ensinar um estudante a orar do que a pregar.

Se desejamos ver a manifestação do poder de Deus, vidas sendo transformadas e um saudável crescimento da igreja, então devemos orar regularmente, privativa, sincera e poderosamente. O profeta Isaías diz que a nossa oração deve ser perseverante, expectante, confiante, ininterrupta, importuna e vitoriosa (Is 62.6,7). O inferno treme quando uma igreja se dobra diante do Senhor Todo-poderoso para orar. A oração move a mão onipotente de Deus. Quando a igreja ora, os céus se movem, o inferno treme e coisas novas acontecem na terra; "quando nós trabalhamos, *nós* trabalhamos; mas quando nós oramos, *Deus* trabalha". A oração não é o oposto de trabalho; ela não paralisa a atividade. Em vez disso, a oração é em si mesma o maior trabalho; ela trabalha poderosamente, deságua em atividade, estimula o desejo e o esforço. A oração conecta o altar da terra ao trono do céu e une a fraqueza humana à onipotência divina. As orações que sobem do altar para o trono, descem do trono em forma de ações soberanas de Deus na história (Ap 5.8; 8.3-5). Quando oramos tornamo-nos cooperadores de Deus no governo do mundo. O Deus soberano escolheu agir por intermédio das orações do seu povo. Pela oração tocamos o mundo inteiro.

Oração não é um ópio, mas um tônico; não é um calmante para o sono, mas o despertamento para uma nova ação. Um homem preguiçoso não ora e não pode orar, porque a oração demanda energia. O apóstolo Paulo considera oração como uma luta e uma luta agônica (Rm 15.30). Para Jacó a oração foi uma luta com o Senhor. A mulher siro-fenícia também lutou com o Senhor através da oração até que saiu vitoriosa.

Antes de falar aos homens, o pregador precisa viver diante de Deus. Antes de o pastor prevalecer em público diante dos homens pela pregação,

170 PIEDADE E PAIXÃO

prevalecer em secreto diante de Deus pela oração. A oração é o oxigênio do ministério. "A vida de oração do ministro e da igreja é o fundamento da pregação eficaz." A oração traz poder e refrigério à pregação, tem mais poder para tocar o coração do que milhares de palavras eloquentes. Como pregadores, devemos ser uma voz a falar em nome de Deus, como João Batista (Mt 3.3), que pregou não no templo, não numa cátedra ilustre, não nos salões adornados dos reis, mas no deserto, e grandes multidões iam ouvi-lo, sendo confrontadas pela sua poderosa mensagem (Mt 3.5-10; Lc 3.7-14). Não basta ser um eco; é preciso ser uma voz. Não basta pregar; precisamos ser a boca de Deus. O profeta Elias viveu na presença de Deus (1Rs 17.1; 18.15); orou intensa, persistente e vitoriosamente (Tg 7.17,18). Antes de Elias levantar-se diante dos homens, prostrou diante de Deus. Antes de confrontar corajosamente o rei Acabe, humilhou-se profundamente diante do Rei dos reis. Por consequência, experimentou a intervenção de Deus em sua vida e em seu ministério. A viúva de Sarepta testificou a seu respeito: *Nisto conheço agora que tu és homem de Deus e que a palavra do SENHOR na tua boca é verdade* (1Rs 17.24). Muitos ministros pregam a palavra de Deus, mas não são boca de Deus. Falam sobre o poder, mas não têm poder em sua vida. Pregam sobre vida abundante, mas não a têm. Sua vida contradiz a sua mensagem em vez de ser avalista dela.

David Eby, comentando sobre a importância da oração na vida do pastor, diz que a "oração é a estrada de Deus para ensinar o pastor a depender do poder de Deus, é a avenida de Deus para os pastores receberem graça, ousadia, sabedoria e amor para ministrarem a palavra".[1] Oh, como nós, pastores, precisamos orar! Sem oração, as digitais da fraqueza estarão sobre nós. Sem oração, nosso vigor se desvanecerá como névoa. Sem oração, nossa eloquência não passará de um barulho estranho aos ouvidos. Sem oração, nossos lábios são apenas lábios de barro. A falta de oração torna os púlpitos fracos e os pregadores infrutíferos. Podemos ter o mais profundo conhecimento e a mais refinada retórica, mas sem oração, os corações não se derreterão, pois sem oração não há poder na pregação.

Muitos pregadores creem na eficácia da oração, mas poucos oram. Muitos ministros pregam sobre a necessidade da oração, mas poucos oram. Eles leem muitos livros sobre oração, mas não oram. Têm bons postulados

---

[1] EBY, David. Op. cit., p. 43

teológicos sobre oração, mas não têm fome por Deus.[2] Em muitas igrejas as reuniões de oração estão agonizando.[3] As pessoas estão muito ocupadas para orar. Elas têm tempo para viajar, trabalhar, ler, descansar, ver televisão, falar sobre política, esportes e teologia, mas não gastam tempo orando. Consequentemente, temos, às vezes, gigantes do conhecimento no púlpito, que são pigmeus no lugar secreto de oração. Tais pregadores conhecem muito *a respeito* de Deus, mas muito pouco a Deus.

Pregação sem oração não provoca impacto. Sermão sem oração é sermão morto. Não estaremos preparados para pregar enquanto não orarmos. Lutero tinha um mote: "Aquele que orou bem, estudou bem".[4] David Larsen cita Karl Barth: "Se não há grande agonia em nosso coração, não haverá grandes palavras em nossos lábios".[5]

O que precisamos fazer? Nossa primeira e maior prioridade no ministério é voltarmo-nos para Deus em fervente oração. A obra de Deus não é a nossa prioridade, mas sim o Deus da obra.[6] Jerry Vines escreve:

> O pregador muitas vezes gasta grande parte do seu tempo lidando com as coisas de Deus; lê sua Bíblia para preparar sermões; estuda comentários; lidera as reuniões e os grupos de oração. Está constantemente falando a linguagem de Sião. Mas a acumulação desta obra santa pode endurecer a consciência da necessidade de estar a sós com Deus em sua própria vida pessoal.[7]

Realizar a obra de Deus sem oração é presunção. Novos métodos, planos e organizações para levar a igreja ao crescimento saudável, sem oração, não são os métodos de Deus. "A igreja está buscando métodos melhores; Deus está buscando homens melhores."[8] E. M. Bounds corretamente comenta:

> O que a igreja precisa hoje não é de mais ou melhores mecanismos, nem de nova organização ou mais e novos métodos. A igreja precisa de homens a

---

[2]MARTIN, A. N. Op. cit., p. 11-14.

[3]HULSE, Erroll. Op. cit., 1986, p. 85.

[4]BOUNDS, E. M. "Power through prayer", p. 486.

[5]LARSEN, David. Op. cit., p. 53.

[6]PIPER, John. *Let the nations Be Glad: The supremacy of God in missions.* Grand Rapids: Baker Book House, 1993, p. 11.

[7]VINES, Jerry. *A practical guide to sermon preparation.* Chicago: Moody Press, 1985, p. 42.

[8]BOUNDS, E. M. "Power through prayer", p. 467.

172 PIEDADE E PAIXÃO

quem o Espírito Santo possa usar, homens de oração, homens poderosos em oração. O Espírito Santo não flui através de métodos, mas através de homens. Ele não vem sobre mecanismos, mas sobre homens. Ele não unge planos, mas homens. Homens de oração![9]

Quando a igreja cessa de orar, deixa de crescer.[10] O diabo trabalha continuamente para impedir a igreja de orar. Ele tem muitas estratégias. O diabo usou três estratégias para neutralizar o crescimento da igreja apostólica em Jerusalém: perseguição (At 4), infiltração (At 5) e distração (At 6). Mas os apóstolos enfrentaram todos esses ataques com oração. Eles entenderam que a oração e a palavra de Deus devem caminhar juntas. "A oração e o ministério da palavra permanecerão de pé ou cairão juntos."[11] Os apóstolos decidiram: *Quanto a nós, nos consagraremos à oração e ao ministério da palavra* (At 6.4). Sobre este texto Charles Bridges afirmou: "Oração é a metade do nosso ministério; e ela dá à outra metade todo o seu poder e sucesso".[12] Oração e palavra são os maiores princípios do crescimento da igreja no livro de Atos. Oração e pregação são os instrumentos providenciados por Deus para conduzir sua própria igreja ao crescimento. David Eby interpreta muito bem quando diz que "o manual de Deus sobre o crescimento da igreja vincula pregação e oração como aliados inseparáveis".[13] Entrementes, oração vem primeiro, porque pregação sem oração não tem vida nem pode produzir vida. A pregação poderosa requer oração. A pregação ungida e o crescimento da igreja requerem oração.

> Pastor, você deve orar. Orar muito. Orar intensa e seriamente, zelosa e entusiasticamente, com propósito e com determinação. Orar pelo ministério da palavra entre o seu rebanho e em sua comunidade. Orar pela sua própria pregação. Mobilize e recrute seu povo para orar pela sua pregação. Pregação poderosa não acontecerá à parte da sua própria oração. Oração frequente, objetiva, intensa e abundante é requerida. A pregação torna-se poderosa quando um povo fraco ora humildemente. Esta é a grande mensagem do livro de Atos. O tipo de pregação que produz o crescimento da igreja vem

---

[9]Idem, p. 468.
[10]EBY, David. Op. cit., p. 4-44.
[11]Idem, p. 45.
[12]BRIDGES, Charles. *The christian ministry with an inquiry into the causes of its inefficiency.* Carlisle: The Banner of Truth Trust, 1991, p. 148.
[13]EBY, David. Op. cit., p. 41.

O *melhor da espiritualidade* **173**

pela oração. Pastor, dedique-se à oração. Continue em oração. Persista em oração por amor da glória de Deus no crescimento da igreja.[14]

Todos os pregadores usados por Deus foram homens de oração: Moisés, Samuel, Elias, os apóstolos e, acima de tudo, Jesus, nosso supremo exemplo. O evangelista Lucas escreveu seu evangelho para os gentios mostrando Jesus como o homem perfeito. Lucas, mais do que qualquer outro evangelista, registrou a intensa vida de oração de Jesus. No rio Jordão Jesus orou e o céu se abriu. O Pai confirmou seu ministério, e o Espírito Santo desceu sobre ele (Lc 3.21,22). Cheio do Espírito Santo, Jesus retornou do Jordão e foi conduzido ao deserto, onde por quarenta dias jejuou e orou, triunfando sobre as tentações do diabo (Lc 4.1-13).

Para Jesus a oração era mais importante do que o sucesso no ministério. Quando a multidão veio ouvi-lo pregar, ele foi para um lugar tranquilo e solitário a fim de orar (Lc 5.15,16). "De um modo diferente de alguns pregadores atuais, Jesus maravilhosamente entendeu que a oração deveria ocupar um lugar prioritário em seu ministério e em sua agenda."[15] Jesus escolheu os seus discípulos depois de uma noite inteira de oração (Lc 6.12-16). Foi preparado para enfrentar a cruz através da oração (Lc 9.28-31). Jesus orou no jardim de Getsêmani, derramando seu próprio sangue para realizar a vontade de Deus (Lc 22.39-46). Orou também sobre a cruz, abrindo a porta do céu para o penitente e arrependido malfeitor crucificado ao seu lado direito (Lc 23.34-43). Jesus está orando em favor do seu povo junto ao trono de Deus e irá interceder por ele até a sua segunda vinda (Rm 8.34; Hb 7.25). A vida de Jesus é o supremo exemplo que temos sobre oração.

O mesmo Espírito de oração que estava sobre Jesus foi derramado sobre os discípulos na festa de Pentecostes. Então, eles passaram a orar continuamente. James Rosscup comenta:

> A oração foi um dos quatro princípios básicos dos cristãos (At 2.42) [...]. Os crentes oraram de forma regular e sistemática (At 3.1; 10.9), bem como nos momentos de urgência. Pedro e João foram modelos de oração. Eles foram o canal que Deus usou para a cura do homem paralítico (At 3.7-10). Mais

---

[14]Idem, p. 44.

[15]ROSSCUP, James. "The priority of prayer and expository preaching." In: *Rediscovering expository preaching*. Dallas: Word Publishing, 1992, p. 7.

174 PIEDADE E PAIXÃO

tarde, oraram com outros irmãos para que Deus lhes desse poder para testemunhar com ousadia (At 4.29-31); uma oração que Deus respondeu capacitando-os a enfrentar com galhardia seus inimigos. Eles foram revestidos de poder, tornaram-se profundamente unidos e se dispuseram a dar sua própria vida pelo evangelho. Mais tarde, os apóstolos revelaram a grande prioridade de sua vida, quando decidiram: "Quanto a nós, nos consagraremos à oração e ao ministério da palavra".[16]

Os maiores e mais conhecidos pregadores da história foram homens de oração. João Crisóstomo, Agostinho, Martinho Lutero, João Calvino, John Knox, Richard Baxter, Jonathan Edwards e muitos outros. Charles Simeon, um avivalista inglês, devotava quatro horas por dia a Deus em oração. John Wesley gastava duas horas por dia em oração. John Fletcher, um clérigo e escritor inglês, marcava as paredes do seu quarto com o hálito das suas orações. Algumas vezes ele passava a noite toda em oração. Lutero dizia: "Se eu fracassar em investir duas horas em oração cada manhã, o diabo terá vitória durante o dia".[17] David Brainerd dizia: "Eu amo estar só em minha cabana, onde posso gastar muito tempo em oração".[18]

John Wesley fala-nos em seu diário a respeito do poder da oração comentando sobre o dia solene de oração e jejum em que o rei da Inglaterra convocou a nação em razão da ameaça de invasão da França:

> O dia de jejum foi um dia glorioso, tal como Londres raramente tinha visto desde a Restauração. Todas as igrejas da cidade estavam superlotadas. Havia um senso de profunda reverência em cada rosto. Certamente Deus ouviu as orações e deu-nos vitória e segurança contra os inimigos.[19]

Uma nota de rodapé foi acrescentada mais tarde: "O quebrantamento e humildade do povo diante de Deus transformou-se em um regozijo nacional, visto que a ameaça da invasão pela França foi afastada".[20]

---

[16]ROSSCUP, James. Op. cit., p. 71.
[17] BOUNDS, E. M. "Power through prayer", p. 486, 488.
[18]Idem, p. 488.
[19]WESLEY, John. *The journal of Rev. John Wesley*. London: The Epworth Press, 1938, p. 147.
[20] Idem, p. 147; PIPER, John. *A hunger for God: desiring God through fasting and prayer*. Wheaton: Crossway Book House, 1997, p. 19.

O *melhor da espiritualidade* **175**

Charles Finney dedicou-se a vigílias especiais de oração e jejum. Pregando depois de muita oração, viu Deus trazendo grandes bênçãos para o seu ministério. Ele estava profundamente convencido da importância da oração.

> Sem oração você será tão fraco quanto a própria fraqueza. Se perder o seu espírito de oração, você não poderá fazer nada ou quase nada, embora tenha o dom intelectual de um anjo.[21]

Charles H. Spurgeon diz que ninguém está mais preparado para pregar aos homens do que aqueles que lutam com Deus em favor dos homens. Antes de prevalecermos com os homens em nome de Deus, devemos prevalecer com Deus em favor dos homens.[22] Oração precede pregação.

Charles H. Spurgeon via as reuniões de oração das segundas-feiras no Tabernáculo Metropolitano de Londres como o termômetro da igreja. Por vários anos uma grande parte do principal auditório e primeira galeria estavam completamente cheios nas reuniões de oração. Na concepção de Charles H. Spurgeon, a reunião de oração era "a mais importante reunião da semana".[23] Ele atribuiu o sinal da bênção de Deus sobre o seu ministério em Londres à fidelidade do seu povo orando por ele.[24]

Dwight L. Moody, fundador do Instituto Bíblico Moody, normalmente via Deus agindo com grande poder quando outras pessoas oravam pelas suas reuniões na América e além-mar. A. R. Torrey pregou em muitos países e viu grandes manifestações do poder de Deus. Ele disse: "Ore por grandes coisas, espere grandes coisas, trabalhe por grandes coisas, mas acima de tudo ore".[25] A oração é a chave que abre todos os tesouros da infinita graça e poder de Deus.

Robert Murray McCheyne, grande pregador escocês, exortava sempre o seu povo a voltar-se para a Bíblia e a oração. Como resultado, mais de trinta reuniões de oração aconteciam semanalmente na igreja de Dundee, Escócia; cinco eram reuniões de oração das crianças.[26]

---

[21]PARKHURST, L. G. *Charles G. Finney's answer to prayer*. Minneapolis: Bethany, 1983, p. 126-27.
[22]THIELICKE, Helmut. Op. cit., p. 118-119.
[23]ROSSCUP, James E. Op. cit., p. 84.
[24]LARSEN, David L. Op. cit., p. 55.
[25]MARTIN, Roger. *R. A. Torrey, Apostle of certainty*. Murfreesboro: Sword of the Lord, 1976, p. 166.
[26]LARSEN, David L. Op. cit., p. 54.

176 Piedade e paixão

No ano de 1997, junto com oitenta pastores brasileiros, visitei a Coreia do Sul para fazer uma pesquisa sobre o crescimento da igreja. Visitamos onze grandes igrejas em Seul — igrejas locais que tinham entre dez mil e setecentos mil membros. Em todas elas testificamos que a principal causa do crescimento foi a intensa vida de oração. Nenhuma igreja evangélica pode ser organizada lá sem que antes tenha uma reunião diária de oração de madrugada. O seminarista que faltar a duas reuniões de oração de madrugada no seminário durante o ano, não sendo por motivo justificado, não serve para ser pastor. Quando perguntei a um pastor presbiteriano por que eles oravam de madrugada, ele me respondeu que em todos os lugares do mundo as pessoas levantam-se de madrugada para ganhar dinheiro e cuidar dos seus interesses. Eles levantam-se de madrugada para orar porque Deus é prioridade na vida deles. Visitamos a Igreja Presbiteriana Myong Song, uma pujante igreja presbiteriana de Seul, com mais de 55 mil membros. Aquela igreja tem quatro reuniões diárias de oração pela manhã. Em todas elas o templo fica repleto de pessoas sedentas de Deus. A sensação que tivemos numa dessas reuniões foi de que o céu havia descido à terra. Visitamos a maior Igreja Metodista do mundo. A greja tinha 82 mil membros. O pastor fundador da igreja ainda pastoreava o rebanho. Disse-nos que aos sábados sempre subia para a montanha de oração da igreja e ali passava a noite toda em oração. No domingo, descia do monte de oração direto para o púlpito. Quando pregava os corações se derretiam e multidões e multidões vinham a Cristo.

John Piper comenta sobre a igreja coreana:

> Nos últimos anos do século 20, jejum e oração têm quase se tornado sinônimo das igrejas da Coreia do Sul. E há uma boa razão para isso. A primeira igreja protestante foi plantada na Coreia em 1884. Cem anos depois havia trinta mil igrejas. Uma média de trezentas novas igrejas foi plantada a cada ano nestes cem anos. No final do século 20, os evangélicos já representam cerca de trinta por cento da população. Deus tem usado muitos meios para realizar essa grande obra. Entrementes, os meios mais usados por Deus têm sido a oração e o jejum.[27]

---

[27]Piper, John. Op. cit., p. 13; Duewel, Wesley L. *Mighty prevailing prayer*. Grand Rapids: Zondervan/Francis Asbury, 199, p. 192.

Thom Rainer fez uma pesquisa entre 576 igrejas batistas dos Estados Unidos e concluiu que a oração é apontada como o fator mais importante depois da pregação para o crescimento da igreja.

> Próximo de setenta por cento das igrejas colocaram a oração como um dos principais fatores para o seu êxito evangelístico. Exceto as igrejas entre 700 e 999 membros, pelo menos sessenta por cento das igrejas de todos os tamanhos identificaram a oração como o principal fator de crescimento da igreja.[28]

Jejum

Jejum é uma prática esquecida em nossa geração que precisa ser resgatada pela igreja. As Escrituras enfatizam também o jejum como um importante exercício espiritual. Se nós desejamos pregar com poder, o jejum não pode ser esquecido em nossa vida devocional.[29] Os grandes homens de Deus jejuaram. Nos momentos mais decisivos da história, a igreja jejuou. O jejum está presente tanto no Antigo como no Novo Testamentos. Os profetas, os apóstolos, Jesus e muitos homens de Deus como Agostinho, Lutero, Calvino, John Knox, Wesley, Charles Finney, Moody e outros mais através da história experimentaram bênçãos espirituais com o jejum. Erroll Hulse, citando Martyn Lloyd Jones, diz que "os santos de Deus em todos os tempos e em todos os lugares não somente creram no jejum, mas também o praticaram".[30]

Há um apetite por Deus em nossa alma. Deus colocou a eternidade em nosso coração, e somente ele pode satisfazer essa nossa necessidade. Se você não sente fortes desejos pela manifestação da glória de Deus, não é porque tem bebido profundamente dos mananciais de Deus e está satisfeito. Pelo contrário, é porque você tem buscado saciar a sua alma nos banquetes do mundo.[31]

John Piper define jejum como fome de Deus.[32] De acordo com ele, o maior inimigo da fome de Deus não é o veneno mortífero, mas uma torta de maçã. O maior adversário do amor de Deus não são seus inimigos, mas seus dons. E os mais mortíferos apetites não são pelos venenos do mal, mas pelos simples

---

[28]RAINER, Thom. *Effective Evangelistic churches.* Nashville: Broadman & Holman Publishers, 1996, p. 55, 67.
[29]HULSE, Erroll. Op. cit., 1986, p. 121-124.
[30]Idem, p. 123.
[31]PIPER, John. Op. cit., p. 23.
[32]Idem, p. 14.

178 Piedade e paixão

prazeres da terra (Lc 8.14; Mc 4.19). "Os prazeres desta vida" e "os desejos por outras coisas" não são mal em si mesmos. Não são vícios. São dons de Deus. Mas todos eles podem tornar-se substitutos mortíferos do próprio Deus em nossa vida. O jejum revela o grau de domínio que o alimento tem sobre nós.[33] O jejum cristão é um teste para conhecermos qual é o desejo que nos controla. O apóstolo Paulo diz: *Portanto, quer comais, quer bebais ou façais outra coisa qualquer, fazei tudo para a glória de Deus* (1Co 10.31). Assim, devemos comer para a glória de Deus e jejuar para a glória de Deus. Mas se comemos para a glória de Deus e jejuamos para a glória de Deus, qual é a diferença entre comer e jejuar? John Piper argumenta: "Quando comemos, alimentamo-nos do pão da terra, símbolo do pão do céu; mas quando jejuamos não nos alimentamos do símbolo, mas do próprio pão do céu". Jejum é fome de Deus e Deus é melhor do que os seus melhores dons. Richard Foster afirma:

> Mais do que qualquer outra disciplina, o jejum revela as coisas que nos controlam. O jejum é um maravilhoso benefício para o verdadeiro discípulo que deseja ser transformado na imagem de Jesus Cristo. Muitas vezes nós encobrimos o que está dentro de nós com comida e outras coisas.[34]

Martyn Lloyd-Jones, na mesma linha de pensamento, ensina que o jejum não pode ser entendido apenas como uma abstinência de alimento e bebida. Segundo ele, o jejum também deve incluir abstinência de qualquer coisa que é legítima em si mesma por amor de algum propósito espiritual.[35]

O propósito do jejum não é obter o favor de Deus ou mudar a sua vontade (Is 58.1-12). Também não é para impressionar os outros com uma espiritualidade farisaica (Mt 6.16-18). Nem é para proclamar a nossa própria espiritualidade diante dos homens. Jejum significa amor a Deus. Jejuar para ser admirado pelos homens é uma errada motivação para fazê-lo. Jejum é fome pelo próprio Deus, e não fome por aplausos humanos (Lc 18.12). É para nos humilharmos diante de Deus (Dn 10.1-12), para suplicarmos a sua ajuda (2Cr 20.3; Et 4.16) e para retornarmos para Deus com todo o nosso

---

[33]Idem, p. 14-15, 2.
[34]Foster, Richard. *The celebration of discipline.* New York: Harper and Row Publishers, 1978, p. 48.
[35]Lloyd-Jones, Martyn. *Studies in the sermon on the mount.* Grand Rapids: William B. Eerdmans Publishing Company, 196, vol. 2, p. 38.

coração (Jl 2.12-13). É para reconhecermos a nossa total dependência da proteção divina (Ed 8.21-23). O jejum é um instrumento para fortalecer-nos com o poder divino, em face dos ataques do inferno (Mc 9.28-29).

Deus tem realizado grandes intervenções na história através da oração e do jejum de seu povo. Quando deu a lei para Israel, Moisés dedicou quarenta dias à oração e ao jejum no monte Sinai. Deus libertou Josafá das mãos dos seus inimigos quando ele e o povo de Judá humilharam-se diante do Senhor em oração e jejum (2Cr 20.3,4,14,15,20,21). Deus libertou a rainha Ester e o povo judeu da morte através da oração e do jejum (Et 4.16). Deus usou Neemias para restaurar Jerusalém quando este orou e jejuou (Ne 1.4). Deus usou Paulo e Barnabé para plantar igrejas na província da Galácia quando eles devotaram-se à oração e ao jejum (At 13.1-4).

John Piper comenta que oração e jejum resultaram num movimento de missões que arrancou o cristianismo da obscuridade para ser a religião dominante do Império Romano em dois séculos e meio. Hoje há cerca de um bilhão e trezentos milhões de cristãos testemunhando em praticamente todos os países do mundo.[36] Infelizmente, o jejum é um grande tesouro espiritual negligenciado pelos cristãos contemporâneos.

Os homens têm amado os dons de Deus mais do que o próprio Deus. Eles têm mais fome dos dons de Deus do que de Deus. Jejum não é fome das bênçãos de Deus, mas é fome do próprio Deus. John Piper diz que o jejum cristão nasce exatamente da saudade de Deus.[37] Ele escreve:

> Nós glorificamos a Deus quando o preferimos acima dos seus dons [...]. Nós enganamos a nós mesmos ao dizermos que amamos a Deus, mas se somos testados revelamos o nosso amor apenas por palavras, e não por sacrifício [...]. Eu realmente tenho fome de Deus? Realmente sinto saudade de Deus? Ou estou satisfeito apenas com os dons de Deus?[38]

Como já enfatizamos, devemos comer e jejuar para a glória de Deus (1Co 10.31). Quando nós comemos, saboreamos o emblema do nosso alimento celestial, o Pão da Vida. E quando jejuamos, dizemos: "Eu amo a realidade

---

[36]PIPER, John. Op. cit., p. 17.
[37]Idem, p. 13.
[38]Idem, p. 18-19.

180 Piedade e paixão

acima do emblema".[39] O alimento é bom, mas Deus é melhor. *Não só de pão viverá o homem, mas de toda palavra que procede da boca de Deus* (Mt 4.4). Jesus disse: *Uma comida tenho para comer, que vós não conheceis* (Jo 4.32). Em Samaria Jesus satisfez sua vida não com o pão da terra, mas com o pão do céu. Deus mesmo foi o seu alimento. Isso é jejum: intimidade com Deus. A comunhão com Deus deve ser a nossa mais urgente e apetitosa refeição.

John Piper sintetiza esta gloriosa realidade assim:

> Quanto mais profundamente você anda com Cristo, mais faminto se torna dele [...] mais saudade você tem do céu... mais deseja a plenitude de Deus em sua vida... mais anseia pela vinda do noivo... mais aspira a que a igreja seja reavivada e revestida com a beleza de Jesus. Mais você anseia por um profundo despertamento da realidade de Deus em nossas cidades... mais deseja ver a luz do evangelho da glória de Cristo penetrar nas trevas dos povos ainda não alcançados... mais deseja ver as falsas filosofias do mundo sendo vencidas pela verdade... mais deseja ver a dor sendo vencida, as lágrimas enxugadas e a morte destruída... mais anseia ver as coisas erradas sendo feitas corretamente e a justiça e a graça de Deus enchendo a terra como as águas cobrem o mar.[40]

Nós vivemos em uma geração cujo deus é o ventre (Fp 3.19). Muitas pessoas deleitam-se apenas nas bênçãos de Deus, e não no Deus das bênçãos. O homem tem se tornado o centro de todas as coisas. Todas as coisas são feitas e preparadas para o prazer do homem. Mas o homem não é o centro do universo; Deus é. Todas as coisas devem ser feitas para a glória de Deus. Ele deve ser a nossa maior satisfação. Quem jejua tem mais pressa de desfrutar da intimidade com Deus do que se alimentar. Quem jejua tem mais fome do pão do céu do que do pão da terra. Quem jejua tem mais saudade do Pai do que de suas bênçãos. Quem jejua está mais confiado no poder que vem do céu do que nos recursos da terra. Quem jejua está mais confiante nos recursos de Deus do que estribado na sabedoria humana. Verdadeiramente, se desejamos ver poder no púlpito, se desejamos ver pregações ungidas e cheias de vigor, se ansiamos ver o despertamento da igreja e o seu crescimento numérico, precisamos, então, de pregadores que sejam homens santos e piedosos, homens de oração e jejum.

[39]Idem, p. 21.
[40]Idem, p. 23.

CAPÍTULO 3

FOME PELA PALAVRA DE DEUS

O estudo do pregador

É impossível ser um pregador bíblico eficaz sem uma profunda dedicação aos estudos. "O pregador deve ser um estudante." John MacArthur diz que um pregador expositivo deve ser um diligente estudante das Escrituras, o que João Calvino reforça ao dizer que o pregador precisa ser um erudito. Charles H. Spurgeon escreveu que "aquele que cessa de aprender tem cessado de ensinar. Aquele que não semeia nos seus estudos não irá colher no púlpito".[1] Todavia, o pregador que estuda sempre terá sermões cheios de verdor para pregar. Charles Koller afirma que um pregador jamais manterá o interesse do seu povo se pregar somente da plenitude do seu coração e do vazio da sua cabeça".[2]

O pregador enfrenta o constante perigo da preguiça dentro das quatro paredes do seu escritório.[3] A ordem do apóstolo é sumamente pertinente: *Procura apresentar-te a Deus aprovado, como obreiro que não tem de que se envergonhar, que maneja bem a palavra da verdade* (2Tm 2.15). A Bíblia é o grande e inesgotável reservatório da verdade cristã, uma imensa e infindável mina de ouro.[4] John Wesley revelou seu compromisso com as Escrituras. Ele disse: "Oh! dá-me o livro. Por qualquer preço, dá-me o livro de Deus! Nele há conhecimento bastante para mim. Deixe-me ser o homem de um só livro!"[5]

---

[1]SPURGEON, Charles Haddon. *An all-round ministry: a collection of addresses to ministers and students.* London: Banner of Truth Trust, 196, p. 236.
[2]KOLLER, Charles. *How to preach without notes.* Grand Rapids: Baker Book House, 21, p. 44.
[3]VINES, Jerry. Op. cit., p. 51.
[4]KOLLER, Charles. Op. cit., p. 45.
[5]PIPER, John. *The Supremacy...*, p. 42; STOTT, John R. W. *Between two words — the art of preaching in the twentieth century.* Grand Rapids: William Eerdmans Publishing Company, 1999, p. 32.

182 PIEDADE E PAIXÃO

Charles H. Spurgeon comentou a respeito de John Bunyan:

> Corte-o em qualquer lugar e você descobrirá que o seu sangue é cheio de Bíblia. A própria essência da Bíblia fluirá dele. Ele não pode falar sem citar um texto, pois sua alma está repleta da palavra de Deus.[6]

O pregador precisa ler não apenas a palavra, mas também o mundo ao seu redor; precisa ler o texto antigo e a nova sociedade à sua volta. John Stott comenta que "nós devemos estudar tanto o texto antigo quanto a cena moderna, tanto a Escritura quanto a cultura, tanto a palavra quanto o mundo".[7] Tanto a Bíblia como o jornal do dia precisam estar nas mãos do pregador. O sermão é uma ponte entre dois mundos, o texto antigo e o ouvinte contemporâneo. O pregador explica o texto antigo e aplica-o à vida do ouvinte contemporâneo.

Martyn Lloyd-Jones recomenda que cada pregador deve ler toda a Bíblia pelo menos uma vez por ano.[8] Ao mesmo tempo ele aconselha:

> Não leia a Bíblia apenas para encontrar textos para sermões, mas leia-a porque é o próprio alimento que Deus providenciou para a sua alma, leia porque é a palavra de Deus, porque é o meio pelo qual você conhece a Deus. Leia-a porque é o pão da vida e o maná providenciado para alimentar a sua alma, bem como todo o seu ser.[9]

Além da Bíblia, todo pregador deve ser um sério estudante de teologia enquanto viver. Deve também estudar história da igreja, biografias, apologética, bem como outros tipos de leitura.[10] O pregador deve se inteirar da história da igreja, porque a história é a grande intérprete da providência e das Escrituras.[11] A história não pode ser nossa coveira; deve ser nossa pedagoga. Quem não aprende com a história estará fadado a repetir seus erros.

W. A. Criswell, um dos maiores pregadores expositivos do século 20, pastor da Primeira Igreja Batista de Dallas, uma igreja já no tempo do seu

---

[6]PIPER, John. Op. cit., 1997, p. 43
[7]STOTT, John R. W. *Between two words...*, p. 21.
[8]LLOYD-JONES, Martyn. *Preaching & preachers...*, p. 172.
[9]Idem.
[10]Idem, p. 177-179.
[11]KOLLER, Charles. Op. cit., p. 46.

O *melhor da espiritualidade* **183**

pastorado com mais de vinte mil membros, diz que o púlpito requer estudo constante, sem o que nenhum pregador pode atender às necessidades do seu povo. Nenhum homem pode atender às demandas de um púlpito se ele não estuda constante e seriamente.[12] Como um pregador que expôs toda a Bíblia, de Gênesis a Apocalipse em sua igreja, Criswell alerta que o ministro deve ser um estudante em todo lugar. Ele deve consagrar uma parte específica de cada dia para dedicar-se severa e sistematicamente ao estudo privativo. O pregador precisa estar cheio da verdade de Deus, porque, se a mensagem tem um pequeno custo para o pregador, ela também terá um pequeno valor para a congregação.[13] Criswell faz sua avaliação sobre a pregação contemporânea:

> Não há dúvida de que a maioria dos sermões tem sido rala como uma sopa feita dos mesmos ossos durante o ano inteiro. Muitos pregadores usam clichês vazios de significado. A mensagem de muitos púlpitos tem sido banal e comum. Muitos pregadores estão cansados da sua própria maneira de pregar, visto que eles mesmos não têm fogo, nem entusiasmo, nem zelo, nem expectativa. Nossa pregação precisa alcançar continuamente nova profundidade em graça e em verdade e nova altitude de frescor em conteúdo. Sem essa firme e consistente apresentação do ensino da Santa palavra de Deus, nosso povo cairá em toda sorte de erro, em muitas conhecidas heresias e se tornará presa fácil de qualquer demagogia eclesiástica que flutue no mercado religioso.[14]

Deus mesmo prometeu dar pastores à sua igreja: *Dar-vos-ei pastores segundo o meu coração, que vos apascentem com conhecimento e com inteligência* (Jr 3.15). Se os pastores não forem homens de conhecimento, jamais poderão realizar o seu ministério de ensino e instrução ao povo de Deus. O conhecimento de que fala o profeta Jeremias refere-se tanto ao da mente como o do coração. É o conhecimento da verdade cristã aliado à experiência cristã. É impossível ter graça no coração sem luz na cabeça. É impossível ter experiências gloriosas sem o conhecimento das Escrituras. O conhecimento do coração sem o conhecimento da mente não faz sentido. O conhecimento apenas da mente sem a piedade produz aridez. A experiência sem conhecimento produz emocionalismo e misticismo. Isto é como fogo sem calor, é inútil. John Shaw

---

[12]CRISWELL, W. A. *Criswell's guidebook for pastors*. Nashville: Broadman Press, 198, p. 64.
[13]Idem, p. 64-65.
[14]Idem, p. 66.

184 Piedade e paixão

declara que "os ministros segundo o coração de Deus, em vários aspectos, são aqueles que têm uma mente cheia de conhecimento e um coração cheio de graça. Para um ministro alimentar os seus ouvintes com conhecimento e inteligência sem ser mesmo um homem com conhecimento e inteligência seria tão impossível como ver sem os olhos ou ouvir sem os ouvidos".[15]

Infelizmente, há muitos pregadores despreparados no púlpito. Jay Adams comenta:

> Boa pregação exige trabalho árduo. De tanto ouvir sermões e falar com centenas de pregadores sobre pregação, estou convencido de que a principal responsabilidade pela pobre pregação dos nossos dias é do fracasso dos pregadores em dedicar tempo adequado e mais empenho e energia na preparação dos seus sermões. Muitos pregadores, talvez até mesmo a maioria deles, simplesmente não investem tempo suficiente em seus sermões.[16]

Nós vivemos em um tempo de pregação pobre, aguada e mal preparada.[17] O pregador não pode viver se alimentando de leite magro durante a semana e querer pregar "leite tipo A" no domingo.[18]

Muitos pregadores não têm lidado corretamente com a palavra de Deus. Muitos têm até mesmo distorcido a mensagem de Deus. Outros ainda têm mercadejado as Escrituras. Não poucos têm furtado a própria palavra de Deus e pregado filosofias humanas, doutrinas de homens, visões e sonhos de seu próprio coração enganoso.[19] Muitos têm dado pedra em vez de pão ao povo de Deus. Outros têm dado palha em vez de pastos suculentos para o rebanho de Cristo. Há ainda aqueles que têm dado ao povo de Deus veneno, e não alimento, serpentes, e não peixes, para suas refeições espirituais.

O Brasil tem experimentado um explosivo crescimento das igrejas evangélicas, especialmente as neopentecostais.[20] Embora muitas pessoas sejam alcançadas, a maioria delas não tem recebido um ensino fiel e consistente

[15]Shaw, John. Op. cit., p. 9.
[16]Adams, Jay. "Editorial: Good Preaching is Hard Work." In: *The Journal of Pastoral Practice* 4, number 2, 198, p. 1.
[17]Eby, David. Op. cit., p. 11.
[18]Vines, Jerry. Op. cit., p. 51.
[19]Jeremias 23.16,28.
[20]Hulse, Erroll. Op. cit., 1986, p. 15.

O *melhor da espiritualidade* **185**

das Escrituras.[21] Nós temos visto o sincretismo religioso prevalecendo em muitos púlpitos evangélicos.[22] O misticismo tem prosperado largamente no solo brasileiro. Como resultado, temos visto uma geração analfabeta de Bíblia. Muitas pessoas procuram milagres e coisas extraordinárias, mas não o conhecimento da palavra de Deus. Elas buscam experiência, mas não conhecimento. Estão obcecadas por prosperidade e cura, e não pela salvação. Estão à procura da luz interior, mas não da verdade. As pessoas hoje desejam sentir-se bem, mas não ser confrontadas pela palavra de Deus.[23] Infelizmente, muitos pregadores que brandem a espada do Espírito não sabem usá-la com destreza. Carregam a Bíblia, mas desconhecem o seu conteúdo. Pregam-na, mas distorcem a sua mensagem. Eles leem a Bíblia, mas não a interpretam com fidelidade. Tais pregadores ensinam a Bíblia, mas apenas para reforçar seus interesses inconfessos. Usam-na contra ela mesma. Assim, pregam não a Bíblia, mas os pensamentos enganosos de seu próprio coração.

Há também os pregadores liberais. O liberalismo, fruto do racionalismo e do iluminismo, tem entrado nos seminários, subido às cátedras das escolas de teologia e conduzido milhares de estudantes à apostasia. Estes, arrotando uma falsa erudição, sobem ao púlpito, mas seus lábios destilam veneno mortífero. Eles sonegam a palavra de Deus ao povo e colocam-se acima dela. Dão mais valor à tresloucada sabedoria humana do que à verdade eterna de Deus. O liberalismo nega a inerrância, a infalibilidade e a suficiência das Escrituras. É um veneno mortífero. Onde ele chega, destrói a igreja. O liberalismo tem matado muitas igrejas ao redor do mundo.[24] Eu mesmo já visitei muitos templos vazios nos Estados Unidos, Canadá e em vários países da Europa, onde o rebanho de Deus foi disperso por causa do liberalismo teológico. O pernicioso ensino do liberalismo tem dispersado o rebanho de Deus onde quer que ele chega. Onde o liberalismo prevalece, a igreja morre. Devemos rejeitar e combater o liberalismo com todas as nossas forças. Tanto o misticismo quanto o liberalismo são perniciosos. Ambos devem ser confrontados com a palavra de Deus. Ambos se desviaram das Escrituras. Ambos são um estorvo para o crescimento saudável da igreja.

---

[21]VEITH JR., Gene Edwards. *Postmodern times.* Wheaton: Crossway Books, 1994, p. 29; HULSE, Errol. Op. cit., 1986, p. 37, 15.

[22]ANDERSON, Leith. *A church for the twenty-first century.* Minneapolis: Bethany House, 1992, p. 21.

[23]VEITH JR., Gene Edward. Op. cit., p. 118-119.

[24]RUSSELL, Bob. *When God builds a church: 1 principles for growing a dynamic church.* West Monroe: Howard Publishing Company, 2, p. 19.

186 Piedade e paixão

Mais do que nunca estamos precisando retornar ao princípio da Reforma do *Sola Scriptura*. Os ministros precisam estudar as Escrituras com mais intensidade e acuidade. O pregador precisa ter fome da palavra de Deus (Am 8.11). Somente a pregação da palavra de Deus pode levar a igreja à maturidade e produzir os frutos que glorificam a Deus.

A palavra de Deus é eterna, não muda, não se torna ultrapassada nem desatualizada.

A Bíblia é a biblioteca do Espírito Santo. Foi inspirada pelo Espírito Santo e escrita por homens santos de Deus. Ela foi concebida no céu e nascida na terra. É amada pela igreja e perseguida pelo mundo. É crida pelos fiéis e ultrajada pelos ímpios. A Bíblia é o reservatório inesgotável, de onde bebemos a largos sorvos as riquezas insondáveis do evangelho de Cristo. Ela é pão para o faminto e água para o sedento. É lâmpada para os nossos pés e luz para o nosso caminho. É a bigorna que quebra o martelo dos críticos e espada do Espírito nas mãos dos guerreiros de Deus. Ela tem saído vitoriosa e sobranceira de todas as fogueiras da intolerância. Passa-se o céu e a terra, mas a palavra de Deus jamais passará. A palavra de Deus é mais saborosa do que o mel e mais preciosa do que ouro depurado. Por ela nascemos, por ela vivemos e por ela triunfamos na batalha. Não temos outra mensagem a pregar. A ordem apostólica é: *Prega a palavra* (2Tm 4.2).

A palavra de Deus foi o instrumento que Deus usou para trazer grandes reavivamentos na história. A palavra de Deus produziu a reforma nos dias do rei Josias. Semelhantemente, trouxe vida a Israel quando a nação estava como um vale de ossos secos. Produziu uma grande restauração nos dias de Esdras e Neemias. Em Jerusalém, o reavivamento espalhou-se quando a palavra de Deus foi proclamada sob o poder do Espírito Santo. Quando a palavra de Deus foi proclamada pelos crentes, o reavivamento espalhou-se para além das fronteiras de Jerusalém (At 8.1-4). O reavivamento de Éfeso foi o resultado do crescimento da palavra de Deus (At 19.20).

Em Tessalônica, o grande despertamento ocorreu como resultado da proclamação da palavra de Deus (1Ts 1.5-8). A Reforma do século 16 foi um retorno às Escrituras. Os grandes reavivamentos da História foram uma restauração da centralidade das Escrituras.[25] O cristianismo é a religião de um único livro. A mais sublime, mais importante e mais urgente tarefa do

---

[25]Hulse, Erroll. Op. cit., 1986, p. 16-17.

O *melhor da espiritualidade* **187**

pregador é devotar-se ele mesmo ao estudo, observância e pregação da palavra de Deus (Ed 7.10).

Infelizmente, a tendência contemporânea está inclinada a remover a centralidade da palavra de Deus em favor da liturgia.[26] O culto está sendo transformado num festival musical, em que o som e as cores tomaram o lugar do púlpito; os cantores tomaram o lugar do pregador e a *performance,* o lugar da unção. A falta de atenção à pregação da palavra é um sinal da superficialidade da religião em nossos dias. "Sermõezinhos geram cristãozinhos."[27] "Um cristianismo de sermões pequenos é um cristianismo de fibra pequena."[28] Devemos orar para que os pregadores sejam homens da palavra! Os pregadores precisam desesperadamente retornar à palavra de Deus. Todo pregador precisa ter paixão pela palavra de Deus. Ele deve lê-la, conhecê-la, obedecer-lhe e pregá-la com autoridade e no poder do Espírito Santo.

---

[26]FRAME, John M. *Worship in spirit and truth: a refreshing study of the principles and practice of biblical worship.* Phillipsburg: P&R Publishing, 1996, p. 92.
[27]STOTT, John R. W. *Between two words...*, p. 7, 294.
[28]FORSYTH, P. T. *Positive preaching and the modern mind.* Independent Press, 197, p. 19-11.

CAPÍTULO 4

UNÇÃO

A ação do Espírito Santo

Sem a presença, a obra, o poder e a unção do Espírito Santo a igreja será como um vale de ossos secos. Sem a obra do Espírito Santo não haverá pregação, não haverá pessoas convertidas e também não haverá crescimento saudável da igreja. A obra do Espírito Santo é tão importante quanto a obra da redenção que Cristo realizou na cruz. Somente o Espírito Santo pode aplicar a obra de Deus no coração do homem. Somente o Espírito Santo pode transformar corações e produzir vida espiritual. "Nenhuma eloquência ou retórica humana poderia convencer homens mortos em seus delitos e pecados acerca da verdade de Deus."[1] Charles H. Spurgeon declara:

> Se eu me esforçasse para ensinar um tigre a respeito das vantagens de uma vida vegetariana, teria mais esperança em meu esforço do que tentar convencer um homem que ainda não nasceu de novo acerca das verdades reveladas de Deus concernentes ao pecado, à justiça e ao juízo vindouro. Essas verdades espirituais são repugnantes aos homens carnais, e uma mente carnal não pode receber as coisas de Deus.[2]

Sem a unção do Espírito Santo nossos sermões tornar-se-ão sem vida e sem poder. É o Espírito quem aplica a palavra, e ela não opera à parte do Espírito.[3] Na mesma linha de raciocínio, Spurgeon dá o seu conselho aos

---

[1]AZURDIA, Arturo G. Op. cit., p. 14.
[2]SPURGEON, Charles Haddon. *An All-Round Ministry.* Carlisle: The Banner of Truth Trust, 1986, p. 322.
[3]SIBBES, Richard. *Works of Richard Sibbes.* Carlisle: The Banner of Truth Trust, 1978, vol. 7, p. 199.

pregadores: "Nós devemos depender do Espírito em nossa pregação".[4] Spurgeon sempre subia os quinze degraus do seu púlpito dizendo: "Eu creio no Espírito Santo, eu creio no Espírito Santo, eu creio no Espírito Santo".[5] Jay Adams diz que o Espírito Santo transforma tanto o pregador quanto a sua pregação.[6] Arturo Azurdia sabiamente declara:

> O alvo da pregação é diferente de qualquer outro discurso público. O sermão tem objetivos mais profundos. Ele pode, mediante o poder do Espírito, renovar e purificar os corações. Se ele falhar nesse intento, terá fracassado completamente. E ele sempre falhará se não for acompanhado do poder do alto. A renovação da alma é o que nenhum homem com toda a sua riqueza de aprendizado, erudição e poder de comunicação pode fazer. Essa obra não é feita nem por força, nem por poder, mas pelo Espírito de Deus.[7]

Conhecimento é importante, mas não é suficiente. Conhecimento, embora seja vital, nada pode fazer sem a unção do Espírito Santo. Você pode ter conhecimento e ser meticuloso em sua preparação, mas, se não tiver a unção do Espírito, não terá poder e sua pregação não será eficaz.[8]

A unção vem através de uma vida de oração. Outras coisas preciosas são dadas ao pregador através da oração e de outros elementos, mas a unção vem somente de uma vida de oração. Nada revela tanto a pobreza das nossas orações em secreto quanto a ausência da unção do Espírito em nossa vida e pregação. Uma pregação bonita, retoricamente bem elaborada, exegeticamente meticulosa, teologicamente consistente, em geral revela a erudição e a capacidade do pregador. Mas somente a unção do Espírito Santo revela a presença de Deus.[9] À parte da capacitação do Espírito Santo no ato da proclamação, a melhor técnica retórica fracassará totalmente em seu objetivo de transformar aqueles a quem nós pregamos.[10]

Todas as coisas em seu ministério de pregação dependem da presença, do poder e da plenitude do Espírito. A eloquência pode ser aprendida, mas a

---

[4]SPURGEON, Charles Haddon. *Gems from Spurgeon*. Ashville: Revival Literature, 1966, p. 12.
[5]STOTT, John R. W. *Between two words...*, p. 334; AZURDIA, Arturo. Op. cit., p. 112.
[6]ADAMS, J. *Preaching according to the Holy Spirit*. Woodruff: Timeless Text, 2, p. 83.
[7]AZURDIA, Arturo. Op. cit., p. 116.
[8]LLOYD-JONES, Martyn. *Preaching & preachers...*, p. 38, 319.
[9]SANGSTER, W. E. *Power in preaching*. Nashville: Abingdon Press, 1958, p. 17.
[10] AZURDIA, Arturo. Op. cit., p. 12-13.

unção precisa ser recebida do alto. Os seminários podem ensinar os estudantes a ser grandes oradores, mas somente o Espírito Santo pode capacitá-los a ser pregadores cheios de poder. Livros de homilética podem ajudar os pregadores a preparar melhor os seus sermões, mas somente o Espírito Santo pode preparar eficazmente os pregadores. "Unção não se aprende através de retórica. Ela não é conseguida através da imitação de outros pregadores. Somente o Espírito Santo pode conceder unção ao pregador."[11]

Unção representa a efusão do Espírito. Isto não é idêntico à mera animação. Toda paixão do pregador não constitui unção.[12] Assim como os santos sentimentos sugerem uma obra interior do Espírito, a unção enfatiza a manifestação externa do revestimento de poder.[13] A unção é o Espírito Santo descendo sobre o pregador de forma especial, capacitando-o com poder, de tal maneira que ele realiza a obra da pregação de forma tão elevada que passa a ser usado pelo Espírito e se transforma em um canal através de quem o Espírito Santo opera.[14]

Não é bastante apenas pregar sobre o poder; é preciso experimentá-lo. Não é suficiente apenas falar acerca das coisas extraordinárias; é necessário viver uma vida extraordinária. Não é suficiente apenas pregar aos ouvidos; é necessário também pregar aos olhos. Os ouvintes têm ouvido dos pregadores grandes sermões, mas não têm visto grandes obras em sua vida. Pregar sobre o poder do Espírito Santo é uma coisa; viver poderosamente sob a unção do Espírito é outra completamente diferente. Uma coisa é ter o Espírito como residente; outra é tê-lo como presidente. Uma coisa é possuir o Espírito; outra é ser possuído por ele. Uma coisa é ser habitado pelo Espírito Santo; outra é ser cheio do Espírito. Quando o Espírito Santo foi derramado no Pentecostes, os discípulos receberam poder para testemunhar (At 1.8). Sem poder não há testemunho. Um poderoso testemunho demonstra evidências. Jesus enviou esta mensagem para João Batista quando este estava assaltado por dúvidas na prisão: *Os cegos veem, os coxos andam, os leprosos são purificados, os surdos ouvem, os mortos são ressuscitados, e aos pobres está sendo pregado o evangelho* (Mt 11.5). Jesus pregou aos ouvidos e aos olhos.

---

[11]DABNEY, R. L. Op. cit., p. 117.

[12]Idem, p. 116.

[13]OLFORD, Stephen F. *Anointed expository preaching*. Nashville: Broadman & Holman Publishers, 1998, p. 217.

[14]LLOYD-JONES, Martyn. *Preaching & preachers...*, p. 35.

O melhor da espiritualidade **191**

Deus fez grandes coisas através de Filipe em Samaria. Filipe pregou aos ouvidos e aos olhos também. O povo não apenas ouviu, mas viu as maravilhas que Deus realizara por meio de Filipe. O evangelista Lucas relata: *Filipe, descendo à cidade de Samaria, anunciava-lhes a Cristo. As multidões atendiam, unânimes, às coisas que Filipe dizia, ouvindo-as e vendo os sinais que ele operava. Pois os espíritos imundos de muitos possessos saíam gritando em alta voz; e muitos paralíticos e coxos foram curados. E houve grande alegria naquela cidade* (At 8.5-8).

Semelhantemente, o apóstolo Paulo pregou sob a influência e poder do Espírito Santo. Ele mesmo testemunha: *porque o nosso evangelho não chegou até vós tão somente em palavra, mas, sobretudo, em poder, no Espírito Santo e em plena convicção, assim como sabeis ter sido o nosso procedimento entre vós e por amor de vós* (1Ts 1.5). À igreja de Corinto Paulo diz: *A minha palavra e a minha pregação não consistiram em linguagem persuasiva de sabedoria, mas em demonstração do Espírito e de poder* (1Co 2.4).

Jesus dependeu do Espírito Santo desde a sua concepção e nascimento (Lc 1.35) até a sua morte na cruz (Hb 9.14) e durante todo o seu ministério (At 10.38). Ele admoestou seus discípulos a não começarem o ministério até que fossem primeiramente revestidos com o poder do alto (Lc 24.49). No capítulo 1 de Atos vemos uma igreja de portas fechadas. A descrição daquela igreja é bem parecida com a maioria das igrejas hoje: gostam da comunhão, das orações, do estudo da palavra, da eleição de oficiais. Mas, quando o Espírito Santo desceu sobre os crentes no dia de Pentecostes, as portas foram abertas e a igreja de Deus começou a impactar a cidade e o mundo.[15]

As Escrituras repetidamente revelam a estreita conexão entre a vinda do Espírito Santo e a subsequente proclamação da palavra de Deus (Nm 11.29; 2Sm 23.2; 2Cr 24.20; Ne 9.30; Ez 11.5). No livro de Atos, Lucas menciona o poder do Espírito Santo em conexão com o testemunho do evangelho pelos discípulos (1.8; 2.1-14; 4.8; 4.31; 6.3,8,10; 8.4-8; 9.17-22; 11.24-26; 13.1-5,9-12).

Muitos pregadores e igrejas têm perdido a unção do Espírito Santo. Muitas igrejas têm influência política, riqueza, erudição, boa organização, belos templos, sofisticada tecnologia, eruditos pastores, mas não têm poder. A obra de Deus não é realizada através da força e da inteligência humanas, mas pelo poder do Espírito Santo (Zc 4.6).

---

[15]Wiersbe, Warren. *The dynamics of preaching*. Grand Rapids: Baker Book House, 1999, p. 14-15.

192   Piedade e paixão

Os pregadores geralmente recusam-se a admitir que estão vazios do poder de Deus. Contudo, como eles querem impressionar as pessoas, buscam substitutos para esse poder, comprando um novo sistema de som para a igreja, modificando a liturgia do culto para provocar impressões mais fortes no auditório, introduzindo novos programas para substituir a ineficácia da pregação, pregando sermões mais curtos, dando maior ênfase à *performance* dos grupos musicais.[16] Alex Montoya comenta que essas coisas não substituem a falta da presença e operação do Espírito Santo em nossa vida. Elementos artificiais não podem dar vida a um sermão morto pregado por um pregador destituído do Espírito.[17] Se quisermos alcançar os ouvidos dos santos e dos pecadores, o que mais necessitamos em nosso ministério é da unção do Espírito Santo.[18] Nada supera a importância da unção do Espírito na vida do pregador. "Cuidadosa preparação e a unção do Espírito Santo jamais devem ser consideradas como alternativas, mas como duas coisas absolutamente necessárias que se completam uma à outra."[19]

O grande evangelista Dwight Moody recebeu uma unção especial para pregar a palavra de Deus depois que duas humildes mulheres metodistas oraram por ele em Chicago. Elas lhe disseram: "Você precisa do poder do Espírito Santo". Então ele pediu para orarem com ele e não simplesmente por ele. Pouco tempo depois as orações daquelas mulheres foram respondidas, quando Moody estava em Nova York. O próprio Moody relata a sua experiência:

> Eu estava chorando todo o tempo, pedindo a Deus que me enchesse com o seu Espírito. Bem, certo dia, na cidade de Nova York — oh, que dia! — não posso descrevê-lo [...] só posso dizer que Deus se revelou para mim, e tive tal experiência do seu amor que foi preciso pedir-lhe para suspender a sua mão. Voltei a pregar. Os sermões não eram diferentes; não apresentei novas verdades; todavia, centenas de pessoas foram convertidas. Não queria voltar ao ponto em que estava antes dessa bendita experiência, nem que me dessem o mundo inteiro.[20]

[16]Montoya, Alex. *Preaching with passion.* Grand Rapids: Kregel Publications, 2, p. 22.
[17]Idem, p. 22-23.
[18]Olford, Stephen F. Op. cit., p. 227.
[19]Lloyd-Jones, Martyn. *Preaching & preachers...*, p. 35.
[20]Duewel, Wesley L. *Em chamas para Deus.* São Paulo: Candeia, 1996, p. 284.

O que Deus fez na vida de muitos pregadores no passado, como Lutero, Calvino, Hugh Latimer, John Bradford, George Whitefield, John Wesley, Howel Harris, Daniel Howland, Jonathan Edwards, Dwight Moody e outros, ele pode fazer novamente. Martyn Lloyd-Jones escreve sobre a urgente necessidade de procurarmos o Espírito Santo e o seu poder. Ele diz:

> O que faremos diante dessas coisas? Só existe uma conclusão óbvia. Procuremos o Espírito Santo! Procuremo-lo! O que nós poderíamos fazer sem ele? Procuremo-lo! Procuremo-lo sempre. Mas devemos ir além de procurá-lo; devemos esperá-lo [...]. A unção do Espírito é a nossa suprema necessidade. Procuremo-la até a encontrarmos. Não se contente com nada menos do que a unção do Espírito. Prossiga até você poder dizer: "A minha palavra e a minha pregação não consistiram em linguagem persuasiva de sabedoria, mas em demonstração do Espírito e de poder". Deus é e sempre será poderoso para fazer infinitamente mais do que pedimos ou pensamos conforme o seu poder que opera em nós.[21]

---

[21]Lloyd-Jones, Martyn. *Preaching & preachers...*, p. 325.

CAPÍTULO 5

PAIXÃO

Lógica em fogo

Pregação é lógica em fogo! Pregação é razão eloquente! Pregação é teologia em fogo, é teologia vinda através de um homem que está em fogo.[1] John Stott comenta que Martyn Lloyd-Jones colocou o dedo sobre um ponto crucial. Para que a pregação tenha fogo, o pregador precisa ter fogo, e esse fogo só pode vir do Espírito Santo. Os nossos sermões jamais pegarão fogo, a menos que o fogo do Espírito Santo queime em nosso próprio coração.[2] "Quando estivermos apaixonados por Deus, nossa pregação será cheia de paixão."[3] A luz e o fogo, a verdade e a paixão devem andar juntos. Quando Jesus expôs a verdade aos discípulos no caminho de Emaús, seus corações foram inflamados e começaram a arder (Lc 24.32).

Nenhum homem pode ser um grande pregador sem grandes sentimentos.[4] O biógrafo John Pollock, escrevendo sobre a vida de George Whitefield, diz que ele raramente pregava um sermão sem lágrimas nos olhos.[5] Da mesma forma, Moody raramente falava a uma alma perdida sem lágrimas em seus olhos.[6] O pregador deve ser um homem de coração quebrantado pregando para homens de corações quebrantados. Richard Baxter entendeu a pregação

---

[1]Idem, p. 97.
[2]STOTT, John R. W. *Between two words...*, p. 285.
[3]MONTOYA, Alex. Op. cit., p. 22.
[4]ALEXANDER, James W. *Thoughts on preaching*. London: The Banner of Truth Trust, 1975, p. 2.
[5]POLLOCK, John C. *George Whitefield and the great awakening*. London: Hodder & Stoughton, 1973, p. 263.
[6]STOTT, John R. W. *Between two words...*, p. 276.

O *melhor da espiritualidade*   **195**

como uma apaixonante e urgente tarefa. Dizia ele: "Eu prego como se jamais fosse pregar novamente; eu prego como se estivesse morrendo, para homens que estão morrendo". [7] É impossível pregar efetiva e eficazmente a palavra de Deus sem paixão. "Pregação sem paixão não é pregação."[8]

Um pregador, certa feita, perguntou a Macready Garrick, um grande ator inglês, como ele poderia atrair grandes multidões para assistir a uma ficção, enquanto ele estava pregando a verdade e não ajuntava grandes multidões para ouvi-lo. O ator respondeu: "Isso é simples. E posso explicar-lhe a diferença que existe entre nós. É que eu apresento a minha ficção como se fosse verdade; e você apresenta a sua verdade como se fosse ficção".[9] John Etter comenta:

> Entendemos a realidade da nossa pregação — pecado e salvação, céu e inferno, imortalidade e responsabilidade humana? O jurista, o legislador e o homem de Estado não têm tais temas; no entanto, eles são geralmente mais eloquentes do que nós. O púlpito é envergonhado com a eloquência superior das barras dos tribunais.[10]

Como pregadores precisamos pregar com íntima convicção e paixão. Devemos crer profundamente na mensagem que pregamos. Devemos colocar nosso coração em nossa pregação. As pessoas podem até rejeitar a nossa pregação, mas jamais duvidar da nossa sinceridade. John Stott comenta o seguinte fato:

> David Hume era um filósofo deísta britânico do século 18, que rejeitou o cristianismo histórico. Certa feita um amigo o encontrou apressado caminhando pelas ruas de Londres e perguntou-lhe aonde ia. Hume respondeu que estava indo ouvir George Whitefield pregar. "Mas certamente", seu

---

[7]BAXTER, Richard. *Poetical fragments*. London: Gregg International Publishers, 1971, p. 39-4; STOTT, John R. W. *Between two words...*, p. 277; LLOYD-JONES, Martyn. *Preaching & preachers...*, p. 86.

[8]MURRAY, John. *Collected works*. Edinburgh: The Banner of Truth Trust, 1982, vol. 3, p. 72.

[9]MORGAN, George Campbell. *Preaching*. Grand Rapids: Baker Book House, 1974, p. 36; STOTT, John R. W. *Between Two Words...*, p. 284.

[10]ETTER, John W. *The preacher and his sermon: a treatise on homiletics*. Dayton: United Brethren Publishing House, 1893, p. 45.

196 PIEDADE E PAIXÃO

amigo perguntou atônito, "você não crê no que George Whitefield prega, crê?" "Não, eu não creio", respondeu Hume, "mas ele crê no que prega".[11]

A pregação apaixonada deve ser feita com o coração em chamas, pois não é um ensaio lido para um auditório desatento. A pregação é uma confrontação em nome do próprio Deus Todo-poderoso. Ela precisa ser anunciada com uma alma em chamas, na autoridade do Espírito Santo. A. W. Criswell cita John Wesley: "Ponha fogo no seu sermão, ou ponha o seu sermão no fogo".[12]

Somente um pregador revestido com paixão pode ser um poderoso instrumento nas mãos de Deus para produzir impacto nos corações. John Stott cita Chad Wash: "A verdadeira função do pregador é incomodar as pessoas que estão acomodadas e acomodar as que estão incomodadas".[13] John Nilton disse que "o propósito da pregação é quebrar os corações duros e curar os corações quebrados".[14] O pregador deve ser um filho do trovão e um filho da consolação e, geralmente, ambos no mesmo sermão.[15]

Geoffry Thomas diz que um dos grandes perigos que os pregadores enfrentam na fé reformada é o problema do hiperintelectualismo.[16] Mas é preciso enfatizar que uma pregação intelectual não é uma pregação sem paixão. Na verdade, uma pregação intelectual e bem elaborada faz a verdade simples.[17] Montoya observa com muita clareza:

> Necessitamos de paixão em nossa pregação. O pregador bíblico e conservador precisa estar absolutamente consciente da necessidade de equilíbrio entre a sólida exposição e a apaixonada apresentação da exposição. *Como* nós pregamos o sermão é tão importante quanto *o que* nós pregamos.[18]

---

[11]STOTT, John R. W. *Between two words...*, p. 27.

[12]CRISWELL, W. A. Op. cit., p. 54.

[13]STOTT, John R. W. *Between two words...*, p. 314.

[14] POLLOCK, J. *Amazing grace*. London: Hodder & Stoughton, 1981, p. 155.

[15]DAVIES, Horton. "Expository preaching: Charles Haddon Spurgeon". In: *Foundations* (January), 6:14-25, 1963, p. 13; STOTT, John R. W. *Between two words...*, p. 315.

[16]THOMAS, Geoffry. "Powerful Preaching". In: *The preacher and preaching*. Phillipsburg: Presbyterian and Reformed Publishers, 1986, p. 369.

[17]MONTOYA, Alex. Op. cit., p. 16.

[18]Idem, p. 11.

O *melhor da espiritualidade* **197**

Um pregador sem paixão cria uma audiência sem paixão. A falta de paixão e de vida nos sermões põe o povo para dormir em vez de despertá-lo. Montoya ilustra:

> Um pregador, olhando para o seu auditório durante a sua prédica, observou que um senhor idoso estava dormindo enquanto ele pregava. Então, disse para o jovem garoto que estava sentado perto do ancião sonolento: "Menino, você poderia fazer a gentileza de acordar seu avô que está dormindo ao seu lado?". O menino prontamente respondeu: "Por que o senhor mesmo não o acorda, já que foi o senhor quem o colocou para dormir?"[19]

É chegado o tempo de restaurarmos a pregação ao seu Iugar de absoluta primazia. Deus requer uma pregação ungida, apaixonada, inflamada pelo fogo do Espírito. O mundo carece desesperadamente de pregações cheias de vigor e paixão. Não há espaço no púlpito para pregadores frios, sem vida e sem paixão. O púlpito sem poder endurece o coração dos ouvintes. Um pregador sem paixão é uma contradição de termos. O pregador sem o calor do Espírito deveria recolher-se ao silêncio até que as chamas voltassem a arder em seu coração. Quando perguntaram a Moody como começar um reavivamento na igreja, ele respondeu: "Acenda uma fogueira no púlpito". O pregador pode ser uma bênção na igreja ou será uma maldição. Neutro ele não pode ser. Devemos glorificar a Deus através de uma pregação bíblica, fiel, ungida, cheia de paixão, com maior senso de urgência para a salvação dos perdidos e para a edificação dos santos. Finalizando, veja a ilustração de Charles Spurgeon:

> Um homem foi soterrado acidentalmente por uma barreira que desabou, e muitos estavam cavando energicamente para libertá-lo. No local estava alguém indiferente, apenas contemplando o drama, quando foi informado: "É seu irmão quem está lá embaixo". Estas palavras operaram nele uma imediata mudança; no mesmo instante pôs-se a trabalhar febrilmente para resgatá-lo. Se realmente desejamos salvar nossos ouvintes da ira vindoura, é preciso que sintamos simpatia, compaixão e ansiedade; numa frase: paixão e amor ardente. Que Deus nos conceda tais sentimentos.[20]

[19]Idem, p. 13.
[20]SPURGEON, Charles Haddon. *Um ministério ideal*, p. 69.

Conclusão

Depois de percorrer todo o Brasil, de pregar em mais de mil igrejas, de várias denominações em nossa pátria e no exterior, de ouvir pastores e membros de igrejas, de analisar cuidadosamente a situação da igreja evangélica brasileira, estou convencido de que a nossa maior necessidade é de uma profunda restauração espiritual na vida dos pastores e pregadores. Há pastores que pregam o evangelho da salvação sem jamais terem sido convertidos. Há pastores que entraram para o ministério sem qualquer chamado divino e não têm nenhuma convicção de sua vocação. São profissionais da religião sem qualquer pendor para cuidarem do rebanho de Deus. Há pastores preguiçosos no ministério que jamais se afadigam na palavra. Querem os jardins floridos do reconhecimento, mas não o deserto das provas. Querem o bônus da obra, mas não o ônus do sacrifício. Há pastores que estão confusos doutrinariamente e seguem as últimas novidades da fé, deixando o rebanho à mercê dos falsos mestres. Há pastores doentes emocionalmente, que precisam ser tratados em vez de estar cuidando dos aflitos. Há pastores que estão vivendo em pecado e cuja consciência já está cauterizada pela falta de temor a Deus. Oh, como precisamos de um reavivamento na vida dos pastores!

Como pastores, não podemos nos acostumar com o sagrado a ponto de perdermos a sensibilidade com as coisas de Deus; não podemos ler a Bíblia apenas como profissionais da pregação; não podemos apascentar o rebanho sem nutrir a nossa própria alma. A ovelha mais necessitada de pastoreio na igreja é aquela que vemos diante do espelho. Primeiro precisamos cuidar de nós mesmos; só depois, estaremos aptos para cuidar de todo o rebanho de Deus.

Em muitos redutos cristãos, porém, há uma grande crise entre os pastores e a liderança da igreja. Há pastores que estão sendo massacrados por líderes

O *melhor da espiritualidade* **199**

despóticos e carnais. Há pastores que fazem a obra de Deus gemendo porque aqueles que deveriam sustentar seus braços tornam-se seu maior tormento. Há pastores que estão doentes emocionalmente, porque em vez de receberem encorajamento, só recebem críticas e críticas as mais impiedosas. Quando a liderança da igreja gasta sua energia em disputas internas, a igreja perde seu vigor espiritual. Precisamos de um sopro de Deus na vida da liderança da igreja, a fim de que pastores e presbíteros, diáconos e obreiros sejam o modelo do rebanho em vez de serem os dominadores do rebanho.

Vejo, com pesar, ainda, muitos pastores desejando ardentemente ter um trabalho secular para não dependerem da igreja. Assim, o ministério torna-se um "bico" e o pastorado passa a ser realizado sem a paixão necessária e sem a dedicação exclusiva. O ministério requer dedicação plena. Não podemos nos distrair com outras coisas. O apóstolo Paulo só fez tendas quando as igrejas deixaram de sustentá-lo. Porém, ele dá seu testemunho: *Assim ordenou também o Senhor aos que pregam o evangelho que vivam do evangelho* (1Co 9.14).

Por outro lado, vemos em muitos lugares, pastores autoritários que colocam a si mesmos no pedestal e revestem-se de muito poder eclesiástico e pouca piedade pessoal. Acendem as luzes da ribalta sobre si mesmos e exigem ser aplaudidos por suas ovelhas, requerendo delas honras especiais. Em vez de servirem às ovelhas de Cristo, servem-se delas. Em vez de apascentá-las com amor, dominam sobre elas com rigor. Esses pastores apascentam a si mesmos, maltratam as ovelhas e desonram a Cristo, o dono das ovelhas.

É mister que os pastores voltem ao seu primeiro amor, restaurem o altar da vida devocional, deixem de lado as coisas urgentes e comecem a gastar tempo com o que é importante. É necessário que os pastores se consagrem à oração e ao ministério da palavra. É importante que se tornem urgentemente reparadores de brechas, homens de lágrimas, que chorem por si mesmos e pelo povo de Deus. É preciso que sejam santos, piedosos, cheios do Espírito, ganhadores de almas, prontos a viver e a morrer pela causa do evangelho.

É da mais alta importância que haja uma conexão entre o púlpito e os bancos, entre os pastores e as ovelhas. Bancos sem oração fazem púlpito sem poder. É de vital importância que os crentes não apenas recebam instrução de seus pastores, mas também intercedam incansavelmente por eles. Os crentes precisam amar seus pastores, assisti-los, encorajá-los e obedecer-lhes, para que não façam a obra de Deus gemendo. Que Deus nos dê a alegria de ver um tempo de restauração em nossas igrejas, começando por seus pastores. Oh, que Deus nos visite com um poderoso reavivamento espiritual, trazendo sobre a igreja um novo alento! Que os pastores sejam vasos cheios do Espírito! Que sejam homens de oração e jejum! Que vivam piedosamente! Que preguem com poder! Que experimentem uma grande colheita, para o louvor da glória do nosso Bendito Salvador!

Coração em chamas pelo Espírito

Princípios, orações e inspirações para
aquecer sua liderança e vida cristã

WESLEY L. DUEWEL

Sumário

Prefácio — 205
A você, meu leitor — 207

SUA VIDA REAVIVADA

1. Você pode brilhar! — 211
2. O Espírito Santo fará você brilhar — 216
3. Procura-se: Um coração em chamas! — 223

SEU PODER

4. Você anseia pelo poder de Deus? — 231
5. A mão do Senhor sobre você — 235
6. O poder todo-essencial — 238
7. É preciso poder para fazer o reino avançar — 243
8. O poder de Deus no ministério de John Wesley — 248
9. O poder de Deus no ministério de Charles G. Finney — 252
10. O poder de Deus no ministério de Duncan Campbell — 260
11. Você necessita de novas experiências de poder — 265
12. Você carece de poder espiritual? — 269
13. O poder espiritual esgotado pode ser renovado — 274

SEU AMOR

14. Amor — o segredo de sua liderança — 285
15. Brilhe com uma paixão por Cristo — 288
16. Brilhe com uma paixão pelas almas — 293

17. Seu amor pelos perdidos — 301
18. Você não tem alternativa senão buscar o perdido — 307
19. Seu amor pela igreja — 314
20. O coração de pastor — 321

Sua prestação de contas

21. O papel do pastor — 327
22. A prestação de contas do pastor — 335
23. Sua prestação de contas como líder, parte 1 — 339
24. Sua prestação de contas como líder, parte 2 — 344
25. Prepare o seu povo para a recompensa eterna — 351
26. Prepare sua igreja para orar — 359
27. Ensine a boa administração do tempo e dos bens — 365
28. Ajude seus liderados a descobrir e desenvolver
    seus dons espirituais — 370
29. Treine sua igreja para testemunhar e ganhar almas — 373
30. Prepare seus liderados ensinando-lhes a Palavra de Deus — 378

Sua oração

31. Sua vida de oração como líder — 383
32. Sua oração controla seu trabalho — 388
33. Sua oração deve saturar o preparo de sua mensagem — 393
34. Sua responsabilidade de interceder por sua igreja — 398
35. Seu ministério de lágrimas — 406

Sua unção e integridade

36. Você pode ser um líder ungido — 419
37. A unção de Deus confere bênçãos — 424
38. Você pode ser ungido para servir — 431
39. Você precisa ser uma pessoa de Deus — 441
40. A pessoa que anda com Deus e a santa integridade — 449

Seu enchimento ou plenitude do espírito

41. Seja cheio do Espírito — 459
42. Como ser cheio do Espírito — 470

Prefácio

Coração em chamas pelo Espírito é um livro que fala à nossa desesperada necessidade de liderança espiritual na igreja. Não é preciso ser um teólogo para reconhecer que a quantidade de pessoas preparadas para ministrar em nome de Cristo é muito pequena nos dias de hoje.

A capacitação necessária para esse serviço pode vir somente por meio da graça capacitadora do Espírito Santo. Podemos nos esforçar para servi-lo com nossas forças, mas sem a sua ação agindo em nosso interior somos como o metal que soa ou como o címbalo que retine.

Jesus deixou isso claro a seus discípulos depois que voltou aos céus. Mesmo credenciados como suas testemunhas e comissionados para fazer discípulos dentre as nações, eles foram instruídos a esperar até receberem poder do alto. Nada menos que um batismo de fogo consumidor seria suficiente para a tarefa para a qual eles foram designados.

A efusão pentecostal do Espírito marcou o início dessa nova era de ministério. Ela foi o passo culminante da descida do divino sobre o humano. Jesus como uma Presença exterior agora se torna o Soberano entronizado na fidelidade de seu povo. Sua palavra se tornou como fogo dentro deles, e, com o coração em chamas com o amor de Deus, eles cumpriram sua missão com alegria e singeleza de coração, louvando ao seu Senhor.

Aquilo que a igreja apostólica experimentou é o privilégio de todo cristão. *Porque a promessa é para vós, para vossos filhos e para todos os que estão longe, a quantos o Senhor nosso Deus chamar* (At 2.39, A21).

O dr. Wesley L. Duewel, eminente escritor e estadista missionário, nos chama a atenção para essa verdade nestas páginas. Com profunda sensibilidade e humildade, ele nos apresenta as qualidades de um ministério transformador. Sua abordagem é simples e "pé no chão" e reflete de maneira clara a mente de alguém que tem procurado viver aos pés de Cristo.

A leitura deste livro tem sido ao mesmo tempo um exercício de autoanálise e de encorajamento para mim. Eu a recomendo com a expectativa de que ela terá o mesmo efeito sobre você.

ROBERT E. COLEMAN

A você, meu leitor

Este é um livro para todo líder cristão — pastor, líder leigo, professor da Bíblia ou de escola dominical, líder de jovens, missionário, ou líder cristão em geral. Este livro não é do tipo "como fazer", apesar de estar cheio de sugestões práticas para a sua liderança. Este é um livro sobre as dinâmicas espirituais de sua liderança.

Como você pode se tornar uma pessoa mais próxima de Deus? Como você pode experimentar mais do selo e do poder de Deus em sua liderança? O brilho de Deus sobre a sua vida; a unção de Deus sobre sua liderança; um amor ardente por Cristo, pela igreja, pelo perdido; sua prestação de contas como líder espiritual; sua vida de oração como líder — estes são temas de suma importância para você. Leia este livro do começo ao fim. Você desejará lê-lo repetidas vezes.

Que este livro o desafie e o conduza a colocar-se de joelhos à medida que você o ler, da mesma forma que ele me conduziu à oração enquanto eu o escrevia. Tenho recebido uma visão do que Deus deseja fazer por mim e por você. Escrevo não como alguém que domina tudo o que procura compartilhar com você, mas como alguém que também é um peregrino em busca de coisas mais elevadas e espirituais da parte de Deus para nós.

Eu e você não somos dignos de liderar ou de ensinar o povo de Deus. Ainda assim, Deus nos escolheu para representá-lo. Ele deseja nos conceder toda a capacitação de que necessitamos. Ele anseia por nos encher com seu Espírito, de modo que sejamos não somente avivados, mas pessoas que brilham para Deus.

WESLEY L. DUEWEL
In memoriam

SUA VIDA REAVIVADA

CAPÍTULO 1

Você pode brilhar!

Brilhe para Deus! Sua personalidade é tão repleta da presença e da beleza do Senhor que outros instintivamente sentem que Deus está com você! A mão de Deus é tão claramente evidente sobre a sua vida e liderança que um calmo e santo poder e autoridade parecem repousar sobre você! Uma repetida unção do Espírito Santo está sobre você em suas responsabilidades diárias e em suas atividades de liderança! Quer você seja um pastor, quer um líder leigo, Deus deseja que você seja um líder que verdadeiramente brilhe com seu Espírito Santo.

Você tem sentido sede por mais da presença do Espírito Santo? Tem ansiado para que Deus coloque sua mão mais poderosamente sobre você, seu selo sobre sua liderança e sobre toda a sua vida? Tem sentido que Deus deveria derramar mais da unção do Espírito sobre você do que tem experimentado normalmente?

Quando ouve relatos de como Deus usou poderosamente homens como Wesley, Whitefield, Finney e Moody, você gostaria que Deus agisse hoje da mesma maneira na vida de líderes cristãos? Tem desejado ter o fogo do Espírito se manifestando de maneira mais evidente em você — tocando seus lábios enquanto você fala, seu coração enquanto ora, e adicionando o "extra" da bênção de Deus sobre sua liderança? Alegre-se! Deus lhe deu esse desejo.

Ele possui uma nova dimensão de sua capacitação divina para todo líder cristão, inclusive você. Deus deseja provar que ele está mais perto de você do que possa perceber. Ele o escolheu e o conduz para o propósito dele. Deus deseja fazer novas coisas por meio de você e de seu ministério.

Mesmo se sentindo, sem dúvida alguma, totalmente indigno, você é uma pessoa que Deus quer usar mais e mais para a sua glória. Em si mesmo você sabe que não é alguém especial. Dificilmente se consideraria um "homem de

Deus" ou uma "mulher de Deus". Mas Deus deseja usar você de um modo especial. Você é importante para ele; ele precisa de você. Ele deseja provar o que pode fazer por meio de sua vida e liderança. Deus deseja que você brilhe com seu amor, seu Espírito e seu poder. Você pode brilhar para Deus!

Deus escolheu usar o fogo como símbolo do Espírito Santo para nos ajudar a entender o que deseja fazer em nós. Ele deseja que seus líderes brilhem para ele, brilhem com a presença manifesta do Espírito Santo, brilhem com sua glória. Ele deseja essa capacitação sagrada para apresentá-lo como alguém escolhido e designado por ele.

Muito deste livro pode abençoar qualquer pessoa sedenta por mais de Deus, sedenta por ser mais usada por Deus. Mas este livro será especialmente usado por Deus para ajudar os que são líderes cristãos, seja em tempo integral, seja na liderança de grupos cristãos dentro da igreja local. Seja qual for seu papel como líder — pastor, presbítero, diácono, missionário ou líder de uma organização cristã —, Deus deseja que você brilhe. Professor de escola dominical, líder leigo, líder de grupo de oração — você também pode brilhar para Deus.

A liderança cristã demanda o melhor de nossa vida espiritual, e mais. Ao nosso melhor é preciso acrescentar o toque de sua capacitação sobrenatural. Devemos oferecer o nosso melhor; então devemos olhar para Deus para que ele acrescente seu santo fogo. O nosso melhor nunca é suficiente. Precisamos constantemente do toque "extra" de Deus. Precisamos de seu fogo.

No serviço de Deus precisamos mais do que habilidades. Precisamos da manifestação da presença de Deus, da consciência e evidência do toque especial de Deus sobre nós. Dependemos não de nosso conhecimento, treinamento e experiência, mas da ação transformadora de Deus sobre nossas mais elevadas e melhores capacidades. Spurgeon insistia: "É de extraordinária unção espiritual, e não de extraordinário poder intelectual, que necessitamos".

Nós não estamos satisfeitos em ser fiéis; desejamos profundamente a consciência especial da bênção de Deus sobre nossa fidelidade. Não nos satisfazemos em trabalhar duro; buscamos a Deus para receber seu poder sobre nossos maiores esforços. Buscamos algo mais do que realizações; buscamos a evidência de que Deus nos usa.

Deus criou você para ser cheio de sua unção pelo seu Espírito. Essa plenitude faz que sua personalidade seja completa, capacita-o a ser semelhante a Cristo e radiante com a presença de Deus, seu serviço torna-se guiado pelo Espírito, capacitado pelo Espírito e usado ao máximo por Deus.

Como um cristão saudável, você nunca poderá se satisfazer sem essa plenitude interior, que divinamente lhe concede a semelhança com Cristo, e sem aquela capacitação transformadora que o torna consciente de que Deus o está usando para o propósito e a glória dele. Nenhum líder cristão pode estar contínua e completamente satisfeito em seu ministério sem esta capacitação divina — o brilho, o fogo e o poder do Espírito. Isso precisa estar presente em nós e ativo através de nós.

É belo e desafiador ver uma vida que brilha para Deus e uma inspiração para outros. Ela lhes dá a fé para crer na obra de Deus na vida daqueles que amam e nas situações de seu interesse. Ela lhes dá confiança de que Deus responderá às suas orações, e faz que outros queiram se aproximar de Deus e obedecer-lhe. Uma vida que brilha é sempre uma bênção muito maior do que a mesma vida sem a chama do Espírito.

Sobre João Batista, Jesus disse: *João era a candeia que ardia e iluminava* (Jo 5.35). John Sung, conhecido como o maior evangelista que a China já conheceu, era chamado de "uma chama viva de zelo pelo evangelho". Vez após vez alguns cristãos têm sido tão cheios do Espírito e tão usados por Deus que cristãos com discernimento têm se referido a eles como pessoas que "brilham para Deus", "brilham com o Espírito de Deus", "um servo ardente de Deus", "um líder batizado com fogo", ou algo parecido. As pessoas que o conhecem melhor, aqueles que estão sob a sua liderança, falariam de você nestes termos?

Spurgeon falou sobre a necessidade de líderes "que vivem somente para Cristo e que desejam nada além do que oportunidades para promover sua glória, anunciar sua verdade, ganhar por meio do poder de Deus aqueles que Cristo tem redimido mediante seu sangue precioso [...]. Precisamos de homens em chamas, homens incandescentes, que brilham com calor intenso; homens dos quais você não pode se aproximar sem o sentimento de que o seu coração se aqueceu; homens que são como raios lançados pela mão de Jeová, destruindo todas as coisas que se lhe opõem, até que tenham alcançado o alvo pretendido; homens impelidos pela onipotência".

David Brainerd, o poderoso missionário-intercessor que trabalhou com os índios americanos, exclamou: "Oh, que eu possa ser um fogo flamejante no serviço do Senhor. Aqui estou, Senhor, envia-me; envia-me aos confins da terra [...] envia-me de tudo o que é conhecido como conforto terreno; envia-me para a própria morte, desde que seja em teu serviço e para promover teu reino".

Deus escolheu o fogo como o mais antigo, contínuo e maior símbolo e manifestação da sua presença. Por todas as vezes no Antigo Testamento, sua glória, a *shekinah* — um brilho e fogo miraculosos — constantemente dava prova de sua presença, direção, liderança, envolvimento e selo de aprovação. No Novo Testamento o Espírito Santo cumpriu e espiritualizou a *shekinah*. Israel perdeu a *shekinah* de Deus quando foi para o cativeiro, e ela não foi restaurada até seu retorno visível no dia de Pentecostes. Ela foi transformada de ser primariamente a presença de Deus em um lugar para sua presença em seu povo. Sua visibilidade foi temporária em Pentecostes, mas sua realidade permanece naqueles que são cheios do Espírito.

Jesus queria que todos os seus discípulos fossem batizados com o Espírito Santo e com fogo (Mt 3.11; Lc 3.16). Ele deseja que cada um de nós seja tão cheio do Espírito a ponto de fazer que nossa natureza interior seja purificada como que pelo fogo e nossa vida se torne radiante, repleta de zelo e do poder do Espírito, e inflamada com a *shekinah* da glória de Deus.

A *shekinah* da glória do Espírito, sua santa chama, é para todos os crentes nesta dispensação da graça. Ela nos torna belos com uma personalidade piedosa, radiante em disposição e frutífera. Esta é a norma do Novo Testamento para seus filhos. Quanto mais deveria ser o normal para todos os líderes da igreja de Cristo!

Todo líder cristão deveria ser um exemplo, uma demonstração do padrão visível de Cristo de um viver cheio do Espírito. Você, como um líder, deveria manter sua estatura espiritual, fervor e coerência, e ser tão marcado pelo selo do Espírito de Deus que aqueles que você lidera agradeçam a Deus por sua liderança. Eles deveriam se sentir motivados a aceitar e seguir sua liderança de todo o coração, bem como atraídos para mais perto de Deus, consciente ou inconscientemente, sob a sua liderança.

Todos nós, como líderes cristãos, ansiamos por ser mais usados por Deus, mais marcados pelo selo de Deus sobre nossa vida e ministério. Tenha bom ânimo. Deus satisfará esse anseio. Você pode brilhar para Deus mais do que nunca.

> Ó tu que vieste dos céus,
> Que derramas o puro fogo celestial,
> Acende uma chama de amor sagrado
> Sobre o pobre altar do meu coração.

Que ali tu faças tua glória arder
Com brilho inextinguível,
E tremendo à sua fonte responder,
Com oração humilde e louvor fervoroso.

Jesus, confirma o desejo do meu coração
Para trabalhar, falar e pensar sobre ti;
Que eu guarde no coração este fogo santo,
Que eu possa alimentar este teu dom em meu ser.

CHARLES WESLEY

CAPÍTULO 2

O Espírito Santo fará você brilhar

O Espírito Santo é a maravilhosa terceira pessoa da Trindade, sobre quem sabemos tão pouco. Ele nos ama com tanta ternura, cuida de nós tão pessoalmente e ministra a nós tão fielmente. Como é maravilhoso que o que talvez seja o símbolo mais comum dessa bela pessoa encontrado na Bíblia é o fogo ardente! Por que a Escritura escolheu o fogo para ilustrar sua presença e sua obra? Que bênção essa imagem nos sugere quando somos cheios do Espírito Santo?

Uma mensagem simbolicamente importante para nós em relação ao fogo do Espírito é, sem dúvida, sua obra de purificação. Esta é a realidade central na experiência de ser cheio do Espírito (At 15.9). Entretanto, existem outras verdades significativas ensinadas pelo fogo como símbolo do Espírito. Vamos analisá-las.

João Batista profetizou sobre Jesus que *ele vos batizará com o Espírito Santo e com fogo* (Mt 3.11; Lc 3.16). A vinda do Espírito teria o efeito do fogo. Cristo desejava que todo o ardente ministério do Espírito fosse ativo na vida de seu povo. Ele acendeu a santa chama de Deus no coração de seus seguidores quando iniciou seu ministério terreno. Foi somente no dia de Pentecostes, como visivelmente simbolizado pela descida da santa chama do Espírito, que Cristo encheu de poder, por meio de seu batismo de fogo, os 120 que começaram a espalhar o fogo santo por todo o mundo.

Jesus disse: *eu vim para trazer fogo à terra* (Lc 12.49). Ainda que nem todos os comentaristas concordem quanto ao significado desse fogo que Cristo tanto desejava que viesse, ao longo dos séculos um grande número de estudiosos da igreja o tem interpretado como referindo-se, ou como sendo uma alusão, ao ministério poderoso do Espírito.[1]

O zelo por cumprir o propósito de Deus Pai ardia em Jesus como um fogo inextinguível. Ele possuía uma "ardente prontidão em fazer toda a vontade do Pai, mesmo que isso tenha lhe custado o seu sangue". Nosso Salvador, que possuía um coração em chamas, deveria ter discípulos cujo coração ardesse da mesma maneira.

O bispo William Quayle, ao falar sobre um líder, disse que tal pessoa "permanece no centro de um círculo que possui todo o seu perímetro em chamas. A glória o envolve. Ele [o líder] é um prisioneiro da majestade". Ele afirma que mesmo a pessoa mais quieta deveria se inflamar ao tratar de temas em que o evangelho nos compele a enfrentar. "Nós não deveríamos ser insípidos. Não há uma única página entediante em toda esta longa história da redenção da humanidade."

Quayle nos apela para que não sejamos apáticos, mas vigilantes. Somos "encarregados de um ministério que deve ser completado para que não morramos, e, o que é ainda mais importante, um ministério que devemos realizar para que este mundo inteiro não morra". Que o seu coração se acenda com estas palavras: o ministro "tem o seu próprio coração estranhamente aquecido. O amor o envolve. Cristo o aplaude. A eternidade se torna sua tutora. Os céus o têm como seu embaixador. Deus está satisfeito com ele. Mil pontos de fogo brilham ao longo do horizonte de seus pensamentos e de suas intenções de amor".

Benjamin Franklin confessou que frequentemente gostava de ouvir George Whitefield pregar porque o via arder em chamas. Nós nos esquecemos do significado da raiz de nossa palavra "entusiasmo". Ela deriva de *en theos*, isto é, "em Deus". Quando Deus coloca seu Espírito ardente em nossa personalidade, ele naturalmente faz arder dentro de nós com sua santa dinâmica. Brilhamos e fazemos outros brilhar. É um pecado que um líder cristão seja frio e nada inspirador.

O príncipe dos pregadores ingleses, dr. Martyn Lloyd-Jones, insistia que "a pregação é a teologia que se manifesta por meio de um homem que está pegando fogo [...] eu repito que um homem que fala sobre estas coisas sem

---

[1]Orígenes; Atanásio; Jerônimo; Crisóstomo; Calvino; Clarke; Dunn; Jamieson, Faussett e Brown; Liefeld; Marshall; Micklem; Farrar; Geldenhuys; Alford; G. Campbell Morgan; Ryle; Barclay; Leon Morris; *Dictionary of New Testament Theology* etc.

paixão não tem o direito de ocupar o púlpito; e deveria ser proibido de subir ao púlpito. Qual o principal fim da pregação? Eu gosto de pensar que é este. É dar a homens e mulheres um senso de Deus e de sua presença".[2]

Um respeitado educador da Universidade de Nova York, H. H. Horne, disse que o segredo do ensino excelente é o contágio. Este é o segredo de toda grande liderança, de qualquer natureza. Martinho Lutero não queria perder o fogo de Deus em sua alma; nem nós devemos. O fogo atrai. O fogo motiva. Fogo acende fogo; é da natureza do fogo brilhar.

O Exército de Salvação e muitos outros evangélicos nas ilhas britânicas amam cantar este hino escrito por William Booth, fundador do exército:

> Tu, Cristo flamejante, chama purificadora,
> Envia o fogo!
> Tua dádiva comprada com sangue clamamos hoje:
> Envia o fogo!
> Olha para baixo e vê este que te espera;
> Dá-nos o Espírito Santo prometido.
> Queremos outro Pentecostes!
> Envia o fogo!
>
> É o fogo que queremos, por fogo imploramos.
> Envia o fogo!
> O fogo suprirá cada necessidade;
> Envia o fogo!
> Por forças para sempre fazer o que é certo;
> Por graça para conquistar a vitória,
> Por poder para viver em santidade no mundo -
> Envia o fogo!
>
> Para tornar nosso fraco coração forte e corajoso,
> Envia o fogo!
> Para salvar o mundo perdido,
> Envia o fogo!
> Que consagremos ao teu altar

---

[2] LLOYD-JONES, *Preaching and preachers*, p. 95.

Nossa vida, tudo o que somos, no dia de hoje,
Para coroar a dedicação pela qual agora oramos,
Envia o fogo!

Deus disse a Jeremias: *converterei minhas palavras em fogo na tua boca* (Jr 5.14). Nessa ocasião Deus se referia ao fogo como um julgamento. Mas Deus, semelhantemente, faz de nossas palavras fogo para que seu povo se torne inflamado com santo amor, zelo e obediência.

Quando o Espírito Santo acende a chama em nosso coração, ele faz que nossas palavras se inflamem. Quando nossa personalidade se inflama com o compromisso com Cristo e com uma ardente visão de seu propósito para nós, toda a nossa liderança se renova e torna-se vibrante com poder.

Precisamos constantemente manter nossa consagração, assim como os sacerdotes mantinham o fogo sobre o altar do templo. Deus honra quando criamos repetidas ocasiões para renovar nosso compromisso, confessar nossa total dependência dele, implorar e nos apropriar mais uma vez do ministério gracioso de seu Espírito dentro de nós e por meio de nós. Que possamos dar uma atenção mais completa a esse ministério do Espírito.

Ele nos inflama com seu batismo de fogo. Ele vos batizará com o Espírito Santo e com fogo, disse João Batista acerca de Jesus (Mt 3.11; Lc 3.16). Isso se refere ao "caráter ardente das operações do Espírito na alma — sondando, consumindo, refinando, sublimando — como quase todos os intérpretes entendem as palavras".[3] O fogo interior do Espírito faz que a pessoa cheia do Espírito brilhe com sua presença divina.

Ele capacita você com sua ardente energia divina. O fogo de Deus também descreve sua energia divina constantemente pronta a capacitar aqueles que são seus e que estão totalmente rendidos a ele. Cristo deseja que o ministério ardente do Espírito seja inteiramente ativo em sua vida. *Eu vim para trazer fogo à terra* (Lc 12.49). Ele acendeu a santa chama de Deus no coração de seus seguidores quando iniciou seu ministério terreno. Mas ele sabia que eles precisariam demais do Espírito.

No dia de Pentecostes o Espírito Santo visivelmente desceu como uma santa chama sobre homens e mulheres reunidos no cenáculo. Cheios do poder do Espírito, eles começaram a espalhar o fogo santo de Deus naquele

---

[3] Jamieson, Fausset e Brown, *Commentary*, p. 888.

220 Coração em chamas pelo Espírito

mesmo dia. Por décadas o fogo do Espírito continuou queimando e se espalhando. A perseguição não pôde apagar o fogo que havia neles; ela apenas servia para alimentar as labaredas. O Pentecostes acendeu uma chama que pela graça de Deus jamais se apagará.

Ele o faz vibrar com seu brilho ardente e zelo. Romanos 12.11 nos ordena: *Não sejais descuidados no zelo; sede fervorosos no espírito.* Você possui zelo espiritual quando está brilhando espiritualmente. Weymouth traduz o texto assim: *Tenha seu espírito brilhando*; Goodspeed traduz: *em fogo com o Espírito*; e a RSV declara: *Sejam vibrantes com o Espírito.*

O Espírito Santo reaviva o seu espírito, enche-o com a plenitude de vida, amor e zelo, e o enche de entusiasmo, de modo que você manifeste a vibrante e radiante vida de Deus. Ele reavivará sua devoção, acelerará sua obediência e alimentará a chama de seu zelo. Como um crente cheio do Espírito Santo, você deverá se caracterizar pela devoção intensa, profunda sede e pelo leal serviço que caracteriza as hostes celestiais. Apolo (At 18.25) era, assim, alguém que brilhava. A tradução literal pode significar que ele estava "queimando em espírito" ou "brilhando com o Espírito".

Quando o Espírito brilha dentro de você com liberdade e plenitude, sua vida interior se torna radiante, seu zelo se torna intenso e seu serviço torna-se dinâmico. Você, nas palavras de Efésios 5.16, "aproveita o máximo de cada oportunidade".

A necessidade desse brilho e zelo espiritual é enfatizado pela condição da igreja de Laodiceia, que havia se tornado morna (Ap 3.15,16). A temperatura espiritual de um líder cheio do Espírito precisa ser sempre elevada. O Espírito deseja, assim, enchê-lo com o ardente e brilhante amor ágape, de modo que sua vida seja constantemente radiante com a sua presença. Quer entendamos a tradução de Romanos 12.11 como sendo "brilhar com o Espírito Santo" ou "ser vibrante em seu próprio espírito", aquele que capacita é sempre o próprio Espírito. Sua plenitude ativa deve permear sua personalidade e seu serviço.

Ele lhe concede dons cuja chama você deve alimentar. Dons espirituais são capacidades para o serviço concedidas por meio da ação do Espírito Santo. Deus nos provê qualquer capacitação divina que precisamos para realizar o serviço que ele nos dá. O próprio Espírito Santo é o grande dom de Deus para nós (At 2.38), mas ele nos concede dádivas da graça (*charismata*) que nos dão a capacitação divina e a possibilidade de servir a Deus e ao corpo de Cristo.

Alimenta a chama do dom de Deus que está em você, Paulo declara a Timóteo (2Tm 1.6). Observe que o dom estava "nele". O Espírito Santo primeiramente trabalha de dentro para fora, e não em um sentido externo. Ele não nos manipula; capacita-nos por meio de sua presença e poder que habitam em nós.

Deus jamais lhe ordena ou guia você a realizar um serviço sem se colocar à disposição para capacitá-lo em tudo o que você precisa para realizar a sua vontade. Mas existe um papel de cooperação para você realizar. Você deve acender essa chama renovadamente, ou alimentar essa capacitação divina até a chama se tornar uma labareda. Os dons de Deus nos são concedidos para serem nutridos e usados. Negligenciar seu uso como Deus deseja significa negligenciar a Deus e às pessoas. Nós os desenvolvemos ao usá-los. À medida que usamos esses dons, o Espírito nos capacita, nos guia e nos torna frutíferos.

A tendência do fogo é sempre se apagar. O Espírito não desperdiça a energia divina. Se não formos obedientes e não usarmos a graça que Deus provê, ele para de concedê-la a nós. O tempo do verbo grego enfatiza a continuidade do alimentar da chama. A biografia espiritual de muitos cristãos é "uma vez, brilhou". Houve algum tempo no passado quando você brilhou mais para Deus do que brilha agora?

Louvado seja Deus porque uma chama que está a ponto de ser apagada pode ser estimulada e se tornar um fogo radiante outra vez. Esse alimentar da chama precisa ser um processo contínuo. Cinco vezes em Levítico 6 Deus instruiu que o fogo no altar das ofertas queimadas jamais deveria se apagar. Ele inicialmente acendeu aquele fogo dos céus (Lv 9.24; 2Cr 7.11). Deus supre o fogo, mas nós devemos mantê-lo ardendo. Precisamos constantemente do fogo do Espírito, simbolizando a presença divina dentro de nós, e precisamos constantemente do toque da graça de Deus que nos é dado por meio da expiação dos nossos pecados. Nossa consagração a Deus jamais deve ser negligenciada, e sua presença e poder dentro e sobre nós jamais deveriam diminuir.

Deus criou nosso espírito inflamável. Somos espiritualmente combustíveis. Nossa natureza foi criada para brilhar por meio do Espírito. Somos espiritualmente mais abençoados, mais vitoriosos, mais úteis quando estamos brilhando. Somos mais parecidos com Deus quando brilhamos com a santa chama — a chama da presença interior do Espírito.

O fogo de Deus faz que a personalidade do mensageiro de Deus e o conteúdo de sua mensagem exerçam uma atração inesquecível. Ele produz uma santa autoridade que não pode ser imitada pelo esforço humano. Ele sela o indivíduo com a marca de Deus de tal maneira que é impossível aos outros

222 CORAÇÃO EM CHAMAS PELO ESPÍRITO

ignorá-la. Ele nos concede uma santa autenticidade e a certeza da integridade. Ele impressiona pela presença e participação inegável de Deus.

Qualquer que seja o custo, devemos manter a chama do Espírito queimando no altar do nosso coração. A palavra grega para "manter viva a chama" em 2Timóteo 1.6 refere-se a um fole para estimular um pequeno fogo a tornar-se uma labareda. Isso exige esforço. Timóteo deveria fazer o que estivesse ao seu alcance para intensificar a manifestação da labareda do Espírito. Nossa cooperação com o Espírito é essencial para a continuidade de um ardor permanente, de uma espiritualidade radiante e de um zelo ardente.

O general Booth desafiava o seu povo, dizendo: "A tendência do fogo é apagar-se; cuide do fogo que está sobre o altar do seu coração". Nosso perigo constante é o de esfriar espiritualmente, perder o nosso fervor e diminuir nosso zelo. O reavivamento pessoal acontece por meio de um compromisso renovado e de uma constante reconsagração. Todos nós precisamos desse reavivamento, vez após vez.

Temos o grande dom de Deus, o Espírito Santo, mas precisamos ter mais fome da manifestação de sua presença e por abrir nosso coração constantemente em expectativa de fé por seu agir, seu poder e suas constantes capacitações em nossa vida. Deus nos dá a capacidade, e o Espírito deseja imbuir todo o nosso ser com sua realidade, fazendo de nós seus canais de expressão, de modo que seu fogo santo possa ser frequentemente visível em nós. Precisamos escolher se iremos negligenciar o Espírito, apagar o Espírito, ou alimentar a chama da presença do Espírito.

CAPÍTULO 3

Procura-se: Um coração em chamas!

Não há alternativa ao Espírito Santo disponível para o líder cristão. Ele precisa ter um coração que arde com amor por Deus e pelas pessoas. O dr. George W. Peters disse que "Deus, a igreja e o mundo estão à procura de homens com coração inflamado — coração cheio do amor de Deus; cheio de compaixão para com as enfermidades da igreja e do mundo; cheio de paixão pela glória de Deus, pelo evangelho de Jesus Cristo e pela salvação do perdido".

Ele acrescenta que "a resposta de Deus para um mundo de indiferença, individualismo, frieza e desprezo é o coração inflamado de cristãos nos púlpitos, nos bancos das igrejas, nas escolas dominicais, nas escolas bíblicas e nas universidades e seminários cristãos".

Se você, como líder, carece de um coração em chamas, poucos dentre seus liderados serão conhecidos como pessoas que possuem um coração em chamas, e eles terão pouco impacto no mundo. Nossas comunidades impressionam-se pouco com nossos programas e atividades diversas. É necessário mais do que uma igreja ocupada, uma igreja acolhedora, ou mesmo uma igreja fiel ao evangelho, para impactar a comunidade para Cristo. É preciso uma igreja que brilhe, dirigida por líderes que brilham para Deus.

Samuel Chadwick, o falecido presidente do *Cliff College* na Grã--Bretanha, foi chamado de "uma sarça ardente". A partir do momento em que sua vida se encheu do Espírito, "milagres da graça agiam por meio da influência de uma vida que agora estava em chamas para Deus". Francis W. Dixon conta que "o poder de sua pregação e a influência moral dos membros de sua igreja foram tão grandes que o líder do bairro publicamente expressou sua gratidão pela maneira como toda a cidade havia sido purificada pela influência de homens e mulheres que haviam sido inflamados com o amor de Deus".

Um pastor perguntou a John Wesley, evangelista do coração em fogo, sobre como conquistar uma audiência. Ele respondeu: "se o pregador estiver em chamas, as pessoas virão para ver o fogo".

Um dos biógrafos de Wesley o chamou de um homem "incansável em busca de almas". No túmulo de Adam Clarke, um dos primeiros eruditos metodistas e discípulo de Wesley, estão escritas as palavras "Em servir aos outros, deixei-me consumir".

Há um século T. DeWitt Talmage escreveu: "Queremos nesta era, acima de tudo, fogo — o fogo santo de Deus, queimando no coração dos homens, agitando sua mente, impelindo suas emoções, animando sua língua, brilhando em sua face, vibrando em suas ações, expandindo suas capacidades intelectuais e transformando todo o seu conhecimento, lógica e retórica em uma corrente de fogo. Que esse batismo desça, e que milhares de nós que, até hoje, têm sido ministros medíocres ou fracos, que facilmente seriam esquecidos na memória da humanidade, possam então tornar-se fortes". Estas palavras ainda permanecem válidas para os nossos dias.

Isso ainda tem valor para o mundo de hoje. Há alguns anos um soldado na Polônia disse ao dr. Harold John Ockenga: "Na Polônia existe uma corrida entre o cristianismo e o comunismo. Quem transformar sua mensagem em uma labareda de fogo, vencerá".

Um cristianismo sem paixão não apagará as labaredas do inferno. A melhor maneira de enfrentar um incêndio na floresta é usando fogo. Um líder sem paixão jamais fará com que as pessoas brilhem. Um líder jovem sem paixão jamais fará com que os jovens brilhem para Cristo. Até nós mesmos estarmos radiantes, jamais falaremos ao coração de nosso povo. O bispo Ralph Spaulding Cushman orou certa vez:

> Incendeia-nos, Senhor, agita-nos, oramos!
> Enquanto o mundo perece, caminhamos
> Sem propósito, sem paixão, dia após dia!
> Incendeia-nos, Senhor, agita-nos, oramos!

Não há necessidade maior em nossas igrejas e escolas nos dias de hoje. Não é suficiente sermos evangélicos em nossa fé e em nosso coração; precisamos ser completamente possuídos por Cristo, completamente apaixonados por seu amor e graça, completamente radiantes com seu poder e glória. Toda parte terrena do nosso ser, nas palavras do grande hino, deve brilhar com o fogo divino. A lenha não é suficiente, o altar não é suficiente, o sacrifício não é suficiente — precisamos do fogo! Fogo de Deus, desce sobre nós mais uma vez! Faze-nos brilhar, Senhor, faze-nos brilhar!

Se for para sermos uma força irresistível de Deus onde ele nos colocou, precisamos do batismo de fogo do Espírito. Se quisermos despertar nossa igreja adormecida, precisamos da chama santa que veio sobre cada crente que esperava no cenáculo descendo sobre nós hoje. Você precisa dela e eu preciso dela.

Em um artigo impressionante, "Queima, fogo de Deus", T. A. Hegre escreveu: "É do fogo que precisamos: fogo para agitar nossas emoções frias, fogo para nos levar a fazer algo por aqueles que estão partindo sem Cristo para o túmulo. Milhões sem Cristo hoje estão morrendo porque como cristãos não temos o fogo. Precisamos de fogo — o fogo do Espírito Santo".

Não precisamos do fogo descontrolado; o fogo descontrolado não glorifica nosso santo Cristo. Precisamos do fogo santo, o fogo com o qual o Espírito Santo nos batiza. Precisamos do fogo e do zelo da igreja primitiva quando quase todos os crentes estavam preparados, se necessário, para ser um mártir por Cristo.

Em um duro sermão, John R. Rice repreende nossa falta de fogo. "Vejam, não são os pecadores que são duros. O problema são os pregadores que são duros. São os professores da escola dominical; são os diáconos batistas e metodistas, os presbíteros presbiterianos que são duros. Eu acho mais fácil ganhar uma alma ou converter um alcoólatra ou prostituta do que encontrar um pregador ardendo em fogo pelas almas."

George Whitefield foi poderosamente usado por Deus enquanto ele e John Wesley viraram a Inglaterra de cabeça para baixo para Cristo e salvaram, pela graça de Deus, as ilhas britânicas de replicarem a Revolução Francesa. Foi dito dele que "desde o início, quando começou a pregar ainda jovem, até a hora da sua morte, ele não conheceu o esfriamento de sua paixão. Até o final de sua impressionante carreira, sua alma foi uma fornalha de zelo ardente pela salvação dos homens".

Sua alma foi uma fornalha ardente! Ah! Há um segredo. Nosso trágico problema é que tentamos liderar o povo de Deus com corações que nunca foram verdadeiramente inflamados, ou com corações que perderam o seu calor. Elias orou até que o fogo caiu sobre o monte Carmelo. Então o povo

226 Coração em chamas pelo Espírito

desobediente caiu a seus pés clamando *O Senhor é Deus! O Senhor é Deus!* (1Rs 18.39).

É possível que o fogo da *shekinah* que fez com que a sarça do deserto ardesse acenda também o nosso coração até que nos tornemos sarça ardente para Deus? O fogo da *shekinah* no monte Sinai espalhou-se por todo o ser de Moisés até que sua face irradiasse a glória de Deus. Podemos nos aproximar o suficiente de Deus a ponto de o fogo da *shekinah* começar a transfigurar nosso vaso de barro e nosso povo ser capaz de enxergar vislumbres da glória de Deus sobre nós e em nós?

É possível que a *shekinah* de fogo que Ezequiel viu aos poucos ir embora de Israel retorne a nós hoje? Ela voltou sobre os 120 no cenáculo. Se isso exigisse de nós dez dias buscando a face de Deus, seria mais do que válido buscá-la, se isso pudesse nos fazer brilhar para Deus.

Esse brilho não pode ser conquistado por mérito, construído ou simulado. Somente Deus pode batizar com fogo. Somente Deus pode enviar a *shekinah*. Somente Deus pode vir ao encontro de nossa necessidade. Temos trabalhado há muito tempo sem ela. Temos vivido distantes da glória de Deus sem ela. Temos deixado nosso povo em grande medida apático sem ela.

Não temos o poder de acender esse fogo. Em nós mesmos não podemos produzi-lo. Mas podemos nos humilhar perante Deus em total integridade e honestidade, confessando nossa necessidade. Podemos buscar a face de Deus até que sua santa luz reveladora nos mostre o que em nossa vida e coração tem nos impedido de sermos cheios do Espírito e de poder.

O fogo santo de Deus desce somente sobre corações que estão preparados, obedientes e famintos. É possível que a necessidade que subjaz a todas as necessidades é que não estamos famintos o suficiente, não temos sede suficiente, nosso desejo não parte do mais profundo do nosso ser. *Se vós, sendo maus, sabeis dar boas coisas aos vossos filhos, quanto mais o Pai celestial dará o Espírito Santo aos que o pedirem?* (Lc 11.13).

> Vem! Oh, vem! A ti clamamos!
>
> Bendito Espírito Santo, vem novamente hoje;
> Vem, habita-nos plenamente com poder.
> Ansiamos, esperamos por tua graça e poder;
> Bendito Espírito Santo, vem sobre nós agora.

Coro:
Vem sobre nós agora! Vem sobre nós agora!
Famintos, sedentos, ansiando perante ti nos prostramos.
Opera em toda a tua plenitude em nós e por nosso meio;
Famintos e obedientes, Senhor, com fé clamamos.

Bendito Espírito Santo, que a *shekinah* venha sobre nós;
Que tua santa glória venha sobre todos nós!
Que o teu fogo e glória desçam sobre nós;
Coloca teu selo sobre nós; e então envia-nos para te servir.

Bendito Espírito Santo, trabalha de modo que todos possam ver;
Exerce teu domínio — todo o teu ministério.
Opera com poder mais plenamente do que já vimos ou ouvimos;
Cumpre tua promessa bendita, cumpre tua santa Palavra!

Bendito Espírito Santo, oh, não te demores!
Vem com poder e glória; vem sobre nós hoje!
Pois de ti temos fome; é de ti que necessitamos.
Bendito Espírito Santo, vem, ó vem! Clamamos!

WESLEY L. DUEWEL

SEU PODER

CAPÍTULO 4

Você anseia pelo poder de Deus?

Seria natural para você, como líder cristão, ansiar para que o poder de Deus repousasse sobre você e se tornasse evidente em seu ministério. Você tem desejado há tempos experimentar maior poder na oração, no falar e em seu impacto sobre a vida daqueles a quem ministra. Esse é um anseio dado por Deus. Ele foi colocado em seu coração pelo Espírito Santo porque ele deseja que você peça e confie em Deus para experimentar mais do ministério poderoso dele por seu intermédio.

Deus é um Deus de poder. Ele demonstrou isso em sua criação. Através do Antigo Testamento Deus demonstrou seu poder na vida dos líderes de Israel, na libertação do povo de Israel do Egito e nos reis e profetas piedosos. Ele ainda concede esse poder a seu povo. *O SENHOR* dá força ao seu povo (Sl 29.11). Ele mesmo é a força, o poder de seu povo (Sl 28.7). O poder e a força de Deus são um dos temas principais na adoração do povo de Deus: *Tributai ao SENHOR glória e força* (Sl 29.1; 96.7).

Deus é um Deus de amor e poder; ele de bom grado e graciosamente manifesta a ambos. O líder cristão deve demonstrar o amor e o poder de Deus por meio da capacitação do Espírito Santo. Não possuir quer amor, quer poder, é ter o selo incompleto do Espírito sobre seu ministério.

Durante o tempo do Antigo Testamento é possível que a grande ênfase tenha sido que Deus manifestava seu poder em favor de seu povo, mais do que "em" e por meio de seu povo, apesar de que isso também estivesse presente de modo claro. Nós que vivemos no tempo do Novo Testamento, vivemos na dispensação do Espírito Santo. Deus está conosco da mesma maneira que ele estava com seu povo nos tempos do Antigo Testamento (Rm 8.31). Esta é a nossa força e experiência constantes. Mas em um novo e especial sentido Deus deseja agora manifestar seu poder dentro de nós e por nosso intermédio.

O "ESTAR SOBRE" DO ESPÍRITO

Esta ênfase do Espírito do Senhor vindo sobre os líderes escolhidos por Deus é frequentemente mencionada na história bíblica. *O Espírito do SENHOR veio sobre* Otoniel e ele se tornou juiz em Israel, foi à guerra, o que resultou em um período de quarenta anos de paz. Como ele pôde superar o inimigo sem possuir um exército treinado? Por causa do poder de Deus que estava sobre ele.

Hoje em dia temos não apenas os poderes espirituais das trevas organizados contra nós (Ef 6.12; Cl 1.13), mas, além disso, frequentemente enfrentamos forças inimigas que partem de dentro de nossa cultura secular, de "direitos individuais" e da mídia mundana. Como podemos ousar concluir que podemos vencer e desmoralizar as forças que se opõem à vontade de Deus sem que ele repetidamente nos capacite de modo especial? Não devemos simplesmente supor que receberemos esse poder. Só porque estamos na dispensação do Espírito, não há garantia de que o Espírito irá automaticamente sustentar, capacitar e manifestar sua vitória em nossa vida ao máximo.

Corremos o risco constante de repousar exclusivamente sobre nossos esforços e nossa sabedoria humana. O segredo da manifestação do Espírito é orarmos por ela (Lc 11.13; Tg 4.2). Essas promessas foram lembradas muito depois do derramamento do Espírito no Pentecostes. Esta é a dispensação do Espírito, mas o seu agir depende frequentemente de pedirmos por seu poder.

O Espírito do Senhor veio sobre Gideão, ele tocou a trombeta e convocou as tribos (Jz 6.34). Talvez, às vezes, temos pouco sucesso em convocar o povo de Deus para adorar, testemunhar, dar e orar porque o Espírito do Senhor não veio sobre nós com poder. Tentamos normalmente fazer a obra de Deus sem buscar intensamente sua poderosa capacitação.

O Espírito veio sobre Jefté (Jz 11.29), e ele avançou contra as fortes forças inimigas. O segredo do avanço para Deus é o mesmo hoje. O Espírito precisa vir sobre nós vez após vez. Um avanço lento pode ser causado por nossa falha em pedir e em nos apropriarmos adequadamente do poder do Espírito.

O Espírito veio sobre Sansão com tal poder que ele lutou com um leão jovem (Jz 14.6). O hebraico literalmente diz que o Espírito "veio rapidamente" sobre ele. Essa mesma palavra hebraica é também usada duas outras vezes, quando Sansão precisou enfrentar situações de emergência (Jz 14.19; 15.14). Isso não sugere a disponibilidade instantânea do poder de Deus?

Deus pode vir rapidamente sobre nós. A exigência do tempo é geralmente em nosso favor e em favor dos demais envolvidos. Ser cheio do poder de Deus não precisa ser um processo longo e gradual. Deus é capaz de vir ao encontro de nossa necessidade de maneira instantânea e abundante.

O Espírito veio sobre Sansão mais uma vez com poder, e ele derrotou os asquelomitas (Jz 14.19). Mais uma vez, o Espírito veio sobre ele em poder, e ele venceu mil filisteus opressores. Se Sansão tivesse continuado a lutar as batalhas do Senhor sem comprometer-se com o pecado, o Espírito teria vindo sobre ele com poder vez após vez — sempre que o Senhor visse que este seria necessário.

Facilmente nos satisfazemos e nos gloriamos em ocasiões passadas quando Deus nos tocou com seu poder. Deus se deleita em nos encher de poder todas as vezes que precisamos dele, e precisamos dele com mais frequência do que normalmente imaginamos. Temos nos tornado complacentes demais, ficando facilmente satisfeitos com uma manifestação mínima do seu poder.

Samuel prometeu a Saul: *O Espírito do SENHOR se apoderará de ti [...] e serás transformado em outro homem* (1Sm 10.6). Quando o poder veio sobre ele, ele deveria cumprir com sua obrigação. Antes do final do dia o Espírito *se apoderou dele* (v. 10) ao obedecer ao Senhor. Logo depois, quando Saul precisou atender a uma grande necessidade da nação, mais uma vez *o Espírito de Deus se apoderou dele* (1Sm 11.6). Mas Saul rapidamente começou a fazer sua própria vontade e parou de obedecer a Deus. Nós não lemos que ele tenha pedido outra vez a ajuda de Deus. Ele perdeu seu poder e lutou suas últimas batalhas em grande medida em sua própria força.

Como é trágico quando um líder cristão, como Sansão, depois de uma vez conhecer tempos especiais da capacitação de Deus, quando o Espírito veio sobre ele "com poder", passe então a depender de seu próprio *"know-how"*, de suas grandes empreitadas e de suas habilidades administrativas mais do que do Senhor. Paulo percebeu que, quando ele estava mais consciente de sua fraqueza e buscava o Senhor, era quando ele estava mais forte (2Co 12.10). Jesus lhe disse: *Meu poder se aperfeiçoa na fraqueza* (v. 9).

O Espírito Santo capacitou Davi para o seu trabalho. *Daquele dia em diante o Espírito do SENHOR se apoderou de Davi* (1Sm 16.13). A capacitação do Espírito tornou-se a experiência contínua de Davi. Repetidamente a mão de Deus estava sobre ele para fazer a sua vontade. O líder cristão possui todo o direito espiritual de pedir e de receber repetidos revestimentos e manifestações de poder vindos de Deus.

Deus tem tocado você com seu poder? Esses "toques" são amostras do que ele se deleita em fazer em seu favor sempre que você necessitar. Ao mesmo tempo que você não pode ditar como Deus deve manifestar a sua ajuda, você tem todo o direito de pedir e, pela fé, apropriar-se dessas capacitações especiais divinas em seu ministério e em momentos de necessidade urgente.

Sobre Gideão (Jz 6.34), Amasai (1Cr 12.18) e Zacarias (2Cr 24.20) é dito que o Espírito de Deus se apoderou deles e os "revestiu". Isso sugere um poderoso "envelopamento" do Espírito Santo, um completo revestimento da presença e do poder de Deus. Isso sugere não apenas uma manifestação momentânea de poder, mas um permanente revestimento do Espírito, pelo menos até que aquele ministério específico ou até que aquela tarefa específica dados por Deus tivessem sido realizados.

Na qualidade de líderes escolhidos por Deus, temos todo o direito de experimentar o revestimento do Espírito Santo. Qualquer que seja nossa tarefa — suprir uma necessidade particular e especial, liderar o povo de Deus, ensiná-lo, encorajá-lo ou repreendê-lo —, o revestir de Deus do melhor de nós pelo santo revestimento de seu Espírito e de seu poder é nosso privilégio. Ele pode tornar-se nosso por meio da oração e da fé.

Miqueias testifica: *Mas eu estou cheio do poder do Espírito do* Senhor, *assim como de justiça e de coragem, para declarar [...] a Israel, o seu pecado* (Mq 3.8). Mesmo antes da vinda do Espírito em Pentecostes para encher o povo de Deus, Miqueias conhecia o revestimento do poder do Espírito. Seria a nossa falta da verdadeira coragem profética, fidelidade e clareza ao proclamar a verdade de Deus, seja no púlpito, seja no aconselhamento particular, causada pelo fato de que nós mesmos não estamos cheios do Espírito como Deus espera que sejamos?

As tarefas que realizamos para o Senhor hoje são diferentes, mas o mesmo poder está disponível a nós, de acordo com as nossas necessidades. O poder de Deus está disponível para nossa geração tanto quanto esteve para qualquer outra que tenha existido. Este ainda é o dia da graça de Deus. Esta ainda é a dispensação do Espírito e do seu poder. Deus não mudou. Nós é que falhamos ao não nos apropriarmos. Peça a Deus hoje que o revista com seu poder!

CAPÍTULO 5

A mão do Senhor sobre você

"A mão do Senhor" é um termo frequentemente usado no Antigo Testamento para expressar a ideia do Espírito de Deus repousando sobre uma pessoa, seja com graça, seja com poder. Quando Deus deu a Esdras a visão e a preocupação por Jerusalém, ele foi a Artaxerxes com seus pedidos. Ele relata que o imperador *deu-lhe tudo quanto pedira, pois a mão do Senhor seu Deus estava sobre ele* (Ed 7.6).

Esdras estava consciente da graciosa mão de Deus sobre sua vida. Em dois capítulos ele se refere a ela por cinco vezes. Ele disse a Artaxerxes: *A mão do nosso Deus age para o bem e está sobre todos os que o buscam* (Ed 8.22). Ele então convoca seu povo para orar e jejuar por uma viagem segura. A perigosa e longa viagem da Mesopotâmia a Jerusalém enquanto a caravana carregava o enorme estoque de ouro e prata sem proteção armada foi completada com segurança. *A mão do Senhor estava sobre nós, e ele nos livrou dos inimigos* (Ed 8.31).

Nós podemos também estar conscientes da graciosa mão de Deus sobre nossa liderança e sobre nosso povo. Essa deveria ser nossa experiência repetidas vezes nesta dispensação do Novo Testamento. Deus deseja ser gracioso para conosco (Is 30.18). Ele *se compadecerá de ti quando ouvir o teu clamor!* Isaías acrescenta no versículo 19. Normalmente não precisamos ter longos períodos de deserto em nosso ministério, demorados períodos de somente uma mínima evidência da presença de Deus conosco e de seu uso de nós para a sua glória.

Podemos e devemos frequentemente experimentar a capacitação, a renovação e o frutificar de Deus. Muitas vezes, como Jacó, podemos perceber a plena realização depois do evento acontecido. *Realmente o Senhor está neste lugar, e eu não sabia* (Gn 28.16).

236 CORAÇÃO EM CHAMAS PELO ESPÍRITO

Não devemos exigir manifestações sobrenaturais para saber que estamos dentro da vontade de Deus. Apesar disso, Deus tem se revelado repetidamente como o Deus do sobrenatural. Geralmente Deus é glorificado quando concede indicações especiais e visíveis de seu favor e bênção. Em regiões não cristãs tais indicações são frequentemente necessárias para confirmar a realidade de Cristo como o Deus vivo, e do seu evangelho como "o poder de Deus para a salvação". Talvez essas indicações estejam se tornando também cada vez mais importantes em nossa própria sociedade cética e secularizada.

Neemias nos dá um testemunho parecido. *Contei-lhes, então, como a mão de Deus havia sido bondosa comigo, e lhes relatei também as palavras do rei* (Ne 2.18). Isso imediatamente motivou os demais a participar da tarefa para a qual Deus os chamara (v. 18). Talvez não haja nada mais eficiente em unir um grupo com fé e amor ao redor de um líder. Pessoas com discernimento espiritual rapidamente percebem a evidência da bênção ou a falta desta. Por causa da mão poderosa e graciosa de Deus sobre você, as pessoas que oram e cooperam de modo essencial pelos aspectos espirituais da sua liderança tornam-se mais decididas em sua lealdade a você. Elas se tornam zelosas em seguir sua liderança. O povo de Deus precisa ver Deus em você e Deus usando você.

Quando a mão de Deus veio sobre Elias, ele recebeu forças sobre-humanas (1Rs 18.46). No serviço do Senhor é possível receber um toque divino que renova e revigora espiritual, mental e fisicamente. O toque de Deus beneficia todo o nosso ser (Is 40.31).

Por oito vezes Ezequiel nos relata que a mão do Senhor estava sobre ele. Sete vezes ele relata como o Espírito o ergueu ou o levantou. Vinte e quatro vezes ele relata como o Espírito o "guiou", "levou" ou "trouxe". Muitas dessas experiências foram parte de uma visão. A questão importante é que Ezequiel estava consciente de que Deus o estava tocando, falando a ele, liderando-o e usando-o. Ele conhecia a mão de Deus sobre o seu ministério; seu ministério não teria sido o mesmo sem ela.

É possível que sejamos tão fortemente conscientes da mão de Deus sobre nós? Seria a intenção de Deus que seu toque consciente fosse parte de nossa experiência como líderes? Talvez nós não utilizemos hoje essa expressão com tanta frequência. Mas estaria essa mesma realidade disponível a nós nos dias de hoje? Estaria você claramente consciente de tempos em tempos da presença da mão de Deus sobre sua vida enquanto lidera e ministra?

Lucas nos conta que a mão do Senhor era muito evidente sobre João Batista, mesmo em sua infância (Lc 1.66), a ponto de as pessoas perceberem isso. Como resultado da presença de Deus entre os primeiros cristãos, *um grande número de pessoas creu e se converteu ao Senhor* (At 11.21). Seria nossa ausência de resultados espirituais visíveis pelo menos em parte em razão da falta da mão de Deus sobre nossa vida e ministério?

Quanto deveríamos ter a expectativa de experimentar algo semelhante ao que a Escritura descreve nesta expressão hebraica, "a mão do Senhor"? Essa é outra maneira pela qual Deus procura nos mostrar a disponibilidade de seu poder sobre nós e sobre nossa liderança.

Essa é uma ênfase totalmente bíblica. Há pouco perigo de a levarmos ao extremo do fanatismo. Nosso risco muito maior é o de permanecermos contentes em trabalhar e ministrar em um nível completamente humano. Você já percebeu a diferença entre uma lição bíblica lida com ou sem a mão do Senhor sobre o leitor? A diferença entre uma canção cantada belamente com mero talento humano, com uma *performance* de qualidade, e um solo realizado com a mão do Senhor sobre o cantor?

Por que algumas mensagens parecem carecer de vida? Parecem tão mortas? Tão parecidas com uma simples apresentação secular? Sem dúvida, um dos motivos pode ser que o preletor não tenha recebido a mensagem do Senhor. Outra razão pode ser que o mensageiro não acredita de fato em sua mensagem. Mas você já percebeu a diferença entre um sermão entregue com uma entonação de fé e de entusiasmo e outro sermão pregado quando a mão do Senhor também está sobre o pregador?

Deus deseja que recebamos uma experiência renovada da mão de Deus sobre nós, acrescentando sua dimensão divina sobre o nosso melhor do ponto de vista humano. Deus deseja que aprendamos uma nova dependência de sua capacitação, de sua presença e de seu poder. Podemos preferir traduzir essas coisas em termos mais atuais. Mas existe uma dimensão divina da realidade espiritual que Deus tem disponível para nós e que ele anseia por adicionar à nossa liderança.

Toda a nossa cultura e espírito da época tendem a nos fazer autossuficientes em vez de dependentes de Deus. Realizamos muito do nosso ministério com muito pouca consciência de Deus. Se é para brilhar para Deus, precisamos cultivar uma nova dependência de Deus, uma nova consciência dele e um novo viver, imbuídos por ele. O líder, como homem ou mulher de Deus, precisa experimentar uma nova dimensão da ação de Deus em sua liderança. Precisamos nos tornar vivos para Deus e para todas as suas santas influências e capacitações. Deus precisa tornar-se totalmente essencial para nós.

CAPÍTULO 6

O poder todo-essencial

Vós sois testemunhas [...]. *Mas ficai na cidade, até que do alto sejais revestidos de poder* (Lc 24.48,49). Isso foi dito por Jesus a um grande número de discípulos. A ordem era clara. Nós não estaremos prontos para o testemunho, o serviço ou a liderança cristã até sermos revestidos do prometido poder do Espírito. Houve uma diferença tremenda no ministério dos discípulos antes e depois que o poder de Deus os envolveu e os revestiu. Jesus lhes havia dito que, como seus discípulos, o Espírito já estava com eles (Jo 14.17). *Se alguém não tem o Espírito Santo, este não pertence a Cristo* (Rm 8.9).

Existe, porém, sempre uma diferença enorme entre ser um discípulo de Cristo, habitado pelo Espírito, e ser revestido do Espírito, cheio do Espírito e capacitado pelo Espírito. O Espírito precisa penetrar e possuir todo o nosso ser. Ele precisa nos controlar em todo o seu senhorio. Ele precisa permear nossa personalidade. Ele precisa acrescentar uma dimensão de poder sobrenatural. Não é suficiente dizermos que desde o Pentecostes todo cristão possui o poder do Espírito. A questão é: "Estamos eu e você nos apropriando plenamente do poder disponível a nós?"

James Hervey, um dos auxiliares ministeriais de John Wesley, descreve com estas palavras a diferença que o Espírito fez no ministério de Wesley: "Antes, sua pregação era como o arremessar de uma flecha, toda a velocidade e força dependentes da força de seu braço em usar o arco; mas agora ela é como atirar uma bala de rifle, com toda a sua força dependente de um poder que necessita apenas de um toque do dedo para liberá-lo".

Você não deve servir meramente com o amor por Cristo. Você deve servir com a autoridade de Cristo, com uma personalidade consagrada a Cristo. Você deve ser revestido do poder do alto, revestido com o sobrenatural, imbuído cada vez mais do santo e dinâmico poder de Deus (1Ts 5.23).

O poder de Deus não é uma força que acende, estala e se desprende conforme você alcança ou toca uma necessidade. Não é um atalho para milagres instantâneos. Não é um excesso da autoridade do Espírito para que você possa realizar um milagre, curar o enfermo ou manifestar qualquer outro dom ou demonstração do Espírito. Não é um poder que está sob o seu controle. Você não usa o poder do Espírito; o Espírito usa você conforme ele age poderosamente. Não estou dizendo que o sensacional é o mais importante. O poder sempre faz uma diferença dinâmica, mas não precisa ser necessariamente algo espetacular.

Aquele, porém, que é revestido do poder do alto, ainda que seja um filho dependente de Deus, é capacitado a viver e servir com um novo nível de eficiência concedida pelo Espírito. Não é eficiência da pessoa, mas de Deus agindo por meio da pessoa. É o revestimento divino, preenchendo e capacitando a pessoa, à medida que o indivíduo serve em completa dependência da pessoa divina, em total obediência à direção divina e em total apropriação da provisão divina.

O sagrado mistério da capacitação divina é o fato de que tudo provém de Deus em e por meio de você, mas isso sempre na dependência de cooperação obediente de seu coração rendido a Cristo. Deus não força a si mesmo sobre você. Ele não viola a sua vontade. Ele não manipula você. Satanás manipula você, o oculto o manipula. Mas Deus trabalha em e por meio de você.

Deus não manifesta automaticamente sua presença em nós e seu poder por meio de nós só porque nós aceitamos a Cristo como nosso Salvador. Ele habita em nós a partir do momento em que nascemos do Espírito. Mas a habitação e a manifestação são duas coisas diferentes. Deus escolhe quando manifestar a si mesmo. Precisamos preparar o caminho do Senhor permanecendo puros, obedientes, conscientemente dependentes dele, sedentos por sua presença e poder. É isso o que acontece em sua vida?

Paulo tinha consciência de sua total dependência do poder de Deus. Ele sabia que o poder de Deus precisava saturar sua pregação de modo que a fé dos convertidos repousasse sobre esse poder. *Minha linguagem e pregação não consistiram em palavras persuasivas de sabedoria, mas em demonstração do poder do Espírito, para que a vossa fé não se apoiasse em sabedoria humana, mas no poder do Espírito* (1Co 2.4,5).

Você está mais preocupado em escolher palavras sábias e persuasivas para suas mensagens, seu ensino, ou seu aconselhamento, do que preocupado em provar "a demonstração do poder do Espírito"? O que você entende dessa

240 CORAÇÃO EM CHAMAS PELO ESPÍRITO

expressão bíblica? Em que medida essa "demonstração do poder do Espírito" tem sido a sua principal preocupação e experiência em seu ministério no último ano? Que passos você tem dado para experimentar dessa capacitação divina?

O dr. Martyn Lloyd-Jones insiste: "Se não há nenhum poder, não há pregação. A verdadeira pregação, afinal de contas, é Deus agindo. Não se trata apenas de um homem dizendo palavras; trata-se de Deus usando-o. Ele está debaixo da influência do Espírito Santo; é isso o que Paulo chama em 1Coríntios 2 de 'pregar em demonstração do Espírito e de poder'; ou como ele coloca em 1Tessalonicenses 1.5: *'nosso evangelho não chegou a vós somente com palavras, mas também com poder, com o Espírito Santo e com absoluta convicção'.*"[1]

Paulo testifica que seu ministério era baseado em duas coisas — a graça de Deus e o poder de Deus. *Fui feito ministro deste evangelho, segundo o dom da graça de Deus, que me foi concedida conforme a atuação do seu poder* (Ef 3.7). Tanto seu chamado ao ministério como seu ministério diário foram possíveis mediante a energia e a capacidade *que atua poderosamente em mim* (Cl 1.29).

Paulo esteve sempre consciente do poder de Deus agindo nele e por meio dele. Para Paulo, teria sido impensável trabalhar para Deus sem esse poder. O poder de Deus nele e por meio dele era muito mais importante do que o seu trabalho para Deus. Ele trabalhou incansavelmente porque Deus trabalhou nele poderosamente. Para Paulo, o trabalho exterior era dependente do trabalho interior realizado nele por Deus. Ele só pôde fazer para Deus o que Deus fazia nele e por meio dele. Não há outro caminho para a realização de um ministério eficiente. Somos tolos se pensarmos que treinamento, habilidades e experiência constituem uma alternativa ao poder de Deus. Não há alternativas.

O poder de Deus não nos torna passivos. Longe disso! O forte poder de Deus era a razão pela qual Paulo pôde trabalhar noite e dia com uma intensidade que ele considerava como uma "luta". *Para isso eu trabalho, lutando de acordo com a sua eficácia, que atua poderosamente em mim* (Cl 1.29). A palavra grega é *agonizomai*. É a palavra usada por aqueles que lutavam em jogos do tipo olímpico na Grécia. O verbo poderia ser traduzido por "lutar, engajar-se em um conflito intenso, batalhar, esforçar cada músculo para dominar um objeto". Isso envolve trabalho duro, perseverança e esforço máximo.

---

[1]LLOYD-JONES, *Preaching and preachers*, p. 95.

O *melhor da espiritualidade* **241**

De modo que o poder de Deus não podia agir enquanto Paulo permanecesse passivo. Paulo trabalha para ganhar o maior número de pessoas possível para Cristo e para *apresentar todo homem perfeito em Cristo* (v. 28). É "para este fim" que ele trabalha, agoniza, luta, executa o máximo esforço *de acordo com a sua eficácia* [de Cristo] *que atua poderosamente em mim*. Ele imediatamente acrescenta: *Pois quero que saibais como é grande a luta que enfrento por vós*, quão grande é a agonia que ele vivenciava em favor deles. Precisamos fazer o melhor de nós. Deus merece o nosso melhor. Precisamos ser revestidos, cheios e saturados com o poder do alto. Precisamos ser encharcados pela energia divina vinda sobre nós e trabalhando por meio de nós.

Oh, meus companheiros líderes cristãos! Precisamos de um novo derramar, de um novo transbordar do Espírito sobre nós. Precisamos vez após vez que o poder de Deus desça sobre nós, entre em nós, preencha-nos e nos permeie até que possamos dizer verdadeiramente sobre nossa vidas "Não eu, mas Cristo", e sobre nosso ministério: "Não eu, mas o Espírito de Deus".

Não nos envergonhamos de confessar a importância do Espírito. O testemunho humilde, o reconhecimento de que é Deus quem faz a obra, e não nós, glorifica a Deus. Mas no momento em que nos gloriamos, em que tocamos a glória de Deus com nossas mãos indignas, ou nos tornamos autoconfiantes e pressupomos que Deus nos dará o seu poder, nesse momento Deus retirará sua mão e nos deixará trabalhando inteiramente com nossas forças.

De fato, após um período em que Deus trabalha poderosamente, ele em sua soberana sabedoria pode agradar-se de nos permitir trabalhar por um tempo sem a consciência evidente e clara de sua presença. Nunca atingimos os objetivos de Deus quando paramos de viver e de trabalhar pela fé.

Algumas vezes Deus trabalha com grande poder sem termos consciência disso. Deus frequentemente trabalha silenciosamente no coração e na vida das pessoas à medida que sua graça previdente as prepara para seu grande dia de salvação, reavivamento e vitória. Precisamos perseverar em oração, total obediência e total dependência de Deus nesses momentos de espera. Deus não se esqueceu de nós ou de seus objetivos divinamente estabelecidos. Ele é soberano sobre seus recursos. Ele está construindo suas preparações fundamentais para seu grande dia em que ele manifestará seu poder e triunfo, para o qual conduz todas as coisas.

Não exija que Deus manifeste a você um constante sentimento de seu poder agindo, mas tenha a expectativa de repetidas ocasiões da graça, quando Deus o fará abençoadamente consciente de sua santa presença e do silencioso ou manifesto agir de seu poder. O poder de Deus é todo-essencial. Sua consciência do poder de Deus não é essencial. Mas se você está raramente consciente, se é que já esteve alguma vez, do poder de Deus agindo em sua vida, então é tempo de sondar o seu próprio coração.

Se você percebe que o poderoso Espírito de Deus arde fortemente em sua oração, guiando-o em oração, e acrescentando seu poder e autoridade à sua oração, você sabe que o poder dele o reveste, mesmo que não enxergue o poderoso resultado das respostas dele às suas orações.

Algumas vezes Satanás parece capaz de lançar uma sombra de escuridão sobre você quando você ora e tenta servir a Deus. Ele parece capaz de bloquear toda a sua consciência da presença e do poder de Deus agindo. É essa a sua experiência hoje? Não se assuste por esses momentos de fé. Permaneça firme e ore; trabalhe em total dependência do poder de Deus mesmo quando você não consegue vê-lo ou senti-lo agir.

Tão certo como você já sentiu a presença e o poder de Deus no passado, da mesma maneira certamente irá senti-lo novamente. Você está no meio de um conflito com o poder das trevas. Sua experiência não é a única. Os santos escolhidos de Deus por vezes tiveram dias, semanas e até meses experimentando tais trevas. Mas a resposta de Deus sempre retorna. Não tente sair do trem quando você está passando por dentro do túnel. Você ainda está na rota da grande vitória de Deus. Fique firme, e o poder de Deus se revelará mais uma vez.

CAPÍTULO 7

É preciso poder para fazer o reino avançar

O reino de Deus, dos céus, do Messias, é um grande tema proclamado pelos profetas do Antigo Testamento e repetidamente mencionado por Cristo nos Evangelhos. Deus é nosso rei soberano. Ele reina em nosso coração hoje e no mundo até a volta de Jesus em seu reino salvador. Ele é construído por meio de mãos humanas, mas não pelo poder de mãos humanas. Ele é construído pelo poder de Deus operando por meio do ministério cooperador do Espírito Santo e daqueles que são cheios do Espírito.

"O reino de Deus nunca significa uma ação levada por homens ou uma esfera que eles estabelecem [...]. O reino é um ato divino, e não uma conquista humana, nem mesmo a conquista de cristãos dedicados".[1] O poder do reino está em ação em e por meio de seus representantes. Mas o poder não é o poder deles; é o poder de Deus. Cristo entrega aos seus as chaves do reino para serem usadas para prender ou libertar por meio da oração e da obediência (Mt 16.19; 18.18-20). Mas o poder das chaves permanece sendo o poder de Deus e só pode ser usado por meio da direção e da capacitação do Espírito.

O poder do reino estava presente no ministério de Jesus e no ministério de seus seguidores. De fato, ele pode estar presente no seu ministério hoje. Mas ele não é seu poder. Ele continua sendo dado e manifestado por meio de você somente quando Deus o torna operante e evidente.

Nossos melhores esforços por nós mesmos não constroem o reino ou o fazem avançar. Os esforços dos cristãos não são suficientes. Mesmo o melhor

---

[1]MARSHALL, *Pictorial encyclopedia*, p. 85.

244   Coração em chamas pelo Espírito

esforço do cristão cheio do Espírito é totalmente inadequado. Nada menos do que a direção do Espírito, sua capacitação e seu uso dos esforços dos cristãos cheios do Espírito podem fazer o reino de Cristo avançar em qualquer coração ou em qualquer grupo de pessoas. A medida na qual Deus pode usar a influência, o testemunho e o serviço de pessoas consagradas a ele é regida pela medida que ele soberanamente capacita e trabalha por meio delas.

Pureza e poder estão intimamente associados, mas eles não são idênticos. Precisamos de ambos. Deus deseja ambos para nós. Eles são essenciais em nossa vida. Eles são ainda mais essenciais em nosso serviço. A pureza pode ser bela e positiva, ou ela pode ser em grande medida negativa. Podemos manter a pureza; mas o poder precisa ser renovado. A pureza na forma de bondade positiva e de justiça é o resultado do poder de sermos o que Deus deseja que sejamos. Deus deseja nos dar do poder do Espírito tanto para sermos quanto para fazermos o que ele nos chamou para ser e fazer. A pureza pertence ao viver, e o poder pertence especialmente ao servir.

A medida espiritual do líder cristão é a plenitude do Espírito e sua capacitação de poder. Oratória, eficiência na pregação e boa retórica são coisas boas, mas não são suficientes. Ter conteúdo, ortodoxia e possuir a sólida verdade bíblica são essenciais, mas não são suficientes. Ter personalidade, graça ao falar e ao agir são importantes, mas não são suficientes. O poder do Senhor precisa estar sobre essas coisas. Todas essas qualidades podem existir em um nível humano. O reino precisa ser construído, expandido e manifesto no nível da capacitação divina daquilo que é humano. É preciso que seja Deus agindo por meio de nós.

Quando alguns em Corinto começaram a criticar e a julgar Paulo e seu ministério, isso não deixou Paulo muito preocupado. O apóstolo considerava o Senhor como o seu juiz (1Co 4.4). Somente Deus conhece a medida do seu poder trabalhando dentro de nós. Paulo deixa isso muito claro: *Porque o reino de Deus não consiste em palavras, mas em poder* (1Co 4.4). Paulo disse que ele iria a Corinto para verificar tanto as palavras como o poder daqueles que estavam criando confusão. A verdade é essencial, mas no serviço de Cristo ela precisa ser a verdade em fogo. A verdade sem poder não realiza a vontade ou a obra de Deus. Ela apenas destrói ou ofende.

Pela presença ou ausência do poder de Deus em sua vida e ministério, Paulo queria que os coríntios avaliassem as credenciais dos líderes que surgiram dentre eles. Como você teria se saído sob o escrutínio e a inspeção de Paulo? Em 2Coríntios 6 Paulo nos dá uma lista das muitas coisas que o recomendavam como um servo de Deus. Importante entre elas estava o ministério *no Espírito* e *no poder de Deus* (v. 6,7).

Paulo lembrou à igreja de Tessalônica: *Porque o nosso evangelho não chegou a vós somente com palavras, mas também com poder, com o Espírito Santo e com absoluta convicção. Sabeis muito bem como procedemos em vosso favor quando estávamos convosco* (1Ts 1.5). Paulo estava profundamente consciente de que o poder de Deus estava em ação. O líder cristão está geralmente consciente de quando o poder de Deus está presente de modo especial. Você está frequentemente consciente desse poder em seu ministério? Isso era normal para Paulo.

Leon Morris disse a verdade ao afirmar: "Em qualquer lugar em que o evangelho for fielmente proclamado, haverá poder. Não simplesmente exortação, mas poder".[2] Paulo sabia que uma fé baseada apenas em palavras, isto é, a mensagem sozinha, poderia vacilar. É por essa razão que ele lembra aos coríntios que tanto sua mensagem quanto sua maneira de pregar a mensagem foram uma *demonstração* do poder do Espírito (1Co 2.5) e, desse modo, a fé deles poderia se basear em demonstração do poder que fazia parte do conteúdo de suas palavras. A palavra grega traduzida por "demonstração" sugere uma evidência ou prova. "Era um termo técnico usado para se referir a uma conclusão convincente extraída das premissas".[3] O poder de Deus era tão evidente na mensagem de Paulo que os coríntios foram compelidos a concluir que sua mensagem e que ele próprio, como mensageiro, eram de Deus. O poder confirma a verdade. Não devemos depender unicamente da verdade; devemos ensinar a verdade inflamados com o poder de Deus.

Para Paulo esse poder era tão essencial, tão característico de seu ministério, que ele estava disposto a pagar qualquer preço para que o poder de Cristo repousasse sobre ele. Era como se Paulo permanecesse clamando a Deus: "Oh, quero mais do teu poder sobre mim; oh, quero mais do teu poder manifestando-se por meu intermédio!" Paulo já conhecia tanto do poder do Espírito que, para ele, essa era a marca de que estava fazendo a vontade de Deus. Não eram as visões e as revelações que eram importantes para ele. Com relutância ele havia testificado sobre essas preciosas e secretas manifestações de Deus para consigo (2Co 12).

Mas não: o que Paulo queria era mais do poder permanente de Cristo comunicado por meio do Espírito. O que ele desejava não era uma experiência

[2] Morris, *Thessalonians*, p. 57.
[3] Fee, *Corinthians*, p. 95.

246 Coração em chamas pelo Espírito

extraordinária ocasional. Ele ansiava por uma experiência contínua do poder de Deus todos os dias de sua vida e ministério. Ele desejava, clamava e estava disposto a pagar o preço que fosse se apenas esse poder pudesse permanecer sobre ele dia após dia.

A fim de que o poder de Cristo repouse sobre mim (2Co 12.9) é o clamor do seu coração. Cristo prometeu poder quando o Espírito Santo viesse sobre seus discípulos (At 1.8). Paulo havia experimentado esse poder repetidas vezes. Este havia se tornado uma característica de seu ministério. Ele testifica desse poder repetidamente. Paulo desejava que esse poder "repousasse" sobre ele. A palavra grega significa "tabernacular". Assim como Cristo veio e "tabernaculou" entre nós durante sua encarnação (Jo 1.14, onde a mesma palavra grega é usada), Paulo também contava como sua mais elevada ambição no ministério ter o poder de Deus tabernaculando sobre ele. Desejava viver, dia após dia, dentro desse ambiente de poder.

A maior parte dos comentaristas reconhece nesse seu desejo do coração uma referência à *shekinah* da glória de Deus que estava sobre a tenda do deserto, que adentrou a tenda e cobriu a arca da aliança que estava ali. Mais tarde ela adentrou o templo e "tabernaculou" sobre a arca no Santo dos Santos. Assim como a *shekinah* cobriu a arca, Paulo desejava que o poder de Cristo o cobrisse, pairasse sobre ele e continuamente repousasse sobre ele.

Jesus havia dito a ele que esse poder *se aperfeiçoa na fraqueza* (2Co 12.9). A fraqueza não cria poder, mas nos dirige para Deus, a fonte de todo o poder divino. Quando reconhecemos quão fracos e insuficientes somos, buscamos a Deus, nos aproximamos de Deus, e fazemos deste o clamor constante de nossos corações.

Quando, por meio de revelação, Paulo reconheceu que esse espinho na carne (v. 7), toda oposição contra ele, perigos e sofrimentos ocorridos durante os anos de seu serviço dedicado a Cristo (2Co 11.23-30) serviram para aproximá-lo ainda mais de Deus e torná-lo sempre dependente dele, o apóstolo respondeu: *Por isso, eu me contento nas fraquezas, nas ofensas, nas dificuldades, nas perseguições, nas angústias por causa de Cristo. Pois, quando sou fraco, então é que sou forte* (2Co 12.10).

Por amor a Cristo, para continuar experimentando seu poder, sua *shekinah* de glória tabernaculando sobre mim, repousando sobre mim, eu aceitarei qualquer sofrimento, diz Paulo. E estou de fato completamente satisfeito, eu me regozijo em qualquer coisa que faça crescer o poder de Cristo sobre mim. Esse não é o clamor de um fanático que deseja ser um mártir. É o clamor do mais importante apóstolo da igreja que experimentou tanto do poder de Deus que considerava todas as coisas como sem valor, contanto que ele pudesse experimentar constantemente mais daquele poder.

Quão importante é para você ter do poder de Cristo, sim, mais e mais desse poder tabernaculando, repousando, permanecendo sobre você? Quanto você tem experimentado desse santo poder? Não falo de visões, milagres, dons ou manifestações — mas do silencioso, envolvente e recompensador poder de Cristo sobre você. Cheio desse poder, energizado por esse poder, revestido com esse poder, capacitado para o ministério com esse poder! Esse poder é o Espírito; esse poder é o próprio Cristo (1Co 1.24) manifesto por meio do Espírito (1Pe 1.11). Esse poder está disponível hoje?

CAPÍTULO 8

O poder de Deus no ministério de John Wesley

John Wesley (1703-1791), o evangelista do coração ardente, é alguém cujo ministério foi repetidamente caracterizado pelo poder do Espírito Santo. A história da sua conversão é bastante conhecida. O ambiente piedoso de seu lar durante sua infância, sua intenção de disciplinar a si mesmo para viver uma vida santa ao longo de sua juventude metódica, sua promoção do Clube Santo em Oxford, seus dois anos de experiência missionária na América do Norte e sua profunda piedade, ainda que sem possuir a certeza da salvação, são frequentemente mencionados.

Então veio o seu transformador novo nascimento em 24 de maio de 1738, quando esse profundamente comprometido clérigo encontrou a Cristo ao ouvir um texto de Martinho Lutero sendo lido. Wesley relata que seu coração fora "estranhamente aquecido" e que daquele dia em diante ele se transformou no pregador do glorioso testemunho do Espírito acerca da salvação.

Qual foi o segredo desse prodigioso ministério daquele dia em diante? Historiadores seculares respeitados têm dito que por meio do ministério de John Wesley e de seus colaboradores e convertidos, e do grande avivamento que ocorreu por toda a Inglaterra, que a nação foi poupada do derramamento de sangue que caracterizou a Revolução Francesa que havia iniciado dois anos antes da morte de Wesley. Robert Southey acrescentou que Wesley foi "a mente mais influente" de seu século, cuja vida influenciaria a civilização por "séculos ou talvez milênios" se a raça humana durar até então!

Um nobre britânico ao passar por uma vila em Cornwall, na Inglaterra, e depois de procurar em vão por um local que vendesse bebidas alcoólicas, perguntou a um morador: "Como pode ser que eu não consiga sequer um copo de licor nesta vossa miserável vila?" O velho homem, reconhecendo a classe do visitante, respeitosamente despiu sua capa, curvou-se e disse: "Caro senhor, há mais ou menos cem anos um homem chamado John Wesley veio a esta região". O camponês, então, virou as costas e saiu caminhando.

Por cinquenta e três anos de um incansável ministério, Wesley chamou a si mesmo de "um homem de um só livro" — a Bíblia. Ainda assim, ele escreveu mais de duzentos livros, editou uma revista, compilou dicionários em quatro línguas diferentes — escrevendo todas as coisas de próprio punho. Ele cruzou a Inglaterra diversas vezes montado em um cavalo pelo total estimado em mais de 400 mil quilômetros. Por anos ele fez em média 32 quilômetros por dia, e frequentemente fez de 80 a quase 100 quilômetros, ou até mais, por dia, parando para pregar ao longo do caminho. Ele pregou quarenta mil sermões — raramente menos do que dois por dia e com frequência sete, oito, ou até mais.

Quando tinha 83 anos, ele reclamou de não poder mais ler ou escrever além de quinze horas por dia sem que seus olhos ardessem. Ele lamentou não conseguir pregar mais do que duas vezes por dia, e confessou sua tendência crescente de permanecer na cama até 5h30 da manhã. Aos 86 anos, ele ainda se levantava nesse horário, todas as manhãs, para orar.

Qual era o segredo dessa tremenda energia, ou, mais ainda, o segredo do enorme selo de Deus continuamente sobre seu ministério? As anotações em seu diário de 3 e 15 de outubro de 1738 revelam o seu desejo por uma experiência mais profunda. Os historiadores falam de uma ocasião seis meses após o seu novo nascimento. Veja em suas próprias palavras, em seu diário: "Segunda, 1º de janeiro de 1739. O sr. Hall, Kinchin, Ingham, Whitefield, Hutchins e meu irmão Charles estavam presentes em nossa festa de comunhão em Fetter Lane, com aproximadamente sessenta de nossos irmãos. Por volta das 3 horas da manhã, enquanto perseverávamos em oração, o poder de Deus veio poderosamente sobre nós, de tal forma que muitos gritaram em razão de uma imensa alegria, e muitos caíram ao chão. Tão logo nos recuperamos um pouco desse sentimento de assombro e de encantamento na presença de sua majestade, exclamamos em uníssono: 'Nós te louvamos, ó Deus, reconhecemos a ti como o Senhor'."

Esse relato nos lembra, de vários modos, da experiência dos apóstolos em Atos 4.23-31. Esse derramamento do Espírito sobre essa reunião de diversas sociedades metodistas parece ter sido um profundo divisor de águas no ministério de Wesley. A partir de então ele começou a pregar com unção e poder extraordinários, e essa pregação resultou na convicção de pecado no coração de multidões de pessoas.

Os sermões impressos de Wesley não possuem ilustrações, recursos que Deus frequentemente usa hoje em dia para tocar o coração das pessoas. Nada em suas mensagens parece feito para despertar emoções. Quando você as lê hoje, pergunta-se como podiam ter causado tanto impacto. Ainda assim, Deus as usou para levar milhares de pessoas ao Senhor. Não foram as palavras; foi o poder de Deus nas palavras.

Daquele momento em diante Wesley pregava com tal autoridade e poder que milhares se converteram. Seus diários, que ele manteve fielmente ao longo dos anos, falam de pessoas que repentinamente foram tomadas por uma enorme e profunda convicção de pecado, pelo Espírito Santo. Esses relatos lembram a experiência de Paulo, quando Deus o derrubou na estrada de Damasco. Sob a influência da pregação de Wesley, pessoas com frequência começavam a clamar em voz alta, sob grande angústia na alma, muitas caindo no chão em razão da mão de Deus sobre elas, quando se arrependiam. Em poucos minutos elas estariam se regozijando com uma maravilhosa certeza do perdão dos pecados e com uma profunda consciência da paz de Cristo. As pessoas entendiam seus pecados como eles eram vistos aos olhos de nosso Deus santo e clamavam por perdão. Alguns eram dominados por forte temor diante da presença maravilhosa de Deus.

Outros permaneciam com grande convicção de pecado que perdurava até três semanas. Eles repentinamente punham-se a gritar como se estivessem às portas da morte, arrependiam-se e logo regozijavam-se pelo perdão dos pecados. Em 21 de abril de 1739, no Weaver Hall, em Bristol, "um jovem foi repentinamente dominado por um violento tremor e, em poucos minutos, com grande tristeza em seu coração, caiu no chão". Pouco depois ele encontrou a paz.

Em 25 de abril, enquanto Wesley pregava "imediatamente uma pessoa, depois outra, e outra, caíram ao chão; eles caíam de todos os lugares, como se tivessem sido atingidos por um raio". Isso parecia quase a repetição da experiência de Paulo na estrada de Damasco. Sempre as pessoas eram dominadas por uma maravilhosa revelação de Deus e pela consciência da gravidade de seus pecados. Mesmo os críticos que assistiam eram repentinamente dominados por uma convicção parecida e se convertiam na ocasião. Um forte oponente caiu de repente da cadeira, clamando a Deus.

Wesley relata outra ocasião em que o poder de Deus agia em sua pregação: "Um após outro caía ao chão; tremiam grandemente diante do poder de Deus. Outros clamavam em voz alta e angustiada: "O que devemos fazer para ser salvos?"

O evangelista experimentou repetidas vezes forte oposição, frequentemente atacado por gangues, em perigo de vida. Mas sobre sua pregação Wesley escreveu: "O poder de Deus veio sobre sua Palavra; de tal modo que ninguém escarneceu, ou interrompeu, ou abriu sua boca". Em Wapping 26 pessoas foram dominadas por tal convicção de pecado que "algumas caíram e ali permaneceram sem forças, enquanto outras tremiam e se agitavam grandemente". Wesley orava para que ninguém se escandalizasse com tais acontecimentos. Ele nem os encorajava, nem procurava impedi-los, reconhecendo que se tratava da mão de Deus.

Com grande liberdade e poder, ele frequentemente pregava para grandes audiências ao ar livre. Mesmo na chuva ou em baixíssimas temperaturas, ele pregava para multidões sermões que duravam por vezes de duas a três horas. Em 23 de dezembro de 1744 outra poderosa unção veio sobre ele enquanto pregava em *Snow Fields*. Ele escreveu: "Experimentei uma luz e uma força como jamais me lembro de ter tido anteriormente".

Vez após vez, quando exaurido por seu ministério, ele encontrava novas forças físicas e espirituais quando orava. Uma dessas ocasiões foi em 17 de março de 1740. Wesley conta de uma viagem a cavalo em que sentiu um grande cansaço vir sobre ele. "Eu então pensei: 'Poderia Deus curar tanto o homem quanto o animal por qualquer meio, ou sem nenhum? Imediatamente meu cansaço e minha dor de cabeça cessaram, e meu cavalo manco ficou curado no mesmo instante".

Citei apenas uns poucos dos muitos exemplos do poder de Deus em Wesley. Não há explicação humana senão sua vida de oração e sua repetida consciência do poder de Deus. Nada foi fabricado. Ele não procurava estimular as emoções ou manifestações exteriores. Deus simplesmente revestia seu contínuo ministério com poder.

CAPÍTULO 9

O poder de Deus no ministério de Charles G. Finney

Quando era um jovem estudante de Direito, Charles Finney interessou-se pela Bíblia e comprou um exemplar. Ele se sentia frustrado ao ouvir as orações na igreja que pareciam nunca ser respondidas. À medida que se preocupava cada vez mais com sua alma, crentes se ofereciam para orar por ele, mas ele lhes disse que não via como isso poderia ajudá-lo, pois estes estavam sempre orando, mas não recebiam respostas de Deus.

Em outubro de 1821, após vários anos de uma crescente e profunda convicção de pecado dada pelo Espírito, Finney experimentou uma clara experiência com Cristo de manhã, e foi cheio do Espírito à noite.

> Fui poderosamente convertido na manhã de 10 de outubro de 1821. Na noite do mesmo dia, recebi fortes batismos do Espírito Santo, que penetraram em mim, como me pareceu, em meu corpo e em minha alma. Eu imediatamente me encontrei capacitado com tal poder do alto que umas poucas palavras ditas aqui e ali a algumas pessoas foram usadas para sua imediata conversão. Minhas palavras pareciam voar como flechas pontudas nas almas dos homens. Elas cortavam como espada. Quebravam corações como martelos. Multidões podem confirmar isso [...].
>
> Esse poder é um grande prodígio. Tenho visto muitas vezes pessoas incapazes de suportar a Palavra. A declaração mais simples e comum tiraria homens de seus assentos como uma espada, esvaziaria suas forças e os faria cair quase incapazes, como mortos. Diversas vezes isso tem acontecido em minha experiência a ponto de não poder erguer minha voz, ou dizer qualquer coisa em oração ou exortação, exceto delicadamente, para não deixá-los sem forças.

O *melhor da espiritualidade* **253**

Esse poder parece algumas vezes envolver o ambiente daquele que está altamente energizado por ele. Muitas vezes um grande número de pessoas em uma comunidade será revestido com esse poder quando o próprio ambiente de todo o lugar parece estar energizado com a vida de Deus. Descrentes que entram e passam por este lugar são instantaneamente golpeados por uma convicção de pecado e em muitas situações convertidos a Cristo.

Quando os crentes se humilham e se consagram renovadamente a Cristo e pedem por seu poder, eles frequentemente receberão tal batismo, de modo que se tornarão instrumentos para a conversão de mais almas em um único dia do que em todo o seu tempo de vida anterior. Ao mesmo tempo que os crentes permanecem humildes o suficiente para continuarem recebendo esse poder, a obra de conversões continuará, até que comunidades e regiões inteiras do país se convertam a Cristo.[1]

Na manhã seguinte à capacitação de Finney com poder, ou ao batismo do Espírito como ele próprio frequentemente o chamava, Deus começou a usá-lo poderosamente. Quase toda pessoa com quem Finney conversava naquele dia era dominada por uma forte convicção de pecado e então, ou mais tarde, encontrava o Senhor. Ele deixava seu escritório de advocacia para conversar com as pessoas sobre a salvação. Ele ganhou para Cristo um universalista e um fabricante de bebidas alcoólicas naquele dia. A Palavra se espalhou pela cidade e, apesar de nenhuma reunião ter sido anunciada, a maioria das pessoas se reuniu na igreja naquela noite. Ninguém falou; então, finalmente Finney se levantou e deu um testemunho. Muitos foram imediatamente convencidos do pecado. Desde então uma reunião teve lugar todas as noites, por algum tempo, e todos, exceto uma pessoa dos antigos conhecidos de Finney, e muitos outros da cidade ou de lugares vizinhos encontraram o Senhor.

Logo depois, Finney começou a jejuar e a orar, e as reuniões continuaram. Certo dia, quando se aproximava do prédio da igreja, a "luz perfeitamente inefável" de Deus brilhou de tal modo em sua alma que quase o deixou prostrado. Ela lhe pareceu mais brilhante que o sol do meio-dia e lembrou-lhe a conversão de Paulo no caminho de Damasco. Muitos foram salvos, alguns foram curados no corpo, e Finney aprendeu o significado de esforçar-se em oração pelos perdidos. Isaías 66.8 foi repetidamente impresso em seu coração por Deus: *Mas logo que Sião entrou em trabalho de parto, deu à luz seus filhos.*

---

[1]Smith, *Passion for souls*, p. 37-38.

254 Coração em chamas pelo Espírito

Após sua ordenação em 1824, Finney realizou sua primeira reunião regular em Evans Mills, Nova York. Por várias semanas ele pregou sem obter resultados. Em um dos cultos ele exigiu que a congregação se posicionasse contra ou a favor de Cristo, o que os deixou irritados. Finney gastou o dia seguinte em jejum e oração. Naquela noite um sentimento incomum de unção e poder veio sobre ele e uma onda de arrependimento invadiu as pessoas. Por toda a noite pessoas lhe pediam que ele viesse orar por elas. Até mesmo ateus empedernidos se arrependeram e foram salvos.

Daquele momento em diante, com crescente poder e resultados ele pregou o evangelho por todos os Estados Unidos e mais tarde na Inglaterra. Algumas vezes o poder de Deus veio de tal maneira sobre os cultos que quase toda a congregação caía de joelhos e orava, enquanto alguns prostravam-se no chão. Às vezes o poder de Deus vinha tão fortemente sobre ele que Finney sentia-se quase erguido do chão, sobre seus pés. Outras vezes parecia-lhe que "uma nuvem de glória" descia sobre ele enquanto ministrava.

Frequentemente em cidades e vilarejos onde ele ministrava uma solenidade divina, uma santa serenidade cobria aquela área de tal maneira que até os descrentes a percebiam. Às vezes descrentes sentiam-se profundamente convencidos de seus pecados tão logo entravam na cidade.

Em uma das cidades do estado de Nova York, tão logo Finney pregava contra o pecado e a descrença, em quinze minutos uma solenidade maravilhosa da parte de Deus "parecia ter se estabelecido sobre eles. A congregação começou a cair de seus assentos em todas as direções e a gritar por misericórdia. Se eu tivesse uma espada em cada mão, não poderia cortar na velocidade como eles caíam. Quase todos estavam ou de joelhos ou prostrados".

Em 1826, em Auburn, Nova York, alguns dos professores no seminário teológico tornaram-se hostis a seu ministério. Eles escreveram aos pastores em lugares onde Finney não havia pregado. Como consequência, muitos passaram a se opor a esse ministério de reavivamento. Espiões foram enviados para tentar encontrar algo que pudesse ser usado para prejudicar sua influência.

Certo dia, quando Finney estava orando o dia inteiro, como ele fazia regularmente, Jesus lhe apareceu em uma visão. "Ele aproximou-se tanto de mim enquanto eu me entregava à oração que meu corpo literalmente tremeu. Eu tremia da cabeça aos pés sob o sentimento da presença de Deus." Finney descreveu a experiência como se estivesse no topo do monte Sinai com seus relâmpagos.

Contudo, em vez de desejar fugir, ele aproximou-se cada vez mais de Deus. Como se a presença de Deus o preenchesse, Finney sentia um "indescritível

O *melhor da espiritualidade*   **255**

assombro e tremor", como Daniel (Dn 10.8-11). Deus concedeu-lhe promessas especiais, assegurando-lhe que nenhuma oposição prevaleceria contra ele e que ele não tivesse nenhum outro sentimento senão o de amor e de bondade em relação aos ministros que se lhe opunham. Finney estava tão santificado em sua alma que nunca sentiu qualquer hostilidade para com seus opositores.

Em alguns momentos Deus dava a Finney instruções detalhadas sobre o que dizer e sobre como abordar indivíduos aparentemente impossíveis de evangelizar e, então, o Espírito vinha sobre eles com convicção de pecado e salvação. Ele sentia-se constantemente guiado a ir ou a evitar lugares para ministrar.

O poder de Deus que vinha sobre as pessoas sob o ministério de Finney não era devido à sua presença, mas à presença do Espírito. Pessoas alcançadas por Deus durante um culto frequentemente continuavam debaixo da mão maravilhosa do Espírito depois de voltarem para casa. Até completarem seu arrependimento, restituição e confissão, elas achavam ser praticamente impossível retornar às suas responsabilidades normais.

Um conhecido empresário em Auburn fazia forte oposição à experiência cristã de sua esposa e não lhe permitiu frequentar as reuniões por alguns dias. Uma noite antes do culto ela orou intensamente, e quando seu marido chegou ele anunciou que a levaria à reunião. Sua intenção era ver coisas que pudesse ridicularizar e se opor.

Finney não sabia de nada disso, mas cedo no culto Deus lhe deu um texto: *Deixe-nos a sós!* (Mc 1.24) e ungiu-o com um poder especial enquanto ele pregava. De repente o empresário deu um grito e caiu de seu assento. Finney interrompeu sua pregação e aproximou-se dele. O homem recobrou parte de sua força, deitou sua cabeça no colo de sua esposa, chorando como criança, e confessou os seus pecados. As pessoas começaram a chorar por toda a igreja. Finney encerrou o culto.

O homem precisou ser ajudado para chegar em casa. Imediatamente ele dirigiu-se a seus antigos companheiros de pecado e confessou seus pecados a eles e os advertiu de *fugir da ira futura* (Mt 3.7). Por diversos dias ele permaneceu tão dominado pelo poder de Deus que não conseguia sair de casa, mas continuou pedindo que pessoas o visitassem, confessando seus pecados e pedindo perdão, e exortando as pessoas a que fossem salvas. Ele se tornou, com o tempo, um presbítero ativo na igreja presbiteriana.

Por outro lado, por vezes Deus usava a presença física de Finney para trazer as pessoas a Cristo. O poder de Cristo estava tanto sobre ele e uma santa influência para Deus parecia emanar dele de tal maneira que as pessoas eram

256 Coração em chamas pelo Espírito

rapidamente levadas a Cristo. Parecia que a chegada de Finney era tão acompanhada da presença do Senhor que os não salvos eram tocados pelo Espírito de Deus. Até o final de sua vida, não apenas reavivamentos aconteciam em quase todos os lugares por onde ele começava a trabalhar, mas com frequência a salvação chegava aos lares das pessoas a quem Finney visitava.

Certa noite eles chegaram a Bolton, na Inglaterra. Seu anfitrião havia convidado algumas pessoas para conversar e orar. A sra. Finney percebeu que uma mulher estava profundamente tocada, pegou-a pela mão e pediu a Finney que se aproximasse. Em poucos minutos ela estava regozijando-se em Cristo, e a face da mulher brilhava com sua nova experiência em Cristo.

Durante seu ministério em *New York Mills*, ele visitou uma fábrica de tecidos de algodão. Ao entrar, uma jovem que tentava consertar um novelo quebrado caiu em lágrimas. Outras pessoas na sala perceberam e começaram a chorar, e em poucos minutos quase todos na grande sala estavam chorando.

A convicção vinda do Senhor espalhou-se de sala em sala. O dono da fábrica disse ao superintendente para fechar. Todos os funcionários foram reunidos em uma grande sala e Finney dirigiu-se a eles. O reavivamento veio sobre todos com tamanho poder que em poucos dias quase todos haviam se convertido.

Finney foi convencido a pregar em Rome, Nova York, em um domingo. No dia seguinte, muitas pessoas que se sentiam convencidas do pecado reuniram-se em uma casa, tão profundamente tocadas que após algumas poucas palavras de Finney ele sugeriu que encerrassem o culto. Ele orou "em voz baixa e impassível". Pessoas começaram a chorar e a soluçar. Finney procurou diminuir a emoção pedindo que cada um voltasse para sua casa em silêncio sem dizer qualquer palavra a outra pessoa. Mas elas saíram chorando e soluçando pela rua.

Cedo, na manhã seguinte, ligações de todas as partes da cidade chegaram para ele pedindo que visitasse várias casas para orar por aqueles que estavam profundamente convencidos de seus pecados. Ele e o pastor entrariam em uma casa enquanto os vizinhos se apressariam para entrar também. Durante toda a manhã eles visitaram casa por casa.

No período da tarde, pessoas literalmente corriam de todos os lugares para uma grande sala onde aconteceria o culto. Muitos se converteram, e a reunião durou até a noite. Deus trabalhou tão poderosamente que por vinte dias uma reunião de oração foi realizada todas as manhãs, uma reunião para interessados todas as tardes e um culto todas as noites.

Três homens ridicularizavam o trabalho e passavam o dia bebendo até que um deles caiu morto. Os outros dois ficaram sem palavras. Praticamente todos os advogados, comerciantes, médicos e outros formadores de opinião se converteram; de fato, parecia que quase toda a população adulta de Rome viera a Cristo. Em vinte dias, pelo menos quinhentos se converteram. Um pastor disse: "No que se refere à minha congregação, me parece que o milênio já começou".

COMO O PODER SE MANIFESTAVA

1. *O poder se manifestava pela convicção dada pelo Espírito Santo*. Por meio do ministério de Finney o poder do Senhor se manifestou na forma de profunda convicção de pecado e do reconhecimento da necessidade espiritual. Enquanto normalmente as pessoas pensam que tal convicção faz com que a pessoa perca a vontade de dormir, no ministério de Finney as pessoas eram ainda mais poderosamente dominadas pelo Espírito. Isso não acontecia pelo uso consciente da psicologia ou de qualquer forma de manipulação das emoções. Ao contrário, isso parece ter sido o efeito direto do Espírito sobre as pessoas, geralmente depois de ouvirem Finney falando ou orando.

Com frequência as pessoas perdiam as forças para se sentar, ficar em pé, ou mesmo para falar alto por um período de tempo. Algumas vezes elas caíam no chão; outras vezes elas repentinamente caíam da cadeira. Outras vezes, ainda, homens fortes ficavam tão enfraquecidos que precisavam ser auxiliados por amigos.

Com frequência a convicção dada pelo Espírito feria as pessoas com uma dor interior intensa, com um sentimento de remorso por seus pecados e por terem resistido a Deus. Finney descrevia isso frequentemente em palavras como estas: "A obra era realizada com tanto poder que mesmo algumas poucas palavras em uma conversa podiam fazer com que o homem mais vigoroso se contorcesse em seu assento, como se uma espada tivesse transpassado seu coração [...] a dor produzida quando a palavra era apresentada de forma penetrante em rápidas palavras numa conversa podia criar um tormento que parecia insuportável".

Enquanto Finney pregava durante alguns meses na Filadélfia, em 1829, Deus começou a agir entre os lenhadores que traziam madeira pelo rio Delaware para vender. Muitos encontravam a Deus e depois retornavam pelo rio para suas cidades e começavam a orar pela salvação de outros. Há muitos relatos de dois ou três lenhadores vivendo em pequenos chalés, que não frequentavam qualquer reunião cristã e que conheciam muito pouco sobre Deus. Estes se tornariam repentinamente convencidos de seus pecados em

258 Coração em chamas pelo Espírito

sua moradia, indo em busca e perguntando a outros lenhadores o que fazer, sendo depois maravilhosamente salvos. Mais que cinco mil pessoas num raio de 130 quilômetros se converteram dessa maneira.

2. *O poder de Deus se manifestava por meio de grandes momentos de oração.* Finney se converteu enquanto orava em uma floresta. Naquela noite, enquanto sentava-se junto a uma fogueira, o Espírito o batizou poderosamente e ondas de amor invadiram sua alma repetidamente.

Logo depois, Finney iniciou seu hábito de levantar-se muito antes do nascer do sol para orar. Às vezes outras pessoas se uniam a ele nesses momentos de oração. Com frequência novos convertidos eram dominados por um enorme zelo pela oração. Dois pastores veteranos às vezes deixavam quase todas as suas atividades ministeriais para se dedicarem a orar por meses pelo ministério de Finney.

Quando jovem na fé, Finney frequentemente tinha tais momentos de comunhão com Deus que, conforme dizia, não podiam ser explicados com palavras. Ele frequentemente jejuava, uma prática que caracterizou seu ministério por toda a sua vida. Às vezes o poder de Deus lhe trazia uma preocupação tão grande por outros que ele literalmente gemia em voz alta e profundamente. Durante todo o seu longo ministério, ele com frequência mencionava o fato de dedicar-se a intensos períodos de oração e jejum.

Frequentemente um grande desejo de orar tomava conta dos novos convertidos. Algumas vezes eles oravam por noites inteiras até ficarem fisicamente exaustos pelo fardo de interceder pela salvação dos perdidos. As reuniões de oração se multiplicaram. Às vezes vários convertidos concordavam em perseverar pela salvação de um descrente após outro, e viram muitos se convertendo ao Senhor.

O próprio Finney sentia-se muitas vezes tremendamente incomodado e desafiado a orar com fé. Parecia-lhe que ele havia sido capacitado a orar sem cessar. Ele dizia que o poder de Deus o dominava com um anseio por orar e com fé. Ele falava de ter sido capacitado por Deus para "vestir o cinturão para o poderoso conflito contra os poderes das trevas" a fim de experimentar um derramamento do Espírito. Repetidamente sentia o poder do Espírito vindo sobre ele para interceder por outros.

O efeito do ministério de Finney sobre outros

Por volta de 1830, de acordo com a estimativa do dr. Henry Ward Beecher, pelo menos cem mil pessoas se converteram e foram integradas a igrejas em um ano por meio dos avivamentos e seus efeitos, relacionados com Finney. Provavelmente essa tenha sido a maior colheita já realizada desde o Pentecostes.

Em 1849 Deus começou a usar Finney para realizar reavivamentos em Londres. Às vezes de 1.500 a 2.000 pessoas respondiam ao convite para receber a Cristo. Dez anos depois lhe foi dito que quase todos os convertidos daqueles anos permaneciam firmes.

O grande avivamento que varreu os Estados Unidos em 1858 e 1859 foi às vezes chamado de o reavivamento das reuniões de oração. O dr. Lyman Beecher o chamou de "o maior reavivamento que o mundo já viu" com pelo menos seiscentas mil conversões. Ele foi considerado um resultado direto do ministério de Finney nos anos anteriores, mesmo que ele próprio não estivesse presente normalmente.

O bispo W. A. Candler afirmou que pelo menos um milhão de pessoas se converteram nesse reavivamento. O dr. J. Edwin Orr, historiador de reavivamentos, concorda com o bispo.[2]

A permanência dos resultados do ministério de Finney foi surpreendente. Após o reavivamento em Gouverneur, Nova York, nenhum *show* de dança ou peça de teatro teve lugar durante seis anos. Uma pesquisa acurada revelou que 85% dos convertidos das reuniões de Finney permaneceram firmes no Senhor. Até no ministério de evangelistas como Moody, os que ficaram firmes foram 30%. Não há substituto para o poder do Senhor, como ficou manifesto na vida e no ministério de Finney.

---

[2]ORR, *Evangelical awakening*, p. 35.

CAPÍTULO 10

O poder de Deus no ministério de Duncan Campbell

O reverendo Duncan Campbell, meu querido amigo, pastor da Igreja Livre Unida da Escócia, foi poderosamente usado no reavivamento das Hébridas que teve início em dezembro de 1949 e que continuou por várias ocasiões em sucessivos anos. Talvez nenhum ministro tenha experimentado nesse século manifestações do poder do Senhor tão marcantes. Ele não fazia parte do movimento carismático e não havia ênfase na manifestação dos dons espirituais. Até o dia da sua morte em 1972, ele permaneceu sendo o humilde profeta do Senhor.

Em abril de 1918, sangrando profusamente em virtude de feridas quase fatais em uma das últimas batalhas a cavalo da Primeira Guerra Mundial, Duncan Campbell fugiu a cavalo em busca de tratamento. Ele fez a famosa oração de McCheyne: "Senhor, faze-me o mais santo possível que um pecador salvo possa ser". No mesmo instante ele sentiu o forte poder de Deus como um fogo purificador por todo o seu ser. A presença e o poder de Deus eram tão reais que ele pensou que estava indo para o céu.

Enquanto permanecia deitado em uma maca entre os feridos na Estação Casualty Clearing, ele citou, no dialeto gaélico das terras altas da Escócia, a versão métrica do Salmo 103, tão amada pelos escoceses. Em poucos minutos a poderosa convicção vinda do Espírito Santo caiu sobre outros feridos, e sete canadenses nasceram de novo no mesmo instante. Então um por um deles começou a dar testemunho. Duncan havia descoberto o segredo do poder sobrenatural do Espírito Santo. Daquele momento até sua morte, ele experimentou uma sede consumidora por Deus, por reavivamento e pela manifestação do poder de Deus.

Quando a guerra terminou e ele havia se recuperado totalmente, Duncan começou, nos distritos de Argyllshire, a visitar casa por casa, lendo a Bíblia,

O melhor da espiritualidade **261**

testemunhando e orando com as pessoas. Ele em seguida passou a participar da *Faith Mission Training Home* em Edimburgo para um curso intensivo de nove meses. Em suas tarefas práticas, ele começou a ganhar pessoas para Cristo. Um dia antes de se iniciarem as aulas, Duncan levantou-se e testemunhou que Jesus era o seu amigo mais chegado. O poder de Deus desceu sobre a turma, os estudantes caíram de joelhos, as aulas foram deixadas de lado, e eles oraram por horas. Esse foi o primeiro sinal dos planos de Deus de usar Campbell poderosamente em reavivamentos reais.

Após sua graduação, Duncan, com uma equipe da *Faith Mission*, começou a pregar em escolas e em igrejas do interior. Deus derramou seu Espírito com poder. Um professor foi tão possuído por Deus enquanto pedalava em sua bicicleta que precisou parar e ajoelhar-se à beira da estrada para receber a salvação. Mais de duzentas pessoas começaram a vir aos cultos. Idosos e jovens foram profundamente convencidos de seus pecados e voltaram-se para Cristo.

Ele enfrentou muita oposição quando seu ministério teve início na ilha de Skye. Duncan andava pelas ruas durante a noite pedindo o socorro de Deus. Três jovens mulheres experimentaram um grande desejo de orar e oraram por toda a noite em casa enquanto Duncan fazia o mesmo em um estábulo. Na noite seguinte, o poder de Deus se manifestou nas reuniões. Pessoas eram dominadas a tal ponto pela convicção do Espírito Santo que gemiam clamando por misericórdia. Mais pessoas passaram a vir às reuniões, e o poder de Deus foi sentido por toda a comunidade. Famílias inteiras se converteram.

Duncan ia de um lugar a outro, pregando sempre que possível e orando com as pessoas à beira da estrada, nos montes, casas, ou sempre que as encontrava. Novos convertidos começaram a orar por seus familiares descrentes, e muitos se convertiam. Um deles, voltando da Austrália, foi tocado pelo Espírito ainda dentro do navio e se converteu antes de chegar à Escócia.

Às vezes as pessoas eram atraídas de suas casas pelo forte poder do Espírito e iam a lugares onde alguns da congregação estavam reunidos — até no pátio de uma delegacia de polícia. Deus estava tão presente que as pessoas caíam de joelhos e começavam a orar. Havia vezes em que as pessoas nos cultos se inclinavam diante da maravilhosa presença de Deus, pelo poder do Espírito. Crentes gemiam, e pecadores clamavam por misericórdia.

Durante o avivamento em Barvas, o poder de Deus agiu de tal maneira por toda a comunidade que a maior parte do trabalho secular foi abandonada, e as pessoas buscavam a Deus ao longo do dia em suas casas, estábulos, casebres, estradas e nos campos. Era costume de Duncan levar seu ministério

262 Coração em chamas pelo Espírito

a lugares pelo tempo em que pessoas se convertiam e então mudava-se para outra comunidade.

Durante o avivamento em Lewis, a ilha mais ao norte das Hébridas, parecia que a ilha inteira estava saturada por Deus. Os visitantes eram tocados pelo Espírito antes mesmo de colocarem os pés na ilha. Um homem disse a um pastor local que não havia ido ao culto, mas que não conseguia deixar de se sentir em comunhão com o Espírito Santo. Um jovem motorista parou seu ônibus e apelou aos passageiros para que se arrependessem de seus pecados.

Por vezes o poder de Deus em convencer os pecadores se manifestava sobre as pessoas fazendo-as chorar a ponto de Campbell ter de interromper sua pregação. Ninguém conseguia ouvi-lo. As pessoas começavam a chorar enquanto andavam sozinhas pela rua. Algumas ficavam prostradas pelo poder de Deus quando estavam sozinhas em suas plantações ou em seus teares. Algumas caminhavam pelas estradas à noite, incapazes de dormir por causa de uma profunda convicção de pecado.

Um grupo de cristãos reuniu-se certa noite para orar pelos perdidos e aparentemente indiferentes para com Deus. Por volta da meia-noite, Duncan pediu ao ferreiro do lugar que orasse. De repente a casa inteira tremeu como se houvesse um terremoto. Pratos balançaram e "ondas seguidas do poder de Deus varreram o edifício".[1] O reverendo Duncan Campbell pronunciou a bênção sobre todos. Enquanto deixavam o edifício, toda a comunidade parecia que tinha sido despertada por uma consciência maravilhosa da presença de Deus. Noite após noite as pessoas experimentavam Deus em seu lar.

Em um culto, "com a força de um furacão o Espírito de Deus varreu o edifício". (Um evento quase idêntico aconteceu no ministério de Andrew Murray na África do Sul.) No mesmo instante muitos se prostraram na presença de Deus, enquanto outros choravam ou soluçavam. O efeito se espalhou por toda a ilha, e pessoas até então indiferentes foram ganhas pelo Espírito Santo.[2]

Enquanto Duncan Campbell estava no meio de um culto em um congresso na Irlanda do Norte, o Espírito Santo de repente lhe trouxe à mente o nome da pequena ilha de Berneray na costa de Harris. Isso se repetiu por três vezes nos minutos seguintes. Duncan contou-me que nunca havia visitado a ilha, nunca havia se correspondido com ninguém dali, nem conhecido

---

[1]Woolsey, *Duncan Campbell*, p. 133.
[2]Ibidem, p. 135.

O melhor da espiritualidade **263**

qualquer pessoa do lugar. Imediatamente ele deixou o culto (para consternação do organizador do congresso), pegou suas coisas em seu hotel e saiu rapidamente para o aeroporto.

Quando chegou a Berneray, ele encontrou um presbítero local que havia orado a noite inteira por um reavivamento a quem Deus havia dito que enviaria Duncan Campbell e que agiria por meio dele. O presbítero estava tão convicto da ação de Deus que já havia enviado uma mensagem para toda a ilha, anunciando um culto que aconteceria dentro de poucas horas após Duncan chegar ao local.

Na terceira ou quarta noite em que as pessoas deixavam a igreja, o Espírito Santo repentinamente caiu sobre elas quando chegavam ao portão. Ninguém podia se mexer — tão fortemente elas foram dominadas pelo poder do Espírito e por um tremendo senso da presença de Deus. Duncan chamou-as de volta ao edifício, e um poderoso movimento de Deus teve início. Por toda a ilha vidas foram tocadas e transformadas. Vinte anos depois Duncan soube que aqueles que se converteram durante o reavivamento ainda estavam andando com o Senhor.

Em seus últimos anos de vida, assim como Finney, Duncan dedicou-se à liderança de uma Escola Bíblica. Às vezes os alunos tremiam quando ele abria-lhes a Palavra de Deus. "Havia algo sagrado na maneira como ele usava o nome de Deus, e com frequência o ambiente do céu enchia a sala onde, com reverência e ternura, ele simplesmente dizia 'Jesus'. Nós sabíamos que estávamos em solo sagrado".[3]

Em março de 1960, em uma reunião de oração da escola, Deus repentinamente agiu com poder e "fez em segundos o que outros teriam feito em meses".[4] O poder de Deus estava de tal forma presente que muitos choraram silenciosamente. Uma jovem mulher relatou: "Parecia que, se eu levantasse minha cabeça, veria a Deus". Ondas sucessivas do poder de Deus passaram através da sala. De repente todos os presentes ouviram uma música celestial vinda do céu.

Pelo menos em mais outras duas ocasiões de que temos conhecimento, pessoas presentes com Duncan repentinamente ouviram uma música semelhante cantada por coros celestiais. Certa vez, por volta das 2 horas da manhã, a congregação em uma igreja retirou-se e os membros andaram juntos pelos

[3]Ibidem, p. 172.
[4]Ibidem.

campos até outra igreja onde o Espírito havia atraído outros e repentinamente descido sobre eles. Enquanto caminhavam durante a noite, eles escutaram os corais cantando nos céus, e todas as duzentas pessoas se colocaram de joelhos. A experiência lhes foi sobremodo sagrada.

Apesar de Duncan apreciar todas as manifestações divinas e celestiais, ele não era alguém carismaticamente inclinado. Ele permaneceu como membro da Igreja Presbiteriana Escocesa. Não encorajava as pessoas a buscar manifestações espetaculares. Não queria que as pessoas buscassem emoções em vez da maravilhosa majestade de Deus. Ele havia recebido um poderoso enchimento do Espírito Santo e vivia na plenitude do Espírito. Mas cria que a coisa mais importante para qualquer pessoa era ter a silenciosa influência de sua personalidade cheia com a plenitude de Deus.

Certo dia em Lisburn, Irlanda do Norte, o coordenador do congresso no qual Duncan falava estava sozinho na sala de jantar quando ele sentiu "o brilho da presença do Senhor" transformando todo o ambiente. Ele se sentiu tão indigno de estar em tamanha manifestação maravilhosa da presença de Deus que retirou-se para o jardim, onde permaneceu chorando silenciosamente. Então Duncan surgiu — sua face brilhava enquanto compartilhava sobre uma promessa que o Senhor havia acabado de lhe dar, sobre bênçãos derramadas.

Por todo o dia a presença de Deus manteve-se perto. No culto à noite, após a mensagem final e a bênção, a organista sentiu-se tão dominada pela presença de Deus que seus dedos ficaram sem forças para tocar o teclado e executar o poslúdio. A congregação inteira estava tão dominada pelo poder de Deus que todos permaneceram sentados em santa quietude, e por meia hora ninguém se moveu. Então alguém começou a orar e a chorar. Quatro pessoas testemunharam mais tarde terem escutado sons indescritíveis vindos dos céus.

Sentar-se ao lado de Duncan Campbell e ouvi-lo recontar humildemente algumas de suas experiências sobre o agir sobrenatural de Deus — até mesmo apontar para o ponto onde nos sentamos quando ele nos contou o que Deus havia feito naquele mesmo lugar — ou ouvi-lo contar essas histórias a um grupo de pastores, a meu pedido, algumas dessas tremendas experiências da presença e do poder de Deus, fez-me sentir o coração reavivado e vislumbrar mais uma vez o fato de que temos aprendido apenas as primeiras letras de tudo o que Deus anseia fazer por nós.

CAPÍTULO 11

Você necessita de novas experiências de poder

Quanto mais você experimentar o poder de Deus trabalhando em sua vida e por meio de seu ministério, mais sentirá sua repetida necessidade de um novo toque do Espírito. O Espírito Santo o guia a essa profunda consciência e à alegria de saber da disponibilidade do Espírito a você.

Quando ele nos enche, isto é, tem o completo senhorio em nossa vida, ele nos purifica e nos concede poder para sermos vitoriosos em nossa vida cristã. Como diz a canção *gospel*: "Seu poder pode transformá-lo na pessoa que você deveria ser". Mas no serviço de Deus, de fato, no viver cristão dinâmico da vida cheia do Espírito, você necessitará de novos enchimentos, novas capacitações, novas unções, novos derramamentos do Espírito, de tempos em tempos.

No livro de Atos, os 120 discípulos nascidos de novo que se reuniam no cenáculo foram todos cheios do Espírito Santo no Pentecostes (At 2.4). Mais tarde, Deus usou a Pedro e a João para curar um homem paralítico de nascença, que costumava pedir esmolas diariamente à porta do templo. Uma grande multidão se reuniu, e Pedro pregou a elas, e outros dois mil novos crentes foram acrescentados. O Sinédrio ameaçou a Pedro e a João e ordenou-lhes que não falassem novamente no nome de Jesus.

O grupo de líderes da igreja foi orar. O Espírito Santo veio sobre eles. O lugar em que eles estavam reunidos foi sacudido por um poderoso terremoto, e nós lemos: *ficaram todos cheios do Espírito Santo* (At 4.31). Muitos desses, senão todos, estiveram presentes no dia de Pentecostes e foram todos cheios do Espírito naquela ocasião. Graças a Deus, uma vez que alguém se rende totalmente ao senhorio de Cristo por meio do Espírito, essa pessoa pode ser cheia outras e outras vezes, tantas quantas forem necessárias.

266 Coração em chamas pelo Espírito

O Espírito poderosamente ungiu Estêvão enquanto este falava ao Sinédrio (At 6.10) e encheu-o enquanto ele estava sendo apedrejado até a morte (At 7.55). Enquanto Pedro pregava a Cornélio e sua família, o Espírito veio sobre eles (At 11.15).

Quando Ananias impôs as mãos sobre a cabeça de Paulo e orou, o Espírito Santo encheu Paulo (At 9.17). O Espírito Santo o encheu quando ele confrontou o mágico Elimas (At 13.9). Quando ele orou pelos discípulos de Éfeso, o Espírito Santo veio sobre eles (At 19.6). Em Antioquia, após o ministério de Paulo, o relato foi que *os discípulos, porém, estavam cheios de alegria e do Espírito Santo* (At 13.52).

É espiritualmente natural para o Espírito Santo vir sobre os filhos de Deus vez após vez, uma vez que eles tenham sido inicialmente cheios de sua presença e de seu poder. Sempre que novos momentos de necessidades especiais surgem, o Espírito está disponível para capacitar e encher novamente. Deus se alegra em nos ungir, em nos capacitar, e faz com que seu Espírito flua por meio de nós para servir outras pessoas em suas necessidades. À medida que caminhamos próximos de Deus em obediência à sua vontade e à medida que buscamos a sua face para receber nova capacitação, recebemos pela fé novos derramamentos sobre nós.

Diz o dr. Martyn Lloyd-Jones: "Esse 'acesso de poder', ou, se você prefere, essa 'efusão de poder' sobre os pregadores cristãos não é algo que acontece 'uma vez por todas'; ela pode ser repetida, e repetida, e repetida muitas, muitas vezes".[1]

Com frequência esses novos derramamentos, novas unções, não são acompanhados por qualquer evidência visível, ou mesmo por fortes emoções. O Espírito Santo é uma santa *Pessoa*, e não uma santa emoção. Mesmo assim, à medida que essa santa Pessoa trabalha em nós, ela nos comunica seu santo poder, sua divina adequação, a nós, de modo que experimentamos uma nova força interior, uma nova capacitação acima de nossos próprios recursos, um sentimento de autoridade espiritual especial e de fé, e reconhecemos uma nova efetividade que devemos creditar inteiramente ao Espírito, e não a nós mesmos.

Por outro lado, essa consciência da mão de Deus sobre nós, nos dando um novo poder e uma nova capacidade, nos traz uma profunda alegria interior, um sentimento envolvente de que descansamos na fidelidade de Deus, uma

---

[1]Lloyd-Jones, *Preaching and preachers*, p. 38.

O *melhor da espiritualidade* **267**

paz permanente que está além de nossa capacidade de descrever. Nesse sentido, ela toca profundamente nossas emoções. Ela pode encher nossos olhos com lágrimas de humildade e alegria, ao reconhecermos que somos indignos. Ela pode nos encher de um profundo e santo entusiasmo por aquilo que Deus pode fazer e por nossa expectativa crescente acerca do que ele fará. Ela pode encher nossos lábios de louvor e nosso coração de canções.

Sim, a santa Pessoa, a terceira Pessoa da Trindade, à medida que habita em nós, afeta profundamente nossa vida interior. Ele não é uma emoção superficial, criada por cantarmos refrões vez após vez, ou por agitarmos nossas mãos ou gritarmos louvores. Mãos santas podem ser erguidas com fé e em oração a Deus, santos louvores podem ser falados e cantados. Mas essas coisas ocorrem não por causa do zelo humano, mas com o transbordar de um coração que se gloria na presença de Deus, de sua bondade e graça.

As emoções mais profundas são geralmente as que nos tocam de um modo mais particular e sem alarde. Algumas vezes a presença de Deus é tão doce ou tão maravilhosa que nós quase hesitamos se deveríamos nos mover ou falar. Em outros momentos, ainda, conhecidos líderes de Deus, assim como santos anônimos, começaram espontaneamente a cantar, louvar a Deus ou a exclamar em voz alta "glória a Deus", "louvado seja o Pai, o Filho e o Espírito", "obrigado, Jesus" ou outras exultações espontâneas.

O poder não é uma emoção; o poder vindo de Deus é uma força e uma capacitação interior. O poder é uma concessão divina de uma santa dinâmica interior (na realidade, *dunamis* é a palavra grega da qual derivam palavras como "dinâmica", "dinamite" e "dínamo"). Louvado seja Deus, pois com frequência é possível reconhecer quando ele concede seu poder especial ao nosso esforço indigno.

Essa santa consciência foi frequentemente sentida por Wesley, por muitos de seus líderes do início do metodismo e por Charles G. Finney durante seus anos de ministério. Essa tem sido a experiência comum de muitos servos de Deus não tão conhecidos. Eu acredito que você saiba por experiência sobre o que estou escrevendo e que o seu próprio coração testemunha que, mesmo se sentindo na maior parte das vezes indigno, ainda assim Deus se faz verdadeiramente presente em sua liderança e em seu ministério. Essa é uma experiência da qual nunca devemos nos vangloriar e que deveríamos raramente mencionar, mas que necessitamos repetidamente em nosso serviço a ele.

Em alguns momentos essa capacitação especial do Senhor vem sobre um grupo de pessoas ao mesmo tempo, conforme registrado no livro de Atos.

268 Coração em chamas pelo Espírito

Quase simultaneamente muitos sentem uma proximidade fora do comum de Deus, ou o revestimento da presença de Deus que desce sobre uma reunião do povo de Deus. Outras vezes experimentamos um profundo e maravilhoso senso da majestade e da santidade de Deus que resulta em uma santa quietude. Essa tem sido uma experiência frequente ao longo dos séculos entre os filhos de Deus de diversos panos de fundo denominacionais.

É possível que na maior parte das vezes essa capacitação tenha se manifestado na forma de uma experiência pessoal e particular. Assim como Paulo esteve relutante em mencionar com frequência suas mais profundas experiências com Deus, mesmo constantemente falando do poder de Deus, você também desejará o equilíbrio de não querer chamar a atenção para si mesmo, de não se orgulhar porque a mão de Deus está sobre você, enquanto, ao mesmo tempo, continuará testemunhando constantemente sobre a presença e o poder de Deus, de modo que Deus receba toda a glória.

CAPÍTULO 12

Você carece de poder espiritual?

Muitos líderes cristãos poderiam estampar estas palavras: FALTA PODER. Por que muitos pastores e líderes leigos possuem uma vaga e desconfortável sensação de que falta algo em sua liderança? Eles receberam treinamento adequado; eles realizaram toda a preparação necessária; eles trabalharam fielmente e duro. Mas todas essas coisas permanecem em grande parte em um nível humano.

Se você depender do treinamento, realizará aquilo que o treinamento pode fazer. Se você depender de habilidades e do trabalho duro, obterá os resultados que as capacidades e o trabalho duro e fiel são capazes de realizar. Quando você depende de comitês, consegue o que comitês são capazes de fazer. Mas, quando você depende de Deus, consegue o que Deus pode fazer.

A obra de Deus merece o melhor de nós, mas a obra de Deus exige mais do que aquilo que podemos dar de melhor em termos humanos. A obra de Deus exige sempre o seu toque sobrenatural acrescentado ao nosso melhor, do ponto de vista humano. A obra de Deus é um trabalho cooperativo no qual ele nos chama para ser seus colaboradores. Nossa parte é darmos nosso melhor em termos de nossa personalidade e esforços humanos. A parte de Deus é suprir o Espírito Santo em toda a sua eficiência e em todo o seu poder.

Mas nós corremos o risco de ser mais bem treinados e equipados em nível humano do que somos capacitados pelo Espírito, de ser mais habilidosos e mais experientes do que ungidos pelo Espírito. Podemos ser treinados para ser aptos em nossa liderança, habilidades e administração. Mas não podemos ser treinados para ser ungidos ou cheios de poder. Estes são elementos divinos.

É possível que a maior carência da maioria da liderança e do ministério cristão seja desta bênção divina, da capacitação do Espírito com poder.

Tentamos realizar a obra de Deus dependendo de Deus apenas em teoria, mas de fato dependendo primeiramente de nós mesmos — de nosso treinamento, de nossa personalidade, de nossas experiências passadas, de nosso conhecimento e de nossos esforços sinceros.

Talvez a maior e mais revolucionária mudança que poderia acontecer em sua liderança seja você receber e continuamente experimentar a dimensão divina. Uma vez que você a recebe e experimenta a diferença que ela faz, não mais desejará ministrar sem ela. É necessária a recepção inicial, o revestimento inicial do Espírito (Lc 24.49), mas você precisa também aprender a receber sua renovação dia após dia.

Não permita que seja dito sobre você, como Paulo perguntou aos gálatas: *sois tão insensatos assim, a ponto de tendo começado pelo Espírito, estar agora vos aperfeiçoando pela carne?* (Gl 3.3). O esforço humano é a vontade de Deus para você; mas é vontade dele que você seja cheio de poder por meio do Espírito para esse esforço.

Deus tem preparado toda provisão para que você tenha o necessário da presença e do poder do Espírito Santo que necessita para viver e servir a Deus de modo efetivo. Ele jamais teve a expectativa de que você dependesse exclusivamente de seus próprios esforços e recursos. Ele não esperava que os apóstolos e os primeiros discípulos o fizessem.

Por que Jesus disse a seus líderes escolhidos para não começarem a testemunhar e a ministrar imediatamente após a sua ascensão? Ele havia estado com eles por três ou mais anos. Ele os havia treinado cuidadosamente. E ele não lhes havia concedido autoridade para representá-lo e proclamar sua mensagem? Ele não lhes havia concedido autoridade para usar seu nome e expulsar demônios? Ele não se havia alegrado imensamente pela maneira como Deus os estava usando (Lc 10.17-21)?

Era, porém, importantíssimo que eles fossem agraciados com o poder do Espírito de modo que estivessem especialmente equipados para o trabalho que a partir de então se tornaria sua missão por toda a vida. "Não deixem Jerusalém e comecem o seu trabalho", ordenou Jesus. "Não comecem a correr e a se ocupar com tarefas para mim por enquanto! Esperem pela capacitação do Espírito. Coloquem o Espírito em primeiro lugar no ministério de vocês."

Essa é uma lição que todos nós precisamos aprender vez após vez. Ore e clame a Deus até que ele lhe dê sua mensagem, a mensagem que ele tem para as pessoas. Então ore e de todo coração busque a presença de Deus em seu serviço. Também ore, deseje intensamente e confie em Deus para receber sua unção especial à medida que você lidera ou ministra.

Não planeje e depois peça a Deus para abençoar seu plano. Busque seus planos por meio da orientação de Deus. Não se prepare e depois peça a Deus para abençoar sua preparação. Primeiro, peça a Deus que prepare você. Primeiramente, peça a Deus que o guie — não com uma oração de dez segundos, mas tire tempo para buscar a face de Deus. Então peça que Deus lhe dê unção e o capacite ao ministrar em seu nome.

Aqueles que recebem bênçãos renovadas em seu próprio coração antes de liderar, falar ou cantar no serviço a Deus em qualquer ocasião em particular virão o Espírito descendo com bênçãos sobre as pessoas, ao ministrarem. Aqueles que lideram de forma autossuficiente, sem receberem uma unção renovada do alto, podem apresentar uma mensagem bonita, uma canção ou outro ministério, mas serão espiritualmente estéreis. A esterilidade espiritual é uma tragédia permanente em grande parte do serviço cristão. Ela pode ser intelectualmente estimulante, emocionalmente comovedora, e receber aplausos das pessoas, mas os resultados espirituais a longo prazo serão mínimos. Nossos cultos e todos os tipos de atividades que fizermos para Deus raramente serão melhores do que nossa preparação espiritual.

Aqueles que ministram de alguma maneira, após uma cuidadosa preparação do coração e com a consciência de um toque renovado de Deus sobre eles, terão um desempenho não menos aceitável. Mas eles experimentarão a dimensão divina sobre seu ministério e sobre sua liderança. Aqueles que os ouvirem perceberão o toque de Deus sobre seu falar, música, mensagem ou qualquer outra forma de atividade relacionada à liderança. Ao reconhecerem o toque de Deus, eles estarão mais atentos, mais receptivos, mais tocados pelo Espírito, e experimentarão um benefício espiritual mais duradouro.

O fato de que o toque especial de Deus está sobre você quando aconselha alguém hoje não é garantia de que o mesmo toque estará sobre você amanhã. Mesmo que você tenha recebido uma forte unção em um culto, isso não significa que experimentará a mesma unção na próxima vez. Você não é tão "favorito" para Deus a ponto de ser abençoado por ele independentemente do que fizer, se você não anseia e busca seu favor constantemente. Não pense que o poder de Deus já está garantido.

A vida cristã é uma vida de fé, e o ministério cristão é uma atividade na qual nós constantemente nos apropriamos, pela oração e pela fé, do ministério do Espírito Santo. Uma pessoa espiritualmente impertinente lidera,

272 Coração em chamas pelo Espírito

diariamente, e às vezes a cada hora, sem apropriar-se da capacitação e do poder de Deus.

Experimentamos pouco do toque de Deus em nossa vida porque pedimos por isso de modo apenas casual e superficial. Reconhecemos que seria bom se Deus abençoasse nossos esforços e planos. Mas se não, ficamos contentes de seguir em frente em nossa própria força como temos feito tantas vezes. Temos a tendência de nos preocuparmos mais em realizar nossa tarefa com credibilidade do que com a ação poderosa de Deus em nossos esforços. Temos a tendência de nos preocupar mais com o nosso sucesso do que com a capacitação de Deus.

De fato, alguns de nós temos experimentado tão raramente essa nova dimensão que o Espírito Santo pode conceder que dificilmente entendemos o que Deus anseia por fazer em nosso ministério. Temos medo de que isso se torne fanatismo. Longe disso! Quando Deus veio sobre Jonathan Edwards com poder até os membros da congregação se agarrarem em seu assento e nos pilares da igreja por medo de caírem no inferno. Estava Edwards andando para a frente e para trás na plataforma pregando? De modo nenhum. Ele estava lendo a sua mensagem, segurando suas anotações a trinta centímetros de distância de seus olhos por causa de sua visão ruim, e falando normalmente, como em uma conversa. Sentir emoção ou falar em voz alta não é equivalente ao poder do Espírito.

A voz mais suave, destituída de emoção, mas cheia do poder do Espírito pode obter resultados espirituais muito maiores do que uma apresentação retórica de alto nível. Você pode trabalhar as emoções das pessoas "psicologicamente", mas não pode manipular o Espírito de Deus. Somente quando nós mesmos somos tocados pela mensagem de Deus e sentimos a profunda obra do Espírito Santo dentro de nós — seja em total quietude, seja sentindo uma emoção profunda —, as pessoas presentes se sentirão tocadas pelo Espírito quando falamos, cantamos ou lideramos.

Do nosso interior, disse Jesus, *fluirão rios de água viva* (Jo 7.38). Ao dizer isso, João acrescenta, Jesus falava acerca do Espírito. Mas somente há o fluir dessa fonte de vida quando existe um copioso fluir do Espírito dentro de nosso próprio ser. Sem o fluir interior, não há o fluir exterior. Simples assim.

Líderes cristãos com alma árida não experimentarão o fluir da água viva. Viver uma experiência mínima do Espírito Santo não resultará no transbordar de bênçãos espirituais para outros. Bênçãos espirituais vêm somente do fluir do Espírito para dentro e por meio de sua personalidade. Essas fontes de bênçãos fluem de sua vida? Você não poderá abençoar outras pessoas mais do que você mesmo é abençoado.

Se você sente a falta do poder do Espírito em sua vida e em seu ministério, por que não se determina a buscar em Deus por sua resposta? Não há carência de poder com Deus. Quando Deus derramou o Espírito Santo sobre os setenta anciãos de Israel, assim como havia feito com Moisés, Moisés disse: *Quem me dera todos os membros do povo do Senhor fossem profetas, que o Senhor colocasse neles seu Espírito!* (Nm 11.29).

Deus deseja conceder de seu Espírito abundantemente a todos os seus filhos, especialmente a todos aqueles que são líderes. Você anseia e deseja tão profundamente a presença e o poder do Espírito tanto quanto Deus anseia por concedê-los a você?

CAPÍTULO 13

O poder espiritual esgotado
pode ser renovado

Quando o Espírito Santo nos enche, ele concede pureza e poder. À pessoa que se consagra totalmente como um sacrifício vivo em absoluta rendição (termos que Andrew Murray amava usar), e que pede e confia no enchimento do Espírito, é dada uma nova dimensão da vida espiritual. O Espírito Santo limpa e torna uma pessoa pura em seu íntimo em um grau que ela jamais conheceu anteriormente, e no mesmo momento a enche com um poder divinamente muito maior.

Depois que alguém é cheio do Espírito Santo, enquanto caminha na luz da Palavra, guiado pelo Espírito, ele busca constantemente agradar ao Senhor. Momento a momento ele depende do Espírito que habita nele, e o Espírito o capacita a vencer a tentação. Por meio da ajuda do Espírito, a pureza pode ser preservada. Em certo sentido, nós podemos nos manter puros (1Tm 5.22) por meio da obediência cuidadosa ao Espírito (1Jo 3.3), ao testarmos todas as coisas, retendo o que é bom e rejeitando o que é mau (1Ts 5.21,22). Desse modo, colaboramos para nos mantermos livres da corrupção e das marcas do pecado (2Pe 3.14).

Contudo, o poder espiritual é diferente. O poder espiritual não pode ser preservado indefinidamente. O poder do Espírito é a energia dele fluindo para dentro e por meio de nosso espírito. Energia é algo que se esgota. O poder precisa ser renovado. Esse segredo espiritual é belamente simbolizado em Zacarias 4.

Deus havia concedido uma visão importante a Zacarias, para fortalecer e encorajar os dois líderes ungidos por Deus que estavam reconstruindo o templo depois do cativeiro — Josué, o sumo sacerdote, e Zorobabel, o governador. Uma forte oposição havia atrasado a obra por vinte anos.

O melhor da espiritualidade **275**

Deus usou simbolismo para ilustrar e confirmar sua mensagem principal: *Esta é a palavra do Senhor* [...] *não por força, nem por poder, mas pelo meu Espírito, diz o Senhor dos Exércitos* (Zc 4.6). Deus mostrou a Zacarias uma visão de um candelabro de ouro que fornecia luz por meio de vasilha que canalizava o óleo de oliva para sete lâmpadas (que simbolizavam a plenitude da luz). O suprimento de óleo para a vasilha vinha de dois canos de ouro que recebiam o óleo de uma oliveira viva. As lâmpadas queimavam e iluminavam à medida que o óleo fluía.

O poder do Espírito é o mais essencial para realizarmos a obra de Deus, mas ele se gasta pelo uso. Não podemos ministrar hoje com o poder de ontem. Não podemos alcançar o propósito pleno de Deus baseados em lembranças de bênçãos e de poder do passado. Deus não nos quer vivendo do passado, mas em uma apropriação momento a momento de seu poder.

Haverá raras ocasiões em que Deus nos usará apesar de nós mesmos. Essa foi provavelmente a maneira como ele usou eventualmente Sansão, Balaão e o rei Saul. Mas a regra de Deus é que nós só podemos doar aquilo que recebemos. Deus deseja que sejamos diariamente capacitados para que possamos ser diariamente úteis para a sua glória. Deus nos perdoe se as únicas vezes em que ele nos usa poderosamente são aquelas em que ele se sente compelido em trabalhar apesar de nossa condição espiritual.

COMO O PODER ESPIRITUAL É ESVAZIADO OU PERDIDO

Jesus Cristo não iniciou seu ministério até ter recebido uma porção especial do poder do Espírito Santo. Ouça suas palavras: *O Espírito do Senhor está sobre mim, porque me ungiu para anunciar boas novas* (Lc 4.18). Pedro resumiu o ministério de Cristo, ao dizer: *Deus o ungiu com o Espírito Santo e com poder* (At 10.38). Jesus usou o mesmo poder em seu ministério terreno que nós precisamos usar hoje — o poder do Espírito. Ele escolheu primariamente não ministrar por meio de sua divindade inerente, mas por meio da unção do Espírito.

Lucas 6.19 explica: *E toda a multidão procurava tocá-lo, porque dele saía poder que curava a todos*. Este era o poder do Espírito. Quando a mulher que havia sofrido por doze anos tocou na orla das vestes de Jesus, ele disse: *Alguém me tocou; pois percebi que saiu poder de mim* (Lc 8.46).

O que é verdade em relação a Jesus, é verdade em relação a você. Ao ministrar às pessoas, você gasta poder espiritual. Se você deseja ser usado por Deus, se deseja sarar as feridas da humanidade, o poder de Deus precisa estar sobre você continuamente e fluir por meio de você.

276   Coração em chamas pelo Espírito

1. *Poder espiritual é naturalmente despendido por meio de seu ministério.* Quanto mais você ministra, mais precisa que seu poder seja renovado. Quanto mais ocupado você se torna, mais precisa que seu poder seja renovado, mais precisa de renovação e de reposição espiritual. O que você experimenta não se trata apenas de cansaço mental ou de exaustão física. Sem renovação espiritual, você se tornará alguém espiritualmente "ultrapassado".

Certa vez, quando perguntaram a Lutero sobre seus planos para o dia seguinte, ele respondeu: "Trabalhar e trabalhar do início ao fim do dia. De fato, eu tenho tanta coisa para fazer que gastarei as primeiras três horas em oração". Ter um ministério ocupado sem ter tempo adequado de oração e de renovação espiritual conduz à perda de poder espiritual. A recarga não consegue suprir o gasto de energia. Você tem se doado às pessoas com tanta constância a ponto de sentir-se espiritualmente esgotado? No passado você conheceu mais do poder de Deus e mais de sua unção sobre sua vida do que tem conhecido nestes dias?

2. *Poder espiritual é despendido pelo envolvimento em questões que não são espirituais.* Vivemos em um mundo basicamente secular. Não somos uma ilha, mas vivemos com todo tipo de associação com pessoas. Deus não deseja que vivamos como reclusos, que nos isolemos das influências contaminadoras da vida. Devemos ser luz e sal em nosso mundo. Mas a fonte da luz se gasta pela queima, e o sal é gasto pelo uso.

Não há nenhum conflito entre trabalho e espiritualidade. Pessoas que trabalham duro são os melhores trabalhadores cristãos e os melhores guerreiros de oração. Muitas pessoas são preguiçosas demais para serem grandemente abençoadas. Elas não sabem como pagar o preço da autodisciplina para encontrar tempo para a Palavra de Deus e para a oração. Elas permitem que quase qualquer coisa tenha prioridade sobre sua renovação espiritual. Elas não aprenderam a lição de Zacarias 4. Elas tentam ser bem-sucedidas baseadas em seu próprio poder em vez de no poder do Espírito de Deus.

Existe, em muitos tipos de trabalho, oportunidades maravilhosas para momentos de oração breves, de louvor, de comunhão espiritual e de expressões de amor pelo Senhor. Mas muito frequentemente vivemos como se o Senhor não estivesse junto de nós. Nós o ignoramos. Enchemos nossa mente com fantasias, autocomiseração e planos que nós mesmos criamos. Podemos investir em momentos com Deus enquanto tomamos banho, nos arrumamos, caminhamos, dirigimos ou realizamos uma centena de atividades, se simplesmente assim desejarmos.

O melhor da espiritualidade   **277**

Existem, porém, atividades e ambientes em que isso se torna mais difícil. A atmosfera em alguns lugares não estimula uma atividade espiritual e pode ser até mesmo antiespiritual. Você não pode respirar da atmosfera do barulho, da leviandade, da malícia, das piadas sujas, do materialismo ou da blasfêmia do nome de Deus sem que isso deixe de ter efeito sobre você — a menos que você se volte constantemente para o Senhor. Você começará a sentir a perda gradual de poder espiritual. Como Ló (2Pe 2.7), você se sentirá constantemente abalado e quase sempre em sofrimento.

Você precisa de tranquilidade interior para experimentar comunhão e renovação espiritual. Algumas pessoas estão tão acostumadas a se entreter com rádio ou televisão que dificilmente sabem como usar um tempo tranquilo para sua renovação espiritual e interior. Nos tempos bíblicos, o sacerdote se lavava antes de ministrar na tenda ou no templo. Nós também precisamos tomar "banhos espirituais", ou pelo menos poder "lavar o rosto", por assim dizer, tendo momentos frequentes com o Senhor.

3. *A falta de unidade com outros cristãos desgasta nosso poder espiritual.* Davi diz que a unidade, como o orvalho celestial, traz renovação espiritual e bênção (Sl 133.3). A desunião opera o contrário. Ela exaure a alma, resseca a vida espiritual e faz evaporar a renovação e o entusiasmo espirituais. Dissipamos o poder de Deus por meio de atitudes críticas, ressentimentos, falta de perdão e amargura de coração.

Nada irá drenar a bênção, o poder e a unção de Deus de sua vida mais rapidamente do que nutrir pensamentos ruins sobre outras pessoas. Palavras sem amor, fofoca, rir às custas de outros e críticas eliminam seu poder e a doçura da presença de Deus em sua vida. Qualquer coisa contrária ao amor terno do Espírito Santo torna-se devastadora para o poder espiritual.

Você tem sensibilidade suficiente para reconhecer com rapidez o que entristece o Espírito Santo? Qualquer um que tocar no povo de Deus toca na menina dos olhos de Deus (Zc 2.8). Com uma única crítica você pode destruir a bênção que recebeu depois de horas em oração. O Espírito Santo é o Espírito gentil do perfeito amor. Um de seus papéis é derramar em abundância o amor de Deus em nosso coração e por meio de nossa vida (Rm 5.5). Não podemos entristecer sua natureza amorosa.

Paulo fala dura e abruptamente sobre esse tema. *Mas tu, por que julgas teu irmão? Ou, também, por que desprezas teu irmão?* (Rm 14.10). *Quem és tu, que julgas o servo alheio?* (Rm 14.4). Pensamentos julgadores sempre entristecem o Espírito.

278 Coração em chamas pelo Espírito

E não entristeçais o Espírito Santo de Deus [...] toda amargura, cólera, ira, gritaria e blasfêmias sejam eliminados do meio de vós [...] sejam bondosos e tende compaixão uns para com os outros, perdoando uns aos outros, assim como Deus os perdoou em Cristo. Portanto, sede imitadores de Deus, como filhos amados; e andai em amor como Cristo, que também nos amou (Ef 4.30—5.2).

4. *A falta de obediência drena nosso poder espiritual.* O fracasso em continuar a andar na luz de Deus ou o fracasso em aceitar e usar as oportunidades dadas por Deus podem trazer a perda do poder do Espírito. Deus constantemente nos concede oportunidades para fazermos pequenas coisas a mais para Jesus. Elas não são exigências, mas dependem do quão intensamente amamos a Jesus, quão intensamente desejamos agradá-lo com pequenos gestos de amor.

Do mesmo modo que expressões ativas de seu amor por ele aumentam sua proximidade e bênção sobre sua vida, também a negligência desses gestos de amor pode levar à perda da doce consciência de sua presença.

O fracasso em estar alerta para expressar seu amor em pensamento, palavra ou obras pode levá-lo à indiferença espiritual e a uma gradual diminuição da presença e do poder do Espírito sobre você. Você está sensível ao que agrada ao Senhor da mesma forma como você se preocupa em agradar a seu amigo mais próximo?

Obediência tardia, ignorar as sugestões do Espírito, argumentar em seu coração contra Deus, resistir à sua vontade perfeita para você — essas coisas podem causar um curto-circuito no fluir do poder de Deus em sua vida. O poder espiritual é regido pelas leis espirituais de Deus, assim como é certo que a energia elétrica ou nuclear é regida pelas leis naturais de Deus.

5. *Um estilo de vida autoindulgente, egocêntrico e luxuoso pode drenar seu poder espiritual.* O dr. R. A. Torrey, professor da Bíblia e colaborador de D. L. Moody, estava profundamente convencido disso. Ele escreveu:

> Perdemos poder por causa da autoindulgência. A pessoa que possui o poder de Deus deve viver uma vida de autonegação [...]. Não acredito que um homem possa viver uma vida luxuosa, satisfazendo seus apetites naturais, satisfazendo todos os seus prazeres, e desfrutar da plenitude do poder de Deus. A gratificação da carne e a plenitude do Espírito não andam de mãos dadas [...].
>
> Se desejamos ter o poder de Deus continuamente sobre nós, precisamos tomar o cuidado para viver uma vida de simplicidade, livres da autoindulgência

e dos excessos, prontos para *sofrer como um bom soldado de Jesus Cristo* (2Tm 2.3). Eu francamente confesso que tenho medo do luxo; não tenho tanto medo do luxo como tenho do pecado, mas este vem em segundo lugar como objeto de pavor. Há demônios hoje em dia que *não saem senão por meio da oração e do jejum.*[1]

O Espírito Santo sempre busca alcançar outras pessoas, está sempre sensível ao bem-estar da igreja inteira e do mundo. Egocentrismo é o oposto de fazer de Cristo e do reino de Deus o centro de nossa vida. Há diversas maneiras de o cristão gastar seu tempo ou de satisfazer seus apetites, maneiras que são contrárias ao espírito sacrificial de santidade, do reconhecimento das necessidades de um mundo ferido e do avanço do reino de Cristo. Com toda a certeza, o "da mesma maneira como não fizeste" que Cristo disse a alguns da sua geração será dito ao cristão evangélico de nossa geração. Como pode o Espírito nos abençoar com derramamentos de seu poder quando nos ocupamos tão pouco com as coisas que são do seu interesse?

6. *A autossuficiência e o orgulho drenam o poder espiritual.* O poder espiritual pode ser quase instantaneamente perdido por causa do orgulho. Deus não dividirá sua glória com ninguém. Deus se dispõe a trabalhar por meio de pessoas cheias do Espírito, mas se alguém estende sua mão orgulhosa e toma para si a glória da qual somente Deus é digno, ele irá retirar seu poder, com frequência instantaneamente. É por essa razão que Satanás tenta você tão constantemente para orgulhar-se.

Billy Graham tem repetidamente declarado: "Se Deus fosse tirar sua mão de minha vida, estes lábios se tornariam lábios de barro". Somos apenas vasos terrenos, *vasos de barro, para que o poder extraordinário seja de Deus e não nosso* (2Co 4.7).

Deus pôde revelar-se tão plenamente a Moisés em um relacionamento face a face, mais do que a qualquer outro ser humano (Dt 34.10), e pôde trabalhar mais poderosamente em milagres por meio de Moisés do que através de qualquer outra pessoa (Dt 34.12) porque Moisés era o homem mais humilde sobre a face da terra (Nm 12.3).

Uzias foi grandemente ajudado por Deus até tornar-se forte e orgulhoso (2Cr 26.15,16). A história de muitos líderes cristãos poderia ser escrita com as mesmas palavras. Deus trabalhou poderosamente em favor de Ezequias até

---

[1]SHELHAMER, *Heart-searching talks*, p. 124-127.

que de maneira quase inacreditável o seu coração tornou-se orgulhoso por causa das respostas às suas orações (2Cr 32.25). Nabucodonosor foi honrado e usado por Deus até que se tornou orgulhoso (Dn 5.20).

A própria queda de Satanás decorreu do seu orgulho (Ez 28.2,5,17; 1Tm 3.6). O orgulho nos torna mais parecidos com Satanás do que com Cristo. O orgulho faz com que Deus desvie sua face de nós. Deus se opõe aos orgulhosos, mas concede graça aos humildes (Tg 4.6; 1Pe 5.5).

Qualquer passo que damos em autossuficiência torna-se o primeiro passo para o orgulho. Quando aceitamos elogios para nós mesmos, provavelmente negamos a Deus o louvor devido a ele. A autoconfiança pode ser humilde se baseada no auxílio normal de Deus e se nós permanecemos em completa dependência dele. Mas a autoconfiança pode ser carnal, pode tornar-se uma forma carnal de autossuficiência, e pode roubar-nos a doce presença de Deus e seu forte poder.

Todo poder que se manifesta no ministério de alguém que não é marcado por uma profunda humildade é um poder falsificado. Não é o poder de Deus. Pode ser um poder psicológico. Pode até mesmo ser o poder de Satanás que se deleita em fazer-se um anjo de luz (2Co 11.14).

7. *Excessiva leviandade pode drenar o poder espiritual.* O humor é um dom de Deus, mas deve ser usado apenas de modo apropriado e com modéstia. Deus é, obviamente, um Deus que deleita-se no humor saudável. É por essa razão que ele nos criou para gostarmos de humor e sermos capazes de rir. Mas existe uma hora, um lugar e um limite sobre o tipo de humor que Deus irá abençoar. Até mesmo o excesso de humor saudável pode dissipar o poder de Deus. Tenho percebido que pouco antes de uma responsabilidade espiritual, mesmo quando eu não estava ciente de que esta estava próxima, Satanás tem às vezes tentado fazer com que eu e outros nos distraiamos tanto a ponto de perdermos a preparação espiritual que havíamos feito. Satanás se deleita em roubar-nos a unção e o poder de Deus pouco antes de uma crise espiritual ou em uma oportunidade em que teremos uma grande necessidade do poder de Deus. A presença e o poder do Espírito disponíveis a uma pessoa por meio de várias horas de oração podem ser perdidos em cinco minutos de humor impróprio, ou de humor no momento impróprio.

8. *O pecado sempre drena e destrói o poder do Espírito.* A desobediência consciente, o pecado contra a luz, o pecado contra outros e todas as formas de fracasso em andar na luz de Deus irão interromper a consciência da presença e da aprovação do favor de Deus. O pecado impede que o poder do

Espírito o encha e o use. O pecado rouba a oração de sua eficácia. *Se eu tivesse guardado o pecado no coração, o Senhor não me teria ouvido* (Sl 66.18). O texto se refere, é claro, ao pecado de acordo com a definição bíblica de 1João 3.4, a desobediência intencional da lei de Deus, apesar da clareza do mandamento.

Quando Israel desobedeceu a Deus e quebrou a aliança com Deus, Deus não prestou atenção às suas lágrimas e orações (Dt 1.45). Assim como Sansão teve cortado tanto seu cabelo como o poder de Deus em sua vida por ter flertado com a desobediência e com o pecado, assim também existem líderes cristãos que perderam completamente o poder de Deus em sua vida.

Em alguns momentos, poderemos não perceber que desobedecemos ao Senhor, mas sentimos em nosso coração que entristecemos o Espírito de algum modo. Isso pode ser apenas a acusação de Satanás, pois ele tenta nos deprimir e desencorajar. Por outro lado, isso pode ser a repreensão do Espírito. Este é tão amoroso e fiel que, se o entristecemos sem percebermos isso plenamente, ele fala conosco e nos toca. Se estivermos desenvolvendo um ouvido atento à direção de Deus, será fácil para ele conquistar nossa atenção, e ele será fiel em falar conosco.

Graças a Deus, há perdão e purificação disponíveis. Há sempre um caminho para retornarmos ao favor, à presença e ao poder de Deus (1Jo 2.1,2). Contrição, humilhar-nos perante o Senhor, arrependimento quando necessário e perdoar quem nos ofendeu abrem as portas para o pleno favor de Deus e para que o transbordar de seu poder venha sobre nós mais uma vez.

SEU AMOR

CAPÍTULO 14

Amor — o segredo de sua liderança

A liderança cristã é uma liderança com amor. Você pode liderar sem amor, mas essa não será uma liderança genuinamente cristã, a menos que você seja marcado por um amor semelhante ao de Cristo. Como líder cristão, você lidera em nome de Cristo, como representante de Cristo, no espírito de Cristo e para a glória de Cristo. Isso só pode ser feito na medida em que lidera com um amor como o de Cristo.

O amor é a marca que caracteriza todo cristão. Aquele que não ama não é cristão (1Jo 3.10,14; 4.8). Quanto mais puro e perfeito for o seu amor por outros, mais semelhante a Cristo você de fato será. Todo cristão deve amar com um amor igual ao de Cristo. O amor dele é infinito; nosso amor é finito. O amor dele é perfeito; o nosso é totalmente imperfeito. Mesmo assim nosso amor, como o dele, deve ser pessoal, prático, santo, altruísta e sacrificial.

O amor é o selo de Deus sobre todo cristão; é o selo mais importante que você deve carregar como líder cristão. Mesmo que você possua todas as outras habilidades e talentos relacionados à liderança, não está qualificado para ser um líder cristão até amar aqueles que você lidera com um amor semelhante ao de Cristo. Primeira aos Coríntios 13 é essencial para todo cristão; é o padrão mais importante para você.

VOCÊ DEVE AMAR COM UM AMOR SEMELHANTE AO DE CRISTO PORQUE:

1. *Você foi criado para amar.* Você foi criado à imagem do Deus de amor. Foi criado de tal modo à semelhança de Deus que tem a capacidade de responder ao amor de Deus e entendê-lo. Seu ser completo, quando tocado pelo Espírito Santo, pode receber e, em certo grau bendito, transmitir o amor de Deus a outros.

Deus se regozija ao receber o seu amor, e ele se regozija em ver você compartilhar seu amor com aqueles que ele também tanto e infinitamente ama. Ele encontra uma santa satisfação em seu amor por ele e em seu amor por outros. Um modo importante de amá-lo é amando outros, especialmente àqueles que você lidera. Quanto mais você transmitir e expressar seu amor a outros, mais Deus poderá enchê-lo de amor e mais plenamente você estará apto a compartilhar o amor que ele expressa através de você.

2. *Ele primeiro amou você* (1Jo 4.9). Você não gera o amor; o amor se origina no coração de Deus. Você não fabrica amor; imita o amor dele. Você recebe e passa adiante o amor dele. O único amor ágape que você possui é aquele que você recebe de Jesus. Nós primeiro vemos o amor de Deus nele. *Nisto está o amor: não fomos nós que amamos a Deus, mas foi ele quem nos amou e enviou seu Filho como propiciação pelos nossos pecados* (1Jo 4.10).

O amor é encarnado em Jesus — visível, constantemente ativo e autos-sacrificial até a morte. Você ama porque tem visto esse amor ágape de Deus em Cristo e porque esse amor tem transformado você a tal ponto que ele se expressa por seu intermédio.

3. *O Espírito Santo derrama esse amor ágape de Deus em sua natureza.* Paulo descreve isso de uma forma muito bonita: *O amor de Deus foi derramado em nossos corações pelo Espírito Santo que nos foi dado* (Rm 5.5). Ele enche você com o seu Espírito de modo que ele possa derramar de sua própria natureza santa por seu intermédio, como um constante, abundante e transbordante rio. Essa é a fonte de água viva que Jesus prometeu a você (Jo 7.38).

Você pode amar porque o Espírito Santo derrama de sua própria natureza amorosa em você, tão plenamente quanto você estiver aberto para recebê-la. Quanto mais você derramar o amor de Deus sobre outros, especialmente sobre aqueles a quem lidera ou aqueles que possuem necessidades, mais Deus, o Espírito, o derramará sobre você do seu próprio eu — o qual é santo amor, porque Deus é amor.

Quanto mais você transbordar para fora, mais Deus derramará para dentro de você — de modo sempre renovado, sempre novo, sempre purificando, sempre transformando, sempre enchendo, sempre tornando semelhante a Cristo, sempre alcançando e abençoando outros. Oh, que vida e que liderança amorosa Ele o derrama em você, com a mesma rapidez que você o derrama sobre outros!

Ser cheio do Espírito é ser cheio de amor. Ele o derrama da natureza mais íntima da Trindade para dentro e por meio de nós, para sermos cheios com toda a plenitude do amor, pois Deus é amor! Não há nada mais alto, mais profundo, mais santo, mais abençoado, mais maravilhoso em toda a experiência humana. Essa plenitude do amor, esse rio de amor que flui, esse indescritível deleite de amor é o plano de Deus para todo cristão.

Se isso é verdadeiro, e é, então você como um líder cristão precisa demonstrar sua verdade e realidade mais do que qualquer outra pessoa. Você deve ser um modelo de amor. Você pode modelar esse amor de Deus em Cristo de uma única maneira, que é sendo cheio desse rio de amor e então deixá-lo transbordar de você para a igreja e para o mundo, pelos quais Jesus morreu.

Se essa plenitude de amor divino e sobrenatural não estiver constantemente saindo de você como líder cristão, você não é um representante verdadeiro de Jesus. Você é uma representação distorcida. Deus é amor; Cristo é amor. Cristo somente pode ser representado pelo amor. O único embaixador de Cristo (2Co 5.20) é um embaixador do amor. Aquele que não derrama amor difama o Deus de amor que ele afirma representar.

O amor é o ingrediente essencial a todo serviço cristão. O amor é a chave para todo o sucesso na vida cristã. O amor é o perfume, a glória e o poder de toda a vida cristã. O amor transforma o líder em um pastor. O amor transforma uma testemunha em embaixador de Cristo. O amor transforma o trabalho para Deus em ministério.

O amor é o segredo da santificação, de ser santo e de dar fruto para Deus. O amor é a soma e o cumprimento da lei. O amor é o poder transformador do Pentecostes. O amor é o segredo de ser semelhante a Cristo. O amor é o fruto básico do Espírito. A medida da plenitude de Cristo é o amor (Ef 4.13).

No último grande dia da festa, Jesus se levantou e clamou em alta voz: *Se alguém tem sede, venha a mim e beba. Como diz a Escritura, rios de água viva correrão do interior de quem crê em mim* (Jo 7.37,38). Assim, toda pessoa que não possui esse rio de amor não tem sede, nem crê, nem obedece, pois o Espírito Santo é dado àqueles que pedem (Lc 11.13), creem (Jo 7.38) e obedecem (At 5.32).

Se o amor deve ser o mais constante, mais evidente e mais atraente aspecto da semelhança com Cristo na vida de cada cristão, ele deveria ainda mais fazer parte de sua vida diária, de sua glória visível e de seu forte poder enquanto líder cristão. Você não deve jamais se contentar com uma experiência apenas superficial ou mínima desse amor.

Como poderíamos descrever o amor que deve caracterizar você como um pastor ou líder eficaz? Este deve se basear no amor devoto, ardente e fervoroso por Cristo. Deve se manifestar derramando-se em amor pela igreja. E deve estar constantemente desejando, com paixão, alcançar os não salvos.

CAPÍTULO 15

Brilhe com uma paixão por Cristo

A paixão por Cristo deve ser a maior paixão de qualquer cristão e deve ser a sua maior paixão, como líder cristão. Essa foi a grande paixão do apóstolo Paulo, o maior líder que a igreja já conheceu. Paulo proclamava exultante: ... *para mim, o viver é Cristo* (Fp 1.21). *Não mais eu, mas Cristo vive em mim* (Gl 2.20).

Ouça o testemunho marcante de Paulo: *Mas o que para mim era lucro, passei a considerar perda, por amor de Cristo. Sim, de fato também considero todas as coisas como perda, comparadas com a superioridade do conhecimento de Cristo Jesus, meu Senhor, pelo qual perdi todas essas coisas. Eu as considero como esterco, para que possa ganhar a Cristo [...] para conhecer Cristo* (Fp 3.7-10).

Como líderes chamados por Cristo, essa deve ser também a paixão que nos domina. Tal paixão por Cristo diferencia um líder de outros. Aliás, muito poucos são realmente dominados, absorvidos por essa paixão e comprometidos com ela. Quão poucos podem dizer: "Minha paixão é ele, somente ele, supremamente ele!"

Nosso compromisso mais profundo precisa ser com Cristo, nossa firme devoção, nosso amor supremo, a paixão que consome nossa vida deve ser Cristo. Conhecê-lo mais e mais deve ser o nosso conhecimento mais desejado, agradá-lo mais e mais deve ser nosso maior desejo e glorificá-lo mais e mais deve ser nossa maior ambição.

Por ele, como Paulo, vivemos ou morremos; para ele nos voltamos em busca de sua sabedoria, de sua direção e de seu poder. Nele nos gloriamos, nele permanecemos, e pela total medida de sua plenitude, imagem e semelhança nós aspiramos. Nossa paixão por Cristo como uma pessoa deve estar acima e além de nossa paixão por sua causa ou nosso comprometimento com seu serviço. Essa é a paixão que subjaz às demais paixões de um cristão.

O melhor da espiritualidade **289**

Ele é o nosso alvo e o nosso exemplo; ele é o objeto de nosso total desejo e nossa recompensa eterna. Ele é nosso Alfa e Ômega, nosso Começo e nosso Fim. E, porque ele é todas essas coisas, é preciso que ele se transforme em nosso mais próximo e intensamente Amado. A paixão por Cristo se transforma em um amor vibrantemente profundo e pessoal por Cristo.

BRILHE DE AMOR POR CRISTO

Sua mais profunda paixão por Jesus deve começar com sua paixão de amor, sua mais profunda dimensão de amor por ele, sua mais intensa devoção pessoal a ele, seu mais constante deleitar-se em seu amor e seu mais frequente descansar em seu amor. Não se trata de mero compromisso com a ortodoxia ou com o dever, mas, em vez disso, da autodoação completa, com alegria, no abandono de si mesmo a ele. O nome *Jesus* precisa ser muito mais do que o nome "oficial", dado por Deus ao nosso maravilhoso Salvador. Ele precisa ser o doce nome no qual nos deleitamos, o nome de nosso Amado que faz nossa alma vibrar.

O objetivo das Escrituras é que todo o nosso ser seja dominado por um intenso e pessoal amor por Jesus. O alvo da redenção é que você tenha um relacionamento e uma vida de amor com Jesus. A vida cristã é viver apaixonado por Jesus. Ter comunhão em oração é olhar amorosamente para os olhos de Jesus, vibrar ao ouvir a voz de Jesus e descansar nos braços de Jesus.

Os que amam apaixonadamente a Jesus adornam a história e a herança da igreja. Nenhum líder cristão é maior do que seu amor. Poucos conhecem, hoje em dia, a intensa devoção a Cristo da igreja primitiva e dos santos mártires. O Espírito Santo pode desenvolver em nós uma devoção tão ardente quanto ele concedeu naqueles dias.

Não considere anormal a devoção apaixonada por Cristo em pessoas que possuíam um coração ardente, como Thomas de Kempis, Madame Guyon, John Fletcher de Madeley, Gerhard Tersteegen, Samuel Rutherford, David Brainerd, Robert Murray McCheyne, John "Orante" Hyde, Fanny Crosby e Amy Carmichael. Eles eram perfeitamente normais se comparados à igreja do primeiro século. As duas marcas da igreja primitiva eram o amor ardente e inflamado por Jesus e o amor prático e transbordante de uns pelos outros.

O grande perigo para um líder é estar tão ocupado a ponto de negligenciar o amor a Jesus, fracassar em viver uma vida de devoção ardente e de "estar apaixonado" por Jesus. Expressar amor exige tempo. O amor precisa ser expressado frequentemente e sem pressa. O Espírito Santo deseja intensamente guiá-lo a uma vida cada vez mais vibrante em seu amor por Jesus, suprindo-o com todo o amor que você dedicar a Jesus.

Comprometer-se a amar e a expressar amor é um ato da vontade. É algo muito mais profundo que a emoção. Você deve escolher ser inteiramente dele. Mas o compromisso de todo o coração, apaixonado por Jesus, torna-se uma realidade profundamente emocional — profunda demais para ser expresso em palavras.

O amor por Jesus não é um sentimento religioso que nós produzimos, uma afeição passageira e ocasional. O profundo amor por Jesus se torna inefavelmente emocional porque essa é a realidade viva de todo o nosso ser. Regozijamo-nos nele, descansamos nele, temos comunhão com ele ao longo de todo o dia, erguemos nossos olhos e sorrimos para sua face — e podemos ser levados às lágrimas quando vemos a luz do amor em seus olhos bonitos quando ele nos ilumina, devolvendo seu sorriso para nós, seu sorriso que expressa seu amor do Calvário.

A. W. Tozer uma vez disse: "Os grandes no reino têm sido aqueles que amaram a Deus mais do que outros amaram". Aqueles que realmente olharam para a face de Jesus não podem fazer outra coisa senão ser cativados por seu amor. Muito frequentemente nosso amor por Jesus é tristemente impessoal. Nós cremos em sua pessoa, adoramos sua pessoa, mas nos relacionamos com ele de modo muito impessoal. Há uma distância enorme, um afastamento trágico em nossa comunhão com ele.

É verdade que ele é nosso Deus infinitamente santo e que nós somos criaturas deformadas pelo pecado em sua presença. Ele é nosso rei Soberano, e nós nos prostramos perante a sua majestade. Mas ele é também nosso Salvador que nos ama com um amor eterno tão grande que o fez deixar seu trono celestial para tornar-se o Filho do homem encarnado, para morrer por nós, para nos redimir para si mesmo e fazer de nós o objeto especial e eterno de seu amor. De fato, ele veio para nos fazer coletivamente sua noiva e individualmente seus amados.

As palavras de Jesus para a igreja de Éfeso são reveladoras para nós, líderes cristãos. A igreja de Éfeso era uma igreja-modelo. Quando Paulo escreveu à igreja de Éfeso, ele mencionou o amor vinte vezes. Agora, talvez alguns trinta anos depois, Cristo fala por meio de João, acusando-os de terem *esquecido o primeiro amor* (Ap 2.4,5).

Apesar de trabalharem arduamente, de serem perseverantes, ortodoxos e zelosos (v. 2), e de serem firmes e incansáveis no sofrimento, eles decepcionaram a Jesus. Eles precisaram se lembrar da altura do amor de onde haviam caído e se arrepender (v. 5).

É muito mais fácil para nós, líderes, manter uma ortodoxia doutrinária e trabalhar fielmente do que manter a doce intensidade de um profundo amor pessoal. O Jesus ressurreto que examinou a Pedro em relação ao seu amor (Jo 21.15) pode, certamente, fazer a mim e a você a mesma pergunta básica: "Você realmente me ama mais do que estes?" Quer interpretemos isso como significando "mais do que os outros amam" ou "mais do que amamos nosso trabalho", a pergunta essencial permanece: quanto nós realmente amamos a Jesus?

Humilhemo-nos perante ele. Confessemos quão frios e superficiais temos frequentemente sido em nossa expressão de amor por ele. Peçamos ao Espírito Santo que nos dê um novo batismo de amor por Jesus. Precisamos do auxílio do Espírito para amar a Jesus como deveríamos. É possível que tenhamos tido muito pouco da plenitude do Espírito que nos capacita a amar com o ardor que Jesus deseja. Paulo nos diz que é o Espírito Santo quem derrama desse amor em nosso coração (Rm 5.5). Oremos com William Cowper:

> Senhor, minha maior queixa
> É que meu amor é fraco e sem vigor;
> Mesmo assim, te amo e te adoro;
> Dá-me graça e um maior amor!

A resposta de Jesus para nós é: *Aquele que tem os meus mandamentos e a eles obedece, esse é o que me ama. E aquele que me ama será amado por meu Pai, e eu o amarei e me manifestarei a ele* (Jo 14.21).

AMAR A JESUS TRANSFORMARÁ SUA VIDA

Amar a Jesus torna você um cristão feliz, um cristão cheio de expectativa, de fé e de esperança. Amar a Jesus transformará sua vida de oração, sua comunhão e intercessão. Será muito mais fácil fazer da oração uma prioridade. O amor por Jesus fará de você uma testemunha radiante de tudo o que ele significa para você e faz em seu favor. Amar a Jesus faz com que você tenha consciência da presença de Deus e o envolve com a sua presença. A paixão por Jesus trará nova vida e poder para seu ensino e pregação. Ela acrescentará uma nova realidade, uma nova alegria e com frequência deixará uma forte impressão nas pessoas, ao conversar com elas sobre Jesus.

Suas demais paixões serão edificadas ou fluirão de sua paixão por Jesus. Uma paixão pelas almas nasce de uma paixão por Cristo. Uma paixão por missões se constrói de uma paixão por Cristo. Quando perguntaram certa vez a Hudson Taylor qual o maior motivador da obra missionária, ele instantaneamente respondeu: "Amor por Cristo". A paixão de William Booth em ajudar os necessitados, os marginalizados da sociedade, e pela evangelização mundial foi construída de sua paixão por Cristo.

O grande perigo para um líder cristão, seja qual for o seu trabalho, é a perda da paixão por Cristo. A rota mais direta que conduz à renovação pessoal e a uma nova eficácia na liderança é uma renovada e consumidora paixão por Jesus. Senhor, dá-nos dessa paixão, a todo custo!

CAPÍTULO 16

Brilhe com uma paixão pelas almas

Que bela frase! Mesmo assim, quantos de nós quase nos esquecemos da expressão "paixão pelas almas". Por anos ela foi uma força tremendamente motivadora para os filhos de Deus. Hoje com a ênfase em temas como "crescimento da igreja", "aconselhamento", "educação cristã" e "ministério com jovens", temos quase nos esquecido de enfatizar a importância de ganharmos continuamente pessoas para Cristo.

Todo líder cristão, qualquer que seja o seu título ou função, deveria se caracterizar por uma paixão por levar outros a Cristo. Todos nós concordamos em ganhar pessoas. Parece que nos sentimos um pouco constrangidos em falar de "almas", pois constantemente ouvimos que devemos tratar as pessoas como "pessoas inteiras" — ambos corpo e alma. Mas cada ser humano possui um aspecto espiritual em sua natureza que viverá para sempre e sempre. Quando o corpo morre, o espírito continua vivo. Este será eternamente salvo, em seu lar com Cristo, ou eternamente perdido, longe de Cristo e do céu, perdido em uma eternidade sem Cristo no inferno.

A palavra "alma" também está na Bíblia. Por toda a Escritura o conceito de que somos mais do que corpo é enfatizado. Não devemos permitir que a psicologia nos roube a ênfase sobre a alma. Se você preferir, use "espírito" para se referir à natureza espiritual do indivíduo, mas me parece mais comum usar "alma" para se referir ao ser integral da humanidade, mas com particular ênfase sobre a natureza espiritual. A salvação afeta o ser humano inteiro, seu estilo de vida, sua natureza interior. Utilizaremos "alma" para o propósito desta discussão. Jesus perguntou: *Pois que aproveita ao homem ganhar o mundo inteiro, se perder a sua alma? Ou que dará o homem em recompensa da sua alma?* (Mt 16.26, ARC).

O perigo que corremos é o de que, com nossa agenda e ministério cheios de compromissos, apesar de reconhecermos que ganhar almas faz parte de nossas responsabilidades, essa tarefa pode se transformar em algo quase incidental em nosso planejamento. Ganhar almas permanece sendo nosso alvo em teoria, mas na prática isso frequentemente não é uma prioridade, seja em nosso ministério público, seja em nosso ministério pessoal.

Precisamos de uma paixão pelas almas

Nenhum líder cristão é o homem de Deus que nosso Senhor deseja que ele venha a ser, a menos que, dia após dia, o anseio ardente de seu coração seja que pessoas venham a Cristo. Para este propósito precisamos viver, ansiar, buscar oportunidades, orar e acreditar. Você ainda não bebeu o suficiente do espírito de Cristo se não compartilha de suas lágrimas pelos não salvos que estão cegamente caminhando a passos rápidos para uma eternidade separados do amor de Deus, da presença de Cristo e com toda a esperança de mudança perdida para sempre.

Precisamos sentir o amor pelas pessoas que trouxe Cristo dos céus para a terra e que enche seu coração no trono celestial hoje. Precisamos absorver o anseio infinito de seu coração quando ele olha para um mundo cheio de pessoas perdidas em seus pecados, tristezas e desespero espiritual. A paixão pelas almas precisa vir do coração de Cristo. Precisamos buscar essa paixão em Cristo até encontrá-la.

Por que Jesus é um homem de dores (Is 53)? Certamente ele o é por ter levado os nossos pecados sobre si mesmo, por ele se identificar completamente conosco em nossas tristezas e porque hoje seu coração infinitamente amoroso ainda anseia sem cessar pelos perdidos. Como líderes cristãos, não merecemos sua graça e pecamos contra seu amor se não vivemos perto o suficiente de seu coração desejoso por alcançar o perdido, para recebermos e partilharmos de seu anseio pelas ovelhas que ainda estão fora de seu aprisco.

D. L. Moody disse certa vez: "Quando vejo milhares de pessoas caminhando para a morte, sinto-me como que caindo aos pés de Jesus, pedindo a ele em oração e com lágrimas para que ele aja e as salve". Paul S. Rees escreveu em *World Vision*: "Por amor aos céus e à terra, que jamais permitamos que esfrie aquele 'desejo insaciável de que homens e mulheres devam ser ganhos para Cristo'".

O eloquente bispo Joseph Berry, ao descrever a parábola do grande banquete, contada por nosso Senhor (Lc 14.16-24), aplicando-a à nossa festa do evangelho hoje à mesa de Jesus, fez o seguinte apelo: "Vocês não possuem nenhuma preocupação, ó convidados alegres, por aqueles que estão morrendo de fome nas ruas? Para fora, para longe da luz e do conforto! Para fora, onde está a tempestade gelada! Para fora, às ruas tristes! Convide-os a entrar. Isso não é suficiente. Persuada-os a entrar. Isso não é suficiente. Force-os a entrar!"

O bom bispo acrescentou: "O homem que se assenta no banquete e que de modo egoísta desfruta de sua luz e calor, sem nunca pensar na multidão faminta do lado de fora, é uma caricatura do cristão. Ele não possui nenhuma visão real de seu Senhor; o fogo da evangelização não foi aceso em seu coração. Ele pode ser membro de uma igreja, mas não é um cristão [...]. Alguém pode ser um discípulo de Cristo sem ser movido por essa paixão consumidora?"

PERMITA QUE A PAIXÃO PELAS ALMAS DESPERTE VOCÊ

Muitos dos que foram grandemente usados por Deus, gigantes que foram líderes do povo de Deus, que conduziram a igreja e seu mundo para Cristo, foram marcados por essa paixão pelas almas. Leia as seguintes palavras sem ser espiritualmente indiferente e sem pressa. Estas palavras brotaram de corações que possuíam os mesmos desejos de Cristo, de seus próprios "Getsêmanis" de anseio. Elas formaram a essência de todo o seu ser. Elas custaram-lhes tudo, custaram-lhes um compromisso semelhante ao do Calvário, não importando o preço.

John Knox carregava constantemente o fardo por seu país. Noite após noite ele orava sobre o assoalho de madeira de seu refúgio, fora de Queen Mary. Quando sua esposa lhe pediu encarecidamente que dormisse um pouco, ele respondeu: "Como posso dormir quando meu país não está salvo? Payne relata que com frequência ele orava a noite inteira, agonizando: "Senhor, dá-me a Escócia, senão eu morro!" Deus chacoalhou a Escócia; Deus deu-lhe a Escócia. Deus respeita esse tipo de paixão pelas almas.

John Wesley, quando exortava seus pastores sobre os quais o futuro do movimento reavivalista dependia, clamava: "Que todos nós tenhamos um único interesse. Vivemos somente para isso, para salvar nossa própria alma e a alma daqueles que nos ouvem". Mais uma vez Wesley clamou: "Dá-me cem pregadores que não tenham medo de nada além do pecado e que desejem nada além de Deus — eu não dou a mínima se esses são clérigos ou leigos —, e eles sacudirão as portas do inferno e estabelecerão o reino dos céus na terra".

296 Coração em chamas pelo Espírito

David Brainerd, missionário aos índios americanos, compartilhou sobre o clamor do seu coração em seu diário: "Eu separei o dia de hoje para jejuar e orar, para preparar-me para o ministério [...] pela manhã, senti um poder de intercessão pelas almas imortais [...] à tarde [...] Deus capacitou-me para agonizar de tal modo em oração que eu praticamente me molhei de suor, mesmo estando à sombra e com vento fresco. Minha alma foi profundamente tocada para alcançar o mundo; eu suspirava por multidões de almas. Acho que senti mais o desejo pelos pecadores do que pelos filhos de Deus, mesmo sentindo que eu poderia passar o resto de minha vida clamando por ambos" (19 de abril de 1742).

Ele continua: "Não me incomodei quanto a onde e como vivi, ou quais provações tive que enfrentar, contanto que eu pudesse ganhar almas para Cristo. Continuei pensando assim por todas as noites e madrugadas. Enquanto estava adormecido, eu sonhava com essas coisas e quando eu acordava a primeira coisa que eu pensava era sobre essa grande obra de clamar a Deus contra Satanás" (21 de julho de 1744).

Philip Doddridge escreveu: "Eu anseio pela conversão de almas mais sensivelmente do que por qualquer outra coisa. Penso que eu poderia não apenas trabalhar, como morrer por isso".

James Caughey disse algo parecido: "Oh, consumir-se para Deus! Tudo, tudo para ele! Somente Jesus! Almas! Almas! Almas! Estou determinado a ser um ganhador de almas. Deus me ajude".

John Smith (um ganhador de almas inglês) disse: "Sou um homem de coração quebrantado; não para mim mesmo, mas para o bem de outros. Deus tem me dado a visão do precioso valor das almas de tal maneira que eu não conseguiria viver se almas não forem salvas. Dê-me almas ou morrerei".

Acerca de George Whitefield, grande evangelista e amigo de Wesley, William Cowper escreveu:

> Ele seguia Paulo — seu zelo, um fogo irmão,
> Seu amor apostólico, o mesmo de então.

Whitefield orou: "Ó Senhor, dá-me almas ou leva minha alma". Diz-se que sua face brilhava como a de Moisés enquanto clamava essa oração.

Quando William Booth, fundador do Exército de Salvação, foi perguntado pelo rei da Inglaterra qual era a força que dirigia sua vida, ele respondeu: "*Sir*, a paixão que domina alguns homens é o ouro, a paixão de outros homens é a fama, mas minha paixão é por almas".

O *melhor da espiritualidade*   **297**

Charles Cowman, fundador da OMS International (antiga Sociedade Oriental Missionária), ao escrever sobre os milhões de pessoas do Japão, resolveu: "Com a ajuda de Deus eles ouvirão, mesmo se isso custar cada gota de meu sangue. Eis-me, Senhor, envia-me! Envia-me!" Sobre ele tem-se dito que "ganhar uma alma era para ele o que a vitória em uma batalha significa para um soldado; o que conquistar uma noiva significa para um amante; o que vencer uma corrida significa para um atleta. Charles Cowman viveu para uma única coisa — ganhar almas para Cristo. Esta foi a paixão de sua alma, e de uma maneira muito extraordinária Deus imprimiu o seu selo sobre ele".[1]

Mais tarde, foi dito em uma homenagem a Cowman: "Sempre que a evangelização do Oriente era mencionada, sua alma incendiava-se e você podia sentir que ele daria sua vida como mártir em razão de seu próprio ardor, antes que atingisse o crepúsculo de sua vida, e foi o que aconteceu. Ele pertencia à classe dos primeiros mártires cuja alma apaixonada fez um holocausto antecipado de seu corpo físico".[2]

John Hyde (conhecido como "Hyde 'Orante'"), tão poderosamente usado na salvação e no reavivamento na Índia como o Apóstolo da Intercessão, com frequência clamava: "Pai, dá-me estas almas ou morrerei!" Ele alternava momentos de agonia em intercessão com momentos de louvor jubiloso, recebendo grandes respostas de oração, e ao final de seu ministério como missionário ele alcançava mais que quatro almas por dia, a maior parte ganha por meio da oração.

Presidente Walters, da Conferência Metodista Britânica, lembra-se de uma manhã de segunda-feira, quando entrou no escritório de Hugh Price Hughes, fundador do Movimento de Avanço Wesleyano que iniciou igrejas e lugares de pregação. Walters estava ali para relatar seu trabalho de domingo. "Naquela manhã Hughes parecia um homem quebrado, seus olhos estavam molhados de lágrimas — quebrado, e ele tinha apenas 50 anos de idade! 'O senhor está doente?', perguntei. 'Não', ele respondeu, e então continuou: 'Walters, tivemos três cultos à noite em St. James Hall sem conversões, e eu não posso suportar isso. Isso corta meu coração [...]. Quando Deus me enviou para esta região de Londres, acontecia que, sempre que eu pregava, eu ganhava uma causa para Cristo'".

[1] COWMAN, *Charles E. Cowman*, p. 6.
[2] Ibidem, p. 26.

298 Coração em chamas pelo Espírito

Como receber essa paixão

Você anseia por ser um homem ou uma mulher de Deus com tal paixão pelas almas que Deus começaria a lhe dar uma nova dimensão de fruto em sua liderança? Você ousaria crer que Deus daria essa dimensão a você se lhe pedisse? Nem todos são chamados para ser um Whitefield, um Billy Graham ou um Hyde "Orante". Mas todos nós somos chamados a dar fruto — tanto o fruto do Espírito como o fruto que são almas.

Suas responsabilidades como líder podem envolver primeiramente administração, ensino ou outras tarefas não evangelísticas, mas ainda assim você pode ser frutífero. Aletta Jacobsz, da África do Sul, uma professora e conselheira, visitou o trabalho da OMS International na China em 1938 e 1939. Anteriormente, Deus havia realizado avivamentos por meio dela na OMS e em muitas igrejas presbiterianas. Ela não era uma conferencista, mas seu radiante amor por Jesus atraía as pessoas e as conduzia a Cristo de tal modo que as pessoas vinham constantemente à sua sala ou lhe pediam para falar em reuniões de pequenos grupos. Centenas encontraram uma nova experiência em Cristo durante suas visitas.

R. Stanley Tam, de Lima, Ohio, um empresário e presidente da U.S. Plastics, liderava incansavelmente seu negócio bem-sucedido, mas estava também atendendo a constantes convites para falar em igrejas e para grupos de empresários em todo o país. Ele havia consagrado seus negócios a Deus, recebia um salário modesto, e o restante do seu lucro era doado à obra missionária. Ele tinha a alegria de constantemente levar pessoas a Cristo durante suas viagens, por telefone, usando folhetos evangelísticos em todas as correspondências, usando o filme ou os livros sobre sua vida, e por meio de seu testemunho público. Pessoas chegavam a atravessar o país para encontrar Cristo em seu escritório. Em 1987 ele levou 1.644 pessoas a Cristo — mais que quatro por dia.[3]

Não há alegria maior que levar uma pessoa a uma experiência transformadora com Cristo. Quanto mais você experimentar essa alegria, mais desejará que Deus faça de você um ganhador de almas. Como você pode encontrar cada vez mais essa alegria em sua própria experiência?

---

[3]O folheto escrito pelo dr. Tam, *Testemunhando em todo lugar*, tem abençoado a milhares de pessoas. Para obter uma cópia, escreva para *United States Plastics Corporation*, 139 Neubrecht Road, Lima, Ohio 4581.

1. *Torne-se mais apaixonadamente comprometido com Jesus Cristo como nunca esteve.* Este é o fundamento da motivação para ganhar almas e é o segredo da radiante atração que um cristão pode ter. Quanto mais pessoal for sua comunhão diária com Jesus, quanto mais vibrante for sua comunhão pessoal em oração, com mais naturalidade e vontade você falará sobre Jesus com outros, mais Deus poderá usar você. Não é uma motivação profissional para testemunhar que traz resultados. Você precisa amar a Jesus de modo tão real e de forma tão preciosamente recompensadora que transbordará de amor por Jesus. Então você não conseguirá permanecer em silêncio.

2. *Peça especificamente a Deus para lhe dar uma paixão pelas almas.* Faça disso uma parte diária de suas orações a Deus: pedir-lhe para ajudá-lo a levar pessoas a Cristo. Faça deste seu pedido de oração prioritário.

3. *Peça a Deus para lhe dar uma sensibilidade por outros.* Peça a ele para lhe dar olhos para ver e ouvidos para ouvir. Peça-lhe que o ajude a discernir as feridas, os clamores do coração e as necessidades daqueles que você encontrar.

4. *Peça a Deus para fazer de você alguém espiritualmente radiante.* Peça a Deus diariamente que o faça semelhante a Cristo, transbordando com a alegria no Senhor, e ungido pelo Espírito em todos os seus contatos. Peça-lhe para colocar algo da sua presença e de sua glória de forma tão evidente em seu rosto e em suas ações que outros serão atraídos a ele.

5. *Peça a Deus por uma ousadia atraente em seu testemunhar.* Peça a ele por um espírito de iniciativa amoroso que o faça reconhecer as portas abertas e o ajude a aproveitar as oportunidades. Peça-lhe para deixá-lo alerta para avaliar momentos estratégicos para o Senhor.

6. *Peça a Deus para torná-lo confiante e positivo.* Ele com alegria o libertará do medo. Quanto mais você falar a outros sobre Cristo e sobre a vida espiritual deles, mais confiante se tornará e mais fácil será para Deus usá-lo.

7. *Faça da oração sua prioridade constante.* Priorize tanto a oração de comunhão como a oração de intercessão. A oração é a chave para você estar espiritualmente radiante. A oração é a chave para ser guiado em seus contatos e em seu testemunho. A oração é a chave para a unção do Espírito em sua vida e em seus esforços. A oração é a chave para que o poder de Deus revista você, de modo que haja uma dimensão divina em seus esforços para ganhar almas. A oração é a chave para uma paixão pelas almas e para toda a sua vida espiritual. Priorize a oração.

Há um século, Deus usou grandemente o dr. A. T. Pierson, um pastor presbiteriano, como pastor tanto nos Estados Unidos como no Tabernáculo

300 Coração em chamas pelo Espírito

de Spurgeon, em Londres, e como editor e líder do Movimento Voluntário Estudantil. Ele nos conta como receber essa paixão ardente pelas almas:

> Há uma comunhão secreta com Deus onde recebemos esse fogo celestial que se acende dentro de nós, e que torna nosso trabalho pelas almas fácil, natural, um alívio e um descanso. Permanecer na presença de Deus até vermos almas, como que por meio de seus olhos, ansiarmos por elas com um anseio incansável.
>
> Essa paixão pelas almas é provavelmente o maior resultado da comunhão espiritual com Deus. Ela nos absorve, e nos esquecemos mesmo de nossa própria salvação nesse clamor apaixonado que fez com que Moisés estivesse disposto a ter seu nome apagado do livro de Deus por amor a Israel, ou que Paulo estivesse desejoso de se tornar anátema por amor a seus irmãos.
>
> Parece-me que tal paixão é a mais alta forma de amor altruísta, e a aproximação mais exata do motivo divino que impeliu o Senhor Jesus Cristo a esvaziar a si mesmo de sua glória e majestade originais para assumir "a forma de um servo", suportando até mesmo a cruz.
>
> Nenhum homem pode acender em si mesmo esse fogo divino; este precisa vir das brasas vivas do altar celestial.

CAPÍTULO 17

Seu amor pelos perdidos

Deus amou o mundo de tal maneira que deu Jesus para a salvação do mundo dos pecadores. Tudo o que somos e tudo o que temos devemos ao grande amor de Deus por nós enquanto éramos rebeldes em razão dos nossos atos pecaminosos. Jesus morreu por nós não porque éramos maravilhosos ou bons, mas por seu puro amor. Não há maneira mais importante de devolvermos a Deus Pai e a nosso amoroso Salvador do que amando o mundo que eles continuam amando com o mesmo anseio de amor redentor.

DEUS NOS DÁ O AMOR ÁGAPE

Deus depende de você e de mim para comunicar seu amor. Todo cristão possui uma dívida que não pode ser paga de outra maneira. O amor de Deus é o "amor ágape" (a palavra grega usada repetidamente para se referir ao amor de Deus no Novo Testamento) — amor pelo indigno, pelo que não é merecedor, amor pelos pecadores que por suas ações e atitudes eram seus inimigos (Rm 5.10; Cl 1.21).

O Espírito Santo derrama esse mesmo amor ágape divino em nosso coração, de modo que amamos outros com o mesmo amor pelo indigno, o que não é merecedor, os pecadores. Devemos amar as pessoas porque Deus as ama e nos chama para representar e manifestar seu amor por elas.

É comparavelmente fácil amar a Deus, o Pai; Jesus, nosso Salvador; e o Espírito Santo, nosso conselheiro e ajudador. Respondemos a seu grande amor que eles derramam generosamente sobre nós. Geralmente não é tão difícil amar nossos irmãos em Cristo, pois a igreja deve ser uma família de amor. O amor torna-se mais custoso, frequentemente mais difícil e mais dependente de Deus quando amamos o pecador, os odiosos cuja vida é cheia

302 Coração em chamas pelo Espírito

de maldade. Mas esse é o amor que Deus chama os cristãos a manifestar. Esse é o amor ágape que ele nos dá e que alegremente multiplica em nós para compartilhá-lo com nosso mundo que tanto necessita dele.

O AMOR PELAS ALMAS É UM AMOR QUE ANSEIA

O amor de Cristo cria em nós um anseio pela salvação do perdido. Esta deveria ser a emoção que caracteriza o coração de um obreiro cristão. Deveria haver um desejo terno, constante e permanente pela salvação de todos. Há momentos quando você pode não ter consciência desse anseio, mas este brotará instantaneamente em sua consciência quando você se encontra com pessoas que não conhecem a Cristo.

Ao ver belas crianças e jovens, você anseia em vê-los crescer e viver para Cristo. Quando os vê mostrando evidências de processo de endurecimento no pecado, você se entristece e deseja alcançá-los para Deus. Quando vê o perdido escravizado por maus hábitos, você anseia por ver Cristo libertando-o. Quando o vê blasfemando o nome de Jesus, seu coração sangra e você anseia em trazê-lo para nosso Cristo amoroso. Quando vê aqueles que evidenciam a presença do poder demoníaco ou seu controle, você instantaneamente clama a Cristo para libertá-los.

O amor pelas almas é sempre um amor compassivo. A pessoa que ama as almas com o amor ágape de Cristo passa pela vida constantemente clamando e fazendo orações breves de santo anseio pelos perdidos para que encontrem a Cristo.

Para aqueles que vivem uma vida de paixão pelas almas, há também momentos em que se sente uma forte impressão vinda de Deus para orar, de um amor que clama pelos perdidos, que o Espírito Santo especialmente lhes encarrega, momentos que são repentinos e temporários. Frequentemente isso acontece porque uma pessoa em particular, por quem Deus lhe dá o desejo de orar, está enfrentando uma tentação especial, um forte desânimo em sua vida, ou está tristemente derrotado e sob a escravidão de Satanás. O Espírito Santo deseja tanto a salvação dessa pessoa que ele derrama seu amor ágape em seu coração no exato momento da necessidade e você sente uma forte e imediata vontade de orar.

Você é realmente abençoado se o Espírito Santo o encarrega desse fardo especial de oração. Ore imediatamente sempre que possível. Pode ser que após uma hora ou duas de oração perseverante ou talvez até mesmo de um tempo maior de oração e jejum, Deus quebrará os grilhões que prendem ao pecado e a Satanás e libertará o cativo. Quantos testemunhos maravilhosos têm sido dados com respeito às vitórias no mundo espiritual quando os filhos de Deus são fiéis quanto a esses fardos de oração dados pelo Espírito. Deus pode enviá--los sempre que ele precisar de sua intercessão especial se você vive uma vida diária de compaixão amorosa pelas almas. Deus tem dado a você esses intensos fardos de oração? Se não, talvez você não sinta de fato compaixão pelas almas.

Em outros momentos, o Espírito, por um período de dias ou semanas, aprofunda em seu coração uma preocupação que deve ser levada em oração ou um desejo especial pela salvação de pessoas em particular até você literalmente sentir fome e sede por sua salvação. Esse é também um privilégio especial — ser encarregado com essa sede santa e dessa necessidade de orar por alguém.

Às vezes Deus confere um compromisso de longo prazo e uma contínua compaixão amorosa por um lugar ou povo em particular. Deus pode dar esse fardo santo a qualquer pastor pelo povo da comunidade onde Deus o colocou. Com frequência Deus coloca essa sede no coração de outras pessoas também. Minha mãe, por anos, experimentou um desejo profundo de orar pelos povos da China e da Índia. Por muitos anos, praticamente todos os dias enquanto ela orava em nosso tempo familiar por essas duas nações, ela se emocionava e chorava antes de terminar sua oração. Seu amor era profundo e constante, e ela será eternamente recompensada pelos anos em que experimentou esse fardo de amor por esses países. Esse é o amor de Jesus alcançando essas nações e sendo mediado por meio de cristãos, pelo Espírito Santo.

Os maiores ganhadores de almas têm sido sempre aqueles que ansiavam e oravam por almas. T. DeWitt Talmage disse: "Se Deus não responder à minha oração, eu não suportarei. Eu ofereço a mim mesmo. Eu ofereço minha vida a esta obra. Que uma grande multidão de almas seja nascida de Deus". Matthew Henry, o grande comentarista bíblico, escreveu: "Eu considero uma alegria maior ganhar uma alma para Cristo do que montanhas de prata ou ouro para mim mesmo".

Rutherford disse a seu povo: "Deus é minha testemunha de que o céu de vocês será dois céus para mim, e que a salvação de todos vocês serão duas salvações para mim". Em outras palavras, sua alegria no céu será em dobro se o seu povo for salvo. David Stoner em seu leito de morte clamou: "Ó Senhor, salva os pecadores em grande número, centenas, milhares".

David Matheson, evangelista escocês, disse sobre seu ministério: "Nunca deixei de pensar na conversão de almas por mais do que poucos minutos.

304 Coração em chamas pelo Espírito

Tenho servido ao Senhor por 22 anos. Tenho procurado salvar almas. Esta tem sido a minha paixão".

O dr. Oswald J. Smith, de Toronto, compartilhou seu amor pelas almas nestes trechos de seu diário: "Nunca ficarei satisfeito até Deus operar com um poder que convença homens e mulheres a buscarem a cruz com lágrimas"; "Oh, que ele possa quebrantar-me e levar-me a chorar pela salvação das almas"; "Oh, quero arder em chamas para Deus! Tudo, tudo por Ele. Jesus somente! Almas! Almas! Almas! Estou determinado a ser um ganhador de almas. Senhor, ajuda-me"; "Por volta das 2 horas da tarde, eu estava orando quando de repente parei e comecei a louvar a Deus. Lágrimas fluíram copiosamente. Tudo o que eu pude fazer foi gritar: 'Eles estão perdidos! Eles estão perdidos! Eles estão perdidos!' e então chorei e orei pelas pessoas".[1]

Thomas Collins disse: "Fui para meu retiro solitário entre as rochas e chorei muito quando implorei ao Senhor que me desse almas"; "Tenho implorado a Deus neste dia por horas, na floresta, por almas. Ele as concederá a mim. Eu conheço o seu sinal. Terei almas nesta noite".

Quando lhe disseram que ele morreria em meia hora, disse: "Então me tirem da cama e me coloquem de joelhos, e me deixem gastar esta meia hora clamando a Deus pela salvação do mundo". E morreu ajoelhado.

David Brainerd possuía um santo anseio pela salvação dos índios americanos. Eles resistiam ao evangelho, temiam e não confiavam nos colonizadores brancos. Mas David Brainerd foi às florestas onde eles viviam e chorou lutando em oração mês após mês. Ele orava hora após hora com tal intensidade a ponto de ficar totalmente exausto.

Brainerd foi literalmente consumido por um santo amor e um santo desejo pela salvação dos índios. Ele derramou sua vida física e espiritualmente por aqueles que amou tão profundamente. Ele escreveu em seu diário em 21 de julho de 1744: "Eu desejei intensamente que Deus trouxesse para si mesmo alguém entre os pagãos".

Por aproximadamente três anos, a intensa preocupação de Brainerd continuou. Vez após vez seu diário recorda seus momentos de "luta" em oração. Por todo esse tempo ele permaneceu derramando seu amor e sua vida por eles. Repentinamente o Espírito de Deus veio sobre eles. Aqueles que poucos dias antes viviam na embriaguez e em festas pagãs, participando de "gritos selvagens de guerra e de bebedeiras" foram de repente tomados de uma

---

[1]Smith, *Passion for souls*, p.167-176, passim.

profunda convicção de seus pecados pelo Espírito Santo. De todos os lados multidões de índios vinham e cercavam sua casa, permanecendo em silêncio enquanto ele lhes pregava.

Muitos caíam no chão com grande angústia na alma enquanto agora oravam ao Jesus que Brainerd havia pregado a eles. Enquanto ele evangelizava pessoalmente alguns deles, o Espírito de Deus veio repentinamente como um vento forte reminiscente do dia de Pentecostes. Pessoas de todas as idades oravam e clamavam a Deus por misericórdia. Por toda a casa e do lado de fora, índios se arrependiam e oravam pela salvação. Muitos ficavam tão dominados por Deus que não conseguiam caminhar ou permanecer em pé, e caíam de joelhos em sua presença. Tribos inteiras começaram a ansiar pela salvação.

Qual era o segredo? Amor irresistível pelas almas, um amor que o consumia pelas almas que literalmente compelia Brainerd a orar, chorar e amar esses índios pagãos indiferentes. Ele derramou sua alma e suas forças mês após mês, com frequência tendo seu corpo fragilizado e enfraquecido pela tuberculose. Mas ele perseverou até que repentinamente o Espírito Santo se manifestou em ondas de poder salvador.

Oh, o irresistível poder do amor do Espírito Santo e da intercessão irresistível no poder do Espírito Santo! Essa é a nossa mais importante necessidade hoje. Cada movimento do Espírito possui diferentes características. Deus tem um amor infinito e uma originalidade infinita. Os detalhes podem variar em cada situação e lugar quando Deus age com poder e reavivamento. Mas os princípios básicos são os mesmos. O amor do Espírito Santo e a oração energizada pelo Espírito Santo são o segredo e a poderosa preparação para o poder do Espírito Santo e para a colheita do Espírito Santo.

O AMOR PELAS ALMAS É UM AMOR QUE BUSCA

Quando o Espírito Santo enche seu coração com um desejo inefável pelas almas, ele guiará você, sempre que possível, em situações que expressarão esse amor na busca pelo perdido. Jesus nos ensinou que o amor busca o perdido. O pai do filho pródigo viu seu filho miserável e desviado a distância. O coração amoroso, desejoso, do pai o fez correr para encontrar e receber de volta seu filho há muito perdido.

O coração amoroso de um bom pastor não pode descansar contente com 99 ovelhas na segurança do aprisco enquanto uma ovelha está perdida na noite. O amor que busca o levou a sair sozinho pelas colinas e vales à procura da ovelha perdida até encontrá-la. E, quando ele o faz, cheio de alegria coloca

306 Coração em chamas pelo Espírito

a ovelha sobre os seus ombros e a leva para casa. Ele convida seus amigos e vizinhos para se alegrarem com ele (Lc 15.3-7).

A grande alegria quando o perdido é encontrado

Tremenda alegria é o que experimentamos quando o perdido é achado. Céus e terra se regozijam. A pessoa recém-convertida encontra uma nova e vibrante alegria em seu coração — a alegria do Senhor. Com frequência a família do novo convertido também se regozija com a mudança que Jesus realiza.

A igreja de um pastor que ganha almas é uma igreja feliz. Pense na constante alegria de novos irmãos e irmás na família de Deus, a alegria dos testemunhos pessoais da transformadora graça de Deus, a alegria quando os membros da igreja captam a visão de ganhar almas e eles próprios experimentam a vibração de levar pessoas a Cristo. A alegria de liderar não se compara à alegria de levar alguém a Cristo, a alegria de ver as respostas às orações pelos perdidos.

Jesus falou sobre a alegria no céu por causa de cada pecador que se arrepende. Ele não diz quem se regozija, mas estou certo de que todo o céu se regozija. Certamente os anjos se alegram com o triunfo do evangelho. Como eles vibram ao verem nosso ministério do evangelho quando o Espírito Santo opera poderosamente (1Pe 1.12). Mas Jesus não diz especificamente que os anjos se alegram. Ele diz que há alegria no céu (Lc 15.7) e alegria "na presença dos anjos de Deus quando um pecador se arrepende" (cf. v. 10). A quem ele se refere? A familiares ou parentes do novo crente que já estão no céu? Provavelmente eles ficam sabendo, mas não podemos ter certeza. Se for assim, eles se alegrarão enormemente.

Quem, porém, se alegra mais do que todos? Quem investiu mais e realizou o esforço mais custoso para que a salvação dessa pessoa fosse possível? Certamente o Deus triúno — Pai, Filho e Espírito Santo. Todos estiveram envolvidos em providenciar e em aplicar a redenção. O coração das três pessoas divinas deve se regozijar imensamente, mais do que o de qualquer outra criatura nos céus e na terra. Se você deseja levar alegria ao céu e se deseja uma rica recompensa eterna, leve almas para Cristo.

Os que forem sábios resplandecerão como o fulgor do firmamento; e os que converterem a muitos para a justiça, brilharão como as estrelas, sempre e eternamente (Dn 12.3). Que visão maior você pode imaginar que ganhar almas, quando a salvação de cada alma é tão importante para toda a Trindade? Que maior prova de tolice poderia você dar do que falhar em orar e em fazer o possível para a salvação do maior número de pessoas? Você pessoalmente está ganhando almas?

CAPÍTULO 18

Você não tem alternativa senão buscar o perdido

Seu amor por Jesus o levará a buscar o perdido. O respeito por Deus, pelo preço que Jesus pagou por sua salvação no Calvário, irá constranger você. Que tipo de amor por Deus é o nosso que não nos leva a desejar e buscar a salvação daqueles por quem Jesus tem compaixão constantemente? Até mesmo o amor pela humanidade deveria nos levar a buscar o perdido. Quando sabemos que se trata de salvação ou inferno, o mero respeito por nossos semelhantes deveria nos mover a fazer tudo o que estiver ao nosso alcance para trazer pessoas para Cristo, pois ele é sua única esperança para o céu.

Não há alternativa. Tudo o que for necessário para alcançá-las, persuadi -las, ganhá-las, o amor ágape nos compele a fazer isso. Quaisquer que forem os passos que preparam o caminho da salvação para outros, o Espírito quer nos guiar a eles.

Deus ordenou que o Espírito Santo trabalhe por nosso intermédio. Você pode inibir o trabalho do Espírito. Você pode ser o elo perdido no plano da redenção de Deus. Oh! A tragédia das igrejas que não ganham almas! Seus pastores terão que prestar contas a Cristo no dia do julgamento! Há quanto tempo você levou novas pessoas a Cristo? Que tragédia quando pastores não conhecem a alegria de ganhar almas constantemente! O que nos deixa tão cegos? O que nos deixa tão indiferentes em relação ao céu e ao inferno? Acreditamos no que pregamos? George Whitefield disse: "Estou persuadido de que, de modo geral, os pregadores falam de um Cristo desconhecido e frio. Muitas congregações estão mortas porque mortos estão pregando nelas".

Um conhecido assassino britânico foi condenado à morte. Na manhã de sua execução, o capelão da prisão caminhou a seu lado para a forca e como de hábito leu alguns textos bíblicos. O prisioneiro ficou chocado com como o

308 CORAÇÃO EM CHAMAS PELO ESPÍRITO

capelão pôde ser tão frio, indiferente e sem compaixão naquele momento. Ele disse ao pregador: "Se eu cresse no que o senhor e a igreja dizem que creem, mesmo se a Inglaterra fosse coberta de vidro moído de costa a costa, de ponta a ponta, eu caminharia sobre ele — se necessário, engatinhando — e consideraria que isso valeria a pena, apenas para salvar uma alma do inferno".

Moisés se colocou na brecha entre Deus e o Israel desobediente vez após vez, colocando seu rosto em terra na presença de Deus. Muitas vezes a Bíblia afirma que ele pediu a Deus para perdoá-los e para não destruí-los (Êx 32.11-13,31,32; Nm 11.2; 12.13; 14.5-20; 16.4,22,45; 20.6; 21.7). Ele enviou Arão para correr com o incensário e parar a praga, colocando-se entre os vivos e os mortos (Nm 16.46-48). Irá Moisés no dia em que Cristo nos julgar ou no céu perguntar a você por que não intercedeu mais pelo seu povo e buscou com mais fidelidade e assiduidade resgatar os pecadores do inferno?

Quando Neemias ouviu o apelo de Jerusalém, ele ficou tão dominado pela tristeza de coração que não pôde permanecer de pé. Ele sentou-se e chorou. Por alguns dias ele lamentou, jejuou e orou (Ne 1.4-11). Ele desistiu de sua posição influente e honrosa de copeiro e de confessor do maior imperador de seus dias a fim de pagar qualquer preço, arriscar sua vida, partir e buscar o bem-estar dos judeus. Será que Neemias algum dia perguntará a você por que fez tão pouco para buscar os perdidos de sua cidade e região?

Quando Josafá foi rei de Jerusalém, ele sentiu tanto o peso do pecado de seu povo que enviou seus oficiais para buscar porções do Antigo Testamento que estavam disponíveis e irem a todas as cidades da nação para ensinar ao povo a vontade e a Palavra de Deus. Aparentemente o próprio rei Josafá foi de cidade em cidade ensinar e evangelizar (2Cr 17.9).

Pela segunda vez ele viajou por toda a terra, entre seu povo, para trazê-lo de volta para Deus. Ele exortou seus oficiais que considerassem cuidadosamente o que eles faziam, pois eles eram representantes de Deus. Ele disse: *Adverti-os que não se façam culpados para com o SENHOR, para que não venha grande ira sobre vós e sobre vossos irmãos* (2Cr 19.10). Se Josafá, mesmo sendo rei, temeu pecar se ele próprio não buscasse o perdido, o que ele dirá para você e para mim? Nós somos servos de Cristo, temos a mensagem clara do evangelho hoje, fomos separados para alcançar o perdido. Que justificativa poderemos dar por termos feito tão pouco para buscar e salvar o perdido ao nosso redor?

O que os santos de Deus no céu dirão a você, perguntando por que você não fez mais para salvar seus filhos e filhas, seus entes queridos e amigos?

Quais desculpas você e eu daremos a eles, porque não buscamos continuamente, até mesmo desesperadamente, impedir que seus amados não fossem para o inferno?

Se o rico no Hades implorou a Abraão que enviasse Lázaro para avisar seus cinco irmãos a fim de que eles não fossem para o fogo e o tormento do Hades (Lc 16.27,28), o que você dirá no dia em que Cristo julgar se seus vizinhos e amigos que se perderem apontarem o dedo em sua direção e protestarem que você foi para o céu quando sabia do inferno e mesmo assim fez tão pouco para avisá-los e salvá-los de seu sofrimento? O que você dirá quando eles lhe perguntarem por que você não fez tudo que era humanamente possível para evitar que seus amados fossem para o inferno?

Não, não há alternativa. Se amamos a Deus Pai, devemos buscar o perdido. Se amamos a Cristo que morreu pelo perdido, devemos buscar levá-los a Jesus. Se temos qualquer amor, precisamos buscar o perdido e tentar afastá-los das chamas eternas do inferno. Um dia, quando estivermos perante o trono de Cristo para julgar-nos, desejaremos tê-lo feito, oh, termos buscado muito mais salvar o perdido.

Não é significativo que por duas vezes nos é dito no livro de Apocalipse que depois da ressurreição nossas lágrimas serão enxugadas? Deus irá enxugá-las depois que a grande multidão de crentes, incluindo aqueles da grande tribulação, estiverem seguros no céu. Eles são a multidão que ninguém pode contar, de todas as nações da terra, e eles se alegrarão perante o trono (Ap 7.17). Mas o texto nos diz mais uma vez que, depois do julgamento final, quando todos os pecadores forem julgados e lançados no lago de fogo, Deus enxugará de nossos olhos toda lágrima (Ap 21.4). Iremos eu e você chorar no julgamento por aqueles que fracassamos em ganhar? Será essa a razão por que mais uma vez a Bíblia diz que Deus enxugará nossas lágrimas?

COMO BUSCAR O PERDIDO COM
MAIS AMOR E MAIS EFETIVAMENTE

Reconheça quão essencial é para Deus e para a raça humana que você busque o perdido. Reconheça quão crucial é que o não salvo seja alcançado tão rapidamente quanto possível, já que a última oportunidade de qualquer pessoa, para ser salva, pode vir a qualquer momento.

Reconheça que o Espírito Santo é o grande evangelista. Só ele conhece a necessidade completa, as circunstâncias, as atitudes interiores e os pensamentos de cada pessoa. Você necessita dele para coordenar e auxiliar o seu

310   Coração em chamas pelo Espírito

evangelismo. Seus melhores esforços podem facilmente fracassar. Você precisa perceber que, apesar de o Espírito Santo desejar usá-lo, não há alternativa senão ser totalmente dependente dele em todo o seu esforço amoroso em buscar outros.

1. *Peça ao Espírito que lhe dê olhos para ver* quando o coração de alguém está pronto, quando a pessoa está enfrentando uma crise na qual você pode ajudá-la, quando o Espírito coloca a pessoa em seu caminho para um propósito. Peça ao Espírito para lhe dar olhos para ver as pessoas como ele as vê e para encará-las com o amor com o qual ele as encara.

2. *Peça ao Espírito para guiá-lo* para que você esteja no lugar certo e no tempo certo para falar, ou abençoar, e amar a pessoa certa. Somente ele sabe quem ele designou para você ajudar naquele momento. Somente ele conhece todas as circunstâncias. Somente ele conhece todos os pensamentos e desejos daquela pessoa. A direção de Deus é perfeita e o *timing* de Deus é perfeito.

3. *Peça ao Espírito que lhe dê sua unção.* Somente ele conhece o mais profundo desejo do coração e as emoções de cada pessoa. Existem certos padrões de abordagem que são úteis no evangelismo. Mas pode ser que Deus queira que você use outra abordagem. E pode ser que ele planeje para você ter vários contatos iniciais que preparem o caminho antes que seu momento estratégico chegue. Somente ele sabe a melhor maneira de ter empatia, de expressar compreensão e apreciação. Ele pode até mesmo, por outro lado, usar você para despertar a pessoa de sua necessidade por meio da correção, do silêncio ou de alguma sugestão.

Ninguém sabe o suficiente como agir em cada situação. É função do Espírito Santo guiá-lo, ungi-lo, lhe dar entendimento e amor, e fazer de sua intervenção exatamente o que é necessário. Peça a ele que assuma totalmente o controle de sua vida e que ele use você.

4. *Peça ao Espírito Santo que lhe dê as palavras certas.* A palavra certa no momento certo pode atrair a atenção da pessoa e o seu interesse. Por outro lado, a palavra errada pode fazer com que a pessoa se afaste com aversão. A palavra errada pode prejudicar uma pessoa que o Espírito está atraindo para Cristo. Mas quem sabe sempre a melhor palavra a usar? Somente o Espírito Santo.

Em um domingo pela manhã em uma pousada em Bombaim onde me hospedei por vários dias a negócios, uma palavra minha, usada ao acaso, em resposta a uma pergunta, chamou a atenção de outro hóspede. Ele havia se apresentado como um jornalista. Após a refeição, ele me perguntou por que eu havia usado aquela palavra e o que eu sabia sobre aquela palavra. Os minutos se transformaram em horas, e à noite eu havia levado um pastor desviado a Cristo, que chorava lágrimas de arrependimento.

Esse "compromisso" arranjado pelo Espírito teve implicações tremendas. Ele havia chegado à Índia para iniciar uma seita com a ajuda de um dos líderes políticos do país. Isso poderia ter tido sérias implicações para os cristãos na Índia. Deus me usou para bloquear o plano de Satanás. O homem destruiu toda a literatura que já estava preparada, e a causa de Cristo foi protegida. Deus usou uma palavra ao "acaso" em minha conversa que, sem eu saber naquele momento, o Espírito me havia levado a usar.

Em outra ocasião, enquanto eu viajava de trem pela Índia, Deus usou uma palavra que eu disse ao responder a uma pergunta do interesse de outro viajante. Antes de terminar a viagem, tive a oportunidade de responder a perguntas sobre Cristo e sobre o cristianismo por três horas, perante um grupo de uns vinte líderes do governo. Uma única palavra, no tempo de Deus, quando o Espírito preparou o caminho, foi a chave. Peça a Deus para guiar suas palavras, mesmo em suas conversas informais e corriqueiras. Você pode começar a buscar almas a qualquer momento quando o Espírito está no controle.

O AMOR PELAS ALMAS É UM AMOR SACRIFICIAL

O amor não hesita em pagar o preço. O amor que vai em busca de outros pode ser custoso. Sempre há um preço em amar as pessoas para Cristo. Por amor ao evangelho, devemos estar dispostos a negar a nós mesmos, seja qual for o custo. Jesus disse claramente: *Quem ama seu pai ou sua mãe mais do que a mim não é digno de mim; e quem ama seu filho ou sua filha mais do que a mim não é digno de mim. E quem não toma a sua cruz, e não me segue, não é digno de mim* (Mt 10.37,38). O que significa seguir a Jesus? Não significa apenas abandonarmos nossos pecados e receber a Cristo como nosso Salvador, mas também inclui fazer de Cristo nosso Senhor e segui-lo pagando o preço de ser discípulo. Jesus procurou pelo perdido, frequentemente sem ter onde reclinar a cabeça (Mt 8.20). Jesus foi ao encontro de outros, priorizando até mesmo os preciosos laços familiares (Mt 12.48,49). Seguir a Jesus na evangelização com frequência significa uma devoção suprema a Cristo que nos custa preciosos momentos de comunhão em família (Lc 14.26,27). Isso envolve uma cruz.

Seguir a Jesus sacrificialmente com amor ágape à medida que buscamos o perdido significa pagar um preço hoje em dia. John Henry Jowett, em seu livro *Paixão pelas almas*, nos desafia: "Meus irmãos, estamos seguindo essa tradição? O clamor das necessidades do mundo faz doer nosso coração e penetra pelo tecido de nossos sonhos? 'Preenchemos' os sofrimentos de nosso Senhor com nossos próprios sofrimentos, ou somos ministros indiferentes de uma poderosa paixão?"

Jowett também diz: "Para vivermos [...] essa tradição sacrificial, nossa simpatia precisa se tornar uma paixão, nossa intercessão precisa ser um gemido, nossa beneficência precisa ser um sacrifício e nosso serviço precisa ser um martírio".

Para nos identificarmos com as pessoas em necessidade, como Cristo fez, precisamos assumir para nós seus sofrimentos e tristezas. Sentimos as cadeias do pecado que as escravizam. Sentimos as dores dos votos quebrados, o choro amargurado tanto daqueles que pecaram como daqueles que foram vítimas. Assustamo-nos com o ódio que nasce do inferno. Lutamos contra os tiranos malignos que cegam essas pobres vidas. Lutamos contra os poderes satânicos das trevas que as escravizam. Esforçamo-nos por arrebatá-las do fogo que se acende sobre elas (Jd 23).

Ganhar almas envolve batalhas espirituais. Batalhas com Satanás não são normalmente vencidas com rapidez e não são vencidas com facilidade. Quem ama é ferido, quem ama possui cicatrizes, mas o amor que busca e se sacrifica não desiste porque o Espírito de Deus que busca não desiste. Mesmo que o preço signifique a entrega da própria vida como sacrifício vivo, o amor continua a buscar o perdido. Ainda que a vida seja encurtada ou signifique uma morte de mártir, o amor continua buscando o perdido.

O amor, como Paulo admite, frequentemente não apenas dá tudo o que possui, mas também dá de si mesmo (2Co 12.15). O amor sempre carrega a cruz em seu coração. O amor que busca o perdido possui o caráter do Calvário. Paulo não se envergonhava de carregar em seu corpo as marcas de Jesus (Gl 6.17). O céu está cheio de veteranos que carregam cicatrizes das batalhas da santa guerra do amor de Deus. Jesus se gloriará em nos mostrar suas marcas dos cravos nas mãos, no céu, do mesmo modo que fez no domingo da ressurreição (Jo 20.20).

Amy Carmichael, uma das missionárias que foi como uma mártir viva na Índia, alguns anos atrás, escreveu um poema penetrante chamado "Sem cicatrizes?" no qual ela pergunta a mim e a você se carregamos alguma cicatriz das feridas sofridas pelo serviço sacrificial a Cristo. Suas palavras finais a nós são:

> Pode um discípulo ter a Cristo amado
> Sem estar ferido ou cicatrizado?

O segredo do ministério de ganhar almas é o amor. Amor que se compadece, amor que busca, amor que de boa vontade sofre. Amor que deseja ganhar uma cicatriz.

CAPÍTULO 19

Seu amor pela igreja

É parte do eterno plano de Cristo que ele tenha um corpo amado de pessoas chamado do mundo, redimido por seu sangue e especialmente comprometido em amá-lo. Jesus disse: *Eu edificarei a minha igreja* (Mt 16.18). Ele é *o cabeça sobre todas as coisas por causa da igreja* (Ef 1.22). *Ele é a cabeça do corpo, a igreja* (Cl 1.18). Ele deseja que a sabedoria seja mostrada ao mundo angelical pela igreja (Ef 3.10).

Cristo amou a igreja e a si mesmo se entregou por ela, a fim de santificá-la, tendo-a purificado com o lavar da água pela palavra, para apresentá-la a si mesmo como igreja gloriosa, sem mancha, nem ruga, nem qualquer coisa semelhante, mas santa e irrepreensível (Ef 5.25-27).

Cristo amou a igreja e a escolheu para ser sua eterna noiva (Ap 21.1-3). Cristo deseja que a igreja seja espiritualmente bem nutrida, espiritualmente segura, espiritualmente radiante e espiritualmente adornada como sua amada, bela e graciosa noiva.

VOCÊ É CHAMADO PARA AMAR A IGREJA

Cristo escolheu você para cuidar da igreja dele ou de um grupo dentro dela, como seu representante. Ele quer que você ame a igreja com o amor dele. Como líder cristão, você é responsável por cuidar dela para ele. Ele deseja enchê-lo com seu amor ardente por ela.

Há somente uma maneira de você poder adequadamente ser um líder-pastor da igreja, ou de um grupo do povo de Deus, cuidando amorosamente dela até que Cristo mesmo venha para levá-la com ele. Você deve amar a igreja com o próprio amor especial de Cristo que é provido pelo Espírito Santo.

O _melhor da espiritualidade_ **315**

Não é suficiente que você ame os crentes como seres humanos iguais a você, como seus amigos, ou mesmo como irmãos em Cristo. Você deve amá-los com o próprio amor de Cristo dado pelo Espírito. Cristo chama você para amar por ele, para ser sua dádiva de amor para a igreja. Ele enviou o Espírito Santo para dar a você o amor de que você precisa. Você foi escolhido para ser seu canal de amor. Paulo é provavelmente o maior exemplo da demonstração de Cristo amando a igreja por meio de nós. Suas cartas revelam a intensidade, o comprometimento e a plenitude sacrificial de seu amor.

Como amar a igreja

1. _Agradeça a Deus pela igreja._ Ela é o maior tesouro de Cristo, sua preciosa e amada noiva. Ela é sua constante alegria. Ele espera com grande expectativa pelo tempo quando sua noiva ficará completa e ele poderá vir para recebê-la (Ef 5.25,26). Como Cristo agradece a Deus pela igreja, assim devemos fazer. Nesse aspecto, mais uma vez Paulo é um exemplo de destaque.

Eu sempre agradeço a Deus por vocês (1Co 1.4). _Por isso também eu, tendo ouvido a fé no Senhor Jesus que há entre vós, e do vosso amor para com todos os santos, não cesso de dar graças por vós, lembrando-me de vós nas minhas orações_ (Ef 1.15,16). _Dou graças ao meu Deus todas as vezes que me lembro de vós, fazendo sempre súplicas por todos vós, em todas as minhas orações, com alegria_ (Fp 1.3,4). _Damos graças a Deus, Pai de nosso Senhor Jesus Cristo, orando sempre por vós_ (Cl 1.3). _Sempre agradecemos a Deus por todos vós, mencionando-vos em nossas orações diante de nosso Deus e Pai_ (1Ts 1.2,3). Você tem o hábito de agradecer a Deus por sua igreja? Agradecer a Deus repetidamente por sua igreja faz crescer o seu amor.

Somente o amor, o amor paulino, o amor de Cristo, pode sustentar você e capacitá-lo a ser o líder de seu povo que Deus deseja que você seja. Vez após vez, você precisará orar a Deus para que ele o batize com seu amor renovado. Vez após vez, precisará clamar ao Espírito Santo para derramar seu amor como novos rios de plenitude por meio de sua alma. É um ministério custoso — custoso em amor, lágrimas, clamores, em intercessões agonizantes, tempo e energia. Mas amar é seu dever — mais, mais e mais.

2. _Faça da igreja a sua especial alegria._ Quando você ama as pessoas intensamente, elas se tornam a sua fonte constante de alegria, especialmente se elas responderem ao seu amor. Assim como um pai experimenta alegria ao observar seu filho brincando, crescendo, dizendo coisas interessantes e se desenvolvendo constantemente, assim o seu coração amoroso por seu

316 Coração em chamas pelo Espírito

povo se alegrará constantemente quando você vir o Espírito de Deus trabalhando neles.

Paulo chama os filipenses de sua alegria e coroa (Fp 4.1). Aos tessalonicenses ele escreve: *Porque, se estais firmes no Senhor, nós agora vivemos. Pois quanta gratidão podemos expressar a Deus por vós, diante da grande satisfação com que nos alegramos por vossa causa diante do nosso Deus* (1Ts 3.8,9).

Paulo não apenas se regozija constantemente por causa da igreja, como faz dela seu orgulho e glória. Ele se deleita com profunda satisfação espiritual. Ele escreveu aos coríntios: *Sois a minha glória em Cristo Jesus, nosso Senhor* (1Co 15.31); *A minha confiança em vós é grande, e orgulho-me muito de vós* (2Co 7.4).

3. *Mantenha a igreja em seu coração.* Paulo testifica: *Eu os tenho em meu coração* (Fp 1.7). Eles estavam escritos em seu coração (2Co 3.2). Possuíam um lugar tão especial em seu coração que Paulo tinha dificuldades para descrever seu amor. *Estais em nosso coração para juntos vivermos ou morrermos* (2Co 7.3). David Brainerd, ao descrever o seu amor pelos índios americanos, disse: "Quando durmo, sonho com estas coisas, e quando acordo, a primeira coisa que penso é sobre esta grande obra". Ele tinha essas pessoas em seu coração. As pessoas a quem você ministra estão constantemente em seu coração?

4. *Abra o seu coração em amor pela igreja.* Paulo escreveu aos coríntios: *Nosso coração está aberto* (2Co 6.11). Ele se referia à profundidade de seu amor por eles que o fazia chorar quando via suas lutas e necessidades (2Co 2.4). Paulo dizia que recomendava a si mesmo com bondade e amor sincero (2Co 6.6). Ele demonstrava ser um verdadeiro colaborador de Deus (v. 1) por seu amor. Ele enviava do seu amor a eles ao escrever-lhes (1Co 16.24). Ele disse aos tessalonicenses que seu amor por eles crescia e transbordava (1Ts 3.12). Quanto mais tempo você estiver com o seu povo, mais o Espírito desejará que você o ame e mais o fluir do seu amor por eles jorrará.

Paulo convocou a Deus como sua testemunha de como ele amava as pessoas profunda e verdadeiramente (2Co 11.11). Mesmo estando ausente no corpo, em amor e oração ele estava com eles em espírito, observando-os e deleitando-se neles (Cl 2.5). Você nunca deveria reagir às ações ou atitudes decepcionantes de algumas pessoas fechando o seu coração para elas. Líderes cristãos devem conscientemente se esforçar para sempre manter o coração aberto através do amor por seu povo.

5. *Tenha sempre o anseio santo de estar com a igreja.* Paulo escreveu aos filipenses: *Deus é testemunha de que tenho saudades de todos vós, com a terna*

misericórdia de Cristo Jesus (Fp 1.8). Seu anseio de estar com a igreja era forte porque Jesus havia compartilhado com ele essa afeição pela igreja. Você também pode testemunhar que Deus tem dado a você um amor especial por aqueles a quem ministra? O que Paulo fez por causa desse amor dado por Deus? Ele nos conta nos versículos seguintes. Já que não podia estar com eles, ele orava constantemente em seu favor.

Mais uma vez Paulo fala sobre eles em Filipenses 4.1: *Meus irmãos, a quem amo e de quem tenho saudades, minha alegria e coroa.* Paulo ansiava por ver os tessalonicenses (1Ts 3.6). Ele afirma que seu desejo de estar com eles o comovia tão profundamente a ponto de ser quase insuportável. *Nós, porém, irmãos, embora estejamos por algum tempo longe da vossa vista, mas não do vosso coração, desejamos intensamente ver o vosso rosto, por isso queríamos visitar-vos [...] não podendo suportar a preocupação em relação a vós [...] não podendo esperar mais* (1Ts 2.17,18; 3.1,5). Quando Paulo estava longe de seus amados filhos na fé, ele ansiava por estar com eles tão intensamente que isso lhe era doloroso. Tal anseio o mantinha constantemente orando por eles. Você possui esse anseio profundo por seu povo que o leva a orar constantemente por ele?

6. *Ame ao interceder constantemente pela igreja.* Mesmo que suas orações pelos seus liderados nunca sejam totalmente evidentes para eles, o amor que você investe em suas orações por seus liderados se torna evidente de diversas maneiras. O líder que investe muito tempo em oração por seus liderados não precisa tornar isso público. Eles sentirão sua preocupação amorosa, e isso unirá o coração deles ao seu. Certamente orar é normalmente o modo mais poderoso de amar as pessoas. Não é a única maneira; não deve tomar o lugar de demonstrações concretas de amor, mas é a base para tudo o mais, e a eficácia de tudo o mais depende da oração.

Cristo vive para interceder pela igreja e pelo mundo. É ele quem direciona o Espírito para colocar sobre o coração de um líder piedoso o desejo profundo de orar pela igreja. Toda preocupação em orar por seus liderados vem diretamente do coração de Deus para você. É algo que Deus lhe confia. Não decepcione Cristo ao falhar em dedicar um tempo extenso, semanalmente, para interceder por seus liderados. Nada é mais importante.

Se os apóstolos foram guiados pelo Espírito para delegar muitas das tarefas administrativas para outros de modo que pudessem se dedicar exclusivamente à oração e ao ministério da Palavra, não devemos agir de forma diferente. Nenhum pastor é fiel a seu pastorado, a menos que gaste um número de horas a cada semana em intercessão. Isso deve incluir orar pela

318   Coração em chamas pelo Espírito

igreja como um todo, em favor de cada família e indivíduo de modo organizado, de maneira que ninguém seja esquecido, pelos vários subgrupos na igreja (jovens, crianças, mães, pais etc.), e em prol de cada um dos ministérios da igreja — pelos missionários que são sustentados pela igreja, pelo coral e por outros ministérios de evangelismo. O pastor também deve dedicar muito tempo em oração pela unção de Deus sobre seu ministério, pelo reavivamento do Espírito e pela evangelização mundial.

7. *Tenha um amor paternal pela igreja.* Trazer uma igreja à existência é normalmente tão custoso e doloroso quanto dar à luz um bebê. Paulo usou a mesma expressão utilizada para o parto. Mesmo depois que uma igreja é plantada, crises virão durante as quais o líder colocado por Deus novamente experimenta o trabalho de parto e as dores do nascimento espiritual. Paulo fala sobre *meus filhos, por quem sofro de novo dores de parto, até que Cristo seja formado em vós* (Gl 4.19). Paulo precisou passar por esse sofrimento mais do que uma vez pelas mesmas igrejas.

Satanás pode tentar você a desistir de sua igreja ou grupo, ou de algumas pessoas. Você precisará pedir a Deus que lhe dê um novo e mais profundo amor, e fé mais do que você já teve antes. O Espírito Santo está sempre pronto a derramar mais do amor de Cristo sobre o seu coração.

Paulo testificou: *Fomos bondosos entre vós, como a mãe que acaricia os próprios filhos* (1Ts 2.7). O líder precisa frequentemente tratar de cristãos enfermos como se eles fossem bebês espirituais novamente. Nem todos os cristãos possuem a mesma maturidade espiritual. Cristãos carnais às vezes parecem regredir em maturidade. Se você carrega um fardo paulino por eles, frequentemente experimentará as dores de parto por eles por meio da oração. Você precisará ser com frequência um enfermeiro para crentes fracos.

Paulo não fala apenas de um papel maternal, mas também paternal. *Assim como sabeis que tratávamos a cada um de vós da mesma forma como um pai trata seus filhos, exortando-vos, consolando-vos e insistindo que vivêsseis de modo digno de Deus* (1Ts 2.11,12). Todos os pais sabem que cada filho possui uma personalidade diferente. Da mesma maneira, cada crente precisa receber pessoalmente um auxílio paternal para crescer em graça e tornar-se espiritualmente maduro. Isso requer constante sabedoria, direção do Espírito e o toque especial do Espírito no aconselhamento, fortalecimento, correção e apoio.

É somente pela constante capacitação do Espírito que o líder pode conduzir cada crente à maturidade espiritual e à perfeição de Cristo. *A ele anunciamos, aconselhando e ensinando a todo homem com toda a sabedoria, para que apresentemos todo homem perfeito em Cristo. Para isso eu trabalho, lutando de acordo com a sua eficácia, que atua poderosamente em mim. Pois quero que saibais como é grande a luta que enfrento por vós* (Cl 1.28—2.1).

As palavras gregas usadas por Paulo aqui ilustram a intensidade da agonia e do trabalho envolvido nesse processo. "Trabalho" significa "trabalhar duramente até a exaustão". "Lutar" tem origem em uma palavra grega que significa "disputar, lutar, agonizar, forçando cada nervo e fazendo todo esforço" como um lutador agonizando em suor e dor.

Esta é a exigência para podermos derrotar Satanás, ganhar almas e levá-las à maturidade. É sempre mais difícil levar outros à maturidade por meio da oração intensa e do cuidado pessoal do que trazê-las a Cristo inicialmente. Não se trata de uma luta corporal, a não ser pelo fato do custo físico que a luta em oração contra Satanás e os poderes das trevas enseja. Mas o "agonizar" é uma luta espiritual em oração, o preço interior que é necessário pagar. É por essa razão que Paulo compara essa experiência com as dores do parto. Mas pode-se dizer que muitos líderes jamais lutaram em oração. Pode-se dizer isso de você?

Como pai espiritual, você provavelmente acordará para dedicar as tranquilas horas da madrugada para vigiar e orar por seus liderados, assim como um pai senta-se por toda a noite quando um filho está seriamente enfermo. Você se identifica tanto com a pessoa que ama que, como Paulo, preocupa-se constantemente com todos na igreja (2Co 8.16)? *Além de outras coisas, ainda pesa diariamente sobre mim a preocupação com todas as igrejas. Quem se enfraquece que eu também não me enfraqueça? Quem se escandaliza que eu também não fique indignado?* (2Co 11.28,29). Paulo se identificava a tal ponto com eles que se envergonhava quando eles se envergonhavam e se indignava contra Satanás que os desencaminhava.

A liderança tem um alto preço, consome tempo e exige um trabalho que consome nossas energias dia e noite.

8. *Ame a igreja o suficiente para gastar a si mesmo, sofrendo de bom grado.* Você foi chamado para dar a si mesmo pela igreja. Cristo desejou dar a si mesmo até a morte por ela. Você pode não ter sido chamado para fazer esse sacrifício extremo, mas Paulo estava disposto a sofrer o que fosse necessário, mesmo com a morte. Ouça seu testemunho: *Agora, me alegro em meus sofrimentos por vós e completo no meu corpo o que resta do sofrimento de Cristo, por amor do seu corpo, que é a igreja* (Cl 1.24). *De muito boa vontade gastarei o que tenho e me deixarei gastar pela vossa vida. Se vos amo mais intensamente,*

serei eu menos amado por vós? (2Co 12.15). *Assim, devido ao grande afeto por vós, estávamos preparados para dar-vos de boa vontade não somente o evangelho de Deus, mas também a própria vida, visto que vos tornastes muito amados para nós* (1Ts 2.8).

Há ainda um preço a ser pago pela igreja. Esse comprometimento de tempo, amor, esforço e de "sangue" fará de você, assim como Paulo, um servo da igreja. Paulo chamava a si mesmo de um servo de Jesus Cristo (Rm 1.1) e de um servo do evangelho (Cl 1.23). Isso pode não parecer tão difícil para você. Mas Paulo regozijava-se em ser um servo da igreja (v. 25). Isso pode ser difícil. Você se sente tentado às vezes em dizer sobre algumas pessoas, ou sobre os líderes de sua igreja: "Quem vocês pensam que eu sou? Que eu sou servo de vocês?" Sim, Paulo afirma, por amor a Jesus nos tornamos em muitos aspectos servos da igreja.

Assim, como mantemos nossa dignidade? Não tentando afirmar nossa dignidade. Não ao dizermos que determinadas tarefas estão abaixo de nossa função. O respeito, a honra e a dignidade do líder são mantidos somente pela presença e pelo poder de Deus sobre sua vida e seu ministério. O serviço humilde pode de fato exaltá-lo na estima de seus liderados.

Você não foi chamado para atender às demandas de todas as pessoas, mas foi chamado para ser amigo e auxílio para elas. Pode ser que você tenha lamentado declinar ajudá-los em algumas situações em razão de prioridades espirituais. Isso será compreensível se você é reconhecido como um homem de Deus, de oração e poderosamente usado pelo Espírito Santo. Viva tão cheio do Espírito de Deus que o jovem e o idoso o respeitarão como uma pessoa de Deus e desejarão que você se dedique primeiramente ao ministério espiritual.

CAPÍTULO 20

O coração de pastor

Você tem um coração de pastor? Nada é mais essencial à liderança cristã. Há várias descrições bíblicas da liderança cristã. Eles devem ser vigias. Deus disse a Ezequiel que ele havia feito de Ezequiel um vigia para Israel, com duas responsabilidades: ouvir a palavra da parte de Deus e entregar às pessoas a mensagem da parte de Deus (Ez 3.17). Trinta capítulos depois, Deus repete a mesma mensagem básica. Ele então afirma que o líder é o responsável para que todos conheçam adequadamente a mensagem e a advertência divinas. Se ele falhar em entregar a mensagem de Deus, Deus o fará prestar contas pelo sangue das pessoas (Ez 33.1-9). Em Isaías 62.6 Deus acrescenta à tarefa do vigia a responsabilidade de ser um intercessor.

Não existiam pastores de fato no Antigo Testamento, apesar de que profetas e reis eram escolhidos por Deus, às vezes realizando o papel de vigia. Pastor foi outro termo usado no Antigo Testamento como metáfora da responsabilidade espiritual dos líderes.

Deus deseja que você, na qualidade de obreiro cristão, tenha o coração de um pastor. Todo líder é responsável por pastorear todas as pessoas que estão debaixo de sua influência e cuidado. Cada presbítero e cada diácono em uma igreja local compartilham também algumas das responsabilidades pastorais. Cada professor da escola dominical e cada líder de um grupo na igreja possuem uma responsabilidade semelhante. Um bispo de uma denominação e o superintendente de uma organização cristã são responsáveis por pastorear os pastores ou trabalhadores cristãos debaixo de sua supervisão. Pastorear é uma das funções mais importantes e necessárias entre o povo de Deus. Em certa dimensão, todo cristão é responsável por ajudar a pastorear os mais novos na fé e também os mais novos em idade.

Jesus, o modelo de pastor

Deus possui um coração pastoral. Moisés, em sua canção, chamou Deus de Pastor do seu povo (Gn 49.24). Davi disse sobre Deus: *O Senhor* é meu pastor (Sl 23.1). Seu salmo do pastor descreve bem como Deus é nosso Pastor e a segurança que possuímos em razão dessa gloriosa verdade. O escritor do Salmo 80 orou a Deus, o Pastor, que guia seu povo como um rebanho (Sl 80.1).

Isaías se regozija que Deus, o Soberano Senhor, tem um coração de Pastor. *Ele cuidará do seu rebanho como um pastor, recolherá nos braços os cordeirinhos e os levará no colo; guiará mansamente as que amamentam* (Is 40.11). Jeremias profetizou que Deus *cuidará dele, como o pastor faz com o seu rebanho* (Jr 31.10). Repetidamente no Antigo Testamento, quando os pastores humanos fracassavam, Deus assumia sua autoridade soberana e prometia intervir (Jr 23.4; Ez 34.11-16,23; Zc 10.3).

Então, em João 10, Jesus anuncia que ele é o bom pastor que Deus havia prometido. Ele cumprirá todas as promessas do Antigo Testamento e o papel descrito em sua própria parábola do pastor fiel (Jo 10.2-5).

1. *As ovelhas ouvem a sua voz.* Elas reconhecem sua voz, mas não a dos falsos pastores.

2. *Ele conhece todas as suas ovelhas individualmente e chama cada uma pelo nome.* Isso expressa seu cuidado detalhado por nós, seu conhecimento íntimo de cada um de nós e seu amor por nós. Nesse aspecto ele é o padrão de pastor para todos os seus líderes de hoje. Idealmente todo pastor, todo professor de escola dominical e todo líder da igreja deveriam conhecer aqueles que estão sob seu cuidado por nome de modo pessoal e próximo. Você age assim?

3. *Ele as guia a lugares onde as necessidades delas são supridas.* Ele é responsável por cada uma das necessidades delas e especialmente por sua constante necessidade de direção. Você está provendo ou organizando para que haja a provisão de todas as necessidades espirituais de seus liderados?

4. *Ele vai à frente delas, e elas o seguem.* Ele é exemplo de tudo o que ensina, o exemplo para cada líder e pastor. Você, como pastor, deve ser o exemplo de tudo o que você ensina para todos os que você ensina. Você deve ser modelo de toda verdade que apresenta.

5. *Ele veio para que suas ovelhas tenham vida plena e abundante.* Ele se preocupa com a vida de suas ovelhas. A vida espiritual é a sua preocupação primária, mas Cristo como Senhor de toda a vida está interessado na totalidade da vida. A oração deve cobrir a totalidade da vida. A direção dele é para

O *melhor da espiritualidade* **323**

a totalidade da vida. Cada aspecto da chamada vida "secular" pode ser vivido de um modo compatível com a espiritualidade.

Assim, você como pastor e líder do povo de Deus deve seguir as prioridades de Cristo. O espiritual deve sempre ter precedência, mas nada deve ser negligenciado. Como um pastor, você precisa estar inteirado de todas as alegrias, tristezas, sucessos, fracassos, feridas, dores e necessidades de seus liderados.

Ou a igreja local possui um tamanho que permita esse cuidado pastoral, ou deve-se providenciar líderes sob a autoridade do pastor que se reúnam com os membros em pequenos grupos de pastoreio a cada semana, e que conheçam os detalhes íntimos de todos os membros em seus grupos. Eles, por sua vez, devem comunicar todos os pedidos de oração urgentes ao pastor principal ou a toda a equipe pastoral. Cada crente precisa ter um pastor responsável que o conheça pelo nome, ore por ele especificamente e com alegria compartilhe de sua vida o mais detalhadamente possível, dentro do que for apropriado. Essa plenitude de oração e direção deve estar disponível para a totalidade da vida de cada membro.

Na Coreia do Sul descobri que muitas das grandes igrejas da Igreja Evangélica Coreana, estabelecidas pela OMS International, com a qual trabalhei por quase cinquenta anos, possuem estatísticas completas a cada semana em seu boletim. A igreja local é dividida em grupos de pastoreio que possuem entre dez e vinte pessoas. Cada um deles possui seu líder pastoral, que conduz a reunião de oração semanal do grupo e que colhe as estatísticas de cada pessoa: de quantos cultos aquele membro participou, qual foi sua oferta semanal na reunião do grupo, quantos capítulos da Bíblia leu e quantas almas ganhou para Cristo naquela semana. O boletim semanal da igreja traz essas informações sobre cada grupo e sobre a igreja como um todo. Cada líder pastoral informa o pastor sobre alguém doente e sobre qualquer pedido de oração urgente de seu grupo.

Eu perguntei a um pastor o que significava determinada estatística. Ele respondeu: "Você sabe o que acontece com uma mulher grávida. Estas são as pessoas não salvas que o grupo particular está carregando em seu coração, como uma mulher grávida carrega seu bebê até o nascimento". Cada grupo, de fato, estava grávido de uma ou de duas pessoas!"

6. *Ele é o bom pastor.* Jesus repetiu esta importante afirmação. Cada vez que ele acrescenta uma declaração significativa, esta deve se tornar verdadeira na vida de qualquer bom pastor. Todo pastor cristão deve ser um bom pastor.

a. *Cristo é o bom pastor porque ele dá a sua vida pelas suas ovelhas* (Jo 10.10,15). Ele fez isso de duas maneiras. Dedicou-se plenamente, o tempo todo, aos seus, em seu ministério. Portanto, ele entregou sua vida por todos os dias da sua vida. Toda a encarnação foi um entregar da sua vida. Ele também deu a sua vida até o último grau. Ele não hesitou ao morrer por suas ovelhas.

Você, como pastor, deve desejar dar sua vida diariamente por seus liderados. Você deve diariamente negar a si mesmo por amor a eles. Você deve alegrar-se com aqueles que se alegram e chorar com os que choram (Rm 12.15). Você deve entristecer-se e, internamente, indignar-se por aqueles que pecam (2Co 11.29). Você precisa se sentir fraco por todos os que são fracos (v. 29). Mas também precisa querer defender seus liderados mesmo que seja com sua própria vida, se isso se mostrar necessário em tempo de perseguição.

b. *Cristo é também o bom pastor porque ele conhece suas ovelhas e suas ovelhas o conhecem* (Jo 10.14,15,27). Até que ponto ele as conhece completamente? Tão completamente quanto ele conhece o Pai e tão completamente quanto o Pai o conhece. Mais uma vez Jesus é o modelo, o exemplo para todos os seus subpastores. Você não é totalmente um pastor para alguém que você não conhece. E suas ovelhas precisam sentir que conhecem você. Só então você poderá ir ao encontro das necessidades delas, e somente assim elas poderão confiar plenamente em você. Elas precisam ouvir as batidas do seu coração. Elas não conseguirão acolher plenamente o seu ministério pastoral a elas, a menos que conheçam você.

A chave para a liderança ou para qualquer forma de ministério pastoral é o conhecimento de seus liderados. Só assim você poderá cuidar deles efetivamente. Só assim seu amor por eles será pessoal e um amor que se identifica com eles de modo completo. É necessário haver uma dimensão intensamente pessoal e uma identificação com o outro no coração de um pastor.

Por duas vezes, neste capítulo, Jesus diz conhecer suas ovelhas (v. 14,27). Isso, diz ele, é de fundamental importância no ministério pastoral. A única maneira de conhecer uma pessoa é estando com ela, disponível a ela, e fazer-se presente quando ela precisar de você. Que Deus o ajude a conhecer adequadamente seus liderados.

SUA PRESTAÇÃO DE CONTAS

CAPÍTULO 21

O papel do pastor

Não há imagem melhor para ilustrar o papel do pastor do que a que nos é dada por Davi, o rei-pastor, no Salmo 23. Desde sua infância, ele conheceu a vida de um pastor. Ele vivia nos campos com suas ovelhas e assim passou a conhecê-las bem. Mesmo quando começou a servir a Saul, ele ainda cuidava de seu rebanho.

Davi possuía o coração de um pastor tanto em relação às suas ovelhas como, mais tarde, em relação a seu povo como seu rei-pastor. Ele arriscava sua vida quando enfrentava um leão ou, em outro momento, um urso, para defender o rebanho (1Sm 17.34-36). Ele repetidamente arriscava sua vida lutando por seu povo.

Davi foi tão "ideal" no papel de rei-pastor que nas profecias do futuro reinado de Cristo este é chamado de "Davi", isto é, um rei-pastor como Davi (Jr 30.9; Ez 34.23,24; Os 3.5). Davi é o pastor ideal que descreve a Deus como nosso pastor divino no Salmo 23. Ele esboça para nós o papel do pastor que devemos imitar.

O PASTOR PROVÊ UMA NUTRIÇÃO ESPIRITUAL ABUNDANTE

Ele me faz repousar em pastos verdejantes (Sl 23.2). Alimento espiritual adequado é a primeira razão por que um pastor se faz necessário. Repousar sugere alimentar-se até saciar-se e então descansar com satisfação e bênção. As ovelhas que repousam em pastos verdejantes possuem tudo o que desejam.

Nada cria ovelhas mais satisfeitas, mais felizes e leais do que uma nutrição espiritualmente adequada. Ela garante um crescimento espiritual constante — crescimento no conhecimento de Deus, de sua Palavra, e crescimento na semelhança com Cristo, no fruto do Espírito.

Ovelhas famintas não descansam; elas continuam procurando por mais pastos. Uma igreja, ou grupo, que está perdendo membros é provavelmente uma igreja que não está sendo alimentada adequadamente. A dieta espiritual pode ser fiel à Bíblia, mas alguma coisa está faltando em termos de profundidade ou em variedade de ensino doutrinário. Ou o selo do Espírito Santo pode não ser forte no ministério. Um ministro ungido traz constantemente coisas novas e antigas (Mt 13.52); está cheio das coisas profundas de Deus (1Co 2.10). Provê um alimento rico e abundante.

O líder ou pastor que durante sua oração e meditação diárias experimenta constantemente o Espírito Santo lhe revelando aquelas coisas que *nem olhos viram, nem ouvidos ouviram, nem penetraram o coração humano,* mas que *Deus preparou para os que o amam* (1Co 2.9) está ele próprio celebrando as coisas profundas de Deus, como encontradas na Palavra de Deus. Ele se sente tão vibrante e entusiasmado pela iluminação da Palavra pelo Espírito que está ungido para pregar ou ensinar *pelo Espírito Santo enviado do céu* (1Pe 1.12).

Quando seus liderados percebem o santo entusiasmo de Deus em sua voz e a empolgada alegria do Espírito em sua face, enquanto ele revela as grandes verdades de Deus que o Espírito tem tornado real para ele, eles celebram com ele as uvas espirituais do vale de Escol e o leite e o mel de Canaã. Pessoas que se sentem ricamente abençoadas semana após semana pelo sentimento de que Deus as está alimentando por meio de seu pastor tornam-se a melhor propaganda para convidar outras pessoas com fome para vir e serem alimentadas. Um número surpreendente de cristãos autênticos está insatisfeito com a ministração que recebe e se sente faminto e desnutrido com a dieta espiritual que recebe em sua igreja. As pessoas de sua igreja continuam com fome depois de ouvi-lo?

Deus nos criou de tal modo que um cristão espiritualmente vivo desejará um rico alimento espiritual. Ai do pastor que não sabe como conseguir mensagens que são profunda e espiritualmente vibrantes de Deus e de sua Palavra. Deus sempre tem uma mensagem para o seu povo, e uma pessoa que realmente tem intimidade com Deus, que é diligente na oração, na leitura bíblica e no estudo da Palavra receberá a mensagem da parte de Deus para seu povo semana após semana. Se o seu povo está espiritualmente faminto, ele não descansará. Percebe que alguma coisa está faltando. Sua igreja se sente como alguém sem descanso?

O PASTOR GUIA SEU POVO CONSTANTEMENTE AO REFRIGÉRIO ESPIRITUAL

Todo cristão necessita de momentos especiais de refrigério espiritual. *Ele me leva para as águas tranquilas* (Sl 23.2) significa que Deus nos provê de frequentes oportunidades para saciarmos nossa sede espiritual. É normal que um cristão anseie por mais e mais de Deus. Cristãos sem sede espiritual estão espiritualmente enfermos.

As "águas" se referem ao ministério do Espírito Santo. Deus nos criou para sermos cheios do Espírito, para reconhecermos a presença do Espírito e para ansiarmos por evidências da atuação do Espírito. Não me refiro primariamente a dons espirituais. As evidências primárias às quais me refiro são a unção de Deus, a direção, o auxílio em oração e as respostas às orações por meio do Espírito. Também me refiro a um senso da presença de Deus permeando o culto de adoração e tornando-se evidente no ministério de líderes-servos de Deus.

Pregar a verdade sem essa bênção especial do Espírito não é suficiente para satisfazer as pessoas. A verdade mais maravilhosa pode ser apresentada de um jeito mortal (2Co 3.6). Em alguns cultos o aspecto humano é tão claramente predominante que pouco da ação do Espírito é evidente. O líder não tem poder para controlar a ação e a manifestação do Espírito. Mas o líder pode fazer muito em termos de preparar o caminho para que a presença renovadora do Espírito se manifeste.

1. *Sua vida particular de oração definirá em grande medida quanto o Espírito ungirá e renovará as pessoas por meio do seu ministério.* Toda pessoa espiritual percebe quando o pregador está ungido. Até mesmo pessoas não salvas podem às vezes perceber a presença de Deus em um culto e sobre o ministério da Palavra de Deus, nas orações e nos cânticos.

2. *Sua orientação ao coral ou aos que se apresentarão cantando preparam o caminho para Deus agir.* Seu pedido para que eles preparem o coração em oração, escolham as músicas em oração e coloquem ênfase nas palavras que serão cantadas — não apenas na qualidade vocal —, para que as canções sejam uma mensagem da parte de Deus, e ênfase para que seus números musicais sejam parte do ministério do Espírito, tudo isso pode ajudá-los a serem instrumentos do Espírito. Seu tempo de oração com eles antes do culto pode fazer muito para ajudá-los a sentir que dependem do Espírito.

3. *Preparar seu coração para orar em público prepara terreno para o ministério renovador do Espírito.* Você deve entregar sua oração pastoral a Deus com

antecedência, assim como faz com sua pregação. Coloque toda a congregação na presença de Deus. Tudo isso possui uma grande importância em preparar o caminho para que o Espírito renove sua igreja.

4. *Preparar o seu coração para a leitura da santa Palavra de Deus prepara o caminho para o Espírito agir.* Permita que Deus o guie na escolha das passagens bíblicas, em sua ênfase sobre algumas das palavras à medida que você lê, e deixe-o conceder a você uma unção renovada. Isso também prepara o caminho para o Espírito. Paul Rees nos conta como descobriu, quando era um jovem ministro, que apenas ouvir G. Campbell Morgan ler o texto da Escritura antes de pregar já era em si uma experiência de adoração. Sua igreja escuta a voz de Deus quando você lê a Escritura?

5. *Preparar sua congregação para cobrir cada culto com oração prepara o caminho para o ministério renovador do Espírito.* Você pode diligenciar para que certo número de pessoas de sua congregação, escolhidas em forma de rodízio, gaste meia hora em oração no sábado e depois no domingo pela manhã (por pelo menos quinze minutos cada vez). Elas devem interceder pela presença renovadora de Deus ao longo de todo o culto. Ou você pode diligenciar para que um grupo de voluntários se reúna quarenta minutos antes do culto para orar até dez minutos antes do culto. Spurgeon tinha um grande número de pessoas orando durante o culto, mas, porque ele possuía uma congregação bastante grande, o número de presentes no culto não era afetado.

Seu objetivo deve ser uma tal presença de Deus no culto que todos — salvos e não salvos — se sintam tocados pelo Espírito de Deus, estejam cientes da presença de Deus e se curvem perante Deus em uma nova obediência à sua vontade. Paulo indica que isso é possível quando o Espírito usa o culto para sondar o coração dos presentes, revelando suas necessidades pessoais, pecados esquecidos e fracassos, e a grande provisão de Deus para cada necessidade. Paulo diz que os nãos salvos podem ficar tão convencidos da presença de Deus no meio da igreja que eles *prostrando-se, com o rosto em terra, adoram a Deus, afirmando que, de fato, Deus está entre vós* (1Co 14.25).

Não apenas o perdido será profundamente tocado, mas o salvo pode até mesmo ser arrastado e movido pelo Espírito para seguir o caminho da vontade de Deus, quando eles reconhecem com assombro a santa presença de Deus. Deus de modo manifesto está entre vocês; Deus mesmo falando por meio dos hinos, orações e pregação; a mão de Deus sobre o culto — este deve ser o seu objetivo.

Somente o santo ministério do Espírito em um culto pode trazer a água refrescante do Espírito para saciar a sede espiritual. Isso pode se manifestar de diversas maneiras. Trazendo uma vida especial e alegria ao cantar. Acrescentando uma santa tranquilidade durante o culto. Produzindo lágrimas calmas de alegria quando a Palavra de Deus é lida ou quando você faz as orações pastorais. Acrescentando um senso especial da unção de Deus sobre sua mensagem e sobre você como santo mensageiro. Ajudando a Palavra de Deus a se tornar viva e falando pessoalmente ao coração dos ouvintes. Produzindo uma consciência especial da presença de Deus. Concedendo uma liberdade especial para aceitar o apelo, ao final, quando você desafia a congregação a comprometer-se.

O PASTOR PROVÊ RESTAURAÇÃO ESPIRITUAL

É um fato da vida da igreja que, de tempos em tempos, um membro ou outras pessoas necessitam de restauração espiritual (Sl 23.3). Satanás está sempre presente para tentar os cristãos a negligenciar sua vida espiritual, para esfriar ou "relaxar" espiritualmente, ou para ceder aos enganos e ao espírito do mundo. Satanás está sempre pronto a acusar um cristão contra outro, fazer com que uma pessoa interprete erradamente as ações e os motivos de outra. Satanás apela para a natureza carnal para quebrar a comunhão, ferir os crentes e, se possível, levá-los a pecar abertamente. Se ele não consegue ser bem-sucedido em levar as pessoas ao pecado, tenta feri-las para afastá-las da comunhão com outros cristãos e assim se tornarem suas presas.

Você, como pastor, precisa estar sempre observando os sinais de frieza espiritual, derrota ou o início de desvios entre seu povo. A exortação de Gálatas 6.1 (*Irmãos, se alguém for surpreendido em algum pecado, vocês que são espirituais devem restaurar essa pessoa com espírito de humildade*) é para todos os cristãos, pois somos guardadores uns dos outros, como irmãos em Cristo. Mas é a tarefa especial do pastor restaurar, de uma forma espiritual e gentil, o cristão que caiu. Esta é outra maneira de ajudar o irmão a levar o seu fardo; é a lei de Cristo para a igreja (Gl 6.2; 2Co 2.7,8).

Mesmo aqueles que se opõem a você devem ser tratados com gentileza, evitando discussões, e sim demonstrando bondade, na esperança de que eles se arrependerão de suas atitudes (2Tm 2.24-26).

Barnabé restaurou João Marcos depois que ele fracassou em Creta. Mais tarde Paulo viu em Marcos um grande ajudador (2Tm 4.11). E devemos a Marcos ter escrito o Evangelho que leva seu nome. Pedro foi restaurado após

332   Coração em chamas pelo Espírito

ter negado a seu Senhor e se tornou um dos primeiros líderes da igreja. Jonas foi restaurado após fugir da vontade de Deus. Davi foi restaurado e novamente usado por Deus, mesmo tendo pecado tragicamente.

Você, como pastor, deve estar sempre em alerta quanto a qualquer sinal de desânimo, fraqueza ou tentação. O ministério de encorajamento é uma importante tarefa do pastor. Deus usou Moisés para encorajar Josué (Dt 1.38) e fortalecê-lo (Dt 3.28). Por vezes é até mesmo necessário fortalecer e encorajar a si mesmo no Senhor, como fez Davi (1Sm 30.6). Josias encorajou os sacerdotes em seus ministérios (2Cr 35.2). Isaías exortou: *Encorajem o oprimido* (Is 1.17).

Judas e Silas tinham um ministério de encorajamento em Antioquia (At 15.32). Paulo enviou Tíquico para encorajar os efésios (Ef 6.22) e colossenses (Cl 4.7,8). Ele enviou Timóteo para fortalecer e encorajar a igreja em Tessalônica (1Ts 3.12). Ele exortou aos crentes em Tessalônica que encorajassem uns aos outros (1Ts 5.11) e especialmente àqueles que eram tímidos (5.14). Ele orou para que Deus os encorajasse (2Ts 2.17). Uma das qualificações para um presbítero, disse Paulo, é a habilidade de encorajar outros com a sã doutrina (Tt 1.9). Os jovens devem ser encorajados (Tt 2.6). Ele exortou a Tito que encorajasse aqueles a quem ele ministrava (2.15). Em sua última carta antes de sua morte, ele pediu a Timóteo que exercitasse o ministério de encorajamento (2Tm 4.2).

Obviamente, Paulo considerava o ministério de encorajamento algo especial para um pastor espiritual. Mas esse era um encorajamento com substância, com ensino doutrinário sólido dado de modo significativo e encorajador (2Tm 4.2; Tt 1.9). Ele deve ser às vezes equilibrado pela disciplina que você como pastor também deve exercer (2Tm 4.2; Tt 1.9; 2.15). Fique alerta em relação a qualquer pessoa de sua igreja que necessitar de restauração espiritual e encorajamento.

O PASTOR DEVE DAR DIREÇÃO A SEU POVO

Como líder espiritual, o pastor está sendo observado tão de perto por suas palavras e seu exemplo é tantas vezes seguido que ele pode ser um bom ou mau guia em muitos aspectos. Os princípios que ele proclama e os padrões bíblicos de conduta que ensina podem ter um profundo efeito sobre as pessoas. Suas atitudes e ações justas podem afetar a sociedade e o governo. O pastor deve ajudá-los a buscar vidas santas de modo que venham a se tornar o sal da sociedade e a luz cristã na escuridão secular e pagã ao redor delas.

Este é o significado de *Ele me guia nas veredas da justiça por amor do seu nome.* "Por amor do seu nome" significa "de acordo com a sua santa natureza" e "em honra ao seu nome".

O padrão bíblico nos ensina a trabalhar duro, a sermos íntegros em nosso emprego e na totalidade da nossa vida, a termos gastos modestos e a ajudarmos os necessitados. Isso não apenas ajuda a igreja a ter um impacto sobre toda a sociedade, mas também será recompensado pelo Senhor. Deus abençoa os crentes com paz, com bênçãos físicas e espirituais, e às vezes com prosperidade também.

Assim como o aconselhamento é um dos principais papéis do Espírito Santo, aconselhar é um importante aspecto do ministério pastoral. A palavra grega *parakletos*, que Jesus usa como um nome para o Espírito Santo em João 14.16,26; 15.26; 16.7, pode ser traduzida por "consolador", "ajudador" ou "conselheiro". De fato, algumas traduções da Bíblia preferem "conselheiro". O Espírito Santo nos é dado para nos guiar em toda a verdade (Jo 16.13) e de muitas outras maneiras. Ele ama guiar cada cristão (Rm 8.14).

O Espírito Santo é o conselheiro de cada crente, mas ele está especialmente disponível para equipar você como um pastor que guia em aconselhamento o povo de Deus que está debaixo da sua liderança. Se você possui um coração pastoral, irá constantemente ver a necessidade de um ensino e aconselhamento amorosos, sábios e bíblicos. Você precisa constantemente orar e pedir pelo conselho do Espírito e por sua unção nesse ministério. Você se transforma em um amigo confiável e conselheiro de sua igreja. Esta com frequência colocará um peso especial em seu conselho por reconhecer você como representante de Deus para ela. Por isso você precisa ser cuidadoso para ser mesmo guiado pelo Espírito enquanto, por sua vez, a lidera e aconselha.

O PASTOR PRECISA ESTAR COM SEUS LIDERADOS NOS MOMENTOS DE NECESSIDADE DELES

Assim como Davi sabia que Deus, seu pastor, estava perto dele (*tu estás comigo* — Sl 23.4), especialmente em todos os momentos de necessidade, assim também seus liderados precisam saber que você, seu pastor, está sempre disponível e pronto a compartilhar de seus momentos de necessidade. Em tempos de doença, morte, problemas familiares, ou outras crises da vida, você como pastor precisa estar com as pessoas o mais rapidamente possível. Com frequência você poderá ajudá-los em suas necessidades, mas sempre sua presença com eles será confortadora. É isso o que um pastor faz. Davi foi fortalecido porque, como ele diz de Deus, *tu estás comigo*.

Muitas vezes você como pastor não saberá o que dizer; não terá as respostas que eles tanto desejam. Mas você pode estar com eles. Essa ocasião é o momento de mostrar o amor compreensivo de Cristo. Essa é a oportunidade de se *alegrar com os que se alegram e de chorar com os que choram* (Rm 12.15).

Esses momentos de necessidade devem ter prioridade sobre quase tudo o mais. Você na qualidade de pastor talvez não possa se fazer presente pelo tempo que gostaria. De fato, talvez não seja sábio você fazer uma visita demorada em algumas situações. Mas pelo menos você deve ir, tocar com bênçãos a vida das pessoas e orar com elas. Haverá momentos em que você poderá se sentar em silêncio por um período maior ao lado de uma cama de hospital, apenas para estar com as pessoas. Se não, saia por um momento; orar é com frequência a bênção mais importante que você pode deixar. Se você for conhecido como uma pessoa dedicada a Deus e como pessoa de oração, sua intercessão será muito desejada, significativa e necessária.

Em alguns momentos uma crise espiritual de uma pessoa não salva, sem vínculo com a congregação, ou que tem sido objeto da oração da igreja, pode ter precedência sobre uma crise de saúde de um membro da congregação. Isso normalmente será compreensível se você como pastor tiver preparado sua igreja por meio do ensino a se preocupar com o não salvo. Eles entenderão por que essa crise de uma pessoa não salva teve prioridade sobre tudo o mais. O pastor deixa as 99 ovelhas no aprisco para buscar a que está perdida.

Algumas das bênçãos que Davi recebeu de Deus, seu pastor, são de tal natureza que somente Deus pode dá-las. Somente ele unge com o Espírito (simbolizado pelo óleo da unção). Somente Deus é a fonte da bondade e do amor divinos. Mas se você como um pastor do povo de Deus seguir os cinco papéis apresentados aqui, baseados no pastoreio do próprio Deus, será uma bênção constante para o povo dele, a bênção que Deus espera que você seja. Foi para esse propósito que Deus o chamou para ser um pastor.

CAPÍTULO 22

A prestação de contas do pastor

O pastor sempre presta contas por tudo o que acontece em seu rebanho. Zacarias advertiu que a ira de Deus ardia contra os líderes-pastores infiéis. *A minha ira se acendeu contra os pastores e eu castigarei os bodes; mas o SENHOR dos Exércitos visitará o seu rebanho* (Zc 10.3). Você, como pastor, será sempre responsável diante de Deus pela condição de seu rebanho e de suas ovelhas individualmente. Deus é o grande e soberano pastor, e você é um subpastor diretamente responsável diante de Deus.

Zacarias pronuncia um juízo especial contra um pastor que abandona seu rebanho: *Ai do pastor inútil, que abandona o rebanho!* (Zc 11.17). Um pastor não tem o mesmo direito de fugir do perigo que uma pessoa normal tem. O capitão não tem o direito de abandonar seu navio como tem um passageiro em perigo. Um policial não tem o direito de fugir de um criminoso que está ameaçando as pessoas. Um policial é responsável por morrer de acordo com o seu dever, caso seja necessário proteger vidas. Um pai ou uma mãe não tem o direito de abandonar seu filho numa situação de perigo. Um pastor não tem o direito de abandonar seu rebanho quando surge o perigo. Quando a polícia armada do templo foi ao Getsêmani, Jesus a enfrentou e lhe disse que deixasse seus discípulos em paz (Jo 18.4-8).

PASTORES INFIÉIS

Ezequiel 34.1-10 é uma profecia que fala sobre a prestação de contas dos pastores que eram líderes de Israel. Deus pronuncia juízo sobre eles por suas falhas.

1. *Eles cuidavam de si mesmos em vez de cuidarem do rebanho.* Eles estavam mais preocupados com seus interesses pessoais e com o bem-estar de sua

família do que com o bem-estar do povo de Deus. *Ai dos pastores de Israel, que cuidam de si mesmos! Não devem os pastores cuidar das ovelhas?* (Ez 34.2). Ai do líder que está mais preocupado com o lugar onde ele poderá receber um salário mais alto ou com o que será melhor para a sua família do que com a igreja onde ele é mais necessário.

2. *Eles tiravam seu sustento dentre o rebanho, mas não estavam adequadamente preocupados com o rebanho: Comeis a gordura e vos vestis de lã; matais o animal engordado; mas não cuidais das ovelhas* (v. 3).

3. *Eles não prestavam o devido cuidado ao fraco, ao doente e ao ferido. Não fortaleceste a fraca, não curaste a doente, não enfaixaste a ferida* (v. 4).

4. *Eles não restauraram a desviada e não evangelizaram a perdida. Não fostes procurar a desgarrada e não buscaste a perdida* (v. 4).

5. *Eles foram duros e insensíveis com as pessoas. Dominais sobre elas com rigor e dureza* (v. 4).

6. *Eles são culpados porque o rebanho se dispersou. Assim se espalham, por falta de pastor* (v. 5). Quando um pastor não pastoreia de fato sua congregação, as pessoas sofrem espiritualmente, muitos deixam a igreja e se dispersam.

7. *Deus pedirá contas aos pastores pelo que aconteceu ao rebanho.* A condição do rebanho é responsabilidade direta do pastor. *Ouvi, ó pastores, ouvi a palavra do SENHOR: assim diz o SENHOR Deus: Eu coloco-me contra os pastores; exigirei as minhas ovelhas das suas mãos* (v. 9,10).

PERGUNTAS QUE VOCÊ TERÁ QUE ENFRENTAR NA PRESENÇA DE DEUS

Deus é bastante claro em suas palavras. Você, como pastor, é grandemente responsável diante de Deus. Você possui responsabilidade espiritual por cada pessoa em seu grupo. Você também é responsável em grande medida por cada ex-membro, especialmente se ele está agora sem pastoreio. Perante Deus você um dia dará contas de seu pastoreio, respondendo a perguntas como as seguintes:

1. Quão bem alimentado e espiritualmente forte estava cada membro?

2. Quão bem doutrinado na verdade bíblica estava cada membro?

3. Quais esforços você empreendeu para curar aqueles que se tornaram espiritualmente enfermos?

4. Em que extensão você esgotou todos os esforços para restaurar os desviados?

O *melhor da espiritualidade* **337**

5. Em que extensão você buscou as ovelhas perdidas fora do seu rebanho?

6. Em que extensão você intercedeu por seu rebanho nome por nome?

7. Em que extensão você, como pastor, deu a sua vida pelo rebanho?

8. Em que extensão você colocou os interesses do rebanho acima de seus interesses pessoais?

9. Em que extensão você, como pastor, evitou que os membros de personalidade mais forte de seu rebanho desencorajassem ou discriminassem os membros mais passivos?

Isaías 56 combina as ilustrações dos vigias e dos pastores. *Todos os seus sentinelas são cegos, não conhecem nada; todos são cães mudos, incapazes de latir; deitados, sonham e gostam de dormir. E são cães gulosos, nunca se fartam. São pastores que nada compreendem; todos eles buscam os seus interesses, cada um a sua ganância, todos sem exceção* (v. 10,11). Vários novos pontos de exortação aos pastores são acrescentados aqui:

10. Você é um pastor que não enxerga o perigo? Você não deve ficar cego em relação a falsos ensinos, novos grupos que chegam e tentam dividir a igreja e enganar algumas pessoas. Pode ser tarde demais advertir as pessoas depois da chegada de falsos mestres. Você precisa ter seus liderados tão bem fundamentados na verdade que eles não desejarão ouvir os novos falsos mestres.

11. Você é um pastor corajoso e fiel em denunciar os erros doutrinários? Você não deve ser um cachorro vigia que fica em silêncio. Deve latir alto e demoradamente (v. 10).

Se você, como pastor, tem alimentado os membros de sua igreja com verdades teológicas profundas e espirituais e com uma vasta gama de doutrinas bíblicas, então, quando os falsos ensinos forem trazidos por estranhos para dentro da igreja, seus liderados já terão as respostas ou confiarão tanto em você como líder que primeiro perguntarão a você sobre elas. Os pastores, diz Isaías, não devem ter "falta de conhecimento".

12. Você possui, sendo pastor, uma reputação de ter bastante apetite (v. 11)? Um pastor que não exercita a autodisciplina é um exemplo pobre para sua igreja e dá um mau testemunho para as pessoas. Muitos líderes cristãos estão acima do peso. Muitas piadas são contadas sobre pastores que amam comer ou gastam com comidas caras. Isaías chama tais líderes de *cães gulosos, nunca se fartam* (v. 11).

Como pastor nos dias de hoje, de que modo precisa ser um exemplo de alguém que jejua em vez de alguém que exagera? Como pode alguém que não controla seu apetite convocar o seu povo para jejuar? O povo de Deus hoje precisa com frequência ouvir o chamado de Deus para essa disciplina espiritual. Mas um líder que não jejua não tem condições de fazer esse tipo de apelo. Você tem?

13. Como pastor, você tem a reputação de sempre fazer as coisas do seu jeito? É fácil para uma pessoa que possui um posto de autoridade querer mais e mais autoridade. Tenha mais consciência das necessidades e desejos de seus liderados do que dos seus. Aprenda a pedir e a ter consideração pelas sugestões de seus liderados. Não aja como se você sempre soubesse todas as respostas.

Se você sempre faz as coisas conforme sua vontade e não tem consideração pelos seus liderados, não será conhecido como uma pessoa de Deus ou como uma pessoa parecida com Cristo. Isaías adverte os pastores que *buscam os seus interesses* (v. 11).

14. Como pastor, você tem a reputação de sempre visar o que é mais proveitoso para você? Isaías condena aqueles que buscam o seu próprio ganho (v. 11). Ninguém que visa o proveito próprio se torna conhecido como uma pessoa espiritual. Santidade é o contrário do egoísmo. Uma pessoa santa está sempre pensando no interesse e no *bem-estar* de outros. Santidade é amor. Certa vez William Booth enviou uma breve mensagem para o Exército de Salvação ao redor do mundo; era uma mensagem de uma única palavra: OUTROS. Esse era o desafio dele para os demais. Isso resumia o ministério e a vida deles: OUTROS.

Esse é o espírito de Jesus. Ele veio não para ser servido, mas para servir e dar a sua vida por outros (Mc 10.45). Jesus disse que líderes cristãos não deveriam o tempo todo querer mostrar autoridade. Esse é o caminho do mundo. Ele disse: *Mas entre vós não será assim. Antes, quem entre vós quiser tornar-se grande, será esse o que vos servirá, e quem entre vós quiser ser o primeiro, será servo de todos* (v. 43,44).

Como pastor, você deve servir às ovelhas. Não é o papel das ovelhas, primariamente, cuidar de você. Naturalmente, como pastor, você merece ser apoiado (Lc 10.7). Você merece alimentação e moradia adequadas. Você possui alguns direitos. Mas em muitos aspectos você foi chamado para esquecer os próprios interesses por amor às pessoas. O seu chamado é para o autossacrifício. Deus em primeiro lugar, as pessoas em seguida e você por último.

CAPÍTULO 23

Sua prestação de contas como líder, parte 1

Atos 20 contém as exortações finais de Paulo aos líderes de Éfeso. Primeiro, Paulo testifica. Ele os chama para testemunhar como ele havia vivido e servido quando estava entre eles como seu pastor e fundador da igreja. Ele os desafiou a lembrarem-se de seu serviço desde o primeiro dia (v. 18-27).

1. Ele serviu ao Senhor com grande humildade (v. 19).
2. Ele serviu ao Senhor com lágrimas (v. 19,31).
3. Ele de boa vontade enfrentou perigos por amor a eles (v. 19).
4. Ele alegremente pregou-lhes sobre tudo o que podia ajudá-los (v. 20).
5. Ele ensinou publicamente e em todas as suas casas (v. 20).
6. Ele proclamou toda a vontade de Deus (v. 27).
7. Por três anos ele nunca cessou de adverti-los de dia e de noite, com lágrimas (v. 31).
8. Ele nunca cobiçou ajuda financeira (v. 33,34).
9. Ele foi um exemplo de dedicação ao trabalho (v. 35).
10. Ele deu exemplo de como se deve ajudar o fraco e de como se deve contribuir (v. 35).

No meio desse testemunho, Paulo os lembra de sua enorme responsabilidade como líderes. Eles deveriam não apenas seguir seu exemplo nesses dez aspectos, como também os desafia especialmente a:

1. Ter cuidado deles mesmos (v. 28).
2. Ter cuidado do rebanho (v. 28,30).
3. Pastorear a igreja (v. 28).

Paulo lembra-os de que eles prestarão contas a Deus.

O escritor de Hebreus também enfatiza que os líderes deverão prestar contas a Deus: *Obedecei a vossos líderes, sendo-lhes submissos, pois eles estão cuidando de vós, como quem há de prestar contas; para que o façam com alegria e não gemendo, pois isso não vos seria útil* (Hb 13.17).

Por duas vezes Paulo diz que todos os cristãos comparecerão perante o trono do julgamento de Deus (Rm 14.10-12; 2Co 5.10,11). Hebreus repete a advertência: *E como está ordenado aos homens morrerem uma só vez, vindo depois o juízo* (Hb 9.27). Isso vale tanto para cristãos como para não cristãos. Nenhum cristão enfrentará o julgamento final por seus pecados pelos quais se arrependeu, confessou, e na medida do possível restituiu. Mas todo cristão será julgado pela maneira como viveu depois de sua conversão.

Que tipo de ensino você tem dado para preparar sua igreja para o tempo quando seus membros dobrarão os joelhos diante do trono de julgamento de Cristo, para ouvi-lo avaliar a vida de cada um e anunciar suas recompensas?

Mas o que me deixa especialmente preocupado é que você esteja preparado quando Cristo o julgar como líder. Você e eu, como líderes, compareceremos perante o trono de julgamento de Cristo por duas razões (Hb 13.17):

a. Prestaremos contas como líderes espirituais. Portanto, velamos (v. 17) para cumprir nossa responsabilidade com nosso rebanho (a palavra grega *agrupnousin* significa "estar acordado"). A mesma palavra é usada em Marcos 13.33, Lucas 21.36 e Efésios 6.18 — *Com toda oração e súplica, orando em todo o tempo no Espírito e, para isso mesmo, vigiando com toda perseverança e súplica por todos os santos.*

b. Seremos testemunhas com respeito ao que vimos na vida dos membros de nossa igreja à medida que os lideramos e pastoreamos (Hb 13.17).

Você já preparou uma lista de coisas que espera que Deus lhe pergunte quando estiver perante o trono de julgamento de Cristo e for julgado como líder? Tão certo como você está vivo hoje, estará lá para prestar contas.

Quero sugerir alguns itens pelos quais Cristo julgará sua fidelidade como líder. Sem dúvida, há muito mais. Se você quer preparar-se para o dia do julgamento, faça sua própria lista.

VOCÊ PRESTARÁ CONTAS POR PERMANECER ATENTO, COMO UM VIGILANTE

Um vigilante adormecido é um perigo. A última coisa que ele poderia fazer seria dormir. Um soldado ou guarda que dorme pode ser condenado à morte. Por quê? Ele se torna um perigo para todos no exército.

O *melhor da espiritualidade* **341**

Você, como líder, é um guarda espiritual para seus liderados. É espiritualmente perigoso para sua igreja se você se tornar espiritualmente sonolento. A tarefa de proteger não é brincadeira. É uma responsabilidade solene para um líder.

a. *Você é responsável por proteger as crianças.* 1. Certifique-se de que elas compreendem todas as verdades espirituais essenciais. Treine e supervisione os professores da escola dominical; torne a verdade do evangelho interessante e compreensível para as crianças. 2. Monitore a obediência delas a Cristo. 3. Ore por elas nominalmente, em particular. 4. Convoque os pais para orar por seus filhos.

b. *Você é responsável por proteger os jovens.* 1. Certifique-se de que eles compreendem todas as verdades espirituais essenciais. 2. Dê instrução especial em áreas que são do interesse deles. 3. Torne-se disponível para aconselhar jovens. 4. Envolva os jovens nos cultos e em atividades relacionadas à igreja (música, canto, leitura bíblica durante o culto, recepção, ajuda aos necessitados, distribuição de literatura etc.). 5. Ore nominalmente pelos seus jovens.

c. *Proteja os lares da sua igreja.* Ajude a protegê-los: 1. Planeje classes de escola dominical sobre o relacionamento entre marido e mulher; 2. Pregue sermões sobre o lar cristão; 3. Organize classes para pais com filhos problemáticos; 4. Coloque-se à disposição para aconselhar membros das famílias; 5. Faça visitas nas casas; 6. Faça reuniões de oração nas casas; 7. Ore diariamente pelas famílias.

d. *Ajude a proteger a comunidade.* 1. Prepare os membros da sua igreja para serem bons cidadãos. 2. Busque oportunidades para que sua igreja ajude os necessitados. 3. Mobilize sua igreja para orar por líderes nacionais e locais (1Tm 2.1-3), pelas escolas e universidades, pelo país e suas necessidades, pelos problemas nacionais, pelas necessidades locais, pelo testemunho e pelas atividades dos membros na cidade. 4. Desafie as pessoas a ser sal e luz em suas comunidades. 5. Mobilize as pessoas para atenderem a necessidades locais. Em todas essas áreas você prestará contas por estar atento, como um vigilante.

Você prestará contas por advertir em relação aos perigos

Deus deixou claro a Ezequiel que seu papel como profeta o fez responsável pelo destino eterno daqueles a quem ele se dirigiu.

a. *Você é responsável por ver as coisas como Deus as vê.* Bem no início do ministério de Jeremias, Deus lhe deu uma visão e então lhe perguntou: *O que*

342 Coração em chamas pelo Espírito

você vê? (Jr 1.11). Quando Jeremias respondeu corretamente, Deus o elogiou e disse: *Você viu corretamente.* Berkeley traduz esse texto assim: "Você é um observador cuidadoso".

O líder precisa ter olhos para ver. Seus olhos devem sempre estar abertos. Seja um observador atento e acurado. Para Deus usar você, é preciso, antes de tudo, que você seja um observador atento e constante.

Muitos líderes perdem oportunidades de ajudar em momentos de necessidade porque estão espiritualmente insensíveis, porque não têm olhos para ver. Há momentos em que a pessoa está sobrecarregada por um problema. Se naquele momento você demonstra preocupação e amor cristão, tem a melhor oportunidade para influenciar aquela pessoa ou ganhá-la para Cristo. Há momentos em que a pessoa enfrenta uma tentação especial. Você tem olhos para ver o momento da necessidade? Como você pode orar efetivamente e advertir as pessoas se não possui olhos para ver?

Todo líder deveria orar repetidamente: "Senhor, dá-me olhos para ver o que tu vês; dá-me olhos para ver corretamente hoje". Algumas pessoas se afastaram da igreja e de Cristo porque na hora da necessidade o líder estava espiritual e pessoalmente despreparado para ver.

b. *Você é responsável por ouvir o que Deus diz.* Todo líder necessita ser um bom ouvinte. Toda manhã você deveria orar: "Senhor, ajuda-me a ouvir a tua voz hoje. Guia-me ao longo do dia".

Quando você vê uma pessoa ou situação como Deus a vê, em seguida você precisa ouvir o que Deus tem a dizer para aquela pessoa ou grupo. Deus sempre tem uma palavra para cada necessidade. Tenha um ouvido atento para perceber rapidamente sua direção ou sua voz.

O rei Zedequias perguntou a Jeremias: *Há alguma palavra do Senhor? Sim,* ele respondeu, e imediatamente deu ao rei a mensagem de advertência. Em outra ocasião, o povo veio a Jeremias e lhe pediu que orasse pela direção de Deus para ele. *Eu ouvi vocês,* respondeu Jeremias. *Eu certamente orarei ao Senhor, o seu Deus, como vocês me pediram; eu lhes direi tudo o que o Senhor disser* (Jr 42.3-5). *Dez dias depois a palavra do Senhor veio a Jeremias* (v. 7), e ele tinha a palavra de Deus para eles. Você também, em algumas ocasiões, poderá precisar orar por algum tempo sobre uma situação antes de ter a direção de Deus em relação ao que dizer, quando e como dizê-lo.

Você não é chamado para ser um profeta e dar respostas inspiradas e infalíveis às pessoas. Mas você é responsável por ter olhos para ver e ouvidos para ouvir a palavra do Senhor para seus liderados.

Foi dito a Ezequiel: *Eu te fiz atalaia sobre a casa de Israel; quando ouvires uma palavra da minha boca, tu a advertirás por mim* (Ez 3.17). Mais tarde isso foi repetido palavra por palavra em Ezequiel 33.7. Esta é a sequência de Deus para você: ver, ouvir, orar e então falar.

Ezequiel foi lembrado de sua enorme responsabilidade nestas palavras:

Quando eu disser ao ímpio: Certamente morrerás; se não o advertires e não disseres nada para adverti-lo do seu mau caminho, a fim de salvar a sua vida, aquele ímpio morrerá na sua maldade; mas exigirei da tua mão o sangue dele. Se, porém, advertires o ímpio, e ele não se converter da sua impiedade e do seu mau caminho, ele morrerá na sua maldade; mas tu livraste a ti mesmo. Da mesma forma, quando o justo se desviar da sua justiça e praticar o mal, e eu puser diante dele um tropeço, ele morrerá; morrerá no seu pecado porque não o advertiste, e as obras de justiça que ele tiver praticado não serão levadas em conta; mas exigirei da tua mão o sangue dele. Mas, se advertires o justo para que não peque, e ele não pecar, certamente viverá, porque recebeu a advertência; e tu livraste a ti mesmo (Ez 3.18-21).

Não há palavras mais solenes para um líder cristão em toda a Escritura. Quando eu era criança, fiquei tremendamente impressionado com esses versículos. As palavras da *King James Version* [Versão do Rei Tiago] dizem: *seu sangue eu exigirei das suas mãos*. Não pude esquecê-las. Sempre que outro pastor visitava nossa casa (meu pai era pastor), eu lhe perguntava, após alguns minutos, qual era o significado dessas palavras. Quando entrei para o ensino médio, permitiram-me participar em várias sessões de uma conferência para pastores. Quando eles anunciaram que na próxima sessão haveria um tempo para perguntas e respostas, fui até um pastor e disse: "Quando o período de perguntas começar, não diga quem fez a pergunta, mas o senhor poderia perguntar para mim qual o significado das palavras de Ezequiel 3.18?" Nunca ouvi uma resposta que me satisfizesse plenamente. Então pergunto o que significará para você se Deus lhe pedir contas por alguém que você falhou em advertir.

Quando você vir um jovem descuidado, um marido ou esposa afastados, um pecador impenitente, e você fracassar em adverti-los de um modo amoroso, que diferença isso fará em sua vida no céu se Deus lhe pedir contas pelo seu pecado de omissão, sua falha em permitir que Deus o use?

CAPÍTULO 24

Sua prestação de contas como líder, parte 2

Continuaremos nossa discussão sobre a responsabilidade do líder diante de Deus e de seus liderados.

Você prestará contas quanto a praticar o que ensina

Jesus nos ordenou a não sermos como os fariseus: *Eles não praticam o que ensinam* (Mt 23.3,4). O bispo Ryle comenta: "Enquanto o mundo permanecer, este capítulo deve ser uma advertência e um sinalizador para todos os ministros da religião. Nenhum pecado é tão grave quanto o deles aos olhos de Cristo".

Paulo acrescenta: *Tu, pois, que ensinas os outros, não ensinas a ti mesmo? Tu, que pregas que não se deve furtar, furtas?* (Rm 2.21).

Não há impedimento maior à causa de Cristo, não há insulto maior ao nome de Cristo do que a vida de cristãos que não são coerentes com os ensinos de Cristo e da Bíblia. Isso é verdade, acima de tudo, para líderes cristãos. O mundo tem todo o direito de exigir que nós pratiquemos o que ensinamos ou pregamos. Se não, seremos hipócritas, e nenhum hipócrita merece o respeito das pessoas.

É muito fácil ser mais rigoroso com outros do que com nós mesmos. Os pais perdem sua autoridade quando exigem dos filhos o que eles mesmos não praticam. Os líderes perdem autoridade perante a igreja quando as pessoas podem apontar fraquezas na vida deles. Destruímos o poder da verdade quando não vivemos à altura do que a Bíblia ensina ou do que nós ensinamos às pessoas.

Jesus disse: *Cuidado com [...] a hipocrisia* (Lc 12.1). Pedro nos conclama a nos livrar de toda hipocrisia (1Pe 2.1). Cuide-se para viver de acordo com o padrão bíblico. Só há uma única maneira de você ter o direito de pregar um padrão mais alto do que sua vida. Você precisa dizer: "Isto é o que a Bíblia ensina. Confesso que eu ainda não vivo à altura desse padrão. Ore por mim, para que pela graça de Deus eu viva assim deste dia em diante".

Muitas vezes o líder prega para si mesmo, sendo convencido de seu pecado pelo Espírito Santo, à medida que a verdade torna-se cada vez mais clara para ele enquanto fala. Se isso acontecer com você, humilhe-se perante Deus e sua igreja. Confesse sua necessidade. Se você convida as pessoas para virem à frente e buscar a ajuda de Deus para obedecer à verdade que você pregou, seja o primeiro a ir e coloque-se de joelhos, pedindo que as pessoas orem em seu favor. Desse modo, você continuará sendo respeitado.

Você será mais responsável por prestar contas que seus liderados

Tiago nos adverte: *Meus irmãos, muitos de vós não devem ser mestres, sabendo que seremos julgados de forma mais severa* (Tg 3.1). No versículo seguinte, ele acrescenta que todos nós tropeçamos, de muitas maneiras. Você tem tropeçado "de muitas maneiras"?

Jesus nos lembra do perigo de julgarmos. Esse é um perigo em especial para o líder. Nós facilmente criamos o hábito de julgar porque aos olhos das pessoas nos tornamos autoridades no sentido das Escrituras, e elas frequentemente confiam em nossas opiniões como a única resposta. Lembre-se como você realmente compreende de forma imperfeita a Palavra de Deus como um todo.

Jesus disse:

> *Não julgueis, para que não sejais julgados. Porque sereis julgados pelo critério com que julgais e sereis medidos pela medida com que medis. Por que vês o cisco no olho de teu irmão e não reparas na trave que está no teu próprio olho? Ou como dirás a teu irmão: Deixa-me tirar o cisco do teu olho, quando tens uma trave no teu? Hipócrita! Tira primeiro a trave do olho; e então enxergarás bem para tirar o cisco do olho de teu irmão* (Mt 7.1-5).

Por que Jesus afirma que o problema de nosso irmão é como um cisco no olho enquanto em nosso próprio olho o problema é tão grande como uma trave? Porque os erros dos outros parecem maiores para nós do que nossos

346 Coração em chamas pelo Espírito

erros e porque nós, líderes, teremos mais responsabilidade em prestar contas e nossa função de líderes torna os nossos defeitos aparentemente muito piores aos olhos dos outros.

Trata-se de uma característica humana minimizarmos nossos erros e maximizarmos os erros ou pecados de outros. Jesus diz que devemos fazer o contrário.

Depois de Tiago afirmar que como líderes seremos julgados com maior rigor, ele nos dá três ilustrações de áreas em que seremos estritamente julgados:

1. *Vocês serão estritamente julgados por se vangloriarem.* Tiago diz que *a língua é uma pequena parte de nosso corpo, mas ela se gaba de grandes coisas* (Tg 3.5). Com frequência, quanto mais você conta uma história, mais a embeleza e maior ela fica. Sua mente pode facilmente enganar você. Tome cuidado com os exageros. "*Evangelisticamente* falando" tem se tornado uma infeliz expressão que implica que as histórias contadas por pregadores são mais vívidas e o número de convertidos geralmente maior do que os fatos mostram.

Muitas vezes um líder se gaba de como tem trabalhado duro quando ele realmente perde bastante tempo não fazendo nada e não trabalha mais duro que nenhum de seus liderados. Tiago diz que seremos julgados mais severamente que outros com respeito a nos vangloriarmos.

2. *Você será julgado severamente por sua influência sobre outros.* Tiago ilustra isso ao mostrar que uma pequena faísca pode colocar fogo em uma floresta inteira. Um pequeno comentário sobre outra pessoa, colocando-a sob suspeita, dúvida, acusação, ressentimento ou ira pode acender um incêndio devastador na igreja.

Em razão de sua posição, o que você disser será considerado muito seriamente, será acreditado com menos questionamento e será citado com mais frequência por mais pessoas do que você imagina. O que você diz confidencialmente raramente será mantido em sigilo. O que você afirmar como uma possibilidade será citado como um fato. O que você disser será geralmente citado fora de contexto.

Se existe alguém que precisa tomar muito cuidado com a língua, essa pessoa é o líder. Se alguém pode facilmente acender um fogo que irá queimar e destruir a reputação de alguns na igreja, ou de alguém de fora da igreja que necessitaria ser alcançado, essa pessoa é o líder. Lembre-se, você será julgado mais severamente por Deus pela maneira como usar sua língua do que seus liderados serão.

3. *Você será julgado mais severamente por envenenar a mente de outros.* O quê? Líderes envenenam a mente de seus liderados? Sim, esse é um perigo

constante. Tiago diz (3.8) que a língua é como um animal selvagem que não pode ser domado, como um mal que não pode ser dominado, como um veneno que possui o poder de matar. Lembre-se, isso é dito no contexto da explicação sobre a prestação de contas dos líderes cristãos.

Uma única observação feita por um líder em público ou em particular pode envenenar a mente de muitos. Tiago diz que isso pode ser mortal. Uma observação pode destruir a unidade. Um sermão, mesmo uma frase, pode envenenar o ambiente da igreja, a comunidade, um lar. Se uma pessoa precisa controlar sua língua o tempo todo, essa pessoa é o líder.

É por essa razão que Tiago apela aos líderes cristãos que se lembrem de que serão julgados mais severamente que outros. Constantemente usamos nossa língua com seu tremendo potencial para o bem ou para o mal. Com ela nós abençoamos ou amaldiçoamos; louvamos a Deus ou destruímos pessoas.

Você prestará contas de seu exemplo

Jesus viveu como um exemplo para nós. Ele deliberadamente agiu de determinada maneira para nos deixar um exemplo.

1. *Ele foi um exemplo de controle da sua língua. Para isso fostes chamados, pois Cristo também sofreu por vós, deixando-vos exemplo, para que sigais os seus passos. Ele não cometeu pecado, nem engano algum foi achado na sua boca; ao ser insultado, não retribuía o insulto, quando sofria, não ameaçava, mas entregava-se àquele que julga com justiça* (1Pe 2.21-23).

2. *Jesus foi um exemplo de humilde serviço a outros.* Ao lavar os pés dos discípulos, ele disse: *Entendeis o que vos fiz?* [...] *eu vos dei exemplo, para que façais também o mesmo* [...]. *Se, de fato, sabeis estas coisas, sereis bem-aventurados se as praticardes* (Jo 13.12-17).

Três vezes Paulo desafia seus convertidos a seguir seu exemplo:

1. *Sede meus imitadores, como também eu sou de Cristo* (1Co 11.1). O texto grego diz, literalmente, "continuem a ser meus imitadores, assim como eu continuamente imito a Cristo". O contexto imediato no qual Paulo deseja especialmente que os coríntios sigam seu exemplo era (a) não ser pedra de tropeço para ninguém; (b) procurar na medida do possível agradar a outros; e (c) buscar o bem de outros em vez do próprio bem.

2. *Sede meus imitadores* (Fp 3.17). Literalmente, o texto grego diz "continuem sendo meus imitadores". No contexto imediato, a ênfase de Paulo estava em sua bela descrição de como ele perseverava em seguir a Cristo (v. 7-16). (a) Ele considerava todas as outras coisas como perda em comparação

a conhecer melhor a Cristo em todo o seu senhorio. (b) Ele considerava tudo o mais como esterco, para ganhar a Cristo e ser justificado pela fé nele. (c) Ele queria conhecer a Cristo e o poder da sua ressurreição, compartilhando alegremente de seus sofrimentos no avanço do evangelho e eventualmente participando do arrebatamento na segunda vinda de Cristo. (d) Ele fez disso a sua absoluta prioridade, esquecendo-se do que ficou para trás e dedicando todo esforço ao que estava adiante. Era isso o que Paulo desejava que todos os crentes de Filipos fizessem juntamente com ele. Você está perseguindo a Cristo e as prioridades dele com tal paixão a ponto de tornar-se um constante exemplo para as pessoas?

3. *Vós mesmos sabeis como deveis nos imitar* (2Ts 3.7). O contexto imediato fala de Paulo como alguém que não era ocioso, mas que trabalhava dia e noite para sustentar a si mesmo e não ser um peso para outros. Ele havia feito isso *não porque não tivéssemos direito, mas para que nós mesmos vos déssemos exemplo, para nos imitardes* (v. 9). Paulo sabia que um dos pecados dos tessalonicenses era a ociosidade. Por isso, em suas visitas a Tessalônica ele deliberadamente se sustentava. Para Paulo a ociosidade refletia de maneira pobre a Cristo. Ele poderia ter sido sustentado pela igreja, mas intencionalmente preferiu abrir mão de seus direitos para enfatizar o exemplo que tentava dar a eles. Deus o perdoe se você possui a reputação de não ser um trabalhador dedicado.

Em 1Timóteo 4.12 Paulo encoraja Timóteo a "ser um exemplo para os fiéis", especialmente em cinco áreas que ele alista: no falar, na vida, no amor, na fé e na pureza. O texto grego diz literalmente "continue se tornando um modelo".

Pedro escreve a mesma coisa "aos presbíteros", isto é, aos pastores-líderes: *nem como dominadores dos que vos foram confiados, mas servindo de exemplo ao rebanho* (1Pe 5.3).

Nada é mais importante na vida e no ministério de um líder que ter uma vida exemplar em todas as áreas. Sua liderança não conseguirá ser mais efetiva que sua vida. Sua maneira de viver prepara o terreno para que as pessoas aceitem suas palavras. Isso é verdadeiro tanto em relação aos seus liderados quanto aos descrentes.

O exemplo de sua vida valida ou invalida o seu ministério. Você não terá credibilidade em qualquer comunidade se sua vida não for exemplar. Você precisa encarnar o que ensina. Você precisa demonstrar que o evangelho é verdadeiro.

Deus pode até mesmo permitir que você passe por experiências difíceis para provar a não cristãos que Cristo é real e que você é um cristão autêntico. Ser um exemplo pode ser custoso. Nada é mais urgente.

VOCÊ PRESTARÁ CONTAS DE SUA VIDA DE ORAÇÃO

O fundamento no qual todo ministério e liderança são construídos é a sua vida de oração. Sua liderança nunca será maior que suas orações. A liderança bem-sucedida requer muito mais que oração, mas nenhuma liderança pode ser em última instância um sucesso sem muita oração. Meça o seu ministério não pelos elogios que você recebe, nem pelo tamanho da sua congregação, nem pelos valores das ofertas da igreja, nem pelo número de atividades que a igreja promove, mas pela quantidade de oração que se investe em todas as coisas mencionadas. Com todas essas coisas acontecendo, um líder que ora e um povo que ora serão abençoados por Deus.

Todo líder afirma que orar é importante. No entanto, muitos possuem uma deplorável e medíocre vida de oração. Não é suficiente ter uma igreja que ora. O líder precisa ser uma pessoa de Deus e uma pessoa de oração. Você não pode ser uma pessoa de Deus se não for uma pessoa de oração.

Um elemento essencial da liderança é orar por seus liderados. Quando os israelitas rejeitaram Samuel ao pedirem um rei, eles, contudo, imploraram que ele orasse por eles. Eles reconheceram que precisavam de suas orações e provavelmente perceberam que eram mais devedores às suas orações do que a qualquer outra coisa mais que Samuel tivesse feito por eles.

A resposta imediata de Samuel foi: *Quanto a mim, longe de mim pecar contra o SENHOR, deixando de interceder por vós* (1Sm 12.23). Ele sabia que seria um pecado contra Deus e contra seu povo se ele não orasse o suficiente por eles. E você? É sempre um pecado falhar na oração por aqueles pelos quais você é espiritualmente responsável.

Os pais são responsáveis por orar por seus filhos. Um pastor é responsável por orar pelos membros de sua igreja. Um superintendente é responsável por orar por todos os pastores e igrejas dentro de sua jurisdição. O presidente de uma denominação é responsável por orar pela denominação como um todo, mas especialmente por todos os líderes da denominação. Um professor é responsável por orar por todos os seus alunos. Oh, como nós todos falhamos grandemente em nossa responsabilidade de orar!

Paulo escreveu aos crentes de Éfeso: *Com toda oração e súplica, orando em todo o tempo no Espírito e, para isso mesmo, vigiando com toda perseverança*

350 Coração em chamas pelo Espírito

e súplica por todos os santos (Ef 6.18). Se esta é a responsabilidade de cada membro da igreja, ela é muito maior no caso do pastor. Jesus diz que o pastor chama suas ovelhas pelo nome (Jo 10.3). Como já dissemos anteriormente, cada líder deve orar regular e nominalmente por todos os seus liderados.

Certamente a maneira mais atenta pela qual você pode velar por sua igreja é por meio da oração (Hb 13.17). Na Bíblia as palavras *orar* ou *oração* e *vigiar* estão com frequência associadas. Você não pode vigiar espiritualmente sem orar. Pastorear e vigiar envolvem muito mais do que orar, mas orar é central em seu trabalho. Você pode estar certo de que prestará contas a Deus de suas orações pelos seus liderados.

Meça o seu amor por sua igreja pela sua vida de oração. Meça sua preocupação com sua igreja, sua visão para as pessoas e sua liderança por suas orações. Este tema é tão importante que os capítulos 31 a 34 serão especialmente dedicados a ele.

CAPÍTULO 25

Prepare o seu povo para a recompensa eterna

A intenção de Deus era que Israel fosse um reino de sacerdotes (Êx 19.6). O povo de Israel seria o instrumento de Deus para abençoar o mundo inteiro (Gn 12.2,3). Ele também deveria ser testemunha de Deus (Is 43.12). Israel fracassou tragicamente em ambos os propósitos de Deus. Além de alguns salmos, não vemos registro de Israel orando pela salvação das nações.

Deus então levantou a igreja para cumprir seus planos para o mundo. Estamos agora exercendo o papel que Israel fracassou em cumprir. Nós na igreja somos agora o reino de sacerdotes (1Pe 2.5,9; Ap 1.6; 5.10), o instrumento de Deus para abençoar o mundo (Rm 12.14; 1Co 4.12; Tg 3.9). Devemos ser sal (Mt 5.13), luz (Mt 5.14,16; Ef 5.8) e testemunhas (Lc 24.48; At 1.8).

O GRANDE PLANO DE DEUS

Deus é o planejador supremo. Antes do começo da criação, Deus planejou sua criação, a terra, o tempo, a eternidade, a humanidade, a expiação e seu povo (Mt 25.34; Ef 1.4; 1Pe 1.20; Ap 13.8).

O plano de Deus é que, em toda a criação, seu cuidado especial esteja ligado à terra. De todos os seres que ele criou, Deus escolheu um papel singular para a humanidade. Ele nos criou à sua imagem, enviando seu Filho como homem e em nenhuma outra forma. Ele planejou que somente um grupo de seres compartilhasse eternamente um relacionamento íntimo e pessoal com seu Filho, como a noiva do Filho — a igreja. Os anjos de Deus são convocados para ajudar e cuidar da humanidade redimida (Hb 1.14). Ninguém mais deve ser o representante de Deus para governar a terra (Gn 1.26,28; Sl 115.16).

Devemos ser testemunhas de Deus na terra e ajudar os anjos a compreender melhor quem é Deus (Ef 3.10; 1Pe 1.12). Somente nós podemos levar

352 Coração em chamas pelo Espírito

pessoas a Cristo. O Espírito Santo trabalha com e por meio de nós. Somente nós partilhamos do principal ministério de Cristo hoje, o ministério da intercessão (Hb 7.25; 1Tm 2.1).

Cristo completou perfeitamente a expiação. Nós anunciamos a obra completa de Cristo que realizou a redenção da humanidade (Jo 17.4; 19.30; Ef 3.11). Entretanto, ele colocou sobre a igreja a responsabilidade de tornar seu plano de redenção conhecido ao mundo. Esta é a grande obra inacabada da igreja e, neste sentido, a obra inacabada de Cristo. Ela consiste primariamente na intercessão (que ele também continua fazendo conosco) e do testemunho-evangelismo (Mt 24.14).

A principal tarefa de todos os líderes da igreja hoje é preparar cada membro para participar de toda a cruzada de intercessão pela colheita do mundo e do testemunho para completar a obra inacabada de Cristo, seu grande e eterno plano. Por tudo o que fizermos para este fim, ele nos recompensará eternamente. Esta é a prioridade de Deus para a igreja nesta era.

Duas grandes eras para a igreja

Toda a história da humanidade pode ser dividida entre tempo e eternidade. Nosso estado na eternidade dependerá do que fizermos com o nosso tempo. Chamamos de tempo o "aqui" e de eternidade o "depois". O ponto de separação é a morte. Para todo indivíduo, seu período de vida até morrer é o seu tempo; após sua morte, é a sua eternidade. O tempo é, na melhor das hipóteses, breve; a eternidade é sem fim. O tempo serve para semear; a eternidade é a colheita eterna.

Isso tudo traz uma tremenda seriedade para a nossa vida como cristãos — à nossa intercessão e ao nosso evangelismo. Cristãos que vivem e que pensam primariamente no hoje são tolos, tolos eternos. Por toda a eternidade eles nunca deixarão de lamentar o fato de terem feito pouco uso de seu tempo para semear para Cristo e seu reino. Um cristão pode ser o único cristão que alguma vez irá interceder em favor de certas pessoas ou testemunhar para elas. Ele poderá ser a principal esperança do céu.

Mas a eternidade é muito mais do que a decisão sobre o céu ou o inferno. Para aqueles no céu haverá grandes diferenças — diferenças na glória (Dn 12.3) e em recompensa (1Co 3.8-15; Ap 22.12). Haverá provavelmente diferenças eternas em proximidade na comunhão com Jesus. Enquanto Jesus viveu na terra, todos os cinco mil que foram alimentados por ele ouviram sua voz e tiveram comunhão com ele. Mas a comunhão dos Doze era muito mais próxima, e a comunhão de Pedro, Tiago e João era a mais íntima de todas.

O *melhor da espiritualidade*   **353**

Jesus não faz diferença entre as pessoas, mas ele faz diferença entre nossa resposta ao seu amor, seus mandamentos e entre a obra que ele nos encarrega a realizar. Não foram todos os discípulos escolhidos para vê-lo e ter comunhão com ele após sua ressurreição (At 10.41).

Sem dúvida estamos determinando hoje, por meio da nossa obediência, o grau de comunhão que compartilharemos com Cristo no céu. Todo crente passará a eternidade no céu, que será o quartel-general de Jesus e seu lar, mas o tipo de comunhão que experimentaremos, quão frequentemente cada um terá tais privilégios de proximidade, e o papel que cada um terá ao reinar com Jesus e servi-lo será decidido no julgamento perante o trono de Cristo. Este será baseado em quão fielmente cada um está orando e vivendo para Cristo hoje. O céu não será o mesmo para todos. Jesus deixou isso claro vez após vez em seu ensino.

Uma de suas grandes responsabilidades como pastor é preparar cada crente para conquistar a maior recompensa eterna possível. A recompensa não consiste apenas em palavras de elogio quando a pessoa estiver perante o trono do julgamento de Cristo. A recompensa será anunciada naquela ocasião, e todos receberão algum elogio de Deus (1Co 4.5). Mas, com base na justa decisão de Cristo, as funções que teremos como recompensa na eternidade, que ele anunciará, vigorarão para sempre. A salvação é somente pela graça; a recompensa é de acordo com nossas obras — quão plena e fielmente vivemos para Deus e seu reino.

Os cristãos, na maioria, desperdiçam oportunidades diariamente, oportunidades nas quais poderiam ser usados mais por Cristo e em aumentar o grau de sua recompensa. É isso o que entristece você como um pastor. Essa é a razão pela qual você deve desafiar sua igreja, orar com um grande peso no coração por eles, chorar por eles e, como Paulo, adverti-los com lágrimas. Ai de você como pastor-líder se fracassar em preparar o seu povo para o julgamento em que Cristo dará suas recompensas (1Co 3.11-15)!

A vida na terra é um tempo de serviço — serviço a Jesus. O céu é o tempo do descanso e da recompensa. Jesus colocou sua tarefa inacabada na terra em nossas mãos para completarmos. Paulo disse que seu grande desejo e sua ambição eram completar a tarefa que o Senhor lhe havia confiado (At 20.24). Muitos cristãos vivem como se o Senhor não lhe tivesse dado nenhuma tarefa, como se não prestassem contas de nada no reino de Cristo. É sua responsabilidade como pastor deles ensiná-los e adverti-los de suas responsabilidades e das perguntas que Cristo irá fazer a eles quando estiverem perante seu trono de julgamento.

Não basta evitar o pecado, frequentar a igreja, ler um pouco da Bíblia e orar uns poucos minutos cada dia. Sua recompensa será decidida com base no quanto você investe tempo em oração, em abençoar outros, em fazer avançar o reino de Cristo. Oh, as oportunidades de grandes recompensas eternas estão agora sendo jogadas fora pelos cristãos! Quanta tristeza isso traz a Cristo!

O papel duplo de todo líder cristão

Como um líder cristão ou pastor, você possui uma dupla responsabilidade por cada crente sob a sua supervisão. Você tem outras responsabilidades — o evangelismo dos não salvos, representar sua igreja perante a comunidade e o governo, interceder pelo plano de Deus para a sua denominação ou organização, para o seu país e para o mundo. Mas você tem duas responsabilidades especiais para seus próprios membros:

A. *Você é responsável por nutrir espiritualmente e pela vida de cada crente.* Não é suficiente apenas pregar e liderar sua igreja ou os cultos. Você deve pregar, ensinar e aconselhar para que cada pessoa cresça em graça e amadureça em Cristo (Cl 1.28) e se mantenha fiel ao Senhor, à sua igreja ou a seu grupo. Você é responsável pelas crianças, pelos jovens e pelos idosos. Você é responsável por manter os cristãos mais maduros crescendo e por dar atenção especial aos fracos e feridos.

Você é responsável por manter sua igreja ou grupo avivado, os crentes em harmonia e unidade e os cultos e atividades selados pela presença e bênção do Senhor.

B. *Você é responsável por preparar cada crente para ser efetivo no trabalho para o Senhor.* Somos salvos para servir. Se somos salvos, mas não servimos, desapontamos o Senhor, falhamos com ele e abandonamos algumas das recompensas que Deus planejou para nós, por nossa fidelidade.

1. *Deus espera que cada crente abençoe tantas pessoas quanto possível.* Jesus ia em todos os lugares abençoando as pessoas (At 3.26). Agora somos chamados para completar sua tarefa e abençoar a todos que pudermos, de todas as maneiras que pudermos. Cada crente deve demonstrar o amor de Cristo de tal maneira que o não salvo perceba e sinta esse amor. Até uma criança pode aprender a mostrar amor e a ser uma bênção. Os filhos dos cristãos deveriam ser conhecidos por sua gentileza, disposição para ajudar e por seu amor. As

donas de casa possuem um círculo de vizinhas que elas podem abençoar. Cada um pode ser uma pessoa amorosa, uma bênção, de tal modo que sua atitude prepare o caminho para seu testemunho e para convidar as pessoas para cultos evangelísticos. Nenhum cristão pode se esquivar disso.

2. *Deus espera que cada crente tenha um ministério de oração.* Somos salvos para orar, e nossa maior oração deveria ser não em favor de nós mesmos. Não é suficiente nos preocuparmos apenas com a vida espiritual de uma única família. Todo crente é chamado para um ministério de oração efetivo pela igreja, por reavivamento, por evangelismo e por alcançar o mundo inteiro para Cristo.

Jesus quis nos ensinar isso ao dizer que somos responsáveis por nossa Jerusalém (nossa casa, igreja ou cidade) até os confins da terra. Todo cristão cuja oração diária não inclui seu país como um todo e outras nações do mundo está desobedecendo à última ordem de Cristo. Isso exige oração planejada — não apenas alguns momentos por dia, mas um ministério de oração cuidadosamente planejado por cada cristão. Você, crente, possui esse ministério de oração? Como tem se preparado para isso?

3. *Deus espera que cada crente seja uma testemunha.* Cada um deve ser o sal e a luz de Cristo em sua comunidade, uma testemunha ativa de Cristo com suas palavras, bem como com sua vida. Cada crente deve ser um embaixador de Cristo (2Co 5.20). Milhões de cristãos nem sequer começaram a ser embaixadores. A quem devemos culpar? De quem Deus pedirá contas? Dos crentes? É claro! De você, como pastor ou líder? Sim, em muitos casos você terá que prestar contas com maior severidade que os crentes. Por quê? Porque você é responsável por treiná-los para testemunhar e por preparar e cumprir um plano pessoal de intercessão.

O DIA DA PRESTAÇÃO DE CONTAS ESTÁ CHEGANDO

O dia mais importante no futuro de cada crente será o dia do julgamento. Paulo deixa o ensino de Jesus claro — que cada um de nós deve estar preparado para esse dia.

> *Mas tu, por que julgas teu irmão? Ou, também, por que desprezas teu irmão? Pois todos compareceremos diante do tribunal de Deus. Porque está escrito: Juro por minha vida, diz o Senhor, todo joelho se dobrará diante de mim, e toda língua confessará a Deus. Assim, cada um de nós dará conta de si mesmo a Deus* (Rm 14.10-12).

356 Coração em chamas pelo Espírito

Por isso também nos esforçamos para agradá-lo [...]. *Pois é necessário que todos sejamos apresentados diante do tribunal de Cristo, para que cada um receba retribuição pelo que fez por meio do corpo, de acordo com o que praticou, seja o bem, seja o mal* (2Co 5.9,10).

Quantas vezes por ano você inclui um trecho maior em um de seus sermões ou estudos bíblicos para falar sobre o dia do julgamento? Quão claramente você tem ensinado a seu povo — das crianças aos adultos — que tudo o que ele pratica todos os dias será incluído nas coisas que terá de encarar no julgamento e que terá de prestar contas a Cristo? Não é suficiente apenas pregar ou ensinar sobre o que o julgamento significará para o incrédulo. Você deve deixar muito claro o que o julgamento significará para o crente.

Paulo se dirige aos cristãos todas as vezes em que diz "todos compareceremos" ao julgamento. Ele incluiu a si mesmo. Em outros lugares ele claramente enfatiza que ele não se preocupa com a maneira como outras pessoas o julgam, porque Cristo será o seu juiz (1Co 4.3,4). Tanto as coisas boas como as ruins serão julgadas. O livro de Apocalipse acrescenta que não haverá apenas o livro da vida no julgamento, mas outros livros também. Estes, sem dúvida, terão o registro completo da vida de cada pessoa, incluindo a minha e a sua (Ap 20.12).

Como você tem preparado sua igreja para esse dia mais importante do futuro dela? Hebreus 9.27 nos lembra que *aos homens está destinado morrer uma única vez, e depois disso vem o juízo.* Todos morrerão — santos ou pecadores. E, após a morte, todos "enfrentarão o julgamento" — santos ou pecadores. Se você tem falhado em ensinar sua igreja de modo adequado sobre esse assunto, você precisa lhe pedir perdão e imediatamente ensiná-la com clareza. Seus membros já podem ter perdido grandes recompensas por não estarem vivendo para aquele dia.

Todo líder terá que enfrentar muitas perguntas sobre seu ministério quando estiver perante Cristo. Jesus o fez responsável por cada cristão sob sua autoridade. Ele será responsável pelo que os ensina e pelo que deixou de ensiná-los sobre a verdade bíblica. Se ele ensinar doutrinas erradas, também terá de responder por isso. Hebreus 13.7 nos lembra que o líder deve zelar por seu povo como pessoas "que irão prestar contas" a Deus pela maneira como viveram.

Se os amigos e contatos dos membros de sua igreja forem para o inferno por não terem sido devidamente amados, abençoados, porque não oraram

O *melhor da espiritualidade* **357**

por eles, não testemunharam a eles, não os advertiram, quem terá de prestar contas dessas coisas? Ezequiel diz que será o povo de Deus (Ez 3.18,19). Mas, se você fracassar em ensinar a seu povo que ele terá de prestar contas, você também prestará contas disso. Ezequiel afirma que isso significará ter sangue em suas mãos.

Você se lembra de como Paulo estava preocupado por não precisar prestar contas do sangue de ninguém? Atos 20.26 diz: *Portanto, no dia de hoje, afirmo que estou limpo do sangue de todos.* Sobre o que Paulo estava falando? Ele era inocente do sangue daqueles a quem havia ensinado e ganhado para Cristo. Por quê? Ouça suas palavras: *Porque não deixei de vos anunciar todo o propósito de Deus* (v. 27). Ele se refere ao seu ensino doutrinário. Você poderá dizer o mesmo? Você ensina doutrina bíblica claramente? Muitos líderes cristãos estão decepcionando a Cristo neste ponto. Eles prestarão contas no dia do julgamento não por ensinar doutrinas falsas, mas por omitir o ensino básico da doutrina verdadeira. Nenhum líder deve evitar ensinar doutrinas.

No versículo seguinte, depois de falar que estava livre do sangue daquelas pessoas, ele diz aos líderes efésios: *Portanto, tende cuidado de vós mesmos e de todo o rebanho sobre o qual o Espírito Santo vos constituiu bispos, para pastoreardes a igreja de Deus, que ele comprou com o próprio sangue* (v. 28).

A grande obra inacabada de Cristo é a evangelização do mundo. O sangue de Cristo foi derramado pelo mundo inteiro (1Jo 2.2). Deus ama o mundo inteiro. Deus não deseja que ninguém se perca, mas que todos cheguem ao arrependimento (2Pe 3.9). Sua prioridade número um hoje é que cada crente faça tudo o que for humanamente possível para ganhar o maior número possível de pessoas do mundo. Ele morreu por elas. Não podemos tentar alcançá-las?

Você ama o mundo como Deus ama?

Esdras chorou pelos pecados do seu povo (Ed 10.1). Neemias lamentou por alguns dias por causa da necessidade de Jerusalém (Ne 1.4). Daniel lamentou e jejuou por três semanas (Dn 10.2,3). Jesus chorou por Jerusalém (Lc 13.34). Paulo sentia grande angústia de coração pelos judeus não salvos (Rm 9.2-4). Ele chorou dia e noite durante três anos enquanto evangelizava Éfeso (At 20.31).

Existem mais pessoas não salvas no mundo hoje do que em qualquer outra época. Se comparecermos perante o julgamento que Cristo fará de nós sem termos chorado pelos perdidos de nossa cidade e nação, e pelos perdidos

358 Coração em chamas pelo Espírito

de outras nações por quem Cristo morreu, o que ele dirá a nós? Como explicaremos nossa falta de amor e de preocupação, nossa indiferença em nossas orações diárias?

Se os membros de sua igreja nunca o veem chorar pelo perdido quando você ora nos cultos, como eles aprenderão a chorar pelos milhões de perdidos em nosso mundo? Eles decepcionarão a Cristo e aos perdidos por você não lhes ter dado o exemplo?

Se a sua congregação for para o julgamento tendo apenas raramente, se é que alguma vez, carregado um grande fardo de oração intercessora pela evangelização, de quem Deus pedirá contas disso? Normalmente a ovelha é um reflexo de seu pastor.

Em Lucas 16, Jesus nos conta a parábola do administrador que gastou os bens de seu patrão. Ele teve que enfrentar o dia em que precisou prestar contas de seus erros. A quem Jesus estava se dirigindo quando ensinou isso? Não às multidões perdidas, mas aos discípulos. Os membros de sua igreja têm desperdiçado o amor de Deus pelos perdidos por não levarem desse amor a eles? Eles estão desperdiçando o sangue de Cristo derramado pelo não alcançado? Eles estão desperdiçando as promessas que Deus ordenou à sua igreja de que se apropriasse pela oração? Eles estão perdendo as oportunidades dadas por ele de alcançar o perdido que está próximo deles? Se sim, eles terão que prestar contas. E você e eu, como líderes que falharam em não ensiná-los e em não desafiá-los, passaremos por uma prestação de contas ainda mais severa. Jesus disse que aqueles que fracassarem em usar seus talentos antes do seu retorno passariam por um julgamento ainda mais severo (Lc 19.20-23).

CAPÍTULO 26

Prepare sua igreja para orar

A razão pela qual Deus chama alguns para serem profetas, outros para serem evangelistas e alguns para pastores e mestres é explicada em Efésios 4.11,12. Deus deu esses líderes *tendo em vista o aperfeiçoamento dos santos para a obra do ministério e para a edificação do corpo de Cristo*. Essa edificação é feita de duas maneiras — nutrindo a vida espiritual dos crentes e acrescentando novos crentes ao corpo de Cristo. O escritor de Hebreus diz: *O Deus da paz [...] vos aperfeiçoe em toda boa obra, para fazerdes a sua vontade* (Hb 13.20,21). Como você pode preparar sua igreja para a obra do ministério? Deus deseja que cada pessoa participe? Como Deus pode usar você para equipar os seus membros? Isso não tem a ver com dons espirituais. Somente o Espírito Santo pode conceder dons espirituais. Não podemos concedê-los ou ensinar as pessoas como recebê-los. Podemos ensinar como usá-los.

PREPARE SUA IGREJA PARA ABENÇOAR OUTROS

"Deus abençoe você" deveria ser uma das expressões mais comuns usadas por um cristão. Deus é um Deus de bênção. O sumo sacerdote deveria abençoar o povo, dizendo: *O Senhor vos abençoe* (Nm 6.24). Deus deseja abençoar todo o trabalho de nossas mãos se lhe obedecermos (Dt 14.29; 24.19). *O Senhor certamente te abençoará [...] cuidando para cumprir todo este mandamento que hoje te ordeno* (Dt 15.4,5). Você encontrará promessas parecidas em muitos lugares. Jesus foi enviado para nos abençoar (At 3.36). Jesus andou por todos os lugares fazendo o bem e abençoando tanto justos como pecadores (At 10.38).

Devemos abençoar todas as pessoas, inclusive aquelas que nos perseguem (Rm 12.14). Quando amaldiçoados, nós abençoamos (1Co 4.12). Deus

360 Coração em chamas pelo Espírito

abençoa ações, bem como pessoas (Sl 33.12); abençoa o pobre e o rico, crianças e adultos (Mc 10.16). Veja alguns passos que você pode ensinar sua igreja a dar para abençoar outros:

1. *Aproveite todas as oportunidades para abençoar uma pessoa.* Procure por oportunidades. Ore pedindo que Deus guie você. A cada manhã, peça a Deus para fazer de você uma bênção real para alguém, naquele dia.

2. *Demonstre amor em nome de Jesus.* Procure por oportunidades para sorrir, ajudar e encorajar as pessoas. Procure levar a alegria do Senhor aonde quer que você vá. Peça a Deus que derrame do amor de Cristo por meio de você na vida de outros — salvos ou não salvos, sejam crianças, jovens ou adultos.

3. *Ore constantemente por outros.* A oração é a principal maneira de abençoarmos. Conforme você passa pelas casas, peça que Deus abençoe as pessoas que estão dentro delas. Conforme você passa por crianças, peça a Deus para abençoá-las. Quando você vir pessoas iradas, peça a Deus que as liberte. Passe pelo seu dia respirando breves orações por aqueles que você encontra ou por aqueles para quem Deus chamar a sua atenção. Por meio da oração, você pode abençoar mais pessoas do que de outras maneiras.

Prepare sua igreja para um ministério de oração

Orar é uma forma de ministério que Cristo deseja para cada crente. Somos salvos para orar por outros. Orar é a base para qualquer ministério. Orar pode ser o ministério mais importante na vida da maioria das pessoas. Uma de suas maiores responsabilidades é ajudar seus liderados a se tornarem pessoas que oram e ajudá-los a fazer de sua intercessão algo efetivo para Cristo. Quanto tempo de oração em média o membro de sua igreja investe no reino de Cristo por dia?

Essa preparação possui duas fases. Você deve prepará-los para serem pessoalmente fortes na oração e na intercessão. Você precisa também orientar sua igreja à medida que seus membros desenvolvem seus planos de oração pessoal. Nada é mais importante para um ministério de intercessão do que um plano de oração pessoal.

1. *Ajude-os a aprofundar sua vida de oração particular.* Sua igreja não precisa somente ouvir um ensino claro sobre oração repetidamente; ela precisa ver em você um belo exemplo de uma vida e de um ministério de oração. O amor pela oração precisa ser ensinado, captado e praticado.

a. *Aprofunde sua vida de oração.* Orar precisa tornar-se a vida, a alegria e a paixão de sua alma. Sua igreja precisa ver que orar é o seu grande deleite, sua própria respiração. Se você apenas fala sobre oração e não demonstra a alegria e o poder dela, seu ensino parecerá apenas meras palavras — palavras piedosas com as quais todo mundo concorda. Mas as pessoas não perceberão quão abençoadora a oração pode ser, a menos que possam ver isso em você.

Todos os cristãos acreditam no dever de orar um pouco por dia. A maioria, entretanto, possui uma vida de oração medíocre, exceto em momentos de "emergência". Frequentemente nunca experimentaram a vibração e o entusiasmo da comunhão com Jesus e da perseverança em oração em favor de outros. Existem exceções — pessoas que oram mais que outras.

Você é a chave para o ministério de oração de seus liderados. Isso confirma que no dia do julgamento você terá que prestar contas de forma mais rigorosa. Não espere que as pessoas sintam fome por aquilo que elas não conseguem ver em você. Elas precisam sentir a sua alegria no Senhor, sua intimidade com Deus, seu amor por Jesus e por elas. Elas precisam sentir a vibração da sua fé quando você ora — que você de fato espera e recebe respostas às suas orações. Elas precisam sentir essas coisas em sua oração normal em público; assim, elas mesmas começarão a ter vontade de se aprofundar na prática da oração.

Lembre-se, porém, de que sua oração em público refletirá a qualidade de sua vida de oração em particular. Deus não poderá usar poderosamente suas orações em público e nas casas se sua vida de oração particular for fraca, sem vida e ineficaz. Você precisa ser íntimo de Deus caso espere que seus liderados se tornem íntimos de Deus. A vida de oração de muitos líderes cristãos é inadequada para a obra que eles estão tentando realizar. Eles não conseguem satisfazer Jesus. Isso é verdade quanto a você? Aprenda a orar se você deseja que as pessoas de sua igreja orem.

b. Dê prioridade à oração em seu ministério público. Prepare seu coração para sua oração em público tanto quanto você se prepara para pregar ou ensinar. Se seu coração não é tocado quando você ora, ele provavelmente também não será movido quando você falar. Se o seu coração não está em chamas por Deus quando você ora, ele provavelmente não estará quando você pregar.

Você deve sempre orar por mais tempo em particular do que em público, mas, se o seu coração for movido com o amor de Deus ou avivado com o fogo de Deus, uma oração pública longa que realmente leve as pessoas à presença de Deus com frequência será bem recebida pelas pessoas. Alguns dos grandes pregadores têm sido uma grande bênção ao orar em público. As pessoas vêm para os cultos especialmente para ouvi-lo orar?

362   CORAÇÃO EM CHAMAS PELO ESPÍRITO

Suas orações devem ecoar as preocupações, os anseios e os desejos profundos das pessoas de sua igreja. Orações muito breves tendem a sugerir que orar não é importante. Mas uma oração mais longa que parte de um coração e de lábios que não evidenciam a presença e o poder de Deus pode parecer entediante. Ela pode soar como parte da "rotina" do culto que as pessoas se sentem aliviadas quando termina. Viva e ore de tal modo que suas orações públicas tenham a fragrância da presença de Deus e sejam vibrantes com o poder de Deus.

c. *Faça da oração uma parte vital e natural de todo ministério realizado em particular.* Faça uma breve oração em todos os seus aconselhamentos, visitas nos lares ou em hospitais, despedidas, ou quando você delega tarefas a uma pessoa ou grupo. Faça da oração algo tão constante e natural, como parte de tudo o que você faz, que você será conhecido como alguém que ora sobre todas as coisas (Fp 4.6). A oração precisa ser uma parte sempre presente em todo o seu ministério. Lembre-se, orar acrescenta a bênção de Deus sobre tudo o que você diz, a presença de Deus sobre todos os que você contata e o poder de Deus para atender a qualquer necessidade que você procura suprir.

Na medida em que as pessoas veem que você ora em todas as ocasiões, elas também começarão a orar em todos os momentos, como Paulo nos convida (Ef 6.18). As pessoas de sua igreja quase inconscientemente começam a se tornar pessoas de oração quando percebem que orar é uma parte indispensável de sua vida como um todo.

2. *Você pode orientá-las no desenvolvimento de seus próprios planos de oração.* Todo cristão necessita desenvolver um plano pessoal de oração. Ninguém consegue fazer da oração algo pleno em sua vida, como Deus deseja, a menos que planeje isso. Planejamos nosso tempo de dormir e de comer. Quando não nos alimentamos ou dormimos no horário devido, temos consciência disso. Podemos até nos sentir mal.

Da mesma maneira, a oração deve ser incorporada na agenda normal do dia a dia de cada crente. Isso não acontecerá, a menos que hábitos claros de oração sejam formados e se façam planos específicos para a prática da oração em nosso estilo de vida. Isso agradará ao Senhor, satisfará sua vontade e trará a eterna recompensa que Cristo anseia nos dar.

a. *Oriente as pessoas para que estabeleçam momentos para orar diariamente.* As circunstâncias de cada pessoa variam; por essa razão, é preciso ensinar princípios gerais sobre oração e ajudar cada pessoa a adaptar esses princípios à sua própria necessidade. Até mesmo crianças e jovens precisam criar o hábito de orar regularmente. Quão bem você conhece os hábitos de oração das pessoas de sua igreja?

Um momento logo cedo de manhã é sempre preferível como um dos momentos de oração. Os horários de trabalho, os horários de os filhos dormirem ou de ir para a escola, a saúde e características pessoais devem ser levados em consideração.

Nem todo mundo pode ter o seu principal tempo de oração no início da manhã. Pode ser necessário ter um tempo mais breve antes que os demais se levantem ou façam barulho, ou ter um tempo planejado cedo de manhã combinado com um período mais longo à tarde, quando a pessoa puder dispor de um horário mais tranquilo.

Alguns são notívagos. Acham difícil ficar acordados e no melhor de sua atenção assim que acordam. Entretanto, o melhor tempo da pessoa, o tempo prioritário, deveria ser dado ao Senhor, próximo do início de cada dia. Ajude seus liderados a explorar outros momentos e lugares possíveis para experimentarem uma oração significativa. Como pastor deles, aconselhe cada um pessoalmente em relação ao seu plano pessoal.

b. *Oriente-os com respeito ao uso do tempo de oração.* Enfatize pontos como:

(1) *Esteja o mais descansado e alerta possível.* Lavar o rosto pode ajudar instantaneamente ao acordar. Orar deitado na cama é raramente a melhor forma de aproveitar bem o tempo de oração. Se o tempo de oração for longo, variar a postura pode ajudar a manter alguém alerta. Todas as posições são sagradas para o Senhor.

Quando cansados, alguns ficam mais alertas se ficarem de pé quando leem a Bíblia ou oram. Alguns caminham enquanto oram se estão sozinhos no local. Isso pode também acrescentar um senso de urgência (2Rs 4.32-35). Às vezes um gole de água ou um pequeno lanche — uma maçã ou duas, ou um pequeno pedaço de pão ou fruta, podem reanimar e ajudar a pessoa a se sentir melhor durante o tempo de oração.

(2) *Comece com uma leitura bíblica.* É tão importante ouvir a Deus quanto falar com ele. Normalmente, comece com a Palavra e ore em seguida. Uma boa média é gastar metade do tempo devocional lendo a Escritura e metade em oração. Lembre-se, nenhum livro devocional é substituto da Palavra de Deus. A leitura de outros bons livros deve ser um adendo ao seu tempo normal de oração.

Nenhum cristão alfabetizado deveria ler menos que um capítulo da Bíblia por dia. Para a maior parte dos cristãos, é sábio ler pelo menos três capítulos

364 Coração em chamas pelo Espírito

da Bíblia por dia e cinco aos domingos. Dessa maneira, qualquer pessoa consegue ler a Bíblia inteira a cada ano.

Não leia a Bíblia ao acaso, pulando de uma passagem para outra, ou lendo apenas as suas passagens favoritas. A Palavra de Deus merece mais respeito do que isso. A vontade de Deus é que nos alimentemos de toda a Bíblia. Alguns preferem ler o Novo Testamento inteiro duas vezes para cada vez que lê o Antigo Testamento. A prática normal deveria ser ler a Bíblia do começo ao fim.

(3) *Planeje como será a sequência do seu tempo de oração.* Deus se agrada de todas as formas de oração (Ef 6.18). Normalmente começamos com a adoração, expressando o nosso amor e a nossa gratidão. Muitos consideram o modelo que Jesus nos deu na Oração do Pai-Nosso (Mt 6.9-13) como um esboço:

- Primeiro adore e agradeça a Deus (v. 9).
- Em seguida ore pela causa de Cristo (v. 10).
- Ore por situações em que a vontade de Deus precisa ser feita (v. 10).
- Ore pelas necessidades pessoais, familiares, físicas e materiais (v. 11).
- Peça perdão pelos erros, falhas ou pecados (v. 12).
- Ore por orientação e vitória (v. 13).
- Conclua com mais adoração, expressando amor por Deus (v. 13).

Muitos líderes de oração sugerem este esboço: Adoração, Gratidão, Confissão, Intercessão e Comprometimento.

Frequentemente, momentos de oração pessoal surgem de uma situação de necessidade ou de emergência, quando então seu esquema normal pode ser colocado de lado. Confie sempre na direção do Espírito, na liberdade da sua presença.

(4) *Use listas de oração pelo menos em um dos momentos maiores de intercessão diária.* Todo crente deveria usar uma porção maior de seu tempo de oração intercedendo por outros e pelo avanço da causa de Deus. Provavelmente a única maneira de fazer isso com resultado e com a certeza de ter incluído a todos por quem você deveria orar seria fazendo pequenas listas de oração por escrito ou uma longa lista com várias seções.

Sua lista permanente de oração (ou listas) deveria incluir os líderes governamentais e o país (1 Tm 2.1,2); líderes da igreja, ministérios e necessidades; missões — missionários, organizações missionárias, países, obreiros cristãos; listas de não salvos; entes queridos.

Listas temporárias podem ser alteradas de tempos em tempos e podem incluir situações que estão acontecendo; pessoas enfermas ou enlutadas; problemas.

Ensine os membros de sua igreja a preparar e a usar listas de oração.

CAPÍTULO 27

Ensine a boa administração do tempo e dos bens

A ADMINISTRAÇÃO DO TEMPO

A vida e o tempo são uma incumbência e uma responsabilidade conferidas por Deus a nós. O tempo é uma porção da eternidade que Deus nos emprestou. Cada hora gasta sem propósito seria uma bênção em potencial para o reino de Cristo que não se realizou e uma recompensa eterna em potencial perdida para sempre. Satanás deseja roubar a Deus, e roubar nossa recompensa, roubando-nos do uso sábio de nosso tempo. A pergunta "O que você está fazendo com a sua vida?" envolve a segunda questão: "O que você está fazendo com o seu tempo"?

Todos nós precisamos de tempo de comunhão com a nossa família, amigos e outras pessoas. Não perdemos nosso tempo ao cumprir nossas responsabilidades normais. Deus deseja que cumpramos nossas responsabilidades com nossa família, nosso patrão e nossa igreja. Ele deseja que tenhamos amizades plenas, e precisamos ter pleno lazer. Isso é importante para nossa saúde física e mental.

Entretanto, o pastor é responsável por ensinar sua igreja sobre como usar o tempo livre com sabedoria. De outra maneira, o tempo é desperdiçado, perdido para sempre. Dez minutos é um tempo longo o suficiente para lermos um ou dois capítulos da Palavra de Deus. Um cristão que faz uso de listas de oração pode sempre investir com sabedoria dez minutos em oração.

Será que Deus tem um registro de nosso tempo mal usado ou desperdiçado? Sem dúvida que sim! Precisamos enxergar o tempo em seu tremendo potencial para o reino de Cristo e para nossa recompensa eterna. Um dia prestaremos contas a Deus sobre o que fizemos com nossa vida. Isso inclui o que fizemos com nossos dias, horas e até mesmo minutos. Se todos os minutos ociosos dos

366 Coração em chamas pelo Espírito

membros de sua igreja durante uma semana fossem investidos em oração pelos cultos, por seu ministério e pelo evangelismo da igreja, haveria um enorme aumento nas bênçãos, múltiplos resultados e manifestações de reavivamento.

Ficamos chocados quando alguém morre prematuramente e achamos isso uma tragédia. Acrescente a isso os minutos desperdiçados dia após dia durante uma vida, e isso possui o mesmo significado de cortar vários anos da vida de uma pessoa. É pecado tirar a própria vida ou a vida de outra pessoa. É igualmente pecado "matar" vários anos da vida de alguém por meio do desperdício do tempo. O resultado é uma perda tão grande quanto se alguém matasse você vários anos antes do tempo de vida que você ainda teria.

Alguns anos atrás, enquanto eu ministrava na Nova Zelândia, fui apresentado ao sr. Wright, um zeloso leigo batista em Upper Hutt. Ele era assinante da revista *Revival*, que na época eu editava. Ele tinha um coração que ardia profundamente pelo reavivamento na Nova Zelândia e ao redor do mundo, e por missões, especialmente pela OMS International. Ele leu no boletim mensal da OMS sobre a morte por artrite de um parceiro de oração que vivia na Flórida, Arthur Wood, que gastava a maior parte do seu tempo como aposentado orando pelo mundo e pelo ministério da OMS.

O sr. Wright me perguntou: "Você acha que Deus me permitiria substituir Arthur Wood?" Eu lhe garanti que eu cria que Deus o permitiria com enorme satisfação. Ele então me mostrou um cômodo em sua casa que ele havia separado para ser sua sala de oração. "Eu acordo a cada manhã e depois do desjejum venho para esta sala e dedico muito do meu dia para interceder. Você gostaria de ver meu livro de oração?"

Ele mostrou-me um grande caderno de capa preta. Nele eu vi diversos mapas de várias nações onde a OMS trabalhava, fotos com nomes de missionários, evangelistas, pastores e outros. Estes eram seus motivos de oração — seus mapas de oração, suas listas de oração. O sr. Wright foi para o céu já faz alguns anos agora, mas estou certo de que por toda a eternidade ele será grato a Deus vez após vez por ter dedicado os últimos anos de sua vida à intercessão depois de sua aposentadoria.

Pense nos milhares e milhões de pessoas que poderiam ser ganhas para Cristo se todos os cristãos aposentados investissem pesadamente de seu tempo em intercessão! Seus anos de aposentadoria poderiam ser os mais alegres, os mais frutíferos anos de sua vida — um enorme investimento eterno. Esses aposentados poderiam tornar-se milionários da eternidade em bênçãos. Você é responsável por treinar seus liderados para serem investidores em intercessão. Mas pense em como eles irão repreendê-lo no céu se você falhar em treiná-los, para que recebam recompensa.

Os idosos e aposentados de sua igreja são sua responsabilidade especial. Você tem ensinado a eles como investir seu tempo para maximizar bênçãos e recompensas? O tempo da aposentadoria não pertence a eles para dissiparem da maneira que quiserem. Trata-se de uma incumbência especial da parte de Deus.

Há inúmeras maneiras como Deus pode usar partes do tempo deles na visitação aos enfermos, idosos, ajudando com tarefas na igreja, auxiliando em visitas evangelísticas, em trabalhos especiais com crianças. Ensine-os sobre o privilégio de fazer leituras extensas da Palavra de Deus, de maiores investimentos na oração. Faça-os parceiros especiais na intercessão pelo seu ministério, suprindo-os semanalmente com listas de oração.

O que seria mais saudável do que se exercitar caminhando? Você já tentou investir meia hora ou mais por dia em uma caminhada saudável durante a qual poderá interceder por sua igreja, por sua comunidade, por seu país, por missões e pelos entes queridos? Experimente uma caminhada de oração; pode ser uma bênção!

A INCUMBÊNCIA DA VIDA

O jovem de sua igreja é sua responsabilidade sagrada. Quantos jovens de sua igreja serão chamados por Deus para o serviço cristão? Você está equipando cada um deles para uma vida cristã útil? Você tem um "Timóteo" a quem está preparando para o serviço do Senhor?

Quantos jovens de sua igreja não possuem alvos adequados na vida? Quantos carecem de uma orientação paternal adequada ou de encorajamento para ter uma vida proveitosa e útil? Deus deseja usar você para desafiá-los com o possível chamado de Deus para alguma forma de serviço cristão. Se você tiver olhos para ver o jovem no qual pode investir e ouvidos para ouvir a orientação de Deus, poderá ser usado por Deus como Paulo e outros líderes têm sido para ser parte do processo de Deus em orientar muitos jovens para o serviço do reino.

Onde quer que Paulo ia, ele parecia descobrir novos membros em potencial para sua equipe, parecia encontrar maneiras de envolvê-los e então capacitava-os com um período — curto ou longo — de treinamento prático. Encontre seu Timóteo, Tito, Lucas, Onésimo, Aristarco, Sóstenes, Marcos, Silas, Priscila e Áquila. Deus o ajudará a encontrá-los e guiá-los para encontrar a vontade de Deus para a vida deles.

368 Coração em chamas pelo Espírito

Como líder, você é responsável por desafiar seus liderados com o chamado de Deus. Ensine-os a orar regularmente para que mais obreiros sejam enviados para a colheita de Deus. Em duas ocasiões em seu ministério, Jesus ordenou a seus seguidores que orassem por trabalhadores (Mt 9.37,38; Lc 10.2). Ele ensinou a urgente parábola dos homens desempregados que eram trabalhadores em potencial (Mt 20.1-6). Quantas pessoas serão chamadas para o serviço de Cristo por sua influência?

A administração dos bens

Toda a terra pertence a Deus. Ele a criou; ele a emprestou a nós. Ele é o proprietário. Estamos em débito com ele por todas as coisas que usamos ou possuímos. Nossa casa foi feita com materiais emprestados a nós. Nossas roupas e todos os nossos bens são uma espécie de empréstimo dele para nós.

Nossa vida pertence a Deus. Ele nos tem protegido e suprido nossas necessidades. Se não tivesse nos cercado com misericórdia, já teríamos sucumbido há muito tempo por causa dos milhões de germes que estão ao nosso redor. Devemos a ele nossa vida e nosso fôlego.

Nossa salvação — o perdão de Deus, sua presença e poder em nossa vida e a promessa feita por Deus sobre o céu são nossos por meio da graça de Deus. Estamos em débito com o Calvário. Somos devedores por tudo o que somos e temos.

Deus nos pede que lhe demos uma porção significativa de nossa renda e de nossos bens. Na dispensação do Antigo Testamento, Deus requeria um décimo da renda e da produção do povo. Nós devemos a Deus ainda muito mais do que ele disse. Não seria surpresa se Deus pedisse um quinto, ou um quarto, ou mesmo metade de alguns de nós. O mínimo que podemos fazer é dar nosso dízimo e uma oferta de amor adicional. Dar para Deus é uma maneira de mostrarmos amor por Deus. No dia do julgamento, quando alguns cristãos avaliarem as recompensas que eles poderiam ter recebido se tivessem investido mais na causa de Deus, eles ficarão chocados ao descobrir que serão, comparativamente falando, eternamente pobres.

Você, como líder, é responsável por treinar seus liderados a contribuir. O fracasso em fazê-lo atrapalhará o ministério da igreja e o avanço do reino de Cristo. Falhar em treinar para contribuir significa roubar das pessoas a recompensa que elas terão nos céus se elas contribuírem. Quanto mais elas se sacrificam contribuindo, maior será a recompensa eterna. Não treinar o seu povo para contribuir generosamente e assim investir na eternidade é uma vergonha para você como líder cristão.

O *melhor da espiritualidade*   **369**

Se alguém está desempregado e não está produzindo nada, treine-o para dar uma porção maior do seu tempo em lugar de dinheiro. Ele pode ajudar na limpeza do prédio da igreja; pode sair para fazer um favor para o pastor. Ele pode distribuir literatura evangelística, ler a Bíblia para idosos e enfermos, evangelizar de casa em casa, testemunhar em lugares públicos ou em qualquer lugar onde houver pessoas reunidas.

Ele pode escrever listas de oração e dedicar várias horas por dia em intercessão. Pode ajudar o pastor a orar diariamente em favor de cada membro da igreja. Pode visitar os enfermos e orar por eles. Pode ajudar a crentes e descrentes de diversas formas práticas que irão demonstrar seu amor cristão e ser uma bênção para outros. Pode fazer de sua situação de desempregado um investimento eterno. Não permita que ninguém diga que ele não pode contribuir com nada. Se ele contribuir com o que é capaz, Cristo o recompensará grandemente na eternidade futura.

Você, como líder, é responsável por ensinar cada crente sobre a importância de ser um bom administrador da vida, do tempo, do dinheiro, dos bens, da energia e da melhor forma de investir na eternidade. Ninguém é um pastor fiel se rouba de seu povo as recompensas celestes, por não lhe ensinar sobre a contribuição por meio de seus bens, de seu tempo e de si mesmo.

CAPÍTULO 28

Ajude seus liderados a descobrir e desenvolver seus dons espirituais

Toda habilidade que Deus nos dá é uma incumbência pela qual somos responsáveis em usar. Precisamos ser bons administradores, ou Deus poderá retirar a habilidade. Se usarmos sabiamente nossas habilidades e experiências para a glória de Deus, ele com frequência nos dará experiências e habilidades adicionais.

A Bíblia alista os dons espirituais em vários lugares (Rm 12.6-8; 1Co 12.7-10,28; Ef 4.7,8,11-13; 1Pe 4.10,11). Vinte e um dons são alistados, alguns várias vezes. Obviamente, esses são apenas algumas amostras da diversidade de maneiras de Deus nos conceder suas capacitações. Toda habilidade, toda capacidade e todo talento pessoal se devem à bondade graciosa de Deus, à sua provisão para a nossa personalidade e à sua fidelidade em nossa experiência e legado.

Alguns desses dons espirituais dependem totalmente do poder miraculoso de Deus e, portanto, com frequência se referem a dons espirituais sobrenaturais. Ainda que eles dependam de nossa obediência a Deus, não existem sem que haja a capacitação sobrenatural de Deus, seu poder e sabedoria. Entre esses estão a profecia, os milagres (plural), as curas (plural), variedade de línguas (plural), interpretações de línguas (plural) e discernimento de espíritos.

Ninguém pode produzir um dom espiritual por vontade própria. Ninguém pode escolher a ocasião ou o tempo em que o dom se manifestará. Pode apenas obedecer à direção pontual do Espírito e humildemente depender de Deus, dando a ele toda a glória. O dom é obra do Espírito e, desse modo, está debaixo do controle do Espírito, mas se manifesta somente à medida que obedecemos ao Espírito e cooperamos com ele.

Assim, ninguém pode curar uma pessoa que escolher, sempre que quiser ou da maneira que quiser. Toda cura vem de Deus. A pessoa pode seguir a orientação bíblica de orar por cura, pode ser guiada a orar pela cura de uma pessoa em particular, em um momento particular, e pode receber fé para orar por uma necessidade física em particular. O poder da cura, no entanto, é sempre de Deus e está sempre sujeito ao senhorio do Espírito e da vontade de Deus.

Outra categoria de dons registrada na Escritura baseia-se mais plenamente em habilidades natas ou que desenvolvemos. Em relação a esses dons (às vezes chamados "talentos"), Deus pode adicionar um toque sobrenatural especial que suplementa o natural com o divino, guia e dá poder à habilidade natural com a supervisão do sobrenatural, maximizando e multiplicando a sua eficácia por meio da capacitação e da unção do Espírito.

Por exemplo, muitos consideram o ensino como um talento. Alguns parecem ter nascido professores. Eles possuem a combinação da personalidade característica que os capacita a ser treinados para se tornarem professores hábeis. No entanto, um cristão "nascido professor" pode ter uma capacitação especial dada por Deus para ensinar. Esse, sim, é o verdadeiro dom de Deus. A pessoa que assim recebe o dom de ensino reconhece quando a mão de Deus está sobre ela nessa capacitação especial. Ela sabe quando Deus toca seu ensino e quando ela está apenas ensinando com sua habilidade natural e seu treinamento humano. Ela está às vezes consciente do toque de Deus não apenas no momento do ensino, mas também em sua preparação para o ensino e até mesmo na organização e preparação de seu material de ensino.

Lembre-se, a lista de Deus inclui esses dons práticos como servir, administrar, encorajar, fé, contribuição, socorro, conhecimento, misericórdia, palavra de conhecimento e de sabedoria. A Bíblia não menciona dons em relação a muitas outras formas pelas quais Deus capacita pessoas, como uma capacitação especial para trabalhar com crianças, ministério com jovens, ministério de música, composição musical, e em relação a carreiras como as de teólogo, artista e poeta. Note que nas listas bíblicas as pessoas que Deus usa dessa maneira são também relacionadas como seus dons para a igreja.

FORMAS DE AJUDAR SEUS LIDERADOS A DESCOBRIR E USAR SEUS DONS

1. Ajude-os a entender que toda habilidade natural é um dom conferido a eles por Deus para o bem de outros.

2. Ajude-os a entender áreas em potencial nas quais eles podem desenvolver ou receber treinamento.
3. Ajude-os a reconhecer as maneiras nas quais Deus os está usando agora e colocando seu selo sobre eles. Com frequência outras pessoas percebem um dom que Deus nos deu antes que nós mesmos tenhamos percebido.
4. Ajude-os a entender que Deus está esperando para guiá-los no uso de seus talentos, dons e tempo. Ensine-os a orar por direção e a crer que Deus a dará. Ensine-os a desenvolver um ouvido atento à voz de Deus.
5. Ajude-os a entender que Deus pode dar sua unção, seu toque sobrenatural, a qualquer obra ou ministério verdadeiros. Ensine-os sobre a importância de pedir pela unção do Espírito todas as vezes em que eles fizerem algo por amor a Cristo, em seu nome e para a sua glória.
6. Ajude-os a perceber qualquer dom sobrenatural que Deus pareça ter dado a eles. Ajude-os a testar o dom e oriente-os quanto a seu uso. Mas ensine -os a não sobrevalorizarem esses dons especiais. Na maioria das vezes Deus usa pessoas acrescentando seu toque especial a seus dons naturais.
7. Ajude-os a descobrir formas de usar os dons especiais de Deus e as habilidades, os talentos e as experiências que Deus tem dado a eles.
8. Advirta-os de permanecerem humildes no uso dos dons de Deus, a valorizar os dons de outros cristãos e a dar a Deus o louvor e a glória por tudo.

CAPÍTULO 29

Treine sua igreja para testemunhar e ganhar almas

Testemunhar é a responsabilidade de todo cristão. Deus espera que cada um dê testemunho com sua vida e com seus lábios. Testemunhamos primeiramente sobre Cristo, mas também sobre o Pai e sobre a verdade da Bíblia. Nos tempos do Antigo Testamento, Deus deu esta responsabilidade a Israel: *"Vós sois minhas testemunhas", diz o SENHOR, "que eu sou Deus"* (Is 43.12). Hoje nosso testemunho tem como foco primariamente a Jesus, nosso Salvador. Jesus disse: *Vós sois testemunhas destas coisas* (Lc 24.48). *Vós também dareis testemunho* (Jo 15.27). *Vós sereis minhas testemunhas* (At 1.8). Testemunhar foi uma grande porção do ministério de Paulo (At 22.15,16; 26.16,22).

1. *Evangelize dando seu testemunho.* Uma importante forma de evangelizar é dando o seu testemunho de conversão. Você pode compartilhar seu testemunho em particular com cristãos e não cristãos, ou com grupos de cristãos e não cristãos. Dar seu testemunho a não cristãos pode ser uma forma poderosa de evangelizar. Ensine sua igreja que o testemunho cristão deveria seguir estas regras simples:

a. *Associe seu testemunho diretamente a Jesus.* Fale de sua direção, de seu amor, de suas bênçãos, de suas respostas à oração e de sua amizade.

b. *Traga glória a Jesus, e não a você mesmo.* Dê seu testemunho de tal maneira que as pessoas lembrarão o que Jesus fez, e não o que você fez. Aproxime as pessoas de Jesus, e não em primeiro lugar de você.

c. *Dê seu testemunho com humildade.* Se o seu testemunho não for dado com humildade, as pessoas resistirão em aceitar o que você diz ou serão pouco edificadas por ele. Quando você dá seu testemunho com humildade, Deus continua agindo em você e por meio de você. Se você permitir que o orgulho tenha lugar, Deus não poderá lhe conceder suas bênçãos e um sucesso contínuo. Seja honesto em seu testemunho de modo que as pessoas percebam que ele é verdadeiro.

d. *Ajuste seu testemunho à situação.* Em algumas situações, você deve ser breve. Não abuse do tempo das pessoas. Um testemunho breve e alegre pode abrir as portas naquele momento ou mais tarde para que outros lhe peçam para dar seu testemunho com mais detalhes.

e. *Procure oportunidades de incluir seu testemunho em conversas informais, de forma não ameaçadora.* Oriente as pessoas para sempre estarem prontas a dar uma palavra de testemunho atualizada, incluindo novas bênçãos que elas têm recebido e respostas recentes de oração. Seu testemunho pessoal, dado de forma breve e humilde, pode trazer vida para seu sermão ou exposição bíblica.

f. *Crie oportunidades para que outros deem seu testemunho.* "Não foi parecido com o que Jesus fez por você, João?" "Maria, você deveria compartilhar a resposta de oração maravilhosa que o Senhor acabou de lhe dar." "Vocês já ouviram como Jesus socorreu Paulo?" "Sabe, eu gostaria que todas as pessoas pudessem ter tido a oportunidade que a Sandra teve. Fale sobre isso, Sandra."

2. *Dando o seu testemunho ao* não salvo. Isso pode ser feito com dois objetivos: como parte de uma tentativa de levar uma pessoa a Cristo ou como preparação para que a pessoa se abra para um futuro evangelismo mais tarde. Cristo espera que cada cristão esteja alerta aos dois tipos de oportunidade.

Não estamos primariamente testemunhando sobre o papel da religião, defendendo o cristianismo em geral, ou mesmo defendendo a veracidade da Bíblia. Há momentos em que esse tipo de testemunho é apropriado. Mas dar testemunho é primariamente apontar para Jesus. Nós apresentamos Jesus. As pessoas podem argumentar com suas opiniões, crenças ou mesmo falando da igreja. Mas é muito mais difícil argumentar contra um testemunho sincero e profundo sobre o que Jesus significa para você.

Prepare seus liderados para um testemunho mais eficaz compartilhando estas sugestões com eles:

a. *Mantenha Jesus no centro.* Ajude-os a ver que Jesus é uma pessoa real — viva e ativa hoje. Outras perguntas poderão ser respondidas em outra ocasião. A questão primária que eles terão de responder no dia do julgamento será sobre o que fizeram em relação a Jesus.

b. *Seja pessoal.* Quando você encontrou a Jesus? O que Jesus fez por você? É verdade, Jesus morreu na cruz, mas fale sobre isso como parte do seu testemunho da razão por que você o ama ou confia nele para o perdão dos seus pecados, ou porque você está feliz pelo fato de o amor dele o ter alcançado.

"Ele realmente mudou minha vida." "Jesus me deu uma paz e uma alegria que eu nunca tive." "Sabe, quando eu oro, Jesus é tão real, é tão próximo." "Eu nunca teria crido que Jesus pudesse ter feito tanta diferença em minha vida." Dar testemunho não é a mesma coisa que fazer uma pregação. Lembre-se, as duas partes principais em seu testemunho são Jesus e você.

c. *Seja específico.* Uma testemunha num julgamento é uma pessoa que possui uma informação específica. Ela viu, ouviu, estava presente. Seu testemunho sobre Jesus deve ser sempre específico. Diga o que ele fez por você, quando o fez e o que aconteceu em sua vida. "Vocês sabem, eu conheço a Cristo há apenas dois anos." "Foi em 16 de outubro de 1979 quando eu primeiro encontrei a Jesus." "Eu sei que meus pecados foram perdoados. Jamais me esquecerei daquele dia." "Eu tinha um problema sério com o hábito de... antes de Jesus me salvar." "Eu tenho tido vitória sobre... desde que encontrei Jesus há quatro anos." Quanto mais pessoal, mais específico será seu testemunho, e mais o Senhor poderá usar você.

d. *Seja atual.* Certifique-se de incluir algo recente e real de sua vida presente. "Você sabe, enquanto eu agradecia a Jesus hoje de manhã..." "Realmente, esta semana Jesus parecia tão real para mim." "Na terça eu estava orando a Jesus..." "Foi realmente importante para mim esta semana que Jesus parecia tão próximo em meu tempo de oração, porque..."

e. *Inclua algum tipo de apelo.* Deixe que o Espírito guie você sobre como o apelo deve ser feito. O *timing* é importante. Se a pessoa a quem você está testemunhando continua a ouvir com atenção e simpatia, seja mais direto: "Espero que Jesus se torne tão real para você como ele é para mim"; "Quando eu penso na alegria que Jesus tem trazido para minha vida, gostaria que todas as pessoas o conhecessem também. Espero que você experimente essa alegria"; "Você sabe, é difícil ver que em todos estes anos que eu lutei sozinho (com a vida, um problema, um pecado em particular), Jesus queria me ajudar. Se você está enfrentando qualquer coisa parecida, eu sei que ele pode ajudar você"; "Se você quiser saber como é simples vir a Jesus e recebê-lo como seu Salvador, eu ficaria feliz em ajudá-lo"; "Você me permitiria orar com você agora?" Então, ore abençoando a pessoa e intercedendo por suas necessidades pessoais. Orar é uma forma poderosa de dar testemunho.

f. *Prepare a pessoa de antemão intercedendo.* Peça ao Senhor para ele colocar em seu coração as pessoas a quem ele deseja que você testemunhe. Peça a Deus para guiá-lo e então prepare o caminho orando diariamente por cada pessoa que o Espírito indicar a você. Durante esse tempo, use toda oportunidade que tiver para estar disponível e ser uma bênção para essas pessoas. Então, após algumas semanas ou meses de oração, peça a direção de Deus para o momento e lugar apropriados, e procure dar seu testemunho e levar aquela pessoa a Cristo.

Há poucos anos, Deus guiou os líderes da Igreja Evangélica Coreana, a denominação que tem sido fruto de nosso ministério na OMS, a convocar suas igrejas e membros a dar um testemunho especial para ganhar almas. No início de janeiro, eles pediram a cada crente, em cada igreja, que pedissem a Deus para lhes mostrar cinco pessoas não salvas por quem devessem se tornar espiritualmente responsáveis. Eles passaram a orar sempre que possível por cada uma dessas pessoas, todos os dias, do primeiro dia do ano até a Sexta-feira Santa.

Eles foram desafiados: "Não tentem testemunhar a eles agora. Apenas continuem saturando essas pessoas com suas orações. Demonstrem amor de todas as formas que puderem, mas esperem para dar seu testemunho". Naquele intervalo, a igreja preparou lições evangelísticas com cartazes para cada congregação. Cada pastor treinou seus membros em como dar testemunho. Eles prepararam folhetos evangelísticos especiais explicando os passos para conhecer a Cristo e ensinaram cada crente a usá-los.

Cada crente recebeu cinco folhetos, um para cada pessoa que ele havia coberto com oração. Eles não deveriam sair e distribuir esses folhetos a qualquer pessoa, mas somente àqueles por quem estavam orando, e somente no momento em que fossem evangelizá-los.

Na Sexta-feira Santa, cada um deveria ir até as cinco pessoas por quem vinha orando diariamente. No Domingo de Páscoa, os novos convertidos foram apresentados nas igrejas como seus novos irmãos e irmãs em Cristo.

Naquele ano, mais de 11 mil pessoas foram ganhas para Cristo. Nunca a igreja havia experimentado um dia de salvação como esse! No ano seguinte, o número subiu para mais de15 mil. Ano a ano, o número cresceu até que mais de 25 mil foram ganhos para Cristo nessa época. Sua igreja poderia ser treinada para um esforço semelhante?

3. *Leve uma pessoa a Cristo*. Geralmente, ao dar seu testemunho, você não tem uma oportunidade óbvia de levar a pessoa a uma experiência com Cristo. Procure oportunidades para fazê-lo. Não seja tímido quanto a convidar as pessoas a tomar uma decisão, especialmente quando você sente que Deus está presente no seu testemunho. Se você ajudá-las a receber a Cristo, no céu elas agradecerão a Deus e a você porque você foi fiel a elas.

O *melhor da espiritualidade* **377**

Todo cristão deveria conhecer os elementos básicos do evangelismo pessoal. Se você presenciasse um acidente e a pessoa ferida estivesse consciente, mas próxima da morte, conseguiria levar essa pessoa à certeza da salvação? Você precisa saber como ser conciso e preparado para qualquer emergência. Não hesite em ser direto numa emergência como essa.

Em algumas situações, você saberá que a pessoa a quem está testemunhando possui um problema ou pecado que bloqueia seu caminho. Talvez você precise lidar com essa situação primeiro. Talvez precise resolver questões ou problemas antes de a pessoa querer assumir seu compromisso com Cristo. Saiba a resposta ou como conseguir a resposta com outra pessoa. Mas lembre-se que muitas das coisas que parecem grandes problemas antes da conversão quase desaparecem quando alguém experimenta a salvação. Tão rapidamente quanto você puder, elimine a dúvida ou objeção e encaminhe a pessoa para Jesus.

Confie no Espírito Santo para guiá-lo em relação a quanto tempo gastar em cada estágio. Em uma emergência, vá direto aos pontos essenciais: "Confie em Jesus neste momento para perdoar você, e o salvará".

a. *Dê certeza à pessoa de que Jesus, seu amor e seu perdão são para ela.* "Jesus morreu por você, bem como por todo o mundo. Ele ama você agora. Nunca é tarde demais para pedir e receber seu perdão". Textos bíblicos: Mateus 11.28; João 3.16; Apocalipse 22.17b.

b. *Ajude-a a confessar sua necessidade e seus pecados neste momento.* "Todos nós pecamos. Você peca. Admita sua necessidade. Prepare-se para abandonar seus pecados com a ajuda de Deus. Se você precisa pedir perdão a outras pessoas e reconciliar-se com outros, prometa a Deus que fará isso" (em uma emergência, ajude a pessoa a confessar seus pecados ou a admitir que precisa de Jesus. Se ela não conseguir falar, peça-lhe para confessar em seu coração. Ou diga: "Eu vou orar em voz alta, e você pode concordar em seu coração comigo". Então faça uma oração curta, uma oração específica de confissão, pedindo perdão e colocando a confiança em Jesus como Salvador, e por fim agradeça a ele. Textos bíblicos: Provérbios 28.13; 1João 1.9.

c. *Ajude-a a confiar em Jesus para receber perdão*: "Aceite seu amor, seu perdão e seu poder para transformar você". Você pode querer citar uma promessa ou duas e então enfatizá-las. (Em uma emergência é suficiente dizer: "Jesus disse..."; "Apenas agradeça a ele".) Textos bíblicos: João 6.37; Romanos 10.9.

CAPÍTULO 30

Prepare seus liderados ensinando-lhes a Palavra de Deus

Uma de suas mais importantes responsabilidades como pastor é alimentar seu rebanho (1Pe 5.2). Esta tarefa está entre as últimas exortações que Jesus fez antes de subir aos céus. Jesus disse três vezes a Pedro que ele deveria alimentar seus cordeiros e suas ovelhas (Jo 21.15-17). A verdade bíblica é comparada nas Escrituras ao alimento. A Palavra de Deus, especialmente em seus ensinamentos mais simples, é comparada ao leite que nutre (Is 55.1; Hb 5.12; 1Pe 2.2). Seu ensino mais doutrinário é comparado com o alimento sólido (1Co 3.2; Hb 5.12-14). Jesus chamou suas palavras de "alimento verdadeiro" (veja Jo 6.35,55,63). Davi testificou que a Palavra de Deus era mais doce do que o mel para ele (Sl 119.103).

A saúde e a força espirituais dependem do alimento espiritual. Uma congregação com uma vida espiritual fraca geralmente indica que o pastor não tem alimentado as pessoas adequadamente. O pastor que reclama que sua igreja não está interessada em verdades espirituais profundas nos ensina duas coisas: ele não tem conduzido o seu povo a um caminhar profundo com Deus e não o tem alimentado com a verdade bíblica. Somente as pessoas espiritualmente enfermas têm falta de apetite espiritual.

Para servir espiritualmente a Deus, precisamos de saúde espiritual, e isso depende de termos alimento espiritual adequado. A base para prepararmos o povo de Deus para um serviço espiritual é torná-lo espiritualmente forte e bem instruído. Ele precisa conhecer a Palavra de Deus para ser guiado para o serviço a Deus, capacitado para responder a perguntas e para levar descrentes a Cristo. Os cristãos devem estar sempre preparados para responder a qualquer um que pedir a razão da esperança que eles têm (1Pe 3.15).

Paulo lembrou os presbíteros de Éfeso: *Porque não deixei de vos anunciar todo o propósito de Deus* (At 20.27). Suas palavras seguintes foram: *Portanto, tende cuidado de vós mesmos e de todo o rebanho sobre o qual o Espírito Santo vos constituiu bispos, para pastoreardes a igreja de Deus, que ele comprou com o próprio sangue* (v. 28). Paulo associa as duas ideias. Ele se considera inocente do sangue de todos (v. 26) por ter anunciado toda a vontade de Deus. Agora os presbíteros devem fazer o mesmo. É isso o que significa supervisionar o rebanho, ser um pastor para a igreja de Deus.

O QUE VOCÊ PRECISA FAZER PARA DECLARAR TODA A VONTADE DE DEUS?

1. *Derive seu ensino da totalidade da Palavra de Deus.* Use os dois Testamentos. O Antigo Testamento foi a única Bíblia que os apóstolos tiveram; todas as suas mensagens se basearam nele. Não o negligencie. Qualquer pessoa que ensina toda a vontade de Deus deve familiarizar-se com e entender todos os livros da Bíblia, de modo que o Espírito possa guiá-la para pregar com base em qualquer texto, usando toda a Escritura.

2. *Por um período de vários anos, aborde cada um dos principais temas da Bíblia.* Quando Deus considera alguns temas suficientemente importantes para incluí-los repetidamente em sua Palavra, eles são importantes para o povo de Deus. Outros tipos de pregação podem ser feitos às vezes, mas somente pela pregação expositiva dos livros da Bíblia podemos cobrir completamente a totalidade das Escrituras. Deus irá guiá-lo com respeito à sequência que você deve seguir. Uma pessoa espiritualmente preguiçosa, que não está lendo e estudando de forma adequada a totalidade da Palavra, tende a pregar a maioria de suas mensagens baseadas nas mesmas partes das Escrituras ou sobre os mesmos temas.

3. *Enfatize o que Deus enfatiza.* Dê constante atenção às maiores ênfases da Escritura. O que Deus menciona apenas em um ou dois versículos da Escritura não é um tópico maior para o seu ministério. Temas recorrentes são obviamente de grande importância para Deus. O uso constante de uma Bíblia de estudo e de uma concordância bíblica é fundamental para seu estudo bíblico.

4. *Baseie seu ensino tratando de maneira abrangente cada uma das principais doutrinas da Bíblia.* A Bíblia não é organizada como um manual de teologia sistemática. Mas sua compreensão sistemática de uma doutrina é essencial para que você conheça e pregue toda a vontade de Deus. Você não deve

ensinar na forma concisa e altamente organizada de um capítulo de um livro de teologia. Você deve resumir a essência de uma doutrina, pregar e ensinar em uma linguagem que sua igreja possa entender, e após um período de tempo você a terá enraizada em cada uma das principais doutrinas bíblicas.

Ocasionalmente você poderá querer ensinar uma série doutrinária por algumas poucas semanas. Entretanto, o ensino doutrinário de forma sistematizada pode ser incluído em pequenas partes em suas mensagens normais. Continue dando esclarecimentos doutrinários, bem como fazendo aplicações práticas. Primeiramente, você mesmo precisa entender a doutrina com clareza. Somente então poderá ensiná-la de forma simples, com ilustrações e aplicações que se tornarão vivas no coração e na mente das pessoas. Se o seu coração estiver aquecido com uma doutrina, o que deveria lhe acontecer, seu ensino será cheio de vida.

5. *Inclua aplicações práticas constantemente.* A Palavra de Deus foi inspirada pelo Espírito Santo parte por parte para ajudar pessoas em suas situações reais de vida. Ela possui verdades eternas, com relevância para todas as pessoas, mas nem todas as partes são igualmente relevantes ou urgentes para dado momento.

6. *Apresente uma clara visão do plano geral de Deus.* Sua igreja precisa ser ajudada a entender a grandeza, a glória e o significado do plano geral de Deus para as eras. Ajude-a a entender a unidade do plano de Deus e o papel importante que Deus tem para ela dentro desse plano. Nada faz com que o todo da Escritura ganhe vida ou se torne mais relevante para sua igreja do que a compreensão da visão de seu próprio papel no grande plano de Deus que se estende para a eternidade. Desse modo, os membros de sua igreja se empolgarão tanto com o impacto prático para os dias de hoje quanto pela grandiosa promessa escatológica para o amanhã deles na eternidade.

Assim, você os equipará com zelo para se envolver no propósito presente de Deus, com direção prática para servir o Senhor significativamente em sua vida diária e os ajudará a entender seu papel na igreja, na maneira como ela se encaixa no plano eterno de Deus.

SUA ORAÇÃO

CAPÍTULO 31

Sua vida de oração como líder

"Uma grande vida de oração", escreveu E. M. Bounds, "é o sinal e o selo dos grandes líderes de Deus". Qual deveria ser o papel da oração em sua vida como um líder cristão? A resposta imediata a esta pergunta deveria ser a que os apóstolos deram. Eles decidiram dedicar-se a duas coisas: *Nós* [...] *nos dedicaremos à oração e ao ministério da palavra* (At 6.4). Para eles, orar era a primeira prioridade, e provavelmente ocupava a maior parte de seu tempo. Eles podiam liderar somente na medida em que oravam. Eles entenderam que sua grande responsabilidade era cobrir a igreja com oração enquanto ministravam a Palavra. Isso era tão urgente que eles delegaram muitas outras tarefas a leigos cheios do Espírito.

Bounds diz:

> Cada líder precisa ser preeminentemente um homem de oração. Seu coração precisa ser formado na escola da oração [...]. Nenhum conhecimento pode compensar o fracasso em orar. Nenhuma motivação, nenhuma diligência, nenhum estudo, nenhum dom suprirá a falta de oração. Falar aos homens em nome de Deus é uma coisa importante, mas falar com Deus em favor dos homens é maior ainda. Quem não aprendeu bem como falar com Deus em favor dos homens nunca falará bem e com real sucesso aos homens em nome de Deus. Mais do que isso, palavras ditas sem oração [...] são palavras de morte.

Você precisa comparecer perante Deus antes de comparecer perante sua igreja. Coloque-se na presença de Deus antes de se colocar na presença dela. Você precisa prevalecer na presença de Deus antes de prevalecer na presença dela. Você não estará pronto para adorar com sua igreja até ter adorado com os serafins. Somente quando você vem à presença de Deus, você pode levar sua igreja à presença de Deus.

O santo e dotado ministro da igreja da escócia Robert Murray McCheyne disse: "Em geral é melhor ter pelo menos uma hora a sós com Deus antes de fazer qualquer outra coisa. Eu devo gastar as melhores horas do dia em comunhão com Deus". Em um sermão de ordenação, ele exortou: "Dediquem-se à oração e ao ministério da Palavra. Se você não ora, Deus provavelmente o afastará de seu ministério, como ele fez comigo, para ensiná-lo a orar. Lembre-se da máxima de Lutero: 'Ter orado bem é ter estudado bem [...] carregue os nomes do pequeno rebanho sobre o seu peito como o sumo sacerdote. Lute pelos não convertidos'".

Você, como um líder cristão hoje, deve não apenas seguir o exemplo dos apóstolos, mas ser você mesmo um exemplo de oração para toda a sua igreja. Charles Spurgeon disse: "Naturalmente, o pregador é, acima de todos, reconhecido como um homem de oração. Ele ora como um cristão comum, pois, do contrário, seria um hipócrita. Ele ora mais do que o cristão comum, pois, do contrário, estaria desqualificado para o ofício que assumiu".

Quando perguntaram a Spurgeon o segredo de seu sucesso, ele respondeu: "Trabalho de joelhos! Trabalho de joelhos!" Finney explicou: "Com respeito à minha experiência, eu direi que, a menos que eu tenha o espírito de oração, não poderia fazer nada. Se mesmo por um dia ou por uma hora eu perdesse o espírito de graça e de súplicas, me encontraria incapaz de pregar com poder e eficácia, ou de ganhar almas em conversas particulares".

Andrew Murray perguntou: "Qual a razão de milhares de obreiros cristãos no mundo não terem grande influência? Nada menos que isto: a falta de oração em seu ministério [...]. Não há outro motivo senão o pecado da falta de oração, que é a causa da falta de uma vida espiritual poderosa".

Aprender como orar, ser cheio de poder e guiado através da oração é a tarefa mais importante de sua preparação como líder. Estabelecer um estilo de vida de liderança em que a oração predomina é provavelmente o elemento mais decisivo em seu sucesso espiritual. Você jamais será um líder melhor do que as suas orações. Você pode ter algum sucesso aparente sem uma forte vida de oração. No entanto, o valor eterno disso e sua recompensa eterna dependerão fortemente de sua vida de oração. Todo sucesso separado da dimensão espiritual é uma casa construída sobre a areia.

Se você, como líder, precisa estar à frente de seus seguidores em alguma coisa, deve, acima de tudo, ser o modelo e o líder na prática da oração. Que

Deus faça de cada líder um Elias da oração. O clamor de Spurgeon era: "Oh, por quinhentos Elias, cada um sobre seu Carmelo, clamando a Deus, e em breve veríamos as nuvens derramando chuvas. Oh, por mais oração, mais constante, incessante [...] oração".

Sua vida de oração é uma revelação clara de quanto você é uma pessoa de Deus e um líder espiritual. Você jamais será mais importante aos olhos de Deus do que sua vida de oração. Nenhuma parte de seu ministério será mais recompensada na eternidade. O valor eterno de tudo o que você fizer depende disso.

Você é responsável por manter-se forte e abençoado por meio da oração

O ministério espiritual demanda poder espiritual. O Espírito Santo é a fonte de todo poder, e ele nos foi dado em resposta à oração. *Se vós, sendo maus, sabeis dar boas coisas aos vossos filhos, quanto mais o Pai celestial dará o Espírito Santo aos que o pedirem* (Lc 11.13). Esta promessa foi feita por Jesus imediatamente após ele ter dado o grande mandamento e promessa: *Por isso eu vos digo: Pedi, e vos será dado; buscai e achareis; batei, e a porta vos será aberta; pois todo o que pede, recebe; quem busca, acha; e ao que bate, a porta será aberta.* Por temer que Satanás possa tentá-lo a pensar que essa promessa é apenas para alguns poucos escolhidos, e não para você, Jesus acrescentou: *pois todo o que pede, recebe; quem busca, acha; e ao que bate, a porta será aberta* (Lc 11.9,10).

Essa promessa tremenda está disponível se você orar de acordo com a vontade de Deus em diversos aspectos. Mas, como Jesus indica no versículo 13, ela é especialmente feita com referência ao Espírito Santo. Um ministério espiritual depende do Espírito. Não há outro caminho. Você jamais poderá ministrar efetivamente, a menos que seja cheio do Espírito e diariamente ungido, guiado e capacitado por ele.

Sua maior necessidade, se você deseja ver a convicção do pecado entre os não salvos e o crescimento e a bênção de seus liderados, é a presença poderosa do Espírito Santo. Nosso ensino, nossos sermões, a menos que sejam proferidos no poder do Espírito, podem atrapalhar em vez de abençoar. A verdade em si não transforma. A verdade aplicada pelo Espírito transforma vidas.

Foi ele quem também nos capacitou para sermos ministros de uma nova aliança, não da letra, mas do Espírito; porque a letra mata, mas o Espírito dá vida (2Co 3.6). Suas palavras verdadeiras podem somente matar seus ouvintes, a menos que sejam acompanhadas pelo poder do Espírito.

A efetividade de sua liderança depende de sua vida espiritual. E. M. Bounds enfatizou anos atrás: "Os homens são o método de Deus. A igreja procura métodos melhores; Deus está à procura de homens melhores". Ele ainda escreveu: "O Espírito Santo não flui por meio de métodos, mas por meio de homens. Ele não vem sobre máquinas, mas sobre homens. Ele não unge planos, mas homens — homens de oração".

O dr. A. J. Gordon disse: "Nossa geração está perdendo rapidamente seu contato com o sobrenatural; e, como consequência, o púlpito está rapidamente caindo ao nível dos bancos. E esse declínio é devido, nós cremos, mais do que qualquer coisa, a uma indiferença em relação ao Espírito Santo como o supremo inspirador da pregação".[1]

Por que tão poucos líderes estão sendo continuamente ungidos com o poder do Espírito? Porque a maioria depende mais do seu estudo, do seu trabalho e dos seus planos do que da oração, que é o principal canal do fluir do Espírito Santo em sua vida. Você se torna saturado e coberto com a presença de Deus somente quando permanece um longo período em sua presença. Foi depois que Moisés absorveu de perto a presença e a glória do Senhor por oitenta dias no Sinai que sua face se tornou radiante com a presença de Deus. Orações diárias maiores acrescentam uma semelhança com Cristo à sua personalidade, e sua fragrância espiritual permanece aonde quer que você vá.

Você continuará sendo abençoado se falar palavras de amor, comunhão, louvor e gratidão a Jesus ao longo do dia. Assim, você viverá na presença de Deus. Você será sempre uma bênção na medida em que sempre pedir que Deus abençoe outras pessoas. Ser uma bênção constante resulta de estar sendo constantemente abençoado.

Na comunhão com Deus, você vê constantemente a ele, que é invisível. Foi o que Moisés fez (Hb 11.27). O texto grego aqui sugere que Moisés contemplou a Deus sem se mover. Este foi o segredo de toda a sua vida. Ele esteve face a face com Deus de um modo como nenhum outro ser humano havia conhecido (Dt 34.10). Mas mesmo quando não estava no Sinai ou na tenda do encontro, Moisés manteve a face invisível de Deus diante dele em oração.

Você, como líder, deve manter constantemente um coração em comunhão. Você deve viver na presença de Deus e *debaixo de suas asas* (Sl 91.4), à sombra de suas asas amorosas (Sl 36.7). A proximidade de Deus e o refugiar-se em

---

[1]GORDON, *Ministry of the Spirit*, p. 145.

Deus estão implicados nessas metáforas. Você não deve apenas aproximar-se de Deus (Hb 7.19; 10.22; Tg 4.8), mas viver intimamente com ele ao longo de seus dias.

No hebraico do Antigo Testamento, o conceito de estar na presença de Deus é literalmente estar onde você possa ver suas faces (sempre no plural e provavelmente sugerindo todas as emoções e atitudes de Deus). É essencial que você, como líder, ande próximo de Deus, onde possa constantemente ver na face de Deus sua alegria ou desagrado, seu encorajamento ou sua reprovação.

Assim como Moisés entrava e saía diariamente de seu tempo de comunhão na tenda do encontro com a *shekinah* da presença do Senhor para realizar seus muitos ministérios e responsabilidades entre o povo, assim você como líder de sua igreja deve vir da presença do Senhor aos seus liderados e depois retornar, de seus liderados, à presença do Senhor para apresentar as necessidades deles a ele. Tem sido essa a sua experiência?

Um líder conforme o Novo Testamento deve ser formado por Deus. Deus o forma durante a experiência da oração. Muitos líderes são hipócritas em sua vida de oração. Eles dizem a outros que devem orar, mas eles mesmos falham em orar. O poder da oração possui uma relação direta com o tempo gasto em oração. Uma breve oração pública que traz impacto somente pode ser feita por alguém que tem perseverado em orar demoradamente em particular.

A igreja local é edificada ou destruída por seus líderes. Normalmente podemos dizer "tal líder, tais membros". Somente líderes de oração possuem membros de oração. Um líder devoto, dinâmico e que ora é uma dádiva de Deus para as pessoas. Um líder fraco e carente em oração é geralmente um estorvo para Deus e para as pessoas. Líderes que sabem como orar são a maior dádiva de Deus para a igreja e para o mundo.

Sua tarefa como líder cristão é grande demais para você. Essa tarefa imensa e encantadora deveria levá-lo à oração. Sua vocação é grande demais para você, e seu chamado, sagrado demais. Contudo, Deus está disponível para o seu ministério se você estiver disposto a pagar o preço em oração.

CAPÍTULO 32

Sua oração controla seu trabalho

Como líder, sua utilidade depende de sua oração. Nada traz maiores bênçãos e resultados quando você visita seus liderados. Nada coloca mais o selo de Deus sobre você perante a comunidade. Nada faz mais para ganhar o coração de seus liderados ou para lhe trazer maior estatura espiritual e uma liderança respeitada que sua vida de oração. Nada mais pode manter você espiritualmente renovado, com mensagens constantemente vindas do coração de Deus. Nada faz mais para trazer a unção de Deus sobre sua liderança.

Foi uma ênfase de E. M. Bounds, apóstolo da oração, dizer que líderes que não oram tornam-se um estorvo para a obra de Deus. "Deus deseja homens consagrados porque eles podem orar e irão orar [...]. Assim como homens que não oram tornam-se um estorvo para ele, impedem a ação dele e atrapalham o sucesso da sua causa, assim também homens não consagrados tornam-se inúteis para ele e o impedem de levar adiante seus planos graciosos e de executar seus nobres propósitos na redenção".

As pessoas da sua igreja precisam sentir o poder de Deus sobre você, a voz de Deus falando através de você, o toque de Deus à medida que você toca a vida delas. O poder de Deus em seu ministério não vem da fluência, de uma voz forte ou de sua habilidade em expressar suas ideias. A unção é algo difícil de se descrever, mas, uma vez que as pessoas enxergam a real unção do Espírito Santo sobre você, daquele momento em diante saberão quando você a tem e quando você não a tem.

A oração o prepara para cada aspecto do seu trabalho. A oração traz o diferencial divino que faz uma diferença reconhecível em sua vida, em suas palavras e em seu trabalho. A oração faz de você a pessoa de Deus que é amada e respeitada.

A ORAÇÃO PREPARA A BÊNÇÃO
DE DEUS PARA CADA CULTO

Quando muitas pessoas oram intensamente pela mesma causa, um poder de oração massivo é erigido, que trará enormes bênçãos. Isso é importante para os cultos da igreja. Seja você um leigo, seja um pastor, pode ajudar a fazer do culto uma bênção ao máximo.

1. *Orações em conjunto são necessárias para encher o edifício com a presença de* Deus. Há vezes quando a presença de Deus torna-se tão próxima e de tal modo especial que, à medida que as pessoas entram, sentem uma solenidade, reverência ou consciência da sagrada proximidade de Deus. Isso raramente acontece, exceto quando o líder, ou alguns dos membros da igreja mais piedosos, ou ambos tenham gasto muito tempo em jejum e oração.

Em algumas ocasiões, uma consciência da presença de Deus é percebida pelas pessoas quando o líder sobe ao púlpito ou quando ele começa a falar. Esse selo especial do Espírito Santo pode se manifestar somente quando o líder tem vivido de fato na presença de Deus. Isso pode ser ainda mais forte se ele tiver ensinado os líderes de sua igreja a reunir-se mais cedo para gastar tempo em intercessão. Outros se reúnem aos sábados à noite para orar. Alguns têm treinado seus liderados para chegarem antes do amanhecer no domingo de manhã e dedicar várias horas em oração pelos cultos.

O dr. John Maxwell, da Igreja Wesleyana de Skyline, Lemon Grove, Califórnia, possui duzentos homens que participam como seus parceiros especiais de oração. Eles se dividem em quatro grupos, e cada um ora durante o culto de domingo de manhã, um domingo por mês. Eles se encontram para orar nas manhãs de domingo das 8 às 8h30. A igreja também usa correntes de oração.

Orações em conjunto enchem o ambiente com a presença de Deus. Esse sentimento santo da presença de Deus prepara as pessoas para serem abençoadas por Deus e para obedecer a Deus.

2. *Orações em conjunto ajudam a trazer os necessitados aos cultos.* Quando a oração prepara o caminho, vizinhos e amigos tornam-se mais abertos para aceitar um convite para participar dos cultos. Quando a oração prepara o caminho, Deus traz pessoas que não foram convidadas por outros, mas que foram trazidas pelo Espírito para dentro do prédio.

Em tempos especiais de avivamento no País de Gales e na Escócia, houve uma ocasião em que Deus trouxe pessoas à igreja em um dia quando o culto nem sequer havia sido anunciado. Mas pessoas vieram de todas as partes para se congregar no mesmo momento.

390   Coração em chamas pelo Espírito

Durante o reavivamento nas Hébridas em 1949 quando Deus usou poderosamente o reverendo Duncan Campbell, não houve resposta inicial aos cultos de um local. Por volta da meia-noite, após um tempo de oração na casa de um ancião, um jovem fez uma oração de fé que pareceu ter libertado o poder do Espírito. Quando eles saíram, encontraram pessoas saindo de suas casas e chegando de todas as direções ao centro do vilarejo. Ali elas permaneceram. Quando o reverendo Campbell falou, um poderoso agir do Espírito teve início que transformou o vilarejo e fechou o bar local.

Orações em conjunto fazem com que as pessoas queiram participar de cultos especiais. Durante o reavivamento das reuniões de Oração Unida, nos anos 1850 nos Estados Unidos, reuniões de oração diárias à noite foram realizadas em centenas de cidades. Milhares e milhares de não salvos foram levados a esses cultos, e centenas de milhares foram salvos em um ano.

3. *Orações em conjunto podem trazer unção para o canto congregacional.* Por que temos o canto congregacional no início de nossa adoração pública? Para levarmos as pessoas à presença de Deus e preparar nosso coração para a adoração. Cantamos sobre sua grandeza, sua santidade, sua bondade e seu poder para desviar nossa atenção das coisas terrenas e concentrar nosso coração em Deus. Cantamos, em primeiro lugar, "para o Senhor".

Em segundo lugar, cantamos uns para os outros na medida em que louvamos a Deus e entoamos nosso testemunho de alegria pessoal no Senhor e em suas bênçãos e graça sobre nós. Esse aspecto da adoração pode acontecer mais tarde no culto ou em outras ocasiões. Esse momento de cântico tem sido muito usado pelo Espírito em momentos de evangelismo e reavivamento. O canto congregacional foi grandemente abençoado pelo Senhor durante a Reforma, no tempo de despertamento sob os irmãos Wesley, e em outros momentos em que reavivamentos se espalharam em diversos lugares.

Não iniciamos um culto cantando com o propósito primário de "chamar as pessoas", para chamar a atenção das pessoas desatentas ou para criarmos uma atmosfera confortável e calorosa. Infelizmente alguns dirigentes de louvor parecem mais conduzir um momento de animação de auditório do que conduzir adoradores à presença de Deus. Eles chegam a usar de humor para captar a atenção das pessoas. Esse tipo de condução não traz uma forte consciência da sagrada presença de Deus e de seu maravilhoso poder ao culto.

Com frequência, quando a oração preparou o caminho do Senhor, o canto congregacional conduz à consciência de que Deus em sua proximidade e santidade está presente. Seria como se Deus se aproximasse de nós à medida que nós nos aproximamos dele (Tg 4.8).

O *melhor da espiritualidade* **391**

Grupos ou solos musicais podem também ser especialmente usados pelo Senhor para trazer a consciência da sua proximidade e presença. Geralmente isso pode ser feito somente quando os cantores são pessoas devotas, tocadas pelo Espírito e preparadas em oração. Um tempo de oração dos cantores, entre quinze e trinta minutos antes do culto, acrescido de preparação adequada em oração pelos membros da congregação antes do culto, pode preparar maravilhosamente o caminho para a bênção de Deus no canto.

4. *A oração pode fazer com que a leitura pública da Escritura fale aos corações.* Como é raro que a Palavra de Deus seja lida com a unção do Espírito! Como é raro que ela seja lida com a reverência devida à Palavra de Deus! A leitura da Escritura tinha papel proeminente na sinagoga judaica e na igreja primitiva.

Quando Esdras abriu a Escritura para lê-la, o povo colocou-se de pé (Ne 8.5). Essa mesma reverência foi igualmente reservada aos reis. A abertura da Escritura para a leitura pública era o equivalente à entrada de Deus no culto, recebendo saudação. Assim como os empregados da corte permaneciam em pé na presença do rei, assim as pessoas ficam em pé em honra a Deus, pois a Palavra de Deus representa o próprio Deus.

Sem dúvida, é por essa razão que é prática de algumas igrejas todos se colocarem em pé em reverência, quando a Palavra é lida. Se a Palavra deve ser honrada dessa maneira, ela deveria ser lida reverentemente e com habilidade. Um leitor deveria familiarizar-se com a passagem lendo-a com antecedência diversas vezes, certificando-se de ler cada palavra corretamente. Ele deve ler com tal dicção que todos possam ouvir e compreender. Ele deve orar de modo especial para receber o auxílio e a unção de Deus na leitura da Palavra.

Se a congregação se coloca em pé durante a leitura da Escritura, isso a ajuda a manter-se alerta e atenta, como deveria estar. Provavelmente deveríamos dedicar mais tempo à leitura da Palavra, ou seja, passagens mais longas deveriam ser lidas com mais frequência do que às vezes acontece em nossos cultos.

5. *Muitas orações precisam preparar o caminho para a oração pastoral.* É uma responsabilidade sagrada conduzir a oração pública. Certa vez Spurgeon iria falar em um culto. A equipe organizadora havia sido instruída sobre o papel de cada um. "A" deveria conduzir a reunião, "B" deveria orar, "C" deveria fazer a Escritura, "D" deveria conduzir o momento das ofertas, Spurgeon pregaria. Ele disse: "Se houvesse apenas uma única coisa que eu devesse fazer hoje à noite, então eu gostaria de fazer a oração". Para ele, a oração pastoral era a parte mais importante no culto.

A oração pastoral possui uma bênção, um ensino e uma função intercessora para cada pessoa presente. Todos devem perceber que você está realmente em comunhão com Deus. Cada pessoa deveria ser estimulada a reverenciar, amar e obedecer a Deus por meio dos "améns" (1Co 14.16). Todos deveriam sentir a solenidade do momento, quando você fala com Deus em favor deles.

Sua oração pública deveria ser audível o suficiente para todos ouvirem, mas você não deveria gritar como se Deus fosse surdo. Os deuses pagãos não podem ouvir, por isso os pagãos gritam perante eles. Nós oramos a um Deus que pode ouvir, mesmo a oração silenciosa. Há momentos de grande clamor do coração e de desespero quando nós, como Jesus, podemos orar com fortes clamores e lágrimas (Hb 5.7). Entretanto, isso seria mais normal em nossos momentos pessoais de oração em vez de quando conduzimos a igreja em oração.

Sua oração pastoral pode fazer mais para preparar as pessoas para a sua mensagem do que talvez qualquer outro aspecto do culto. Sua oração pastoral pode ajudar a trazer a consciência da proximidade e do coração de Deus.

Você não deve apenas preparar seu coração para seu sermão, mas prepará-lo para a sua oração. Você deve prepará-lo com um anseio que vem do coração, humildade de coração e propósito de coração. Você deve carregar seu fardo de oração diária, se quiser experimentar o poder de Deus quando intercede no púlpito. Você deve diariamente ter comunhão na intimidade da presença secreta de Deus, se deseja conduzir a igreja na adoração e no louvor congregacional.

CAPÍTULO 33

Sua oração deve saturar o preparo de sua mensagem

O ensino da Palavra de Deus ou a pregação deve ser um trabalho conjunto entre Deus e o preletor. A parte de Deus é tão importante quanto a sua. Deus prepara o preletor tanto a longo prazo como de modo imediato. Há um sentido em que toda mensagem guiada e ungida por Deus leva uma vida inteira de preparação. Ao preparar-se de coração, você constrói sua mensagem baseado em toda a sua vida espiritual e sua caminhada com Deus desde a sua conversão.

Sermões áridos nascem de almas desnutridas. Mensagens sem vida nascem de corações vazios. Jesus disse que *a boca fala do que o coração está cheio* (Mt 12.34). Um coração cheio sempre tem mais a dizer do que possivelmente possa ser dito; há sempre uma grande sobra, como os doze cestos cheios quando Jesus alimentou os cinco mil.

Deus precisa formar você antes que você possa preparar o seu sermão. Uma mensagem impactante tem origem apenas em uma pessoa impactante. Você precisa viver o que prega. Seus sermões serão a exposição de sua alma. Uma grande mensagem só pode vir de um coração grande. O sermão refletirá o seu coração hoje.

Quando o seu coração está transbordando de Deus, rios de água viva correrão de sua alma. Se o seu coração for um deserto espiritual, seu ministério será árido e estéril. Somente um coração saturado por Deus terá uma mensagem saturada por Deus. Você não poderá compartilhar mais vida do que tem recebido. Seu sermão revelará o seu interior, a não ser que você seja hipócrita.

Na extensão em que os céus tocarem sua alma, nessa extensão seus ouvintes sentirão os céus na alma deles. Somente um profeta pode ter um ministério profético, e profetas precisam receber sua visão e mensagem da parte de Deus.

394 Coração em chamas pelo Espírito

Uma pessoa sem uma mensagem ardente é alguém que não está vivendo o suficiente na presença de Deus. Um pastor ou professor da Bíblia sem uma mensagem que veio de Deus é uma tragédia. As pessoas precisam ver o Espírito de Deus em sua vida, para sentir o toque de Deus em seu ministério.

Deus disse a Jeremias: *Eu não enviei esses profetas, contudo foram correndo; não lhes falei, todavia profetizaram. Mas se tivessem comparecido ao meu conselho, então teriam feito o meu povo ouvir as minhas palavras e o teriam afastado do seu mau caminho e da maldade das suas ações* (Jr 23.21,22).

Deus condena aqueles que falam sobre suas próprias ideias, pensamentos e sonhos em vez de sua mensagem:

> *O profeta que tem um sonho, conte o sonho; e aquele que tem a minha palavra, fale fielmente a minha palavra. Que tem a palha em comum com o trigo?, diz o SENHOR. Não é a minha palavra como fogo, diz o SENHOR, e como martelo que esmaga a rocha? Portanto, estou contra os profetas, diz o SENHOR, os quais furtam uns dos outros as minhas palavras, cada um ao seu próximo. Estou contra os profetas, diz o SENHOR, que usam a própria língua e declaram um oráculo: Ele disse. Estou contra os que profetizam sonhos falsos, diz o SENHOR, e os contam, e desviam o meu povo com as suas mentiras e com a sua irresponsabilidade. Eu, porém, não os enviei, nem lhes dei ordem; eles não trazem proveito algum a este povo, diz o SENHOR* (Jr 23.28-32).

Cada vez que você, como líder, se apresenta perante sua igreja, apresenta-se como o representante de Deus. Você pode não ser chamado de "profeta", mas deve procurar cumprir o papel de um profeta para seu povo. Cada vez que você fala, é responsável por apresentar a mensagem que Deus deseja que seu povo receba naquele momento. Não há outra maneira possível de fazer isso, exceto quando você vive constantemente na presença de Deus. Você deve ser alguém que vive próximo de Deus, mais próximo de Deus do que até mesmo das pessoas.

John Wesley perguntou a seus ministros: "Vocês têm alguns dias para o jejum e a oração? Clamem ao trono da graça e perseverem sempre, e a misericórdia virá". A única maneira de fazer Deus participar de seu sermão é por meio da oração. A duração do impacto que seu sermão terá sobre sua igreja normalmente está em direta proporção com quanto você tem orado.

A preparação do seu coração deve preceder a preparação de sua mensagem, continuar durante a preparação desta e prosseguir até que a mensagem

O melhor da espiritualidade **395**

seja pregada. Corações preparados preparam mensagens frutíferas. É perigoso colocar mais pensamentos que oração em seu sermão. Quanto mais talentoso e bem treinado você for, mais precisa ser uma pessoa de oração, a menos que tenha mais autoconfiança que poder.

1. *Receba a direção de Deus quanto ao texto bíblico e ao tema por meio da oração.* Robert Murray McCheyne disse: "Dedique-se à oração [...]. Receba seus textos de Deus, seus pensamentos, suas palavras".

Que bênção é não saber de uma necessidade específica e depois ter pessoas vindo e comentando como sua mensagem era exatamente aquilo de que elas necessitavam. Um dos passos mais importantes na preparação de sermões é receber de Deus a direção quanto ao tema a ser pregado.

2. *Sature com oração seu estudo da passagem sobre a qual você irá falar.* Há vezes em que Deus abre seus olhos para uma passagem e os pensamentos e palavras vêm com tal velocidade que você mal consegue escrevê-los. Em outros momentos, você precisará de horas de estudo bíblico, pesquisando referências, estudando o contexto e orando para discernir quais ilustrações serão mais marcantes. Você deve orar pela passagem (ou passagens), meditar sobre ela e vivê-la em seu coração até que se inflame com a verdade.

Finney enfatizava que a verdade por si mesma nunca produz resultados espirituais. É necessário que o Espírito de Deus faça com que a verdade se inflame, encha a verdade de poder e aplique a verdade aos ouvintes.

Lutero, que acreditava que orar bem era estudar bem, dedicava três horas por dia em oração. Orar não é um substituto para o estudo, mas também o estudo não é substituto para a oração. Mediante a oração, você compartilha do coração dos escritores da Bíblia. Pela oração, você recebe a visão, a paixão, a ênfase que Deus tencionava ao inspirar a Escritura.

O conselho do SENHOR é para os que o temem, e ele lhes dá a conhecer a sua aliança (Sl 25.14). O bispo Quayle destacou que isso pode ser traduzido por "o sussurro do Senhor". Podemos chegar tão perto dele em oração que ele sussurra as coisas profundas de Deus para nós". O estudante eventual da Bíblia, que não ora, jamais entenderá ou compartilhará com o povo de Deus essas verdades profundas.

> *Deus, porém, revelou-as a nós pelo seu Espírito. Pois o Espírito examina todas as coisas, até mesmo as profundezas de Deus. Pois, quem conhece as coisas do homem, senão o espírito do homem que está nele? Assim também ninguém conhece as coisas de Deus, a não ser o Espírito de Deus. Não temos recebido o espírito do*

396 Coração em chamas pelo Espírito

mundo, mas, sim, o Espírito que vem de Deus, a fim de compreendermos as coisas que nos foram dadas gratuitamente por Deus. Também falamos dessas coisas, não com palavras ensinadas pela sabedoria humana, mas com palavras ensinadas pelo Espírito Santo, comparando coisas espirituais com espirituais (1Co 2.10-13).

Ministrar genuinamente as coisas profundas de Deus requer não apenas que você estude sua Bíblia cuidadosamente, mas que seja cheio do Espírito, iluminado pelo Espírito, guiado pelo Espírito e ungido pelo Espírito. Lembre-se, todo o ministério do Espírito torna-se seu por meio da oração. Você, como líder, não tem alternativa, senão orar constantemente — vivendo, estudando e ministrando em espírito de oração. Nas palavras de Quayle: "[O ministro] não para de orar; ele simplesmente não cessa de orar". Nenhum ministério pode ser espiritual sem muita oração. Nenhum ministro que não ora pode interpretar a mente de Deus corretamente.

3. *A oração poderosa assegura e mantém a unção do Espírito sobre sua mensagem e sobre sua liderança.* Não há nenhum momento em que você possa relaxar em sua vida de oração. Não é suficiente ter uma mensagem dada por Deus. Esta deve, então, ser pregada com a unção e o poder do Espírito sobre você.

A unção é a dádiva do Espírito dada no momento de seu ministério. Há diversos pré-requisitos para a unção de Deus sobre você. Deve haver compromisso com Deus, obediência, total dependência e oração. O pastor ungido prevalece. A unção de Deus faz com que o Espírito toque os ouvintes com a verdade da sua mensagem, reveste você com a autoridade de Deus e com seu selo sobre você e sua mensagem.

Mensagens sem unção não trazem transformação duradoura na vida dos ouvintes. É necessário mais que o poder das palavras para transformar as pessoas. Satanás está sempre pronto a tirar do coração a semente lançada (Lc 8.12). Palavras com unção incendeiam o seu caminho até o coração, até que elas não sejam facilmente esquecidas e impactem a parte mais íntima da pessoa. Elas são a espada empunhada do Espírito (Ef 6.17) e trazem doçura ao santo, fé ao crente e coragem ao guerreiro.

A unção de Deus está disponível para todo líder, inclusive você — por um preço. Primariamente, esse preço é a oração. Talvez a falha mais comum em todos os tipos de liderança seja a falha em ter unção. Desejá-la é essencial, mas desejá-la não é o mesmo que unção. A unção é o coroamento do desejo em resposta à oração.

O *melhor da espiritualidade* **397**

A unção de Deus separa o profeta de Deus do professor ou preletor. É o poder dele fluindo por meio da personalidade, renovando os pensamentos, acrescentando novidade e novos *insights*, renovando as emoções e acrescentando uma dimensão divina ao amor, fome, paixão e zelo da pessoa. Com a unção, Deus assume o comando e fala poderosamente por meio das suas palavras. Ela torna suas palavras a voz de Deus para o coração das pessoas.

A unção traz uma riqueza divina ao seu pensar, uma originalidade divina ao seu falar, uma doçura divina ao alimento espiritual, uma iluminação divina para discernir, uma bênção divina, um poder divino e um selo divino sobre você como pessoa.

CAPÍTULO 34

Sua responsabilidade de interceder por sua igreja

Não existe maior responsabilidade conferida por Deus a você do que a de interceder por seus liderados. É tão urgente trazer seus liderados perante Deus em oração, como o é trazer Deus perante seus liderados em suas mensagens. Você deve interceder por seu ministério, pelos cultos e pela evangelização. Mas você também deve interceder por sua igreja, família por família e pessoa por pessoa.

Todo crente é chamado para ser um sacerdote de Deus. *Vós sois geração eleita, sacerdócio real* (1Pe 2.9). *Vós também, como pedras vivas, sois edificados como casa espiritual para serdes sacerdócio santo, a fim de oferecer sacrifícios espirituais aceitáveis a Deus, por meio de Jesus Cristo* (1Pe 2.5). Seu duplo papel sacerdotal é oferecer sacrifícios espirituais e interceder.

Seus sacrifícios espirituais consistem em louvor (Hb 13.15), oferecer seu corpo para servir a Deus (Rm 6.13,16,19; 12.1), boas obras (Hb 13.16) e contribuições financeiras (Fp 4.18; Hb 13.16). Sua função sacerdotal permanente é orar. A comunhão pessoal com Deus é o seu privilégio diário e sua necessidade. A intercessão pessoal deve ser seu ministério e seu trabalho diários. Isso é verdadeiro para todo cristão; isso é mais verdadeiro para você como líder espiritual.

O papel do sumo sacerdote nos tempos do Antigo Testamento era o de oferecer sacrifícios e fazer intercessão. Sua função como intercessor era simbolizada por suas vestes oficiais. Ele usava o éfode sacerdotal sobre sua roupa, com duas pedras de ônix fixadas em cada ombro. Em cada pedra estavam inscritos os nomes de seis das tribos de Israel. Por cima do éfode, sobre o coração do sacerdote, ficava o peitoral, pendente por duas correntes de ouro, de modo que nunca se desprendesse de seu coração. Ele possuía doze pedras preciosas em quatro fileiras de três pedras cada. Em cada pedra estava gravado o nome de uma das tribos.

Assim, simbolicamente, cada vez que o sumo sacerdote entrava no tabernáculo (e mais tarde no templo) para oficiar na presença de Deus, ele carregava em seus ombros e perto do seu coração os nomes das tribos. Isso descrevia sua responsabilidade e amor pelo povo (Êx 28). Da mesma maneira, o ministro do Novo Testamento deve carregar visivelmente sobre seus ombros e coração as pessoas a quem ele ministra. Essa é a sua responsabilidade diante de Deus. Ele deve se sentir responsável por eles e amá-los.

Cristo completou a obra do sacrifício em sua obra de expiação na cruz. Mas o ministério inacabado de Cristo é o ministério da intercessão. Cada cristão deve ser um sacerdote parceiro de Cristo. Quanto mais então todo pastor e líder deveriam partilhar dessa parceria com Cristo na intercessão em favor do povo dele! Jesus vive para continuar seu ministério ao lado do Pai. Ele reina pela oração. João 17, a importante oração sacerdotal de Jesus, expressa os tipos de preocupação que sempre permanecem em seu coração por seu povo.

Israel jamais teria chegado a Canaã se não pelas intercessões de Moisés. Ele era competente na administração e na liderança. Mas Israel teria sido eliminado como povo se Moisés não tivesse sido um intercessor.

Paulo é o grande exemplo no Novo Testamento do papel sacerdotal dos líderes cristãos. Sabemos mais sobre a vida de oração de Paulo do que sobre a vida de qualquer outro personagem da Bíblia, com exceção, talvez, de Moisés. Seu ministério nascia de sua incessante vida de oração. Ele foi o grande exemplo de guerreiro de oração do Novo Testamento. Nunca escreveu um livro sobre oração, mas a prática da oração está entrelaçada em todos os seus escritos. Oração e jejum foram o fundamento de todo o seu ministério. Ele foi pioneiro na expansão da igreja por meio da intercessão contínua, do trabalho e de um enorme sofrimento. Ele foi o apóstolo da intercessão piedosa, feita com todo o seu coração.

Ele evangelizava por meio do amor, das lágrimas, do trabalho intenso e do sofrimento. Seu zelo era irrefreável. Mas o fogo era mantido constantemente aceso em sua alma por suas orações de intercessão noite e dia. Os três grandes testemunhos de Paulo foram (1) como Cristo o conquistou; (2) seu amor pela igreja; e (3) sua oração pela causa de Cristo.

Em dez das cartas de Paulo, ele fala de suas orações por aqueles a quem ele estava escrevendo. Em oito de suas cartas, ele apela pela ajuda em oração de seus convertidos e amigos. Paulo era tal modelo de oração que desenvolveu

400 Coração em chamas pelo Espírito

um povo de oração. Todo líder evangélico deveria tomar Paulo como seu exemplo de como o ministério pode ser pela graça de Deus. Paulo, o intercessor, é o modelo do que eu e você deveríamos ser hoje.

Nenhum líder é maior do que suas orações. Se queremos ver a igreja reavivada e se tornando uma força poderosa para Deus, precisamos ter uma nova geração de gigantes de oração como Paulo. Provavelmente a maior fraqueza no ministério hoje é a falta de intercessão dos líderes em favor de seus liderados. Em pelo menos 41 versículos dos escritos de Paulo, ele se refere a suas orações e aos motivos de oração, mas em somente um versículo ele se refere à sua oração por si mesmo ou por suas necessidades pessoais. Ele estava sempre orando por outros. Uma das maneiras de medir o papel e o escopo de sua vida de oração é observando a proporção de tempo que você gasta orando por suas próprias necessidades e interesses em comparação com o tempo que você investe orando por outros.

Quando oramos no Espírito, oramos primariamente por outros. Quando buscamos primeiro o reino de Cristo, Deus se encarrega de todas as nossas necessidades pessoais (Mt 6.33). A oração que Jesus nos ensinou como modelo indica que normalmente não começamos nosso tempo de oração pedindo por necessidades pessoais. Primeiramente, nós oramos pelo nome de Cristo, sua vontade e seu reino. Depois, nos voltamos às nossas próprias necessidades. Não fazemos uma oração "para mim" ou "minha", mas, em vez disso, uma oração que fala em "nós" e em "nossos".

Você como líder tem uma responsabilidade tão séria de orar diariamente por sua igreja que deve limitar a quantidade de tempo que gasta orando por si mesmo e por sua família. Mas, à medida que você leva os fardos de outros, Deus, por sua vez, coloca seus fardos pessoais no coração de seu povo, especialmente se você o tiver ensinado a serem pessoas de oração. Quando você cumpre o seu papel pelo rebanho pelo qual se tornou responsável, o próprio Cristo intercederá por você. Chore por outros, e Deus irá apoiá-lo com o amor leal e com as orações de seu povo.

Sugestões para você como intercessor

Independentemente de seu papel como líder — pastor, professor, líder da escola dominical, líder leigo, líder de jovens, missionário —, adapte estas sugestões à sua situação:

1. *Planeje sua intercessão por sua igreja*. Você pode ter certeza de que falhará com Deus e com sua igreja, a menos que tenha um plano de oração regular

para seus momentos de intercessão. Se alguma coisa na vida vale a pena planejar, com certeza se trata disso.

a. *Reserve um tempo diário para sua intercessão.* Isso é tão importante quanto separar um tempo para a preparação de suas mensagens ou para a visitação dos membros. Esse tempo deveria ser diário, intencional, quando você está fisicamente alerta e apto para interceder com energia.

Além disso, Deus trará à sua mente pessoas com suas necessidades em momentos especiais, no momento específico em que essas pessoas precisam de sua oração. Assim, quando Deus especialmente chamar a sua atenção, coloque de lado seu trabalho o mais rapidamente possível e ore. Deus também trará pessoas para que você ore por elas enquanto você trabalha, viaja, quando sua mente estiver disponível. Como líder dele, seu povo precisa constantemente estar em seu coração, assim como as igrejas estavam no coração de Paulo.

Paulo disse a Epafras, pastor da igreja em Colossos: [*Ele*] *sempre luta por vós em suas orações, para que permaneçais amadurecidos e plenamente seguros em toda a vontade de Deus. Sou testemunha de que ele tem grande cuidado por vós...* (Cl 4.12,13). Epafras estava com Paulo naquele momento. O testemunho de Paulo sobre o fardo intenso que Epafras carregava em favor do seu povo — "lutando em oração" e "tendo grande cuidado por eles", mesmo estando a milhares de quilômetros de distância — retrata a vida de oração de um líder ideal. Você poderia dizer que está "sempre lutando em oração" pela sua igreja? Você poderia chamar suas orações normais por sua igreja como sendo corretamente chamadas de "grande cuidado"?

b. *Tenha um lugar onde você possa interceder pelos seus liderados.* Se você tem uma sala particular, pode fazer dela sua cabine de oração. É uma bênção adicional se você tiver um lugar especial para orar. Quando visito a casa de John Wesley em Londres, eu sempre considero precioso o tempo que posso gastar orando silenciosamente em sua sala de oração no topo da escada.

c. *Tenha listas de oração por sua igreja.* Deus abençoa grandemente o uso de listas de oração. Há uma forte evidência de que Paulo as usava. Você também desejará ter listas especiais — de não convertidos que você está procurando evangelizar, dos líderes de seu país, das necessidades em missões (nações, povos, ministérios), uma lista de parceiros de oração (pessoas que estão em ministérios dos quais você quer ser parceiro por meio da oração), uma lista da família. Sua maior responsabilidade, como pastor, é confeccionar sua lista de oração ou as listas para sua própria igreja.

402 Coração em chamas pelo Espírito

John Welch, um piedoso pastor escocês, na medida do possível gastava entre oito e dez horas por dia ou à noite orando pelo povo de Deus. Ele usava um pano para enrolar-se nele quando se levantava de madrugada para orar, mas sua esposa reclamava sempre que o encontrava no chão chorando. Sua resposta era: "Oh, mulher, eu tenho que responder pelas almas de três mil pessoas e não sei como muitos delas estão [espiritualmente]". Três mil moravam na área ao redor de sua igreja.

Jesus disse que o bom pastor chama suas ovelhas pelo nome (Jo 10.3). Se um pastor sabe o nome de cada ovelha, muito mais o pastor espiritual deveria orar nome por nome em favor de cada um do seu rebanho. Hudson Taylor, fundador da Missão para o Interior da China, costumava orar em favor de cada campo, cada missionário nominalmente, e em prol de cada necessidade específica e circunstância de que tinha conhecimento. Suas orações vivem hoje na China. O bispo Azarias, um bondoso líder da igreja no sul da Índia, orava, nome por nome, por cada pastor e líder debaixo de sua jurisdição em sua grande região. Pode ser que a maior mudança que venha a acontecer em sua vida e ministério seja que você aprenda a orar realmente por seus liderados e por seu ministério entre eles.

d. *Planeje como você cobrirá com oração as necessidades de seus liderados.* Se a sua congregação for grande demais para orar em favor de cada pessoa todos os dias, planeje maneiras de incluir regularmente todas as pessoas por quem você é espiritualmente responsável diante de Deus (Hb 13.17). Pode ser que você tenha que dividir sua lista, de modo que possa orar por uma parte da sua congregação a cada dia da semana. Talvez você queira ter uma lista com os nomes das famílias, e assim poderá orar a cada dia por cada família por vez. Em sua lista mais detalhada das famílias, você desejará ter os nomes de cada membro da família com a idade aproximada e talvez as datas de aniversário. Você pode querer ter uma lista de oração de aniversários. Você pode prometer às pessoas que dedicará um tempo especial, orando por elas nas datas do seu aniversário.

Você desejará ter uma "lista de necessidades" que mude constantemente em uma folha separada de papel com as necessidades especiais das pessoas, à medida que elas surgem. A lista pode incluir doenças, acidentes, luto, desemprego, desânimo ou provação. Você pode verdadeiramente levar os fardos das pessoas em seu coração somente conhecendo as necessidades delas. Conforme as pessoas começam a perceber como você ora particularmente em favor de cada uma delas, elas compartilharão com alegria suas necessidades,

O *melhor da espiritualidade* **403**

conforme estas surgirem, e desse modo você poderá mais efetivamente ser o pastor de oração delas.

e. *Tenha um plano de oração pelas necessidades maiores de sua igreja e comunidade.* Preocupações e necessidades maiores precisam ter maior peso no coração de todo pastor. Se a sua congregação for pequena, talvez você possa orar pelos seus membros todos os dias. Se ela é grande, você precisará planejar sua oração com tópicos separados para cada dia da semana.

Entre suas maiores preocupações em orar por sua igreja como um todo, estão a unidade, integridade, vida devota, ser um povo de oração, um povo que testemunha, reavivamento, crescimento da sua igreja, crescimento da igreja no mundo e a presença de Deus em seus cultos.

Entre os grupos na igreja por quem você deve ter a preocupação de orar, estão:

Os jovens. Cultive um desejo especial de oração pelos jovens e por seu ministério a eles, mesmo que você tenha um pastor de jovens. Ore por: (1) um ministério adequadamente planejado dirigido a eles; (2) pela salvação de cada jovem; (3) pela expansão de um ministério direcionado a jovens de fora da igreja; (4) para que Deus chame para sua obra os jovens que ele escolher; (5) por treinamento e emprego para jovens em necessidade; (6) para que eles tenham forças para resistir às tentações especiais da juventude.

Deus pode lhe dar o seu próprio Eliseu, Timóteo ou Tito, dentro de sua própria comunidade. Quando parecer que Deus está levantando tal pessoa, ore diariamente por ela e com frequência com ela. Tome quaisquer passos necessários para discipulá-la e aconselhá-la.

Os homens. Toda igreja necessita de homens espiritualmente fortes, ativos em oração e na evangelização, na igreja. Todo lar precisa de um pai espiritualmente forte para dar o exemplo e assumir a responsabilidade do lar. Com muita frequência isso tem sido feito pelas esposas e mães. Os homens da sua igreja precisam de sua oração.

As mulheres. Elas têm suas preocupações e necessidades especiais. Elas podem ser uma tremenda força espiritual para a igreja. Muitas mulheres carregam um pesado fardo pela salvação de seus companheiros, e o pastor deve ajudá-las a carregar o fardo de oração que elas carregam.

Os solteiros. Como os solteiros precisam de nossas orações hoje em dia! Eles escutam você orar por eles em suas orações em público? Pais solteiros precisam de oração especial por suas responsabilidades e preocupações.

Líderes civis e governamentais. Todo cristão recebeu a ordem da Escritura para orar prioritariamente por seus líderes governamentais (1Tm 2.1-3).

404 Coração em chamas pelo Espírito

Estamos em dívida com nossos governantes do país, estado e da cidade, com respeito a interceder por eles, para que Deus lhes dê sabedoria, integridade e sabedoria nas decisões. Os governantes importantes devem estar na lista de oração diária do líder, e ele deveria regularmente orar por eles nas orações públicas nos cultos e treinar sua igreja para orar por eles. Mas em momentos especiais, quando questões cruciais desafiam o governo, é correto agendar momentos especiais de oração pessoal e da igreja.

Reavivamento e colheita. Deus depende de líderes cristãos que convoquem seus liderados para orar por reavivamento e por uma grande colheita de almas, assim como ele dependeu dos profetas para convocarem o povo para orar nos tempos do Antigo Testamento. O líder deveria frequentemente incluir esses motivos em suas orações públicas e em seus pedidos em reuniões de oração. Grupos dentro da igreja podem agendar momentos especiais para orarem juntos. Toda a igreja pode ser orientada a investir em noites de oração (das 18 ou 19 horas à meia-noite), ou em vigílias (das 21 horas até as 4 ou 5 horas da manhã). Todos os líderes precisam ter esse compromisso.

Para preparar o seu coração para liderar outros nessa busca intensa da face de Deus, você precisa separar períodos do dia ou dias inteiros de oração, ou uma noite para orar sozinho, ou uma ou duas horas especiais diariamente para orar por reavivamento e colheita durante uma semana, mês ou mais tempo.

Deus honra grandemente essa preparação para a atuação dele, apesar de que devemos nos lembrar que não somos nós que fazemos por merecer a bênção de Deus. Quanto mais oramos, mais profundo fica o desejo do nosso coração, até finalmente prevalecermos contra as forças das trevas e vermos a grande vitória de Deus.

2. Separe momentos especiais de oração para os motivos especiais que o Espírito Santo colocar em seu coração. O Espírito não apenas pode guiá-lo para separar momentos especiais de oração por reavivamento e colheita, mas pode também guiá-lo para buscar uma nova bênção especial em seu próprio coração. Pessoas grandemente usadas por Deus têm com frequência achado necessário permanecer a sós com ele por um período maior para uma nova unção, uma nova renovação espiritual para seu próprio coração, ou uma direção especial de Deus com respeito a seu ministério ou a seus liderados. Esse era o hábito de oração de Finney.

Um projeto de construção que necessita de recursos pode ser motivo para Deus chamá-lo para um período de oração em um dia. Uma doença grave de um membro da sua igreja ou grupo pode ser um chamado de Deus para investir em um período de oração mais longo. Mantenha seu ouvido aberto para os sussurros do Senhor chamando você a orar ou talvez para orar e jejuar.

Deus pode guiá-lo como líder para providenciar que se multipliquem orações pelas necessidades que ele colocar em seu coração. Você pode ser guiado por Deus para convocar sua igreja para se comprometer a dar um número de horas de oração por uma necessidade — quinhentas ou mil horas de oração por reavivamento, ou por uma campanha evangelística especial. Quase todos deveriam desejar se comprometer com uma hora de oração, especialmente se você lhes permitir dividi-la em dois períodos de meia hora ou quatro de quinze minutos. Muitos podem querer se comprometer com uma hora por dia, ou cinco horas por semana, ou outro compromisso parecido.

Outra abordagem seria pedir que as pessoas se comprometam a dedicar dez ou quinze minutos para oração especial na medida do possível. Usando cuidadosamente seu tempo, elas podem encontrar outros dez minutos ou mais para esse tempo especial de oração concentrada de manhã, à tarde e à noite. Quanto mais vezes pararem o trabalho e derem a Deus uma oferta de amor de intercessão pela necessidade especial, mais Deus poderá confirmar esse desejo de orar no coração delas, e mais a fé delas crescerá.

Spurgeon disse: "Se algum ministro pode se satisfazer em não ver conversões, ele não verá conversões". Estamos satisfeitos demais por levar adiante nosso ministério com pouco ou nenhum derramamento do Espírito de Deus, com poucas pessoas vindo regularmente ao Senhor. Deus concede conversões somente àqueles que não conseguem viver sem elas. O líder que não deseja intensamente ver conversões está em uma séria necessidade de reavivamento em seu próprio coração. Mas não há limite para o que Deus pode fazer se estivermos sedentos o suficiente e dermos passos específicos para convocarmos as orações do povo de Deus.

CAPÍTULO 35

Seu ministério de lágrimas

A intercessão intensa por sua igreja frequentemente faz com que Deus unja seu coração com lágrimas. Lágrimas em seu coração enquanto você ora sozinho e enquanto fala de Cristo a alguém espiritualmente necessitado. Lágrimas interiores enquanto você ministra publicamente e quando olha para sua comunidade e seu mundo. Essas lágrimas podem acrescentar poder espiritual à sua liderança e ministério. São lágrimas tão profundas em seu coração que elas também podem ser percebidas em sua voz, quando você ora ou fala, e são notadas em seus olhos em ocasiões especialmente ungidas por Deus. Essas lágrimas podem adicionar toda uma dimensão de autoridade espiritual e de influência incomum ao seu papel como pessoa de Deus.

Quanto você conhece em sua vida sobre um ministério de lágrimas? Quão profundamente você tem compartilhado das dores do coração de Deus? O dr. Bob Pierce, fundador da Visão Mundial, sentiu-se profundamente comovido pelas necessidades físicas e espirituais do mundo. Ele tornou-se conhecido por sua declaração frequentemente repetida: "Que meu coração seja quebrantado pelas coisas que quebrantam o coração de Deus".

Nosso mundo somente pode ser influenciado para Deus por líderes que compartilham em um grau profundo do coração partido de Deus quando este olha com compaixão e amor para o mundo. Até você sentir as lágrimas de dor no coração de Deus, até partilhar em alguma medida dos sofrimentos de nosso Salvador no Getsêmani, até chegar-se próximo o suficiente de Deus para fazer o Espírito ansiar dentro de você com seu infinito e inefável anseio, você não estará preparado para ministrar sobre a cruz.

O versículo mais curto da Bíblia é também um dos mais profundos em sua curta expressão da realidade da Encarnação, a divina identificação com a humanidade destruída pelo pecado em sua necessidade, e a medida da infinita empatia de Cristo: *Jesus chorou* (Jo 11.35).

Jesus é imensamente ungido com o óleo da alegria (Sl 45.7; Hb 1.9). Mesmo assim, ele se identificou tanto com a vontade do Pai e com a necessidade do mundo que se tornou nosso Homem de Dores, familiarizado com nosso sofrimento (Is 53.3). *Certamente ele tomou sobre si as nossas enfermidades e carregou as nossas dores* (Is 53.4). As lágrimas visíveis no túmulo de Lázaro não foram meras lágrimas de simpatia humana. Elas foram a destilação exterior do coração partido de Deus.

O lamento de Jesus sobre Jerusalém durante o terceiro ano de seu ministério não foi um choro momentâneo. Ele foi o anseio permanente de seu infinito amor. *Jerusalém, Jerusalém [...] quantas vezes eu quis ajuntar seus filhos, como a galinha ajunta seus filhotes debaixo das asas* (Lc 13.34).

Ele chora sem cessar quando enxerga o mundo. Ao chorar por nossas cidades e vilas, nossas nações e raças, nossas famílias e nossas pessoas que sofrem, de nossas crianças a nossos idosos — como constantemente ele anseia salvar, abençoar e libertar! O Jesus que chorou é o Jesus que ainda chora. Você também partilha de suas lágrimas?

Como líder cristão, você também experimenta a alegria inexprimível e gloriosa que vem do coração de Cristo para o seu (1Pe 1.8). Você também se regozija com o céu quando pecadores arrependidos retornam para o Pai (Lc 15.7,10). Você sabe como alegrar-se com os que se alegram (Rm 12.15)? Você também sabe chorar com aqueles que choram?

Enquanto ministrava em Manchester, na Inglaterra, há quarenta anos, eu escrevi estas palavras:

Onde estão tuas lágrimas?

Há lágrimas nos olhos do pecador.
Hábitos do pecado prendendo o coração, as mãos e os pés;
Tomado de vergonha por seu pecado e derrota,
Lágrimas quentes escorrem por sua face -
Há lágrimas nos olhos do pecador

Há lágrimas nos olhos do sofredor.
Por longas horas de enfermidade, fraqueza e dor,
Orando para que a saúde seja restaurada outra vez,

Esperando por cura, mas em vão -
Há lágrimas nos olhos do sofredor.

Há lágrimas nos olhos desanimados.
Incompreendidos por aqueles que deveriam conhecê-lo;
Ninguém para amar, para demonstrar compaixão,
Desanimado, sem coragem, desesperançado -
Há lágrimas nos olhos desanimados.

Há lágrimas nos olhos do não cristão.
Rogando a ídolos de madeira e pedra,
Rogando em vão, Cristo e Salvador desconhecido,
Sem conforto, sem ajuda, sem Deus, sozinho -
Há lágrimas nos olhos do não cristão.

Há lágrimas nos olhos do Salvador.
Lágrimas pelos que pecam, pelos desanimados e doentes,
Lágrimas pelos desviados, fora de sua vontade,
Lágrimas pelos milhões ainda não alcançados -
Há lágrimas nos olhos do Salvador

Porém, há lágrimas em teus olhos?
Pode você não chorar com os milhões que choram?
Você não tem lágrimas pela ovelha perdida?
Jesus está chorando! Você ainda dorme?
OH! ONDE ESTÃO AS LÁGRIMAS EM TEUS OLHOS?

Homens que serviram ao Senhor com lágrimas

Paulo testificou aos presbíteros de Éfeso, ao refletir sobre seus vários anos de ministério entre eles, e agora lhes dizendo adeus: *Bem sabeis de que modo tenho vivido entre vós o tempo todo, desde o primeiro dia em que entrei na Ásia, servindo ao Senhor [...] com lágrimas* (At 20.18,19).

Cada lágrima derramada por compartilhar o coração de Deus, cada lágrima derramada por uma empatia amorosa como a de Cristo por nossos irmãos, cada lágrima nascida do anseio constrangido pelo Espírito Santo é uma lágrima pela qual servimos ao Senhor. Nada agrada mais a Cristo do que partilharmos com ele de seu fardo pelo mundo e por seu povo. Nada

O *melhor da espiritualidade* **409**

nos une tão fortemente ao coração de Cristo que nossas lágrimas derramadas enquanto intercedemos pelos perdidos. É nesse momento que nos tornamos verdadeiramente pessoas segundo o coração de Deus. É então que começamos a conhecer o que significa sermos parceiros de Cristo em oração.

Houve aqueles que nos tempos do Antigo Testamento serviram ao Senhor com lágrimas:

- *Jó.* Jó foi capaz de dizer: *Não chorava eu por causa daquele que estava aflito? Não se angustiava a minha alma pelo necessitado?* (Jó 30.25).
- *Davi.* Davi chorou e jejuou quando homens insultaram a Deus (Sl 69.9,10). Quando seus inimigos estavam doentes, ele jejuou e se entristeceu como se fosse por seu irmão e chorou como se fosse por sua própria mãe (Sl 35.14).
- *Isaías.* Isaías, ecoando o clamor do coração de Deus, chorou quando a inimiga Moabe sofreu com a seca e a fome; seus olhos encheram-se de lágrimas (Is 16.9,11).
- *Josias.* Deus ouviu a oração de Josias pela nação quando ele jejuou e chorou perante Deus por seu povo (2Rs 22.19).
- *Esdras.* Quando Esdras percebeu quão profundamente seu povo havia pecado e trazido o julgamento de Deus sobre ele mesmo, ele orou e chorou de tal maneira diante de Deus que uma grande multidão de homens, mulheres e crianças se reuniu ao seu redor (Ed 10.1,2). Este é sempre o padrão. Um líder que chora tem como resultado um povo que chora e ora. Um líder que toma para si os pecados do povo, orando e se arrependendo vicariamente por eles, terá um povo que será levado ao arrependimento. Um líder de olhos secos com um coração que não foi realmente quebrantado, que não conhece lágrimas em seu coração, pode denunciar os pecados de seu povo, mas raramente o levará à confissão do pecado que traz a misericórdia de Deus.
- *Neemias.* Quando Neemias ouviu da trágica condição de Jerusalém e de seu povo, ele lembrou-se: *Sentei e chorei. Lamentei por alguns dias; e continuei a jejuar e orar perante o Deus do céu* (Ne 1.4). Por dias ele continuou orando e jejuando enquanto servia ao Senhor com suas lágrimas. Assim Deus pôde usar Neemias para trazer reavivamento a Jerusalém.
- *Jeremias.* Jeremias é frequentemente chamado de "o profeta chorão". Que exemplo ele nos dá de alguém que carrega um fardo e um coração quebrantado em favor de seu povo! Sem dúvida, do ponto de vista humano, foram as orações e lágrimas de Jeremias e as orações vicárias e as lágrimas

410 Coração em chamas pelo Espírito

de Daniel que trouxeram uma parte de Israel de volta do cativeiro. Ouça Jeremias:

Estou aflito por causa da aflição da filha do meu povo; ando de luto; o espanto apoderou-se de mim. Por acaso não há bálsamo em Gileade? Nem médico? [...]. Ah, se a minha cabeça se tornasse em águas, e os meus olhos, numa fonte de lágrimas, para que eu chorasse de dia e de noite os mortos da filha do meu povo! (Jr 8.21— 9.1).

Mas se não ouvirdes chorarei secretamente, por causa do vosso orgulho; e os meus olhos chorarão amargamente e se desfarão em lágrimas, porque o rebanho do Senhor foi levado cativo (Jr 13.17).

Que os meus olhos não parem de derramar lágrimas noite e dia (Jr 14.17).

Veja também: Lamentações 1.16; 2.11; 3.48-51.

- *Daniel.* Por mais de sessenta anos, Daniel foi um estadista na corte do poder mundial dominante do seu tempo; ele também foi um homem de Deus e um homem de oração. Lemos sobre alguns de seus momentos de oração:

Então voltei o rosto ao Senhor Deus, para buscá-lo com oração e súplicas, com jejum, com pano de saco e cinzas. Orei ao Senhor, meu Deus, e confessando disse [...]. Enquanto eu estava ainda falando e orando, confessando o meu pecado e o pecado de meu povo Israel e lançando a minha súplica diante da face do Senhor, meu Deus, pelo monte santo do meu Deus — enquanto eu estava ainda falando na oração (Dn 9.3,4,20,21).

Naqueles dias, eu, Daniel, estava chorando e por três semanas inteiras. Não comi nada agradável, nem carne nem vinho entraram na minha boca, nem me ungi com óleo, até que se cumpriram as três semanas completas (Dn 10.2,3).

Daquilo que sabemos acerca da lamentação judaica, das orações vicárias e da confissão de Daniel, podemos ter certeza de que o lamento dele incluiu seu choro.

- *Paulo.* Paulo foi tanto o Isaías quanto o Jeremias do Novo Testamento. Ele pregou sobre a grandeza da graça de Deus, a maravilhosa bênção da expiação e o julgamento e triunfo final de Cristo. Ele também viveu entre as pessoas apelando, chorando e levando o perdido à salvação.

Ele serviu ao Senhor com suas lágrimas e também com os seus sofrimentos (At 20.18,19), e seu ministério aconteceu tanto publicamente como de casa em casa (v. 20). Ele disse: *Não me esquivei de vos anunciar nada que fosse benéfico, ensinando-vos publicamente e de casa em casa* (v. 31). Ele não apenas pregou com lágrimas e realizou seu evangelismo pessoal com lágrimas; ele também escreveu às igrejas às quais amava com muito carinho e muitas lágrimas: *Porque vos escrevi em meio a muita tribulação e angústia de coração, com muitas lágrimas, não para que vos entristecêsseis, mas para que soubésseis do amor intenso que tenho por vós* (2Co 2.4).

Podemos também ter certeza de que suas orações eram ungidas por suas constantes lágrimas. Repetidamente em suas cartas às igrejas, ele nos conta como orava por elas dia e noite. Se todos os seus outros ministérios se tornaram frutíferos com suas lágrimas, podemos ter a certeza de que suas orações também o foram. Não existe oração mais poderosa do que aquela que parte de um coração cujo anseio é tão profundo que faz seus pedidos com lágrimas.

- *Nosso Senhor*. Sobre Jesus, nós lemos: *Nos dias de sua vida, com grande clamor e lágrimas, Jesus ofereceu orações e súplicas àquele que podia livrá-lo da morte e, tendo sido ouvido por causa do seu temor a Deus* (Hb 5.7). Sem dúvida, isso inclui a oração de Jesus no Getsêmani. As palavras, no entanto, parecem implicar que essa era uma característica frequentemente repetida.

Enquanto as multidões gritavam seus "hosanas" em louvor a Deus, aprendemos que *quando se aproximou e viu a cidade, chorou por ela* (Lc 19.41). Sem dúvida, seu coração partido foi convulsionado por suas lágrimas de um amor agonizante. Provavelmente ele chorou de modo parecido quando clamou: *Jerusalém! Jerusalém!*, expressando seu anseio, seu coração partido pelo amor (Mt 23.37; Lc 13.34).

Deus deseja que os líderes chorem

Deus falou por meio de Joel no tempo de seu iminente julgamento sobre a nação por causa de seus pecados: *Chorem os sacerdotes, ministros do Senhor, entre o pórtico e o altar, e digam: Ó Senhor, poupa teu povo e não entregues a tua herança ao vexame, para que as nações zombem dele. Por que diriam entre os povos: Onde está o seu Deus?* (Jl 2.17). Os líderes religiosos da nação eram responsáveis por interceder chorando pela nação.

412 CORAÇÃO EM CHAMAS PELO ESPÍRITO

De modo semelhante, Isaías, no tempo da calamidade nacional, disse aos líderes: *Naquele dia, o Senhor, o SENHOR dos Exércitos, vos convidou a chorar e a prantear, a rapar a cabeça e a vestir panos de saco* (Is 22.12). Mas em vez disso eles celebraram e se divertiram numa grande festa (v. 13). Eles se tornaram tão culpados por causa disso que Isaías acrescentou: *Mas o SENHOR dos Exércitos segredou-me aos ouvidos: "Certamente esta maldade não será perdoada até a vossa morte", diz o Senhor, o SENHOR dos Exércitos* (v. 14).

Quando aqueles que deveriam carregar o fardo espiritual do povo por meio de forte intercessão e lágrimas tornam-se tão indiferentes espiritualmente que não veem necessidade de orar, e relaxam, e se divertem, tratando sua liderança como "trabalho normal", isso é algo escandaloso aos olhos de Deus.

Qual foi a atitude de Samuel como juiz e profeta designado por Deus para o povo? *Quanto a mim, longe de mim pecar contra o SENHOR, deixando de interceder por vós; eu vos ensinarei o caminho bom e direito* (1Sm 12.23). Todo líder é responsável diante de Deus para cumprir um papel de mediador por seu povo. Cristo é o único mediador entre Deus e os homens na redenção. Mas, por causa dessa mediação, nós somos agora responsáveis por sermos mediadores na intercessão por nosso povo. Devemos nos identificar de tal forma com aqueles a quem lideramos, tanto por amor como por compromisso, que os carreguemos em nosso coração durante todos os dias de nossa liderança. Assim como o sumo sacerdote fazia simbolicamente, nós devemos fazer hoje, dia após dia, quando entramos na presença santíssima de Deus; devemos tocar em seu trono constantemente em favor de nosso povo. Pecamos contra o Senhor se falhamos em fazê-lo.

Quando o nosso comprometimento com nossa igreja é tão profundo quanto Deus deseja, quando a amamos com um amor semelhante ao de Cristo, como seus subpastores, um papel de intercessão mediadora torna-se inescapável. Quanto mais mediamos em intercessão por nosso povo, mais profundo se tornará o nosso amor e mais certo será que nosso coração clamará a Deus com lágrimas, sejam estas visíveis ou não. Nosso povo reconhecerá o amor e as lágrimas em nosso coração pelo tom de nossas vozes e pelo poder de nossas orações.

O dr. R. W. Dale, de Birmingham, Inglaterra, colaborador de Moody quando este esteve em campanha nas ilhas britânicas, disse que Moody jamais falou da possibilidade de alguém se perder sem que as lágrimas brotassem em sua voz: "Ele alternava de uma dura condenação do pecado para um constrangimento quieto, queixoso, choroso e quebrantado". R. C. Horner disse:

O melhor da espiritualidade **413**

"Não há nada que nos fale tanto como as lágrimas na obra de Cristo [...] mas quando suas lágrimas secam, as pessoas podem perecer e morrer, e ir para o inferno, pessoas que estão próximas de você, e você parece não ver isso".

Oswald Smith escreveu em seu diário: "Eu preciso experimentar o poder de Deus, não importa o custo. Oh, que ele me quebrante e me faça chorar pela salvação das almas!"[1] Em muitos lugares em seu diário, ele registra as respostas às suas orações com lágrimas. Sobre John Welch, genro de John Knox, se diz que "com frequência nas noites de inverno mais geladas ele foi encontrado chorando sobre o chão e lutando com o Senhor em favor de seu povo". Jonathan Edwards possuía um forte anseio em sua alma que o levava às lágrimas em seu tempo de oração. Finney, em suas memórias, repetidamente faz menção de orar com lágrimas.

A colheita espiritual exige inteireza de alma, desejo intenso e amor como o de Cristo. A colheita espiritual resulta de uma semeadura custosa, uma semeadura com um amor que chora quando clama a Deus. A batalha do Getsêmani por almas conduz à colheita do Pentecostes.

John Henry Jowett disse em seu clássico livro *The Passion for Souls*:

> Meus irmãos, eu não sei como qualquer culto pode ser frutífero se o servo não for primeiramente batizado no espírito do sofrimento compassivo. Não podemos nunca curar as necessidades que não sentimos. Corações sem lágrimas jamais poderão ser arautos da Paixão. Precisamos orar se queremos redimir. Precisamos sangrar se queremos ser ministros do sangue salvador. Precisamos nos aperfeiçoar passando nós mesmos pela Paixão do Senhor, e pela simpatia de nosso próprio sofrimento devemos "preencher o que resta das aflições de Cristo". *Revistam-se, portanto, como eleitos de Deus, de um coração compassivo* [...]. Se a oração do discípulo é para "preencher" a intercessão do mestre, a oração do discípulo deve ser dominada por muito choro e lágrimas. Os ministros do Calvário devem suplicar suando sangue, e sua intercessão é um sacrifício, um sacrifício que sangra, uma perpetuação do Calvário, um "preencher" dos sofrimentos de Cristo. Santa Catarina disse a um amigo que a angústia que ela experimentava na percepção dos sofrimentos de Cristo era maior quando ela clamava pela salvação de outros. "Prometa-me, querido Senhor, que tu os salvarás. Oh, dá-me um sinal de que o farás." Então seu

[1]Smith, *Passion for souls*, p. 17.

414 Coração em chamas pelo Espírito

Senhor pareceu fechar a mão aberta dela na dele, e concedeu-lhe a promessa, e ela sentiu uma dor aguda como se um prego tivesse atravessado sua palma [...]. Ela sentiu o alcance da mão traspassada".[2]

George Whitefield foi um dos mais eloquentes evangelistas na história da Igreja. Ele frequentemente pregava a multidões de mais de dez mil pessoas, às vezes até vinte mil. Uma vez na Escócia estima-se que ele tenha pregado para cem mil. Dez mil professaram sua conversão naquele único culto. Ele era poderosamente ungido pelo Espírito Santo. O dr. Martyn Lloyd-Jones recorda que Whitefield quase invariavelmente pregava com lágrimas correndo no seu rosto. Ele se sentia comovido de maneira tão forte e profunda que tocou milhares de pessoas para Cristo.[3] Ele disse ainda: "Passei dias inteiros e semanas prostrado no chão [...] em oração".[4]

É necessário mais do que lágrimas para ganhar almas. Não me refiro a lágrimas carnais de autopiedade. Eu clamo por lágrimas de amor, como as de Cristo, por nosso povo e, para o perdido, que nosso coração vibre em intercessão mediadora. Quer você tenha lágrimas visíveis em seus olhos, quer não, pelo menos o seu coração deveria chorar. Deus sempre sabe quão profundo são o nosso anseio e os clamores do nosso coração. Ele mede a profundidade de nossa preocupação amorosa e a compaixão de nossa intercessão por outros. Não busque a emoção pela emoção. Não tente "fabricar" emoções em uma tentativa de manipular a Deus ou as pessoas. Ainda assim, nossas emoções são uma parte inseparável de nosso ser. Não podemos separar nossas emoções do santo amor por Deus ou pelas pessoas. Nosso primeiro lugar de chorar deveria ser nosso lugar secreto de oração, pois é ali onde devemos estar diariamente intercedendo por nossos liderados (Jr 13.17).

Como podemos ser tão indiferentes em relação à história da cruz se tivermos realmente entendido como nosso Salvador nos amou e morreu por nós? Como podemos ter olhos tão secos ao interceder por um mundo perdido e quando pregamos o evangelho do Calvário? Um missionário estava falando do amor de Cristo a um pagão não convertido, sobre como Cristo deixou as glórias do céu, partilhou de nossa vida, nossos sofrimentos, mas foi rejeitado e crucificado por homens pecadores. Enquanto o pagão escutava a história da

---

[2] Jowett, *Passion for souls*, p. 33-36.
[3] Lloyd-Jones, *Preaching and preachers*, p. 9.
[4] Ibidem, p. 94.

cruz, ele começou a chorar. Então ele virou-se para o missionário e perguntou: "Esse mesmo Jesus morreu por você?" "Sim", respondeu o missionário. O pagão olhou para ele impressionado e perguntou: "Então por que você não chora?" Perdoe-me se eu lhe pergunto: "Por que você não?"

Procuram-se: mais líderes com um coração quebrantado como Oseias, clamando a Deus pelos pecados e falhas do seu povo! Procuram-se: mais profetas-líderes de coração quebrantado como Jeremias, perseverando por seu povo! Procuram-se: mais evangelistas e líderes com coração em chamas como Paulo, chorando ao clamar por seu povo, enquanto procuram ganhá-los, ao proclamarem o amor do Calvário!

Dá-me lágrimas

Dá-me lágrimas nos olhos, amado Senhor, eu oro!
Dá-me lágrimas quando eu intercedo.
Dá-me lágrimas quando me ajoelho perante teu trono a cada dia;
Dá-me lágrimas quando eu aprendo a pleitear.

Ferido Senhor, quebra este meu coração frio e de pedra;
Derrete meu coração com teu santo fogo!
Enche minha alma com a paixão do amor divino;
Que eu possa desejá-lo com o teu desejo.

Tira toda a dureza de meu coração novamente
Até que eu fique faminto, sedento e ansiando,
Até que eu anseie pela alma dos homens arruinados pelo pecado
Queima dentro de mim com fogo consumidor.

Enche meu coração com tuas lágrimas; ali, revela tua cruz
Até que tudo neste mundo morra
Até que eu considere todas as coisas desta vida como perda,
Com exceção da cruz do Crucificado

Que meu coração seja um coração crucificado,
Que ele sangre pelas almas dos homens.
Que o fardo pelas almas derreta minha alma a cada dia
Até eu compartilhar tua obra outra vez.

Dá-me lágrimas quando eu pregar o teu amor;
Dá-me lágrimas quando eu debater com os homens.
Dá-me lágrimas quando eu apontar para teu trono acima;
Amor de Deus, derrete meu coração outra vez.

WESLEY DUEWEL

SUA UNÇÃO E INTEGRIDADE

CAPÍTULO 36

Você pode ser um líder ungido

Nos dias do Antigo Testamento, os reis, profetas e sacerdotes eram ungidos com óleo para serem separados em um sentido especial para Deus e seu serviço. O óleo simbolizava a vinda do Espírito Santo sobre eles, tanto para separá-los para o serviço como para lhes trazer a capacitação divina.

A palavra "Cristo" é o equivalente grego para o hebraico "Messias". Ambas as palavras significam "ungido". *E diz respeito a Jesus de Nazaré, como Deus o ungiu com o Espírito Santo e com poder. Ele andou por toda parte, fazendo o bem e curando todos os oprimidos pelo diabo, porque Deus era com ele* (At 10.38). O termo "cristão" nos identifica como seguidores de Jesus Cristo, o ungido.

A Bíblia aplica o termo "ungido" a todos os que pertencem a Cristo. Não estamos apenas seguindo o ungido; nós mesmos somos ungidos. Todo cristão, seja ele leigo, seja ordenado, tem o privilégio bíblico de se apropriar do conteúdo espiritual desse termo para si. Deus deseja que todo cristão viva uma vida ungida.

J. Elder Cumming escreveu:

> A unção é o próprio Espírito Santo [...]. Ele vem para ser o óleo ungidor sobre nós e dentro de nós. Jesus de Nazaré foi ungido — não por ele, mas com ele [...].
>
> Como é marcante, então, o pensamento de que nós somos os ungidos de Deus! Messias da nova dispensação! Cristos de Deus! "Vocês têm uma unção"; a mesma unção que o Senhor possuía. E nós a carregamos em nosso nome, como ele fez. Ele foi chamado Cristo, e nós somos chamados cristãos. Os seguidores ungidos do ungido.[1]

[1] Cumming, *Eternal Spirit*, p. 155.

Ele nos ungiu, colocou o seu selo de propriedade sobre nós e colocou seu Espírito em nosso coração como um depósito, como uma garantia do que está por vir (2Co 1.21,22).

Aquele que nos unge é Deus (2Co 12.1).

Vós tendes a unção da parte do Santo (1Jo 2.20).

Quanto a vós, a unção que dele recebestes mantém-se em vós, e não tendes necessidade de que alguém vos ensine. Mas, a unção que vem dele é verdadeira, não é baseada na mentira, e vos ensina a respeito de todas as coisas; permanecei nele assim como ela vos ensinou (1Jo 2.27).

Se você não possui a percepção e os benefícios da unção do Espírito, está vivendo uma vida abaixo da normalidade, espiritualmente carente. Você está vivendo aquém de seu privilégio como cristão. Nenhum crente tem o direito de diminuir a média do nível de espiritualidade de uma igreja por viver uma vida sem unção. Com certeza nenhum líder deveria diminuir e degradar a causa de Cristo ou a liderança cristã por viver uma vida sem unção, exibindo uma liderança destituída de unção.

A UNÇÃO É PARA VOCÊ

Quando o Espírito Santo lhe dá o novo nascimento, você recebe sua presença permanente. *Mas, se alguém não tem o Espírito de Cristo, não pertence a Cristo* (Rm 8.9). O Espírito testifica a sua salvação (Rm 8.16; 1Jo 5.6,10). Mas você também tem o ministério do Espírito atuando de muitas outras maneiras. Uma dessas maneiras é por meio da unção dele em sua vida e serviço.

O grau pelo qual qualquer cristão recebe essa unção e tem consciência dela depende da proximidade de sua caminhada com o Senhor e do nível com que, pela fé, ele se apropria dela. Ela já permanece nele, mas pode não estar poderosamente ativa. Como em toda a experiência cristã, a fé é o meio de nos apropriarmos.

Você, como líder, foi escolhido por Deus e por seu povo para guiar seus irmãos crentes. Você é, em um sentido especial, separado para representar Cristo, o ungido. Você precisa de uma unção especial e discernível para representar apropriadamente a Cristo e trazer glória a ele. Você é uma pessoa marcada. Entre todas as pessoas, você pode trazer honra ou desonra a Cristo. Entre todas as pessoas, você deve ser semelhante a Cristo e ungido em sua vida.

Você também precisa ser ungido em sua liderança. Já que Cristo supre a você a unção por sua graça, ele espera que você seja constantemente ungido pelo Espírito em todos os aspectos de sua liderança. Sua responsabilidade como seu líder para o povo dele é tão grande que você não ousará trabalhar sem a experiência constante e repetida de renovações de sua unção sobre você. Você também é responsável por seus liderados. Eles olham para você, acima de tudo, como líder espiritual deles. Você deve a seus liderados manter-se ungido para cumprir com suas responsabilidades por meio de repetidos novos toques do Espírito de Deus em seu coração.

A unção do Espírito, nas palavras de Bounds, "é o título celestial da classe dos cavalheiros, outorgado aos escolhidos confiáveis e corajosos que tenham procurado essa honra ungida através de múltiplas horas de oração lacrimosa e batalhadora". Ele define a unção como "a capacitação divina" pela qual um líder do povo de Cristo é equipado para sua liderança. Sem ela, diz ele, "não se alcançam verdadeiros resultados espirituais".

Deus providenciou uma capacitação divina para você. A Bíblia repetidamente fala de exemplos de líderes dele recebendo essa capacitação especial. Esta é a era da plenitude do Espírito. Qualquer carência da ação do Espírito em sua liderança não é por causa da má vontade de Deus. Deus deseja fazer de você tudo o que você pode ser por sua graça, um líder revestido, ungido, guiado e capacitado pelo Espírito Santo. Ele anseia por torná-lo um líder ainda mais capacitado para o povo dele do que você jamais sonhou ser. Por seu toque especial, ele pode extrair o extraordinário e importante potencial que vê dentro de você. Sua unção em toda a sua plenitude está disponível a você.

Cito Bounds mais uma vez:

> A unção, a divina unção, essa unção celestial é o que o púlpito necessita e deve ter. Esse óleo divino e celestial derramado pela imposição da mão de Deus deve amolecer e lubrificar o homem inteiro — coração, mente, espírito — até separá-lo com uma poderosa separação de todos os motivos e objetivos que forem terrenos, seculares, mundanos e egoístas, separando-o para todas as coisas que são puras e pertencentes a Deus.

O SIGNIFICADO NO ANTIGO TESTAMENTO

Os profetas (1Rs 19.16), sacerdotes (Êx 28.41) e reis (1Sm 10.1), separados pela unção no período do Antigo Testamento, foram considerados "os ungidos de Deus". A ideia de unção estava intimamente relacionada com consagração. O ato da unção os consagrava (Êx 28.41; 30.30; Lv 8.12), isto é, os separava para o propósito e uso de Deus. Era também um ato de posse ou ordenação (Lv 21.10). O ato simbólico de derramar azeite com alguma profusão ("derramar" é frequentemente usado) indicava a abundância da capacitação dada por Deus pelo transbordar do Espírito Santo. Davi chama atenção para o fato de que na unção de Arão, o sumo sacerdote, o azeite precioso era derramado sobre sua cabeça tão abundantemente que escorria pela sua barba e até pela gola de suas vestes (Sl 133.2).

A unção era realizada sempre para um propósito sagrado e em nome de Deus, indicando o seu favor. Ela selava visivelmente a capacitação especial do Espírito Santo para as responsabilidades do ofício e conferia a competência divina necessária para o serviço. Ela fazia uma diferença significativa na pessoa ungida (1Sm 10.6,9,10). Sobre a unção de Davi, lemos que *daquele dia em diante, o Espírito do Senhor se apoderou de Davi* (1Sm 16.13). Ungir na vontade de Deus significava adentrar na experiência contínua do transbordamento do Espírito para realizar uma responsabilidade sagrada.

A unção é reconhecível

Uma gama de termos bíblicos e de descrições aponta para a capacitação especial de Deus por meio do Espírito Santo. Entre eles, temos os seguintes: "O Espírito do Senhor veio", "a mão do Senhor veio sobre", "o poder do Senhor veio sobre" e a "unção" do Espírito. Cada uma dessas expressões acrescenta à plenitude de nosso entendimento do importante ministério de capacitação do Espírito. Em certo sentido, talvez todas elas podem ser consideradas como sendo aspectos diferentes da unção do Espírito.

Cada líder cheio do Espírito é um dos ungidos de Deus, e experimenta aspectos da unção em sua liderança. Mas muitos colocam tão pouca ênfase na unção de Deus, expressam tão pouco desejo por ela em suas orações, e exercitam tão pouco a fé para apropriarem-se dela que experimentam apenas de modo ocasional e minimamente a diferença dinâmica que a unção do Espírito pode fazer no ministério.

O dr. Martyn Lloyd-Jones enfatizava a necessidade da unção do Espírito. Ele a chamava de a coisa mais essencial em conexão com a pregação. Ele insistia: "Preparação cuidadosa e unção do Espírito Santo jamais deveriam ser consideradas como alternativas, mas como complementos uma da outra [...]. Você sempre procura e busca essa unção, essa unção antes de

O *melhor da espiritualidade* **423**

pregar? Não há nenhum teste mais completo e revelador que se aplique a um pregador".[2]

Você é um daqueles que tem levado pouco a sério a unção do Espírito? Esta tem sido uma experiência superficial de sua parte? Você precisaria confessar que nem tem a expectativa nem depende de qualquer diferença significativa em seu ministério por meio da capacitação sobrenatural de Deus? Não meça a mão de Deus em seu amanhã com base em seu passado. Deus deseja lhe dar uma nova dimensão de sua capacitação divina de modo que você possa exercer uma liderança ainda mais efetiva e que glorifica a Deus. Que você possa mais do que nunca se tornar "o ungido do Senhor"!

A unção de Deus é real e perceptível. Normalmente a pessoa ungida pode reconhecê-la; com frequência outras pessoas com discernimento espiritual reconhecem a diferença. Um dia perguntei ao dr. Ezra Devol, médico missionário e superintendente de um hospital na Índia: "Ezra, existe o que poderíamos chamar de uma unção do Espírito em uma cirurgia?" Sua resposta imediata foi: "Pode apostar que sim, e eu sei inclusive quando ela está sobre mim e quando não!"

Jesus estava supremamente consciente da unção do Espírito. Ele disse: *O Espírito do Senhor está sobre mim, porque ele me ungiu* (Lc 4.18). Davi a conhecia (2Sm 23.2). Ezequiel testificou sobre ela repetidamente. Esdras (Ed 7.6) e Neemias (Ne 2.18) sabiam quando a mão do Senhor estava sobre eles. Paulo a conhecia em sua experiência (2Co 1.21,22). Você pode conhecê-la também.

---

[2]Lloyd-Jones, *Preaching and preachers*, p. 35.

CAPÍTULO 37

A unção de Deus confere bênçãos

A unção é a capacitação divina para as atividades e ministérios realizados em nome de Cristo e para a glória dele. Ela permanece sobre a vida e o ministério e coroa e abençoa especialmente o ministério cristão. Mas não está reservada exclusivamente às assim chamadas atividades "espirituais". Ela é o toque extra de Deus sobre a sua mente, suas habilidades, seus esforços, sua memória, suas emoções e sua força.

A unção agregará a dinâmica que capacita a identificar problemas e solucioná-los a um estudante que presta exames, a um escritor enquanto escreve, ao cristão enquanto fala ou ensina, ao taxista que foge do tráfego, ao músico durante sua apresentação, ao cantor quando canta, ao artista enquanto pinta e ao poeta em seu escrito.

A unção do Espírito é para a vida cristã, mas especialmente para o serviço cristão em qualquer forma. Ela está à sua disposição, se você a pedir. Ela é a provisão graciosa de Deus para você. Deixe-me primeiramente descrever como a unção afeta a sua vida e então falar de seu grande efeito em seu ministério.

1. *A unção do Espírito o ajuda fisicamente*. Ele pode ungir seu corpo de modo que você seja fisicamente forte, renovado e adequado para a sua tarefa. O Espírito está disponível para ajudá-lo a dar o seu melhor. Você precisa de uma força extra? O Espírito está disponível.

Você se lembra como, no conflito espiritual no monte Carmelo, Elias, aparentemente sozinho, enfrentou os 450 profetas de Baal e os 400 profetas de Aserá que comiam à mesa de Jezabel? Quando o engano deles foi demonstrado, Elias os matou como Deus havia ordenado em relação aos falsos profetas no Antigo Testamento. Então veio a longa batalha de Elias no cume do monte Carmelo com sete períodos de intercessão extenuante até Deus enviar a

O *melhor da espiritualidade* **425**

primeira nuvem ao céu. Antes que a noite findasse, ele havia caminhado quase cinquenta quilômetros à frente do rei Acabe até Jezreel (1Rs 18). Como Elias conseguiu essa força impressionante? Pela unção do Espírito (v. 46).

Lembre-se de Isaías 40.29-31: *Ele dá força ao cansado e fortalece o que não tem vigor. Os jovens se cansarão e se fatigarão, e os moços cairão, mas os que esperam no* SENHOR *renovarão suas forças; subirão com asas como águias; correrão e não se cansarão; andarão e não se fatigarão.* Francis Asbury escreveu em seu diário de 24 de fevereiro de 1772: "Minha carga de trabalho aumentou, e minha força se renovou. Ainda que eu tenha chegado aqui fraco, mesmo assim, depois de pregar por três vezes, senti-me fortalecido".[1]

Orar, confiar e esperar no Senhor removem o cansaço, renovam o poder físico e espiritual, independentemente de quão fraco você se sinta. Muitos ministros do evangelho têm experimentado uma renovação no corpo e um senso especial da bênção e da presença de Deus no culto e particularmente no ministério que estão realizando.

Eu me lembro bem de um dia cheio de ministério em Monaghan, na Irlanda. Certo domingo de manhã, dirigimos de Belfast, Irlanda do Norte, para o condado de Armagh e pela fronteira entre a Irlanda e Monaghan. Preguei no culto da manhã da igreja presbiteriana, almocei com o pastor presbiteriano, fui levado à casa de familiares de nosso diretor da OMS britânica, bem como para conhecer a plantação da família. Depois de visitar a família, tive muito pouco tempo para ficar sozinho a fim de orar e me aquietar. No início da noite falei na igreja metodista, e imediatamente depois fui levado à igreja batista para minha mensagem final do dia, antes de dirigirmos de volta a Belfast.

Quando me sentei atrás do púlpito no último culto do dia, senti-me esgotado, emocionalmente exaurido e espiritualmente vazio e árido. Quando o culto começou, curvei a cabeça sobre as mãos e orei: "Ó Senhor, tu foste tão gracioso comigo e me usaste hoje. Mas agora eu me sinto tão vazio e árido. Eu teria muitas coisas a dizer, mas como saber o que tu queres que eu fale a essas pessoas? Eu me sinto como o homem que recebeu a visita do amigo à meia-noite e que não tinha nada para dar. Ó Senhor, eu não tenho nada novo para dar a essas pessoas. Tu me ungiste hoje. Eu me curvo diante de ti para que coloques tua mão sobre mim mais uma vez. Eu preciso de uma nova unção".

[1]Diário de Francis Asbury, p. 2-21.

Quando levantei a cabeça, vi, para minha surpresa, um piedoso fazendeiro irlandês, sua esposa e filha vindos de Armagh entrando na igreja e tomando assento em uma reunião já bastante concorrida. Fiquei impressionado por eles terem ido até lá para participarem do culto. Olhei para eles, e eles sorriram para mim inclinando a cabeça.

Conforme levantei-me para pregar, uma unção renovada veio dos céus sobre mim. Instantaneamente meu cansaço se foi, senti-me renovado e desperto, meus pensamentos começaram a fluir rapidamente, e a partir de minhas primeiras palavras senti a unção do Senhor sobre mim. Lancei um desafio missionário e um apelo para orarmos pela Índia. Deus se manifestou com poder e tomou conta do culto.

Pouco antes da bênção, o pastor disse às pessoas: "Este não foi um culto normal. Deus falou conosco nesta noite. Eu não gostaria que vocês deixassem este culto como sempre. Não conversem entre si. Saiam silenciosamente. O irmão Duewel estará à porta. Se você irá orar por ele e por seu ministério na Índia, simplesmente aperte sua mão conforme você passar pela porta. Não diga nada. Vão para casa, ajoelhem-se ao lado de sua cama e peçam a Deus o que ele quer que vocês façam".

Conforme me coloquei à porta, cada pessoa tinha lágrimas nos olhos ao apertar minha mão. Então vieram os Mulligans. O senhor Mulligan apertou minha mão com tanta força que quase dei um pulo. A filha, Bertha, com uns 20 anos, mal tocou minha mão e quase correu para o carro. A senhora Mulligan apertou minha mão, olhou com lágrimas para meus olhos e disse: "Direi apenas isto. Nossa família dedicou a tarde inteira de joelhos orando por você e por este culto!" Então entendi a unção graciosa!

Mais tarde descobri que eles fizeram toda a viagem de volta à fazenda na Irlanda do Norte sem dizer uma palavra sequer. Quando chegaram em casa, Bertha correu para o seu quarto no andar de cima e não voltou até bem tarde na manhã seguinte. Quando ela apareceu, disse: "Papai, mamãe, ontem à noite Jesus me chamou para ser uma missionária". Mais tarde ela se matriculou em uma faculdade bíblica, casou-se com um jovem pastor metodista, e serviram por alguns anos nas Índias Ocidentais. Eles agora pastoreiam uma igreja em Ulster.

A obediência dessa família a Deus em oração trouxe uma nova unção especial de Deus sobre mim e sobre aquele culto missionário, o que levou a filha deles ao serviço missionário. Naquela unção estava incluído o toque de Deus sobre mim em meus aspectos físico, emocional e espiritual.

2. *A unção do Espírito capacita você mentalmente.* O Espírito Santo pode deixá-lo alerta, expressivo, criativo e capaz de dizer com clareza fora do comum o que Deus quer que você diga. Jesus prometeu que o Espírito Santo traria à sua lembrança as coisas que ele lhes havia dito (Jo 14.26). Essa capacitação especial da memória não estava reservada apenas aos apóstolos e escritores da Escritura. Ela está disponível para qualquer pessoa que ministra em nome de Cristo, para lembrá-la das passagens bíblicas, das palavras exatas, das expressões e ilustrações, quando está em pé, falando ou enquanto escreve. Esse é o toque especial de Deus em sua mente para o seu ministério.

Bounds, ao tentar descrever como a unção do Espírito beneficia uma pessoa intelectualmente, disse: "Ela torna claro o intelecto, confere discernimento e percepção, liberdade e plenitude de pensamento, objetividade e simplicidade na comunicação".

3. *A unção do Espírito toca suas emoções.* O Espírito pode derramar do amor de Deus em seu coração e em sua mente (Rm 5.5) de tal modo que a você é dado um afeto especial quando procura expressar o amor, o conforto e o coração de Deus em alcançar o perdido, o ferido e aqueles que se encontram entristecidos. O Espírito pode lhe dar um ministério de lágrimas quando Deus perceber que isso pode acrescentar um impacto maior aos seus apelos em nome dele (At 20.31; 2Co 2.4; Fp 3.18). Essa unção com lágrimas está disponível não somente para suas mensagens, evangelismo pessoal, aconselhamento e escrita, como Paulo experimentou, mas também pode trazer uma força especial, intensidade, ternura e poder ao seu ministério de intercessão, especialmente em sua intercessão particular (Rm 9.1-3; 10.1).

O Espírito, por outro lado, pode acrescentar uma firmeza especial, solenidade, santa ousadia ou indignação justa quando você, como um profeta do Senhor, pregar contra o pecado. *Mas eu estou cheio do poder do Espírito do Senhor, assim como de justiça e de coragem, para declarar a Jacó a sua transgressão, e a Israel, o seu pecado* (Mq 3.8).

Isaías demonstra que o Espírito do Senhor pode ungi-lo para proclamar o julgamento de Deus e sua vingança, bem como o conforto de Deus (Is 61.1,2). Foi essa unção que capacitou os profetas do Antigo Testamento a proclamar a justiça, a santa ira e o julgamento de Deus contra o pecado. Qualquer ministro que prega somente as bênçãos e a beleza da graça e do amor de Deus, e que nunca proclama sua santidade, justiça e ira contra o pecado e a injustiça, não é nem plenamente bíblico nem plenamente ungido.

Jeremias, o "profeta chorão", claramente apresentou a alternativa dada por Deus quando a misericórdia de Deus foi recusada (Jr 4.4). A unção do

428 Coração em chamas pelo Espírito

Espírito então transformou-o em *uma cidade fortificada e coluna de ferro e muros de bronze contra toda a terra, contra os reis de Judá, contra os seus príncipes, contra os seus sacerdotes e contra o povo da terra* (Jr 1.18). Ele podia dizer: *Pois a ira do Senhor transborda dentro de mim* (Jr 6.11).

Tal unção estava sobre Pedro quando ele enfrentou a multidão em Jerusalém (At 2.23,24) e o taciturno e irado Sinédrio (At 4.8-12). Paulo formulou o equilíbrio entre os dois tipos de ministério: *Considerem, portanto, a bondade e a severidade de Deus* (Rm 11.22).

4. *A unção do Espírito capacita-o espiritualmente.* Ainda que a unção do Espírito providencie a capacitação especial de Deus para você física, mental e emocionalmente, sua maior importância em seu ministério é espiritual. Entre as bênçãos envolvidas, estão estas:

a. *Ela o deixa consciente da presença de Deus com você e seu toque sobre sua vida.* Que bênção é quando você percebe como Jacó: *Realmente, o Senhor está neste lugar* (Gn 28.16). Ele acrescenta: *Como este lugar é terrível!* (v. 17). Um assombro sagrado vem sobre você ao perceber que, apesar de sua humanidade e indignidade, a mão de Deus está sobre a sua vida e usa suas palavras e seu ministério.

Quando Deus foi ao encontro de Moisés na sarça ardente, Moisés disse a ele: *Quem sou eu?* Ele se sentiu tão incapaz e indigno para que Deus pudesse usá-lo. Quando Deus revelou a Davi o que planejava fazer para ele e sua família, Davi exclamou: *Quem sou eu, Senhor Deus, e quem é minha família, para que me tenhas trazido até aqui?* (2Sm 7.18). Então Davi começou a adorar a Deus por sua grandeza (v. 22-29).

Muitos ministros ou escritores, quando a unção de Deus vem sobre eles durante a preparação de suas mensagens, já se colocaram de joelhos, ergueram seus olhos ao Senhor e clamaram: "Quem sou eu, Senhor, para trazer esta mensagem por ti?" Quase instantaneamente, tenho visto, segue-se esta oração: "Oh, Senhor, ajuda-me a compartilhar isso, a compartilhar como eu deveria! Ajuda-me a expressá-lo — está imensamente além do que eu posso falar ou expressar!" Obrigado, Deus, pela unção do seu Espírito!

Com frequência você terá uma forte consciência da mão de Deus, à medida que ele o usa de modo especial durante sua mensagem, seu ensino, seu aconselhamento, seu evangelismo pessoal ou ao escrever. Depois de terminar sua tarefa, você desejará ficar a sós com ele para cair de joelhos ou com sua face perante ele, agradecendo-lhe por usá-lo tão graciosamente, dando a ele toda a glória, e então unindo-se aos serafins em adoração: *Santo, Santo,*

Santo, é o SENHOR *Todo-Poderoso; toda a terra está cheia da sua glória* (Is 6.3); *Tu és digno de receber a honra, a glória e o poder, porque tu criaste todas as coisas e, por tua vontade, elas existiram e foram criadas* (Ap 4.11); *o cordeiro que foi morto é digno de receber o poder, a riqueza, a sabedoria, a força, a honra, a glória e o louvor* (Ap 5.12).

b. *Ela lhe traz a fragrância do caráter de Cristo.* Deus prescreveu um santo óleo da unção com uma fragrância especial para o sumo sacerdote e os demais sacerdotes (Êx 30.22-33). Eles e suas roupas deveriam ser ungidas antes de cumprirem suas funções sacerdotais. Eles carregavam consigo essa fragrância santa. Cristo, nosso sumo sacerdote, é o santo perfumado. A semelhança com Cristo, o doce fruto do Espírito em nossa vida, nos faz perfumados com a santidade do caráter de Cristo.

O fruto do Espírito é um nome coletivo no singular, sugerindo as qualidades multifacetadas, ainda que inter-relacionadas, da vida de Cristo. Não é uma "obra" resultante de nosso esforço próprio ou autodisciplina. É primariamente um fruto do trabalhar do Espírito. É a natureza de Cristo reproduzida em nós.

Ele é descrito nas nove graças do Espírito que o Espírito Santo produz em nós (Gl 5.22,23). O fruto é desenvolvido à medida que vivemos pelo Espírito (Gl 5.16,25), tendo crucificado nossa natureza pecaminosa (v. 24) e então semeado no Espírito (Gl 6.7,8). Mesmo tendo sua origem em Deus, temos uma responsabilidade de fazer todo esforço para crescer nesses aspectos da madura semelhança com Cristo (2Pe 1.5-8). É a colheita do Espírito em nossa vida pessoal. Ela cresce conforme caminhamos intimamente com Deus (Ef 4.1-3; 5.15-20; Cl 1.10), permanecemos em Cristo (Jo 15.4,5), obedecemos a Deus (Rm 6.13,19,22; 12.1,2; 1Pe 1.22), andamos no Espírito (Rm 8.4,5,13), respondemos à disciplina e à poda do Espírito (Jo 15.2) e mantemos comunhão com Cristo (1Jo 1.7). É a beleza de Jesus nos tornando parecidos com ele em sua beleza e fragrância. Ela nos marca como uma pessoa de Deus.

c. *Ela lhe traz alegria.* Hebreus fala de Jesus: *Deus, o teu Deus, te ungiu com óleo de alegria, mais do que a teus companheiros* (Hb 1.9). O texto de Isaías citado por Jesus ao falar de sua unção pelo Espírito (Is 61) é uma profecia messiânica em que, no versículo 3, ele diz que o Espírito também o ungiu para dar aos outros "o óleo da alegria".

Jesus foi um Salvador alegre, assim como um Homem de Dores. Ele experimentou nossas alegrias e deseja que nos regozijemos. O primeiro fruto do

Espírito é amor, e o segundo é alegria (Gl 5.22). Davi, depois de dizer que o Senhor é o seu pastor, disse: *Tu unges a minha cabeça com óleo*. Então acrescenta: *Minha taça transborda* (Sl 23.5).

A unção do Espírito traz refrigério espiritual. Tempos de refrigério foram prometidos após o Pentecostes (At 3.19). O Espírito concede um novo frescor, nova variedade, nova capacitação. Ele dá alegria e refrigério às orações que fazemos, à adoração e meditação que compartilhamos e a todos os aspectos de nosso ministério. Ele nos concede novas promessas, nos dá uma nova profundidade na Palavra e novas confirmações de seu amor. Ele é criativo, original e faz novas todas as coisas.

O Espírito Santo é o Espírito da alegria, e, quando ele nos enche consigo, nos enche com uma alegria interior que Pedro chama de inefável e gloriosa (1Pe 1.8). Um dos rios do Espírito é certamente a alegria (Jo 7.38,39). Ela nos faz regozijar mesmo em meio às tristezas que experimentamos (2Co 6.10). Qualquer líder que atrai pessoas deve ser basicamente uma pessoa ungida com a alegria suprida pelo Espírito.

O dr. Martyn Lloyd-Jones escreveu: "Essa 'unção', esse 'derramar do óleo' é coisa de suprema importância. Busque-a até encontrá-la; contente-se com não menos que isso. Persista até você poder dizer: 'Meu discurso e pregação não consistiram em palavras de sabedoria humana, mas de demonstração do Espírito e de poder'. Ele é ainda capaz de fazer 'infinitamente mais do que tudo quanto pedimos ou pensamos'".[2]

---

[2]Lloyd-Jones, *Preaching and preachers*, p. 325.

CAPÍTULO 38

Você pode ser ungido para servir

O Espírito Santo foi dado a você para ungi-lo para viver uma vida coerente e para servir de modo efetivo. Ambos podem ser uma realidade e estão inter-relacionados.

1. *A unção dá a você liberdade e habilidade.* A unção do Espírito liberta de todo tipo de medo — medo do fracasso, do futuro e da imensa tarefa que você possui. Ele liberta do medo de Satanás e das pessoas, que é sempre um engano (Pv 29.25). Ele traz uma forte confiança em Deus, em sua Palavra e em sua sabedoria e poder.

À medida que ele nos toca e nos unge, dando-nos uma nova capacidade e direção, começamos a perceber que nossa tarefa é realmente mais sua responsabilidade do que nossa. A igreja é a igreja dele, a causa é a causa dele, o nome que precisa ser exaltado é o nome de Jesus. O Espírito nos capacita a lançar nossa ansiedade sobre Deus (1Pe 5.7) e a depender de Deus para tudo o que precisamos para tornar o nosso ministério impactante.

Conforme experimentamos a fidelidade do Espírito e seu poder, nosso ministério se torna, em um novo e maravilhoso sentido, não apenas uma solene tarefa, mas uma santa alegria. Começamos a antecipar com entusiasmo como ele nos ajudará no próximo aspecto de sua obra. Isso nos liberta para dar nosso melhor e para receber do seu melhor. A unção, assim, faz brotar nossos talentos naturais e os dons de Deus em nós e acrescenta a eles seu "extra" sobrenatural — bênçãos extras, sabedoria extra, poder extra. Ele nos ensina o "infinitamente mais" que é capaz de fazer por meio de nossos esforços (Ef 3.20).

2. *A unção ilumina a Palavra de Deus.* A unção do Espírito pode trazer uma iluminação especial sobre as Escrituras, tanto quando você está preparando seu material quanto ao falar, ensinar e explicar as Escrituras.

432 Coração em chamas pelo Espírito

Finney nos diz:

> Eu quase sempre defino meus temas quando estou de joelhos em oração; esta tem sido uma experiência comum, receber um tema do Espírito Santo, receber dele uma impressão tão forte em minha mente a ponto de me fazer estremecer, a ponto de ter dificuldade para escrever. Quando os temas me são dados assim, parecendo atravessar-me, corpo e alma, posso em poucos instantes escrever um esboço que me permite memorizar a visão apresentada pelo Espírito. Eu descobri que esses sermões sempre possuem um grande poder sobre as pessoas.[1]

Jesus amava iluminar a mente e o entendimento de seus discípulos quando ensinava as Escrituras. Depois de Jesus revelar a si mesmo a Cleopas e seu companheiro no caminho para Emaús, eles disseram: *Acaso o nosso coração não ardia pelo caminho, quando ele nos falava e nos abria as Escrituras?* (Lc 24.32). Uma hora ou mais depois, quando Jesus encontrou o grupo dos discípulos no cenáculo, lemos novamente: *Então lhes abriu o entendimento para compreenderem as Escrituras* (Lc 24.45). Hoje Jesus abre sua Palavra para você por meio do Espírito Santo. Jesus prometeu, com respeito ao Espírito: *Ele me glorificará, pois receberá do que é meu e o anunciará a vós. Tudo quanto o Pai tem é meu; por isso eu vos disse que ele, recebendo do que é meu, o anunciará a vós* (Jo 16.14,15). Ele também disse: *Quando, porém, vier o Espírito da verdade, ele vos conduzirá a toda a verdade. E não falará de si mesmo, mas dirá o que tiver ouvido e vos anunciará as coisas que hão de vir* (v. 13). O Espírito responde à oração: *Desvenda-me os olhos, para que eu veja as maravilhas da tua lei* (Sl 119.18). Ele nos mostra a beleza da unidade das Escrituras e como um versículo lança luz sobre outro. Ele inspirou as Escrituras originalmente e é aquele que agora nos ajuda a entender suas profundezas. Existem dimensões completas de significado que deixaremos de compreender, a menos que ele nos ilumine.

Ó profundidade da riqueza, da sabedoria e do conhecimento de Deus! Quão insondáveis são os seus juízos, e quão inescrutáveis, os seus caminhos! Pois, quem conheceu a mente do Senhor? Quem se tornou seu conselheiro? (Rm 11.33,34). Quem, senão o Espírito! Quantas coisas profundas sobre Deus o Espírito deseja nos revelar aqui e agora!

---

[1] Wessel, *Charles G. Finney*, p. 76.

Mas, como está escrito: As coisas que olhos não viram, nem ouvidos ouviram, nem penetraram o coração humano, são as que Deus preparou para os que o amam. Deus, porém, revelou-as a nós pelo seu Espírito. Pois o Espírito examina todas as coisas, até mesmo as profundezas de Deus [...]. Temos recebido [...] o Espírito que vem de Deus, a fim de compreendermos as coisas que nos foram dadas gratuitamente por Deus (1Co 2.9,10,12).

Ele é aquele que nos ajuda a experimentar a doçura da Palavra de Deus. *Como tuas palavras são doces ao meu paladar! Mais doces do que mel em minha boca!* (Sl 119.103). *São mais desejáveis que o ouro, sim, do que muito ouro puro, mais doces do que o mel que goteja dos favos* (Sl 19.10). Ele traz uma santa empolgação ao nosso coração à medida que nos abençoa com verdades maravilhosas.

O Espírito Santo nos guia em como podemos aplicar a Palavra em nosso coração e às necessidades de outros. Esse é o aspecto de seu ministério que nos impacta como as batidas de um martelo (Jr 23.29), que perfura o coração com eficácia como uma espada e penetra a mente dos ouvintes (Hb 4.12). Isso também faz do encorajamento das Escrituras algo abençoadamente real (Rm 15.4).

3. *A unção ensina.* O ministério de ensino do Espírito ao ungir está intimamente relacionado à sua iluminação. *Quanto a vós, a unção que dele recebestes mantém-se em vós, e não tendes necessidade de que alguém vos ensine. Mas, a unção que vem dele é verdadeira, não é baseada na mentira, e vos ensina a respeito de todas as coisas; permanecei nele assim como ela vos ensinou* (1Jo 2.27).

Jesus é o seu grande professor. Ele foi chamado mestre, isto é, professor, durante o seu ministério terreno. Seu ensino incluiu a interpretação da Escritura, a ministração de novas verdades, a aplicação da Escritura à vida diária e ao ministério dos discípulos, e instruções práticas para o ministério.

O Espírito Santo foi enviado para continuar o ministério de ensino de Jesus (Jo 16.12-15). Esse é um aspecto importante de sua unção. Ele nos guia em toda a verdade (Jo 16.13). Guiar-nos é parte de seu ministério de ensino (Rm 8.14). Ele nos lembra do que Jesus disse e da verdade bíblica (Jo 14.26). Ele nos ensina o que orar e quando orar (Rm 8.26,27). Ele nos ensina ao nos guiar e nos limitar.

Isaías prometeu que todos os crentes poderiam ser ensinados pelo Senhor (Is 54.13). Jesus disse que esse seria o ministério do Espírito. *Mas o consolador, o Espírito Santo a quem o Pai enviará em meu nome, ele vos ensinará todas*

434 Coração em chamas pelo Espírito

as coisas e vos fará lembrar de tudo o que eu vos tenho dito (Jo 14.26). É isso, afirma João (1Jo 2.27), aquilo que a unção faz dentro de nós.

Nenhum líder cristão conhece o suficiente para fazer a obra de Deus. Podemos exclamar com Paulo: *E quem está preparado para essas coisas?* (2Co 2.16). *Não que sejamos capazes de pensar alguma coisa, como se viesse de nós mesmos, mas a nossa capacidade vem de Deus. Foi ele quem também nos capacitou* (2Co 3.5,6). Todo líder cristão precisa ser constante e totalmente dependente de Deus. Não temos alternativa, senão sermos ensinados continuamente pela unção do Espírito.

O Espírito não deve apenas nos guiar e ensinar em nossos objetivos, estratégias e ações; ele deve nos guiar em nossas atitudes, posições, questões e até em nossas palavras (1Co 2.10-14). Não apenas quando estivermos perante autoridades civis; mas em muitas das atividades da liderança devemos receber respostas do Espírito (Mt 10.19,20).

4. *A unção confere autoridade espiritual.* O Espírito o capacita a exercer a autoridade que você tem como filho de Deus em oração (Ef 3.12). Isso inclui ter ousadia confiante para aproximar-se do trono da graça e ousadia para clamar as promessas de Deus (Hb 4.16; 10.19-22). Nós temos uma enorme responsabilidade de interceder por nossa igreja e para usar nossa autoridade em oração em favor deles repetidamente.

A unção o capacita a usar sua autoridade para resistir a Satanás. O pastor precisa defender o rebanho que pertence a Deus. Cristo nos deu autoridade para vencer todo o poder de Satanás (Lc 10.19). Ele deu autoridade a seus discípulos para expulsar demônios e curar doenças (Lc 9.1). Hoje em dia, esse não é nosso ministério mais importante, apesar de ser necessário em muitas situações missionárias e ao enfrentarmos o oculto. Não devemos fugir de situações que repentinamente nos confrontam. Deus, o Espírito, pode a qualquer momento usar você para repreender Satanás, para invocar a autoridade de Cristo. Há momentos em que ele nos leva a resistir a Satanás fortemente e a todos os seus poderes das trevas (Tg 4.7). A Palavra de Deus promete que o diabo fugirá de nós. Devemos resistir a ele, permanecendo firmes na fé (1Pe 5.9).

O Espírito confere grande autoridade ao usarmos o nome de Jesus, quer em oração (Jo 14.13,14; 15.16; 16.23-27) quer confrontando demônios (Mc 16.17). Ele nos dá autoridade para dar a ordem de fé (Mt 17.20). De fato, ele nos dá autoridade para fazer todas as coisas em nome de Jesus (Cl 3.17). Satanás tem medo desse nome. Façamos uso dele com sabedoria e autoridade.

Nós não ministramos em nosso próprio nome; somos embaixadores de Cristo (2Co 5.20), colaboradores de Deus (1Co 3.9; 2Co 6.1). Quando proclamamos a Palavra de Deus, nós o fazemos em nome de Deus. Quando oferecemos o perdão dos pecados por meio de Cristo, o fazemos em nome de Deus. Quando ministramos ao povo de Deus, o fazemos em nome de Deus. A unção nos dá um amor e uma autoridade além de nós mesmos.

5. *A unção nos reveste do poder de Deus*. Miqueias testifica: *Mas eu estou cheio do poder do Espírito do* SENHOR, *assim como de justiça e de coragem* (Mq 3.8). Jesus ordenou a seus discípulos (tanto os apóstolos como os leigos, tanto os homens quanto as mulheres) que adiassem o início de seu testemunho e ministério e aguardassem em Deus *até que do alto sejais revestidos de poder* (Lc 24.49).

Thomas Payne, escritor britânico que viveu na virada do século 19 para o século 20, atribuiu os grandes resultados do ministério de George Whitefield primariamente não ao efeito de seus sermões extraordinários, mas, em vez disso, ao tom espiritual e à poderosa unção com a qual ele pregava.

Samuel Chadwick, notável líder britânico, testificou:

> O fogo do Pentecostes possui o brilho do entusiasmo moral e espiritual. É uma paixão por Deus que faz com que a personalidade se ilumine. Cada parte do homem está em chamas. Posso falar por mim mesmo. O Pentecostes veio sobre mim quando eu tinha 21 anos. Eu havia sido um cristão desde a infância; e um cristão sério e dedicado até onde pude, mas o Pentecostes foi um milagre de poder. O fogo de Deus acelerou meu corpo mortal, vitalizou cada faculdade, deu-me uma nova mentalidade, e abriu-me para um novo mundo de realidade espiritual. O fogo transformou-se em uma chama.[2]

Há um relacionamento íntimo entre a unção e a capacitação do Espírito. A unção geralmente inclui em algum grau a capacitação do Espírito — e ainda inclui muito mais. A capacitação divina traz direção, auxílio em oração, iluminação e os ministérios do Espírito de lembrar, restringir e selar.

Por outro lado, o poder do Espírito está disponível para muito mais que a unção. Há o poder para uma vida santificada, vencer tentações, dar coragem, dar forças para sofrer pelo nome de Cristo — às vezes, até a morte

---

[2] DUNNING, *Samuel Chadwick*, p. 95-96.

— para o sofrimento em geral e para a fé que milita e move montanhas. Deus nos dá poder tanto para ser quanto para fazer. Poder para fazer está frequentemente mais relacionado à unção; poder para ser está mais frequentemente relacionado à graça. Eu discorri sobre a capacitação do Espírito nos capítulos 4—13.

6. *A unção coloca o selo de Deus sobre nós.* Ela é a evidência da aprovação divina. O Espírito a dá por amor àqueles que são ministrados, mas ela é também a afirmação que Deus faz de você como seu representante e de seu ministério em favor dele. O fruto do Espírito confere personalidade e caráter que se assemelham aos de Cristo e é um selo de seu relacionamento com Deus. É uma marca registrada dada por Deus. É uma evidência no ministério de sua presença e aprovação. A unção declara àqueles que você lidera e àqueles que o veem que Deus está com você, que ele tem você como seu embaixador, que ele o tem chamado e enviado, e que, dessa forma, eles são responsáveis por respeitar e aceitar o seu ministério.

A unção do Espírito confere entre aqueles que você serve uma abertura para a sua liderança e mensagem. Ela confere autenticidade a seu papel e urgência às suas palavras e ações. Ela diferencia a sua liderança daqueles que foram simplesmente indicados por homens ou autonomeados.

7. *A unção traz resultados.* A unção não garante sua aceitação, que multidões irão participar de seu ministério ou que multidões de pessoas serão levadas a Cristo. Mas Deus nem sempre mede o sucesso por aquilo que fazemos. A unção produzirá os resultados que o Espírito deseja. Deus tem muitos propósitos para o ministério de seus servos cheios do Espírito. O propósito de Deus pode ser um novo consolo para seu povo, uma nova fé e expectativa, uma nova visão de responsabilidade, um novo desafio de evangelismo e de missões, um novo desafio de reavivamento, um novo sustento financeiro para a obra de Deus, uma nova compaixão pelo necessitado, um novo senso do chamado de Deus para o serviço cristão, uma nova unidade do Espírito. Deus sempre tem múltiplos santos propósitos para cumprir. Ele pode cumprir muitos desses em um único culto, uma única visita, uma única conversa, ou em um único encontro.

Se o Espírito traz unção ao líder de uma comissão, haverá um sentimento especial de clareza e de eficiência na condução dos trabalhos. Se ele unge alguém para ensinar, haverá uma atenção especial da parte dos alunos, uma compreensão mais clara e um aprendizado real. Se ele unge o cantar de um hino, haverá um sentimento especial da bênção de Deus, e as palavras serão como uma verdadeira mensagem ao coração Se o Espírito unge um sermão, este deixa de ser uma preleção e se transforma na mensagem de Deus. Pessoas saberão que Deus falou com elas e as tocou. Se ele unge uma oração, haverá um sentimento especial da mão de Deus sobre aquele que ora, um sentimento de comunhão bendita, de profundidade, de fé real e de vitória na presença de Deus.

Escrevendo do ponto de vista de um pastor, Oswald J. Smith disse:

> Não se vanglorie de sua unção se você não ama almas. Oh, meu irmão, diga--me; não! Diga a Deus: você possui o fardo? Você conhece a paixão da qual eu falo? Você é assombrado noite e dia pelo pensamento de que milhões estão descendo às regiões do desespero [...] o Espírito Santo acorda você durante as horas de sono para interceder em favor dos homens e mulheres que estão perdidos? Você já agonizou pelos que perecem? Você tem alguma experiência de lutar pelas almas? Quando foi a última vez que você lutou com Deus por entes queridos sem Cristo? Porque — veja bem — se você for verdadeiramente ungido pelo Espírito Santo, tal será a sua experiência.
>
> ... Ah, o fardo, o fardo das almas — como isso tem caracterizado os ungidos de Deus pelos séculos! Paulo, Carvasso, Oxtoby, Whitefield, Stoner, McCheyne, Brainerd, Bounds, Hyde, e uma multidão de outros, poderosos lutadores com Deus. É deles, meus irmãos, a experiência que eu anseio acima de todas as outras, pois eles tinham o selo de Deus. Não havia dúvida com respeito à unção deles; eles eram cheios do Espírito, cada um deles, pois lutavam de coração pelos perdidos.[3]

Spurgeon escreveu:

> É o poder extraordinário de Deus, e não o talento, que conta. É da unção espiritual extraordinária, e não do poder intelectual extraordinário, que nós necessitamos. O poder intelectual pode encher uma igreja, mas o poder espiritual enche a igreja com uma angústia da alma. O poder intelectual pode reunir uma grande congregação, mas somente o poder espiritual salvará almas. Nós necessitamos é de poder espiritual.[4]

---

[3] SMITH, *Enduement*, p. 56-58.
[4] SMITH, *Passion for souls*, p. 35.

A unção é para você, se...

A unção do Espírito de Deus é a provisão de Deus para você como seu filho e ainda mais para você como um líder de seu povo. Deus conhece sua necessidade e deleita-se em atendê-la. Nós não merecemos essa bênção, mas ela está à nossa disposição para pedi-la, buscá-la e recebê-la. Ela não é automática; ela não é para o espiritualmente indolente, descuidado e desobediente. Ela é o extra sobrenatural de Deus acrescido ao seu melhor.

Bounds ensinou que a unção "é uma bênção condicional, e sua presença é perpetuada e aumentada pelo mesmo processo pelo qual ela foi primeiramente conquistada; pela oração incessante a Deus, pelos desejos apaixonados em busca de Deus, por estimá-la, por buscá-la com ardor incansável, por considerar todas as outras coisas como perda e fracasso sem ela". Ele acrescenta: "Oração, muita oração, é o preço [...] oração, muita oração, é a única, a singular condição para manter a unção. Sem a oração incessante, a unção não se manifesta".

Charles Finney disse:

> Eu repetiria, com grande ênfase, que a diferença na eficiência dos ministros não consiste tanto na diferença de capacidades intelectuais, como na medida do Espírito Santo que eles desfrutam [...]. Até ele saber o que é estar "cheio do Espírito Santo", o que é estar cheio do poder do alto, ele não está de modo algum qualificado para ser um líder na igreja de Deus. É preciso dar mil vezes mais ênfase sobre esse aspecto na preparação completa para o ministério.[5]

Oswald J. Smith escreveu:

> Estou perfeitamente confiante de que o homem que não dedica horas a sós com Deus nunca conhecerá a unção do Espírito Santo. O mundo precisa ser deixado do lado de fora até que Deus somente encha a visão [...]. Deus prometeu responder à oração. Não é que ele está relutante, pois a realidade é que ele está mais desejoso em dá-la do que nós em recebê-la. Mas o problema é que nós não estamos preparados...[6]

[5]Hogue, *Holy Spirit*, p. 314.
[6]Smith, *Enduement*, p. 5-51.

TANTO PERMANENTE QUANTO RENOVÁVEL

A unção do Espírito é tanto permanente como renovável. Ela permanece somente sobre aqueles que são cheios do Espírito. Ser cheio do Espírito não significa apenas ter interesses espirituais. Ser cheio do Espírito, estar sob o pleno controle do Espírito, é o resultado de uma crise de total rendição e apropriação pela fé por parte de um crente verdadeiro (Rm 12.1,2). Devemos oferecer a nós mesmos como um sacrifício vivo, vivo dentre os mortos.

Ser cheio do Espírito é mais que consagração. Consagração é a condição necessária. O enchimento do Espírito é a resposta divina à total rendição de nós mesmos, de nosso presente e futuro — nosso tudo. Não estamos cheios até recebermos a resposta divina. Então estaremos vivendo uma vida espiritual em um plano mais alto, mais profundo e mais vitorioso, uma vida plenamente no Espírito, uma vida controlada pelo Espírito.

É possível ser novamente cheio do Espírito? Com certeza, se mantivermos nossa consagração e obediência, poderemos receber um novo derramar, novos enchimentos do Espírito, conforme necessitarmos. Veja o capítulo 11 sobre a necessidade de novos enchimentos de poder.

Alguns cristãos usam o termo "unção" como equivalente à plenitude do Espírito. Mas é muito mais preciso falar das unções como sendo aquelas capacitações especiais do Espírito, geralmente dadas somente aos que são cheios do Espírito, e concedidas para momentos de necessidade especial no ministério.

Observe esta palavra de Oswald J. Smith:

> A questão é: que nova unção eu recebi na semana passada? Minha experiência está atualizada? Algumas pessoas falam de algo maravilhoso que aconteceu anos atrás, mas a vida delas está tão estéril e árida que está claro que há muito tempo elas perderam a renovação que um dia receberam. Devemos experimentar a unção vez após vez, uma unção renovada para cada novo serviço.[7]

CUIDADO! Não presuma as seguintes coisas sobre a unção do Espírito:

1. Não presuma que, *porque ele o ungiu no passado, o ungirá agora*. Viva de tal modo que ele não hesitará em ungi-lo novamente. Peça sua unção repetidamente. Você precisa dela para sua vida e seu ministério.

---

[7]Ibidem, p. 46-47.

440 Coração em chamas pelo Espírito

2. Não presuma que receberá *sua unção falhando em fazer a sua parte para manter-se abençoado e preparado*. Ele está mais desejoso por ungir você do que você em ser ungido, mas você não deve tornar-se descuidado espiritualmente e falhar em andar intimamente com Deus.

3. Não presuma que *ele o ungirá falhando em fazer sua parte na preparação e no zelo por seu ministério*. Se você for um cantor ou músico, não deve ser negligente em ensaiar. Se você é um preletor ou escritor, não deve ser negligente em seu estudo. Não peça que Deus unja algo que não seja o seu melhor.

CAPÍTULO 39

Você precisa ser uma pessoa de Deus

Seu alvo mais alto como líder cristão deve ser tornar-se uma pessoa de Deus. Somente algumas poucas pessoas nos tempos bíblicos receberam esse título — Moisés, Samuel, Davi, Elias, Eliseu, Timóteo e alguns outros. Sem dúvida, o termo poderia ser usado apropriadamente para referir-se a líderes como Isaías, Daniel e Paulo. Talvez não haja honra maior do que ser considerado um homem ou uma mulher de Deus.

Nenhum de nós se sentiria digno desse termo. Às vezes no Antigo Testamento ele foi usado para um profeta de Deus ou alguém especialmente enviado por Deus. Algumas pessoas bem-intencionadas têm às vezes usado esse termo como um termo de honra para todos os líderes, pastores e missionários cristãos. Porém, nenhum líder é automaticamente uma pessoa de Deus só porque seu ministério está associado à igreja, inclui tarefas sagradas, ou porque ele tem dedicado sua vida ao serviço cristão.

Quem é uma verdadeira pessoa de Deus? Talvez nos sintamos mais à vontade para observar traços de personalidade que não deveriam caracterizar uma pessoa de Deus do que definir quem é uma pessoa de Deus. Ainda assim, todos nós reconhecemos aqueles aspectos da devoção que determinam o selo de Deus sobre alguém. Cada um de nós deseja mais do selo de Deus sobre sua vida. O que significa ser uma pessoa de Deus?

MARCAS DE UMA PESSOA DE DEUS

1. *Uma pessoa de Deus vive uma vida consistentemente justa e santa.* Somente Deus é perfeito em santidade. Somente Deus é infinitamente e eternamente justo. Cada um de nós pecou (tempo passado) e está destituído (estado presente) da glória de Deus (Rm 3.23). Mas Deus pode nos dar um

442 Coração em chamas pelo Espírito

compromisso inabalável para com a sua vontade, sua verdade e sua glória. Podemos viver em vitória hoje e com bênçãos momento a momento. Podemos andar na luz como ele está na luz e experimentar a purificação contínua de todo pecado (1Jo 1.7).

Todos nós tropeçamos de muitas maneiras e nos achamos com frequência em falta com Deus (Tg 3.2). Mas a base de nosso coração pode ser o hábito de andar com Deus, uma vida de obediência consistente e de santidade. E, se pecamos, temos alguém que intercede ao Pai em nossa defesa, Jesus Cristo, o infinitamente Justo (1Jo 2.2). Pela graça de Deus, podemos viver em santidade e justiça perante ele por todos os nossos dias (Lc 1.75). Qualquer pecado ou falha moral em um líder cristão produz instantaneamente escândalo ao nome de Cristo e à igreja de Cristo. Toda pessoa de Deus deve viver em santidade e justiça.

2. *Uma pessoa de Deus vive uma vida de amor.* Deus é amor, e, quanto mais devotados a ele nos tornamos, mais o amor de Deus irá se manifestar em nós. *Vivam uma vida de amor* (Ef 5.2). *Façam tudo com amor* (1Co 16.14). *O fruto do Espírito é amor* (Gl 5.22). Não há mandamento maior do que amar (Mc 12.31).

Se existe algo que acrescenta beleza ao caráter e à personalidade, isso é o amor. Se existe algo que marca um líder cristão como uma pessoa de Deus, é o amor do Espírito fluindo constantemente de sua vida para outros. Isso nos faz pessoas semelhantes a Cristo. Somente isso pode tornar nossa liderança "cristã".

3. *Uma pessoa de Deus serve a outros.* Devemos servir uns aos outros em amor (Gl 5.13). O serviço amoroso, acrescido de outras virtudes cristãs, coloca um selo especial sobre uma pessoa. O amor sempre serve. O amor se expressa a outros ao abençoá-los, ajudá-los e alegremente servi-los. Jesus não tolerava entre seus seguidores alguém que dominasse os demais (1Pe 5.3). Ninguém é tão "bom" que não possa servir. Ninguém é um discípulo de Cristo, a menos que deseje servir como fez o mestre, que cingiu-se com uma toalha e lavou os pés de seus discípulos.

Por amor a Jesus somos servos de outros (2Co 4.5). Como pastores do rebanho de Deus, estamos desejosos de servir (1Pe 5.2). Não há espaço em uma pessoa de Deus para orgulhar-se em relação à sua liderança, métodos, ministério, organização ou realizações. Devemos ter um coração de servo e manifestar a atitude de servo que aquele que humilhou-se a si mesmo é descrito em Filipenses 2.5-8.

O melhor da espiritualidade **443**

4. *Uma pessoa de Deus manifesta o belo fruto do Espírito*. Jesus nos garantiu que, se a árvore for boa, o fruto também será bom (Mt 12.33). Se o Espírito nos controla, ele manifestará seu fruto santo por meio de nossas atitudes, disposição, palavras e obras. Todas as pessoas, disse Jesus, são reconhecidas pelos seus frutos (Mt 7.16).

A pessoa de Deus possui o fruto da comunhão com Deus, de uma disposição piedosa, de emoções santas, de um estilo de vida piedosamente espiritual. Paulo esboça o fruto do Espírito em Gálatas 5.22,23. O líder cristão carrega consigo o perfumado aroma de Cristo (2Co 2.15). O Espírito Santo concede a beleza, a formosura, o próprio espírito de Jesus. Esse é um elemento essencial do selo do Espírito sobre um homem ou uma mulher de Deus.

5. *Uma pessoa de Deus é cheia do Espírito*: *Preenchidos até a plenitude de Deus* (Ef 3.19), *plenitude de Cristo* (Cl 2.9), *cheio do Espírito* (Ef 5.18), *cheios do fruto de justiça, que vem por meio de Jesus Cristo, para a glória e louvor de Deus* (Fp 1.11). Certamente a Bíblia nos apresenta uma visão impressionante! Mas, dentre todos os termos que a Bíblia usa para descrever essa santa realidade, "ser cheio do Espírito" é, de longe, o mais frequentemente usado.

Ser cheio do Espírito significa estar saturado com o Espírito, transbordando do Espírito, plenamente possuído pelo Espírito, controlado e dominado pelo Espírito e transformado pelo Espírito. Ser cheio do Espírito implica que alguém está plenamente disponível ao Espírito, plenamente influenciado pelo Espírito e embelezado com a graça e o fruto do Espírito.

Ser cheio significa que a personalidade inteira está tão imbuída do Espírito, permeada pelo Espírito e saturada com o Espírito que a pessoa não é apenas espiritual, mas cheia do Espírito. Para você ser cheio do Espírito, isso significa que a presença e o poder do Espírito repousam sobre a sua pessoa, envolve você, e se manifesta através de você. Ela faz uma diferença decisiva em você, uma nova dimensão dada por Deus e uma nova plenitude transformadora se faz presente em sua vida e liderança. Você reconhece isso e outras pessoas também reconhecem. Ela acrescenta uma semelhança com Cristo, conferida por Deus, à sua personalidade e um poder concedido por Deus a seu testemunho, ministério e liderança. Isso marca você como uma pessoa de Deus.

Outras pessoas reconhecem uma pessoa de Deus

Quando Deus coloca seu selo sobre você, não apenas os filhos de Deus com frequência reconhecem-no, mas os não salvos podem discernir algo diferente em você. Até mesmo Satanás reconhece uma pessoa de Deus.

444　Coração em chamas pelo Espírito

Davi, que foi chamado de um homem de Deus, disse: *Sabei que o Senhor distingue para si o piedoso; o Senhor me ouve quando clamo a ele* (Sl 4.3). Uma das maneiras de Deus nos separar é colocando seu selo sobre nossa vida de oração e nos dando muitas respostas de oração. Quando Deus ouviu a oração de Elias de modo tão extraordinário e repetidamente, a viúva de Sarepta exclamou: *Agora sei que tu és homem de Deus e que a Palavra do Senhor na tua boca é verdade* (1Rs 17.24).

No monte Carmelo, Elias percebeu que o selo de Deus era essencial para o seu ministério a fim de que a nação viesse a voltar para Deus. Então ele orou:

> Ó *Senhor, Deus de Abraão, de Isaque e de Israel, seja manifestado hoje que tu és Deus em Israel, e que eu sou teu servo* [...]. *Responde-me, ó Senhor, responde-me para que este povo reconheça que tu, ó Senhor, és Deus e que fizeste voltar o seu coração para ti. Então, caiu fogo do Senhor* [...]. *Quando o povo viu isso, todos se prostraram com o rosto em terra e disseram: O Senhor é Deus! O Senhor é Deus!* (1Rs 18.36-39).

Mais tarde, quando desafiado e chamado de "um homem de Deus", Elias respondeu: *Se sou homem de Deus, desça fogo dos céus* (2Rs 1.10). E desceu. Deus está disposto a colocar seu selo sobre você quando ele vê que você necessita deste e que outros o reconhecerão. Sua vida de oração tem muito a ver com você ser uma pessoa de Deus e com o reconhecimento disso por parte das pessoas.

Depois que Elias havia se alimentado várias vezes na casa da viúva de Suném, esta disse a seu marido: *Tenho observado que este que sempre nos visita é um santo homem de Deus* (2Rs 4.9). Ela preparou um aposento para o uso do profeta sempre que passasse por ali. Por que ela se incomodou em fazer isso? Porque pessoas que possuem fome de Deus desejam estar próximas de uma pessoa de Deus. Minha mãe me contou que, quando eu era criança e um visitante começou a falar sobre o Senhor, eu me coloquei de pé o mais próximo possível de sua cadeira. Até mesmo uma criança pode perceber a realidade espiritual em uma pessoa de Deus.

Quando Saul perdeu suas mulas, seu servo lhe disse: *Nesta cidade há um homem de Deus muito respeitado; tudo quanto diz acontece infalivelmente* (1Sm 9.6). Sim, as pessoas respeitam uma pessoa de Deus, mas elas perdem o respeito se um líder cristão não demonstra por sua vida, sua oração e suas palavras que ele é verdadeiramente uma pessoa de Deus.

Quando Sadhu Sundar Singh, o amado cristão indiano, estava com um amigo nas montanhas do Himalaia, ele conseguia permanecer do lado de fora da casa, sentado na neve por horas, no escuro, para orar. Uma noite seu amigo olhou para fora e viu um animal selvagem se aproximando de Sadhu. Este se deitou ao lado do santo que orava. Depois de algum tempo, Sadhu percebeu a presença do animal, estendeu sua mão e o afagou. Mesmo a fera mais selvagem pareceu reconhecer Deus nele e não o atacou.

A pessoa de Deus traz bênçãos

Quando Charles Trumbell, escritor evangélico e jornalista, era criança, brincando na rua, ele viu Adoniram Judson caminhando. Ele se sentiu tão dominado pela presença de Deus na face de Judson que o seguiu até seu hotel e pediu para seu pastor visitá-lo.

Quando Robert Murray McCheyne morreu, uma carta endereçada a ele foi encontrada em sua mesa. Nela estava escrito: "Não foi nada que o senhor disse que me fez primeiro desejar tornar-me um cristão — foi a beleza da santidade que eu via em sua própria face".

O reverendo Duncan Campbell ansiava pela presença de Jesus mais que qualquer outra coisa, a tal ponto que, em algumas ocasiões, Jesus tornava-se mais real para ele do que seus amigos terrenos. Pastores, estudantes, pescadores, pedreiros que vieram a conhecê-lo ficavam impressionados com a percepção de seu amor por Jesus. Certo jovem disse: "Se você não acreditava [ainda] em Deus, não conseguia continuar sendo ateu depois de se encontrar com aquele homem. Você podia ver Jesus em sua vida e tocar Jesus em seu ministério".[1] Vez após vez outros viram a *shekinah* radiante de Deus em sua face.

O dr. Martyn Lloyd-Jones relata que quando Robert Murray McCheyne subia ao púlpito, com frequência, antes mesmo que ele tivesse tido tempo de abrir sua Bíblia, as pessoas começavam a chorar. Ele levava a própria presença de Deus consigo.

Uma pessoa de Deus traz bênção por onde passa. Ele carrega consigo a presença de Deus. Ela pode viver normalmente, ter um lar feliz, experimentar momentos de alegria e conviver com as pessoas — Jesus fez isso. Mas a pessoa de Deus deixa uma santa impressão em seu rastro. Aqueles com quem ela conversa percebem logo a bênção de Deus no seu contato com ela.

---

[1] WOOLSEY, *Campbell*, p. 163.

O PREÇO DE SER UMA PESSOA DE DEUS

Ninguém se torna uma pessoa de Deus por acidente. Ninguém se torna uma pessoa de Deus da noite para o dia. Tornamo-nos filhos de Deus em um momento; tornamo-nos povo de Deus depois de um período de tempo. Um compromisso eventual com Cristo não fará de você uma pessoa devotada ou parecida com Cristo. Ninguém se transforma em uma pessoa de Deus, exceto por uma decisão deliberada do coração. Você não conquistará uma intimidade com Cristo se não estiver disposto a pagar o preço.

1. *Mantenha um compromisso supremo com Jesus.* O preço é priorizar seu compromisso com Jesus. Ele precisa se tornar o seu Alfa e o seu Ômega, seu supremo desejo. Esse compromisso custa a dedicação do seu tempo a ele, uma entrega pessoal absoluta, uma dedicação de si mesmo a Jesus. Isso custa alimentar um amor inflamado por Jesus, uma devoção sacrificial a ele e expressões corajosas de amor por ele.

Deve haver uma busca determinada e inabalável por agradar a Jesus acima de todas as coisas, uma atitude de "Jesus em primeiro lugar" em seu coração. Deve haver um esperar em sua presença, não somente uma disposição, mas um tempo de qualidade verdadeiro a sós com Jesus. Ele precisa ser a sua suprema alegria, sua paixão que transcende, sua glória que não se eclipsa porque você partilha de sua comunhão imperturbável e indestrutível, se satisfazendo em sua presença e se deleitando em seu amor.

Então, com a face descoberta, você refletirá a glória de Jesus e será constantemente transfigurado (a verdadeira palavra grega) em sua semelhança de glória em glória (2Co 3.18). Isso é o que Paulo chama de perseguir a devoção (1Tm 6.11). Isso requer esforço contínuo, vontade, persistência e inflexibilidade em sua busca. Independentemente do que mais precisar ser sacrificado, com Paulo devemos dizer: "isto eu faço".

2. *Treine a si mesmo para ser uma pessoa devotada a Deus.* Paulo contrasta o treinamento físico com o treinamento espiritual (1Tm 4.7). A palavra grega que Paulo usa traz em sua raiz a palavra "ginásio". Isso significa exercício disciplinado, constante e extenuante. Da mesma maneira como um atleta olímpico, treinando para o evento de sua vida, sacrifica tudo o mais e disciplina-se dia e noite para fortalecer e treinar seu corpo, assim você deve gastar suas energias e suas horas, na medida do possível, investindo o seu tempo e fazendo qualquer sacrifício para ser mais verdadeiramente uma pessoa de Deus.

E qual é o propósito de você realizar esse santo treinamento, de fazer dessa disciplina espiritual sua suprema prioridade? É conhecer Jesus, tornar-se um espírito com Jesus, identificar-se com Jesus de modo que você seja transfigurado em sua imagem (2Co 3.18). Sua suprema prioridade não é o que você faz para Jesus, mas ser como ele. Assim, tudo o que você fizer apaixonadamente para ele fluirá do mais profundo de seu compromisso. Para tornar isso possível, dois outros passos são necessários:

3. *Sature seu coração com a Palavra.* Mergulhe na Palavra de Gênesis a Apocalipse, mas especialmente em todas as coisas relacionadas a Jesus, incluindo o Novo Testamento por inteiro e Salmos. Esse é o meio mais tangível à sua disposição. Alimente-se da Palavra de Deus, beba na Palavra de Deus, mergulhe sua alma na Palavra de Deus. Leia-a — leia-a por inteiro. Leia-a vez após vez, após vez, até que ela tenha penetrado cada fibra de seu ser espiritual.

Você não poderá ser uma pessoa de Deus sem ser uma pessoa da Palavra. Se você for uma autoridade em alguma coisa, seja uma autoridade na Palavra de Deus. Se você possui algum *hobby*, faça da Palavra de Deus o seu *hobby*. Se você dedica tempo para qualquer leitura, leia a Palavra de Deus. Guarde-a em seu coração. Pense sobre ela, medite nela, memorize-a, sonhe com ela. Aplique-a em seu coração e em sua vida. Dedique um tempo significativo a cada dia com a Palavra.

A Palavra irá alimentá-lo, nutri-lo e fortalecê-lo. Ela irá iluminar e guiar você. Faça dela o seu guia prioritário e sua autoridade final. Quando a Palavra de Deus fala, ela se torna essas coisas para você. Paulo destaca em 2Coríntios 3.16 (grego) que o Espírito Santo retira o véu que cobre o coração dos descrentes quando eles leem a Bíblia. O Espírito por meio da Palavra nos transfigura na semelhança com Jesus de um grau de glória a outro. Isso é o que faz de nós pessoas de Deus. Você deveria gastar aproximadamente a mesma quantidade de tempo com a Bíblia (não apenas com livros sobre a Bíblia) e com a prática da oração.

4. *Dê a Jesus o seu tempo de oração.* Orar é a melhor maneira de você investir o seu tempo, a que traz maiores benefícios eternos. Orar é a atividade mais semelhante a Cristo na qual você pode se engajar, pois ele hoje vive para interceder. Orar é o maior, o mais duradouro, o mais recompensador investimento que você pode fazer enquanto viver. Orar é a dádiva mais preciosa que você pode dar a Jesus.

Moisés estava mais perto de Jesus e gastou mais tempo a sós com Jesus, até onde sei, do que qualquer outro líder do Antigo Testamento. Quando os israelitas viram Moisés após os quarenta dias que ele permaneceu na montanha, eles não pareciam ter ficado especialmente impressionados. Mas, após oitenta dias na montanha, eles ficaram chocados pela glória que havia em sua face.

Invista muito tempo com Jesus em comunhão com ele e compartilhando de seu fardo de intercessão pelo mundo e pela igreja. Quando marido e esposa amam um ao outro e crescem juntos ao longo dos anos, às vezes parece como se um ficasse parecido com o outro. Geralmente eles apresentam atitudes semelhantes, gestos, vocabulário e às vezes expressões faciais. Quando uma criança é muito apegada a um dos pais, você começa a notar semelhanças no jeito, nas atitudes e nas palavras.

Para nos tornarmos uma pessoa de Deus, precisamos gastar muito tempo com Jesus. Quanto mais você o amar, mais você desejará ter tempo com ele. Uma vida de oração fraca sempre demonstra um amor fraco por Jesus. Você não pode ter apenas uma vida de oração nominal ou ocasional quando está apaixonadamente devotado ao Senhor. Quanto mais você estiver com ele, mais pensará e falará como ele, e se parecerá com ele. Você será uma pessoa de Deus.

> Dedica tempo para seres santo, fala sempre com teu Senhor.
> Permanece nele sempre e alimenta-se de sua Palavra [...].

> Dedica tempo para seres santo, o mundo é apressado;
> Gasta muito tempo em secreto a sós com Jesus.
> Ao olhares para Jesus, como ele tu te tornarás;
> Teus amigos, em tua conduta, sua semelhança verão.

W. D. LONGSTAFF

CAPÍTULO 40

A pessoa que anda com Deus e a santa integridade

Deus deseja que seu povo tenha integridade (1Cr 29.17). Uma pessoa de Deus precisa ser conhecida como alguém que possui santa integridade. Nada é mais importante em um líder cristão. A devoção é mais do que o comprometimento intelectual à autoridade da Palavra de Deus e às doutrinas das Escrituras. Precisamos desse comprometimento intelectual, mas ele não é suficiente. Devoção é também mais que emoções de alegria e amor quando cantamos músicas e entoamos cânticos sobre a grandeza, bondade e fidelidade de Deus, sobre o amor de Jesus, sobre o poder do Espírito. Precisamos ser tocados pelo Calvário até que nosso coração e olhos fiquem cheios de lágrimas, mas a devoção a Deus é mais do que a mais santa das emoções.

A devoção a Deus inclui um comprometimento da vontade que resulta em ações justas e em um viver santo. Os olhos precisam ser bons e ter luz antes que o corpo seja cheio de luz (Mt 6.22). O coração precisa ser puro antes de as atitudes, os pensamentos e as palavras se tornarem consistentemente puros.

De acordo com a Bíblia, a fé que nos salva também santifica. O compromisso pessoal com Cristo traz consigo a habitação do Espírito, e o fruto do Espírito em sua totalidade produz a semelhança com Cristo. O Espírito aplica o senhorio de Cristo à vida como um todo. Não há alternativa à santidade de vida com suas implicações éticas.

O caráter de uma pessoa de Deus se manifesta em atitudes e ações santas. A menos que palavras santas venham de um coração santo, elas serão destituídas de poder. E, a menos que a santidade resulte em total integridade, ela será uma pseudossantidade. Não existe nenhuma pessoa de Deus que possa ser descuidada com sua integridade.

450 CORAÇÃO EM CHAMAS PELO ESPÍRITO

Sabemos que o coração de alguém não será santo enquanto suas ações e seu modo de viver não forem santos. E até o coração tornar-se santo, a pessoa não será uma pessoa de Deus. A única santidade verdadeira é aquela que se manifesta por meio de um viver consistentemente santo. Devemos *cultuá-lo sem medo em santidade e justiça na sua presença, todos os dias da nossa vida* (Lc 1.74,75).

Esse padrão de santidade de vida não é impossível para nós porque, quando o Espírito Santo nos enche, ele nos conforma à santidade de Deus por meio da capacitação divina. O padrão de Deus de um viver santo para seu povo santo é impressionantemente completo e elevado. Devemos ser santos como ele é santo (1Pe 1.15,16).

Ele nos chamou para uma vida santa (2Tm 1.0). Estamos sendo santificados (Hb 10.14). Nós devemos ser santos (Hb 12.14). Nós somos santos em tudo o que fazemos (1Pe 1.15), ou seja, a santidade não é apenas teórica: deve ser prática. Nós devemos viver vidas santas e piedosas.

É somente com tal santidade que poderemos sempre viver de modo irrepreensível (1Tm 3.2). O líder cristão foi encarregado da obra de Deus e deve ser irrepreensível (Tt 1.6,7). Paulo resume o sentido de suas palavras com os termos "justo, piedoso e equilibrado" (v. 8). Devemos ser *sem mancha nem ruga ou qualquer coisa semelhante, mas santa e irrepreensível* (Ef 5.27).

Nossa ética de santidade deve ser tanto positiva quanto negativa. Tendo sido feitos mortos para o pecado, nos tornamos vivos para Deus. Nossa ética santa é a morte para o pecado e o mundo — uma ética negativa de separação no coração e na vida. É também uma vida para Cristo e em Cristo. Ela é uma ética positiva de bondade, justiça e santidade de vida. Oferecemos nosso corpo, e assim todo o nosso ser, como sacrifício vivo a Deus, santo e agradável aos seus olhos (Rm 12.1). Recusamo-nos a oferecer os membros do nosso corpo ao pecado (Rm 6.13) e de livre vontade nos oferecemos livre e positivamente a Deus pela ética da santidade (Rm 6.13,19). Não permitimos que o pecado reine no corpo ou por meio do corpo, mas deixamos que Cristo reine no trono do coração; e seu Espírito então vive seu reinado em nossa vida prática, em justa e santa ética prática que emerge de um caráter santo.

Isso tudo nos faz constantemente preocupados em manter uma integridade santa aos olhos de todas as pessoas. *Procurai fazer o que é certo diante de todos* (Rm 12.17). *Pois tomamos cuidado com o que é honesto, não só diante do Senhor, mas também diante dos homens* (2Co 8.21).

Integridade nas palavras

Uma pessoa de Deus precisa ser uma pessoa íntegra em suas palavras. Sua santidade, seu amor e sua integridade precisam ser evidentes em seu falar. Todas as nossas afirmações, relatos e escritos precisam ser abertos, honestos e gentis. Tanto Deus quanto os homens nos julgam por nossas palavras. *Digo-vos que, no dia do juízo, os homens terão de prestar contas de toda palavra inútil que proferirem. Porque pelas tuas palavras serás absolvido, e pelas tuas palavras serás condenado* (Mt 12.36,37).

1. Jamais diga nada pelo qual você não queira assumir total responsabilidade. Não diga nada sobre uma pessoa ausente que você não repetiria na presença dela.

2. Cuidado com a compulsão de sempre comentar ou dizer algo sobre os assuntos em discussão. Seja intencional em reprimir seus comentários. Você não precisa dizer tudo o que sabe sobre um assunto, a menos que sua informação seja essencial para a discussão. Fale quando seus comentários forem necessários; silencie quando eles não forem benéficos.

3. Seja positivo em seus comentários o máximo possível. Evite a reputação de ser uma pessoa negativa.

4. Cuidado com a adulação e com o elogio exagerado. Isso fará você perder o respeito daqueles que o ouvem.

5. Expresse total crédito a todos aqueles que lhe deram boas ideias e o ajudaram.

6. Não plagie ao falar ou escrever.

7. Não assuma a atitude de ser uma autoridade nas áreas em que suas informações, experiências e treinamento são incompletos.

8. Seja tão cuidadoso e sensível em seus comentários sobre outros como você seria se eles fossem membros de sua própria família.

9. Resista a dar crédito a comentários negativos e continue a acreditar no melhor tanto quanto possível. Tenha especial cuidado para evitar de lançar qualquer suspeita ou calúnia sobre um irmão em Cristo ou líder cristão.

10. Jamais critique as motivações das pessoas. Raramente você poderá colocar-se no lugar delas e entender plenamente suas motivações. Sempre dê o benefício da dúvida. Lembre-se, você apenas escuta palavras e enxerga atos; você não conhece as motivações de forma plena.

11. Seja totalmente honesto nas intenções em tudo o que você diz. Fale para abençoar, ajudar e orientar.

452 Coração em chamas pelo Espírito

12. Seja fiel em cada detalhe ao relatar estatísticas e descrições. Cuidado com as generalizações exageradas. Não subestime ou exagere.

13. Seja fiel em suas descrições. Todas as suas afirmações devem ser tão justas, corretas e objetivas em sua descrição que seus comentários possam ser repetidos sem hesitação independentemente de quem estiver presente.

14. Evite fazer declarações que possam ser entendidas de forma ambígua. Evite toda duplicidade; que sua posição seja clara. Se você mudar de opinião, diga que mudou, mas tome cuidado para não parecer alguém que vive se equivocando. Seja cuidadoso, senão as pessoas terão a impressão de que não podem depender do que você diz.

15. Peça diariamente ao Espírito Santo para guiar ou reprimir você em seu falar.

Integridade em sua ética pessoal

A pessoa de Deus deve manter tal integridade em sua ética pessoal que outros podem com segurança tomá-la como modelo. Jesus estava constantemente estabelecendo um padrão para seus discípulos, estabelecendo o padrão de como a vida cristã e o ministério deveriam ser. Ele ilustrou isso com suas atitudes (Fp 2.5) e ações (Jo 13.15; 1Pe 2.21).

Paulo era conscencioso em estabelecer um exemplo que ele pudesse recomendar a seus convertidos como modelo:

> *Pois vós mesmos sabeis como deveis nos imitar* (2Ts 3.7).
> *Para que nós mesmos vos déssemos exemplo, para nos imitardes* (2Ts 3.9).
> *Pelo evangelho eu mesmo vos gerei em Cristo Jesus. Portanto, rogo-vos que sejais meus imitadores* (1Co 4.15,16).

Como líder cristão, você é responsável por ser um modelo para o povo de Deus. Nenhuma palavra, atitude ou ação sua deveriam ser indignas de imitação por parte de seus liderados. Quer mereçamos quer não, nós, nossos companheiros e nossos filhos estão expostos. O público possui padrões mais elevados para nós do que para eles próprios.

Nossa vida pode honrar a Cristo e ser um poderoso sermão somente quando vivemos na santa integridade que sempre reflete Cristo e sempre conduz outros a ele. Nosso objetivo de ética pessoal deve ser a semelhança com Cristo. O Espírito Santo deve constantemente nos guiar de modo que nossa

O *melhor da espiritualidade* **453**

integridade esteja acima de repreensão e que nossa vida exalte o evangelho. Darei apenas alguns exemplos:

1. Seja irrepreensível em todas as suas ações e responsabilidades como líder. Você sempre representa a Deus e à igreja. Você está exposto aonde você for. Seu compromisso prioritário é com Cristo e com suas responsabilidades ministeriais.

2. Em cada decisão ética, faça da Bíblia o padrão para a sua decisão. Se não houver uma declaração bíblica clara para guiá-lo, baseie sua decisão no teor geral da Palavra de Deus. Você pode sempre fazer a pergunta: "O que Jesus faria? Qual a atitude cristã a tomar?"

3. Mantenha o seu falar, o seu vestir, os seus hábitos, o seu lazer e o seu estilo de vida em equilíbrio com o que é apropriado ao seu papel como líder e ao que for apropriado a você como um cristão em um mundo de grande necessidade física e espiritual.

4. Faça de você mesmo e de seu lar em exemplo de limpeza, ordem, harmonia e devoção.

5. Seja um exemplo de consideração, imparcialidade e sensibilidade em relação aos sentimentos e direitos de outros. Sempre mostre respeito em todos os seus relacionamentos interpessoais.

6. Seja um exemplo de gentileza e maturidade em suas reações às atitudes irrefletidas, afrontas, insultos, oposição e hostilidade da parte de outros. Você deve responder a tudo com perdão e oração amorosa.

7. Seja um exemplo em seriedade e discrição em todos os seus relacionamentos com o sexo oposto. Seja particularmente cuidadoso em relação aos perigos que existem em seu papel como um conselheiro espiritual. Seja vigilante em manter seus pensamentos puros aos olhos de Deus.

INTEGRIDADE FINANCEIRA

A pessoa de Deus deve manter total integridade na administração de seus bens e de suas finanças — em seu uso e prestação de contas em relação às suas finanças pessoais e em relação à administração e prestação de contas de todo o dinheiro que controla.

1. Seja um exemplo em manter um padrão de vida razoavelmente simples, coerente com um profundo compromisso com a necessidade do avanço do reino de Cristo no mundo todo e com a necessidade de ajudar os que precisam.

2. Exercite toda economia que for apropriada em suas despesas pessoais e nos recursos que foram delegados a você. Não tenha a reputação de gastador.

454 Coração em chamas pelo Espírito

3. Seja fiel em usar os recursos delegados a você de acordo com a vontade daqueles que lhe delegaram.

4. Seja exato em todos os seus relatórios. Relatórios financeiros devem ser adequadamente detalhados, dentro dos prazos, e meticulosamente corretos. Os relatórios do que foi realizado com recursos que foram doados devem ser feitos de modo regular, detalhado e exato.

5. Pague suas contas dentro do prazo. Não deixe contas por pagar ao deixar seu atual ministério para assumir outro.

6. Não tenha dívidas e mantenha seu ministério livre de dívidas. As dívidas são sempre uma armadilha e, com frequência, um mal testemunho para Cristo. É sempre muito melhor poupar o dinheiro com antecedência do que tomar emprestado e então pagar juros. Uma conta corrente pode facilmente tornar-se um carrasco que prejudica o seu ministério e envergonha seu nome. Fuja do engano da seguinte filosofia: "Faça agora" ou "compre agora e pague depois".

Integridade na ética ministerial

Uma pessoa de Deus precisa manter o mais alto nível de integridade em todos os aspectos de seu ministério e liderança. O ministério, como qualquer profissão, possui o seu código de ética, e os obreiros cristãos precisam constantemente manifestar a mais alta ética em seus relacionamentos, bem como em seu trabalho.

1. Seja mais cuidadoso, cortês e gentil, e mais profissional em suas responsabilidades do que qualquer outro profissional poderia esperar de você. O nome de Cristo e de sua igreja está em risco em tudo o que você faz.

2. Reconheça que você está sempre sendo chamado para representar a Deus e para atender às necessidades de seus liderados.

3. Dedique-se integralmente à sua liderança e ao seu ministério. A única exceção é quando você tem a concordância de seu grupo de líderes ou superintendente. Cuidado com a reputação de ser uma pessoa indolente e que desperdiça tempo. Você será repetidamente requisitado para aceitar outras responsabilidades, todas dignas de louvor, mas que podem tomar o tempo de seu chamado primário.

4. Seja leal à sua igreja ou organização, à sua doutrina e tradição. Qualquer desvio de sua parte em relação aos compromissos assumidos originalmente deve ser relatado à igreja ou grupo.

5. Proteja a reputação da igreja de Cristo e de seus colegas de ministério. O bom nome de todos deve estar seguro em suas mãos.

6. Fuja de toda competição danosa com outras igrejas, ministérios ou líderes cristãos.

7. Respeite a liderança de outros líderes cristãos e não sirva a seus membros, exceto em emergências ou com o consentimento daquele líder.

8. Mantenha invioláveis as confidências feitas a você.

9. Esforce-se constantemente por fortalecer a unidade do Espírito dentro de seu grupo e entre os cristãos em geral. Não seja parte de um grupo que divide ou de uma facção dentro da igreja.

10. Procure agradar as pessoas, mas mantenha como sua prioridade o agradar a Deus.

11. Modele e construa um respeito leal pelo governo e por uma cidadania cristã ativa.

12. Considere seu serviço como primário e a remuneração por seu serviço ou o seu crescimento financeiro como secundários.

Lembre-se sempre de que, mesmo quando não está em uma função de liderança, você está sendo sempre visto como um líder cristão. Você tem direito a descansar, ao lazer e ao tempo em família. Mas, mesmo nessas ocasiões, você é um representante de Cristo e de sua igreja. Você nunca está de folga como pessoa de Deus. Mantenha sua integridade em tudo o que você fizer e em todos os lugares aonde for. Então o selo de Deus continuará repousando sobre você e seu poder continuará a revesti-lo.

SEU ENCHIMENTO OU PLENITUDE DO ESPÍRITO

CAPÍTULO 41

Seja cheio do Espírito

Não há mandamento na Palavra de Deus mais abençoado para você como cristão, e especialmente como líder cristão, do que *enchei-vos do Espírito* (Ef 5.18). Ele faz paralelo e flui do mandamento de Cristo a seus discípulos para não iniciarem seu ministério até que estivessem revestidos de poder do alto (Lc 24.48). Eles deveriam esperar até que fossem batizados com o Espírito Santo (At 1.4,5). Quando isso se cumpriu no dia de Pentecostes, um outro termo foi usado. Eles foram *cheios do Espírito Santo* (At 2.4). Pedro explicou que essa promessa do Pai não era apenas para os 120, mas, disse ele, *para vós, para vossos filhos, e para todos os que estão longe, a quantos o Senhor nosso Deus chamar* (At 2.39).

Quando Pedro explicou que os romanos na casa de Cornélio haviam recebido a mesma experiência que os 120 no Pentecostes, ele disse que o coração deles havia sido purificado pela fé (At 15.8,9). Assim, os dois elementos essenciais foram pureza e poder. Manifestações exteriores do Espírito podem ser variadas ou totalmente ausentes. Mas a necessidade essencial de cada um de nós é de pureza e poder.

Nos capítulos anteriores, escrevi bastante sobre o poder, a unção e o ministério capacitador do Espírito que são essenciais à nossa liderança. Talvez você possa lamentar em seu coração ao admitir que esse constante enchimento de poder, essa presença dinâmica do Espírito, não tem sido uma característica da sua vida e ministério até agora. Não desanime. A promessa de Deus é tão certa para você como foi para Pedro e Paulo. Deus não faz acepção de pessoas, nem privilegia certos períodos da história cristã. Deus se deleita em derramar seu Espírito hoje como sempre fez.

J. Gregory Mantle pergunta: "Uma coisa é ter o Espírito; outra coisa, bem diferente, é ser 'cheio' do Espírito. Você pode ser cheio, como a árvore na primavera é cheia de seiva; cheia no tronco; cheia nas folhas. Você pode ser cheio do Espírito assim como o ferro incandescente está cheio de fogo. Se você pegar uma barra de ferro, ela é fria, dura e escura. Você a coloca no fogo, o fogo a penetra, e em breve o ferro muda de cor. Aquele ferro esbranquiçado agora está possuído, interpenetrado pelo fogo dentro dele. Nós estamos cheios assim?"

O dr. A. J. Gordon, fundador do que agora é conhecido como Gordon College e que deu o nome ao Seminário Teológico Gordon-Conwell, citou este esclarecimento de Andrew Murray:

> Assim como havia duas formas de operação do único Espírito no Antigo e no Novo Testamentos, dos quais as condições dos discípulos antes e depois do Pentecostes formam uma ilustração impactante, pode haver, e na maior parte dos cristãos existe, uma diferença correspondente de experiência [...]. Uma vez que o distinto reconhecimento do que significa a habitação do Espírito Santo é compreendido de coração, e está pronto a abrir mão de tudo para se tornar participante dele, o crente pode pedir e esperar o que foi definido como um batismo do Espírito [na linguagem contemporânea — um enchimento do Espírito]. Ao orar ao Pai de acordo com as duas orações em Efésios e buscando a Jesus com renovada renúncia com fé e obediência, ele poderá receber esse enchimento do Espírito Santo, que o elevará conscientemente a um diferente nível em relação ao que estava anteriormente.

Pode ser que você nunca tenha verdadeiramente sido cheio do Espírito. Toda pessoa no momento do novo nascimento recebe o Espírito Santo, de modo que todo cristão verdadeiro é habitado pelo Espírito (Rm 8.9). No entanto, o Espírito não o enche totalmente até que você tenha feito uma entrega total de seu ser a ele. Paulo refere-se a isso como ofertar a si mesmo como um sacrifício vivo (Rm 12.1). Somente um cristão nascido de novo pode fazer isso.

O Espírito Santo não realiza um trabalho de purificação, santificação, enchimento e capacitação em ninguém que esteja em rebelião contra Deus. O pecador precisa de perdão e de uma nova vida da parte de Deus. Primeiro o pecador precisa ser regenerado, redivivo em Cristo Jesus. Depois ele precisa apresentar a si mesmo como um sacrifício vivo para ser preenchido, purificado e capacitado. Recebemos todo o Espírito no momento da salvação, mas ele não realiza todo o seu ministério em nós no mesmo momento.

A terminologia do enchimento do Espírito

A Bíblia não é escrita na forma de um manual de teologia. Os escritores bíblicos descrevem a graça de Deus em ação no coração e nos desafiam a nos apropriarmos dessa graça. A Bíblia traz testemunhos de pessoas que foram transformadas pela graça de Deus. A Bíblia usa ilustrações humanas, e muitas das verdades teológicas mais profundas são descritas em imagens formadas por palavras e frases.

Nenhuma palavra ou frase humana podem por si mesmas descrever adequadamente a obra de Deus no coração. Por essa razão Deus usa muitos desses termos. O conjunto da verdade bíblica pode ser entendido somente quando usamos todos os termos que o Espírito inspirou os autores a usar. É verdade que devemos usar de discernimento espiritual ao utilizarmos e aplicarmos esses termos, mas o Espírito Santo nos foi dado para nos capacitar a estudar, discernir, entender e sintetizar toda a Bíblia em um todo belo e prático.

Dentre os termos bíblicos usados para o enchimento do Espírito, estão estes:

> Cheio do Espírito (At 2.4)
> Cheios da medida de toda a plenitude de Deus (Ef 3.19)
> Revestidos de poder do alto (Lc 24.49)
> Batizados com o Espírito Santo (At 1.4,5)
> Batizados com o Espírito Santo e com fogo (Mt 3.11)
> O derramamento do Espírito sobre uma pessoa (At 2.17,33)

Outros termos frequentemente usados no testemunho cristão incluem a capacitação do Espírito e a unção do Espírito. Os dois últimos termos, entretanto, são mais sabiamente usados para se referir às diversas formas de capacitação divina por meio do Espírito Santo. Eles têm sido usados tanto para o enchimento inicial do Espírito como para as subsequentes novas capacitações e novos enchimentos.

Definindo a plenitude

Ser cheio do Espírito é mais do que ser uma pessoa inclinada para as coisas espirituais. Até mesmo alguns não salvos podem ser pessoas com fome de espiritualidade e "espiritualmente inclinadas". Elas talvez estejam em busca de Deus, tão plenamente quanto o entendimento que possuem. Mas, como

462 Coração em chamas pelo Espírito

Apolo, elas precisam ser ensinadas no caminho de Deus mais adequadamente (At 18.26).

Não estamos vivendo a vida cristã até que sejamos nascidos de Deus. Não estamos vivendo uma vida cheia do Espírito até sermos cheios do Espírito. Contudo, tendo feito a total rendição do eu, a completa consagração de nós mesmos como filhos de Deus, podemos ser cheios do Espírito ao nos apropriar de sua plenitude pela fé. Então, conforme permanecemos abertos ao Espírito pela obediência e a fé, podemos receber novos enchimentos do Espírito, um novo derramar, novas fontes a partir de nosso ser interior, de tempos em tempos, à medida que necessitamos e pedimos a Deus.

O importante e decisivo passo inicial é o de obedientemente deixarmos de lado tudo o que possa impedir a obra do Espírito, separando-nos de tudo o que o Espírito nos mostra como pecado por meio de sua luz perscrutadora, entregando-nos totalmente em uma rendição que anseia por tudo o que a graça de Deus pode fazer em nossa vida, e reivindicando alegremente pela fé todas as promessas da graça de Deus. Devemos nos esvaziar de nós mesmos antes que possamos ser cheios do Espírito. Nossa vontade própria carnal deve se crucificada com Cristo. Só então entraremos naquela nova experiência cristã de vitória que tem sido descrita de tantas maneiras diferentes: a vida profunda, a vida elevada, a vida crucificada, a vida vitoriosa, a vida santa, ou a vida de descanso.

Essa experiência graciosa e definida está relacionada ao crescimento. Mas ela não é simplesmente uma questão de crescimento. Frequentemente não sentimos nossa necessidade de total compromisso, de purificação profunda, de um enchimento do poder do Espírito, até que tenhamos caminhado humildemente com Deus por algum tempo. Só então sentimos, por meio da orientação do Espírito, a necessidade de algo maior e mais profundo da parte de Deus.

Ao louvar a Deus por tudo o que ele já tem feito por nós, podemos nos conscientizar das fraquezas que ele pode mudar por seu poder, derrotas que ele pode transformar em vitórias e impurezas que Cristo pode purificar pelo seu sangue. Sabemos que somos habitados pelo Espírito, mas nos damos conta de que o Espírito poderia e deveria nos dominar mais completamente. Nós agora compreendemos o que Cristo quis dizer em João 14.17 com respeito ao Espírito Santo. Antes que os discípulos tivessem seu Pentecostes, ele contrastou o relacionamento que eles possuíam no momento com o Espírito que eles teriam depois do Pentecostes: *Ele habita convosco e estará em vós.*

O Espírito o está guiando para um novo passo e um novo grau de consagração, de modo que o senhorio de Cristo em sua vida pode ser mais próximo da totalidade, algo com o que você jamais sonhou. O Espírito está fazendo com que você sinta fome por aquilo que ele anseia fazer em você.

Testemunhos de plenitude

George Fox, fundador da Sociedade dos Amigos, nasceu de novo com 11 anos de idade. Mas quando ele estava com 23, e após ansiar fortemente por uma experiência mais profunda, uma nova capacitação de poder veio sobre ele. Daquele momento em diante, ele passou a ser poderosamente usado por Deus, e repetidas vezes pôde descrever o poder do Senhor sobre ele e por meio dele. O poder do Espírito o revestia aonde quer que ele fosse, e até sua morte ele foi um instrumento poderoso nas mãos de Deus.

John Bunyan, após uma juventude tumultuada e cheia de pecado, converteu-se certa noite quando o Espírito Santo aplicou Hebreus 2.14,15 ao seu coração. Depois de uma caminhada com o Senhor cheia de alegria, ele passou por um período de dois anos de luta com Satanás. Por fim, Deus usou 1João 1.7 (*o sangue de Jesus Cristo seu Filho nos purifica de todo pecado*), e ele entrou em sua experiência de "estar no céu". Apesar de experimentar lutas, daquele ponto em diante ele passou a se sentir invadido por um senso da graça e do poder de Deus. Deus poderosamente o usou, e durante seus doze anos de aprisionamento ele escreveu seus livros que se tornaram famosos.

William Penn, o famoso quacre que fundou a Pennsylvania, era um grande ganhador de almas. Ele nasceu de novo quando tinha 12 anos e com 22 anos fez uma total consagração e foi cheio do Espírito após ouvir a mensagem de um pregador quacre. Ele nos conta sobre isso. "Paulo ora [para que os tessalonicenses] sejam santificados totalmente [...]. E como meu fiel testemunho [...] que se torne conhecido de todos que já me conheceram que, quando as inefáveis riquezas do amor de Deus me visitaram [...]. Eu fiquei imediatamente cheio de um poder que me deu domínio sobre eles (isto é, sobre conversas e hábitos mundanos)".

John Wesley, após anos como um cristão dedicado, porém apenas nominal, realizando ministérios tanto em sua terra natal como nos Estados Unidos, foi maravilhosamente convertido, com uma clara certeza da salvação, em 24 de maio de 1738, em um culto morávio na rua Aldersgate, em Londres. Depois de dez anos de lutas, ele finalmente encontrou a paz. Mais tarde, naquele ano, ele começou a ansiar por uma experiência mais profunda com

464 Coração em chamas pelo Espírito

Deus. Em 1º de janeiro de 1739, como já mencionei, ele, seu irmão Charles, George Whitefield, e outros sessenta, estavam continuamente em oração. Por volta das 3 horas da manhã, Deus derramou seu Espírito sobre eles de modo poderoso, com uma tremenda capacitação, unção e enchimento, o qual enviou os irmãos Wesley e Whitefield para iluminar uma trilha de salvação e reavivamento por todas as ilhas britânicas e nas colônias americanas. O Espírito Santo continuou a manifestar seu poder por meio de John Wesley até sua morte triunfante em 2 de março de 1791.

George Whitefield, por um período de tempo colaborador dos irmãos Wesley, tinha uma experiência clara do novo nascimento antes dos Wesleys. Seus velhos amigos achavam que ele havia enlouquecido por causa do seu grande zelo por Cristo. Mais tarde ele passou a gastar dias e noites em oração e jejum por causa de suas batalhas contra o orgulho e outras derrotas interiores. Mas Deus o abençoou grandemente, e ele escreveu: "Oh! Com que alegria, alegria inefável, uma alegria que está até mesmo cheia de glória, minha alma foi preenchida quando o peso do pecado foi retirado; e um sentimento permanente do amor perdoador de Deus, e uma plena certeza de fé invadiu minha alma desolada!"

Mais tarde, em sua ordenação em 20 de junho de 1736, ele foi poderosamente cheio do Espírito Santo. Ele havia gasto o sábado inteiro jejuando e orando e à noite havia ido a um monte fora da cidade onde orou por mais duas horas. No domingo ele se levantou cedo para orar para preparar-se mais para sua ordenação no altar da igreja. "Quando o bispo impôs as mãos sobre a minha cabeça", ele testifica, "meu coração estava derretido e eu ofereci todo o meu espírito, alma e corpo para servir ao santuário de Deus".

Dr. Lloyd-Jones escreveu:

> Whitefield nos conta que estava consciente, de fato, em seu culto de ordenação, do poder que havia vindo sobre ele. Ele o conhecia. Ele vibrava com o sentimento do poder de Deus. No primeiro domingo após sua ordenação, ele pregou em sua terra natal [...] e este foi um serviço impressionante (15 foram convencidos de seus pecados poderosamente e se converteram) [...]. Os subsequentes Diários de Whitefield e as várias biografias sobre ele contêm incontáveis relatos de sua percepção do Espírito de Deus, vindo sobre ele enquanto pregava, e também em outros momentos.[1]

---

[1] *Preaching and preachers*, p. 32.

O *melhor da espiritualidade* **465**

Lembre-se que até o século 20, quando o movimento pentecostal cresceu e adotou os termos "batismo com o Espírito" ou "batismo no Espírito" como expressões para se referir a uma experiência acompanhada pelo falar em línguas, esses termos eram comumente usados para se referir ao enchimento do Espírito. Moody, Torrey, Finney e muitos outros falavam constantemente dessa maneira. Hoje em dia, muitos professores da Bíblia preferem não usar o termo "batismo" para se referir ao enchimento a fim de evitar confusão com o ensino das igrejas pentecostais.

Charles G. Finney foi um jovem advogado que por dois dias lutou com Deus debaixo de uma profunda convicção de pecado. Em 10 de outubro de 1821, ele foi a uma montanha fora da cidade e gastou a manhã inteira em oração. Ele estava determinado em encontrar a Deus ou morrer, e finalmente se agarrou à promessa de Deus em Jeremias 29.13. Deus retirou-lhe o fardo do pecado e o encheu de paz. Naquela noite ele teve uma visão de Cristo, caiu a seus pés e molhou-os com lágrimas. Ele descreve o que aconteceu em seguida:

> Eu recebi um poderoso batismo do Espírito Santo. Sem qualquer expectativa em relação a isso, sem qualquer ideia em minha mente de que haveria tal coisa para mim, sem lembrar-me de um dia ter ouvido essa experiência mencionada por qualquer pessoa no mundo, o Espírito Santo desceu sobre mim de uma maneira que parecia atravessar-me, corpo e alma. Eu pude sentir a impressão, como uma onda de eletricidade, passando e passando por mim. De fato, isso parecia vir em ondas de amor líquido, pois não consigo expressar-me de nenhuma outra maneira. Parecia-me como o próprio sopro de Deus. Consigo lembrar-me claramente que isso parecia ventar sobre mim, como imensas asas.
>
> Palavras não podem expressar o maravilhoso amor que se espalhou em meu coração. Eu chorava alto de alegria e amor [...]. Essas ondas vieram sobre mim, vez após vez, após vez, até eu clamar em voz alta: "eu morrerei se estas ondas continuarem vindo sobre mim". Eu disse: "Senhor, não aguento mais"; mesmo assim não tive medo da morte.[2]

Dwight L. Moody já era grandemente usado por Deus em Chicago. Duas mulheres humildes, da Igreja Metodista Livre, oravam fielmente por ele durante

---

[2]WESSEL, *Finney*, p. 21-22.

466 Coração em chamas pelo Espírito

os cultos de domingo. Ao final do culto elas diziam a ele: "Oramos por você". "Por que vocês não oram pelas pessoas?", perguntou Moody. "Porque você precisa do poder do Espírito", elas responderam. "Eu preciso de poder! Por quê?", respondeu ele mais tarde, em relação à conversa. "Eu achava que tinha poder. Eu tinha a maior igreja de Chicago, e havia muitas conversões!"

Certo dia Moody disse a elas: "Eu gostaria que vocês me explicassem o que querem dizer com isso". E elas então lhe falaram sobre o enchimento do Espírito Santo. Então ele pediu a elas que orassem com ele, e não apenas por ele. Pouco depois suas orações foram repentinamente respondidas em Wall Street, em Nova York. O colaborador de Moody, dr. R. A. Torrey, descreve o que aconteceu: "O poder de Deus veio sobre ele enquanto andava na rua, e ele precisou correr para a casa de um amigo e pedir que lhe cedesse um quarto, e naquele quarto ele permaneceu a sós por horas. O Espírito Santo, então, veio sobre ele, enchendo sua alma com tanta alegria que finalmente ele precisou pedir a Deus que retirasse sua mão, ou ele poderia morrer de repente de tanta alegria. Ele saiu daquele lugar com o poder do Espírito Santo".

As palavras do próprio Moody foram: "Eu chorava o tempo todo em que Deus me encheu com seu Espírito. Bem, um dia, na cidade de Nova York — oh, que dia! — não consigo descrevê-lo [...] só posso dizer que Deus revelou-se a mim e que tive uma tal experiência de Seu amor que precisei pedir-lhe para conter sua mão. Saí para pregar novamente. Os sermões não eram diferentes, não apresentei novas verdades, e mesmo assim centenas se convertiam. Eu não conseguiria voltar atrás onde estava antes dessa bendita experiência, mesmo se você me oferecesse o mundo inteiro — este seria como uma pequena porção de areia na balança".

Em outra ocasião, Moody disse:

> Que Deus me perdoe se falo me vangloriando, mas não me lembro de nenhum sermão que eu tenha pregado desde então que Deus não tenha convertido alguém. Oh, eu não voltaria para onde estava quatro anos atrás por toda a riqueza do mundo. Se você colocasse essa riqueza aos meus pés, eu a chutaria como uma bola de futebol. Eu pareço um fenômeno para você, mas sou um fenômeno ainda maior para mim mesmo do que para qualquer outra pessoa. Estes são os mesmos sermões que preguei em Chicago, palavra por palavra. Ali eu pregava e pregava, mas era como dar socos no ar. Não são sermões novos, mas o poder de Deus. Não é um novo evangelho, mas o antigo evangelho com o poder do Espírito Santo.

No funeral de Moody, o dr. C. I. Scofield, editor da conhecida *Bíblia de referência Scofield*, deu quatro razões por que Deus usou D. L. Moody. Sua terceira razão era: "Ele era batizado com o Espírito Santo e sabia que o era. Isso foi para ele uma experiência tão clara quanto a sua conversão".

O dr. J. Wilbur Chapman foi um evangelista presbiteriano, colaborador de Moody e fundador da Conferência Bíblica do Lago Winona. Ele testifica com relação à mudança em sua vida e ministério por meio da plenitude do Espírito: "Desde aquele momento [o Espírito Santo] tem sido uma realidade viva. Eu não sabia anteriormente o que significava amar minha família. Eu nunca soube o que significava estudar a Bíblia. E como eu poderia, se eu não havia encontrado a chave? Eu nunca soube anteriormente o que era pregar. 'As velhas coisas passaram', foi a minha experiência. 'Vede, tudo se fez novo'".

Oswald Chambers foi um forte professor da Bíblia com respeito a essa experiência. Ele diz: "O dr. F. B. Meyer falou-nos sobre o Espírito Santo. Eu determinei-me em ter tudo do que ele havia falado, fui para meu quarto e pedi a Deus, de forma simples e clara, por seu Espírito Santo, seja qual fosse o sentido disso". Ele disse que ninguém que ele conhecia pareceu-lhe capaz de ajudá-lo a confiar em Deus quanto a essa experiência. Quatro anos mais tarde, Deus falou-lhe por meio de sua Palavra:

> Lucas 11.13 chamou minha atenção [...] surgiu dentro de mim a ideia de que eu deveria reivindicar a dádiva de Deus na autoridade de Jesus Cristo [...] isto eu fiz como um compromisso absoluto. Não tive nenhuma visão dos céus ou de anjos [...] mas como um raio, algo aconteceu dentro de mim [...] os dias que se seguiram tornaram-se verdadeiramente o céu na terra. Glória a Deus — o mais profundo abismo de dor do coração humano foi preenchido até transbordar com o amor de Deus. O poder e a tirania do pecado se foram, e a radiante, inefável emancipação da presença de Cristo em mim teve lugar.[3]

O dr. Arthur T. Pierson pastoreou por vários anos o Tabernáculo de Spurgeon, em Londres. Ele foi líder dos movimentos Conferência Bíblica e Estudantes Voluntários e, por anos, professor no Instituto Bíblico Moody. Por dezoito anos de seu ministério, ele dependeu em grande parte de sua capacidade literária e oratória. Então ele buscou e recebeu o enchimento do Espírito. Ao dar seu testemunho em uma assembleia de pastores, ele disse:

---

[3] EDMAN, *Secret*, p. 33-34.

468 Coração em chamas pelo Espírito

"Irmãos, tenho visto mais conversões e realizado mais coisas nestes onze meses desde que recebi essa bênção do que nos dezoito anos anteriores".

O dr. Walter L. Wilson, o amado médico e professor da Bíblia, de Kansas City, converteu-se quando era adolescente em uma reunião numa tenda. Dezoito anos mais tarde, o dr. James M. Gray, pastor da Igreja Episcopal Reformada e depois reverenciado presidente do Instituto Bíblico Moody, pregando sobre Romanos 12.1, desafiou a todos para entregar o corpo em total consagração ao Espírito Santo. Wilson foi para casa e prostrou-se no carpete de seu escritório e fez uma detalhada e absoluta rendição de seu corpo e de todo o seu ser para ser cheio do Espírito Santo. Este é o testemunho do dr. Wilson: "Com respeito à minha própria experiência com o Espírito Santo, posso dizer que a transformação em minha vida em 14 de janeiro de 1914 foi maior, muito maior, do que a mudança que teve lugar quando fui salvo em 21 de dezembro de 1896". Da manhã seguinte em diante, Walter Wilson tornou-se um tremendo ganhador de almas, e suas experiências vibrantes de ganhar almas, como registradas em seus livros, têm abençoado a milhares de pessoas.[4]

Esta é apenas uma pequena amostra de cristãos mais conhecidos que tiveram a vida transformada por uma experiência definida de enchimento do Espírito. Milhares e milhares de outros cristãos, de praticamente todas as denominações, podem testificar acerca de uma experiência semelhante em sua caminhada com Deus. Algumas são mais dramáticas que outras, mas todas falam da toda-suficiente graça de Deus e da abundância da plenitude do Espírito.

As biografias dos mais profundos servos de Cristo ao longo dos séculos mostram esses dois estágios definidos da experiência espiritual. Cada um os descreve de maneira diferente, pois Deus é tão criativo, tão singular em sua maneira de lidar com cada pessoa. Mas vez após vez você encontrará um momento definido de nascimento espiritual, e mais tarde um momento definido de uma nova experiência de plenitude do Espírito, poder, vitória e bênção.

Augustus Toplady, escritor de hinos anglicano, no texto original de "Rocha eterna", expressa-o assim:

Que a água e o sangue,
Que fluíram de teu peito ferido,

[4]Ibidem, p. 121.

Sejam a cura em dobro do pecado,
Purificando-me de sua culpa e poder.

Durante o grande avivamento no País de Gales de 1904 e 1905, Evan Roberts, tão tremendamente usado pelo Espírito Santo, declarou várias vezes: "Você pode ir para o céu sem ser cheio do Espírito, mas será um perdedor no julgamento das obras por Cristo [...]. Acostume-se a depender da habitação do Espírito Santo como um acontecimento muito mais importante do que a sua própria existência".

Que estas palavras de Hudson Taylor estejam em nosso coração: "Não valeria a pena suspender nossas atividades presentes para nos dedicar à humilhação e à oração por nada menos que sermos cheios do Espírito e transformados em canais por meio dos quais ele agirá com poder irresistível? Almas estão perecendo neste momento por falta deste poder [...]. Deus está abençoando agora alguns que estão buscando essa bênção pela fé. Todas as coisas estão à disposição se estivermos à disposição [de Deus]".

CAPÍTULO 42

Como ser cheio do Espírito

O dr. Billy Graham em seu livro *O Espírito Santo* possui um capítulo intitulado "Como ser cheio do Espírito". Nesse capítulo, ele afirma: "É interessante que a Bíblia em nenhum lugar nos dá uma clara e concisa fórmula para sermos cheios do Espírito". Ele sugere que talvez isso ocorra porque os crentes da igreja primitiva não precisavam ser ensinados sobre isso. "Eles sabiam que a vida cheia do Espírito era a vida cristã normal."[1]

O dr. W. Graham Scroggie, estimado pastor batista e expositor em Edimburgo, advertiu aqueles que buscavam uma vida cheia do Espírito com respeito à natureza dessa experiência. Baseando suas observações em seus muitos anos nas igrejas da convenção e em sua própria experiência, ele advertiu que "ser cheio do Espírito" não precisa ser necessariamente uma experiência drástica [...] uma experiência estranha e fortemente emocional. Emoções podem se manifestar profundamente ou não. Isso pode depender em parte do temperamento da pessoa. A autenticidade não se baseia no exterior, mas no que Deus faz profundamente em nosso coração. Ela não é necessariamente acompanhada por uma alegria extática".

O dr. Scroggie acrescenta: "Em minha própria experiência ela foi de 'uma alegria inefável e cheia de glória'. A alegria tornou-se uma dor, e na medida em que eu andava pelas ruas de Londres naqueles dias... precisei pedir a ele que a modificasse, pois para mim parecia como se minha alma fosse rasgar meu corpo".[2] Ele se refere a esta alegria como um "acompanhamento" em

---

[1] GRAHAM, *Holy Spirit*, p. 16.
[2] SCROGGIE, *Fill with the Spirit*, p. 16-18.

O melhor da espiritualidade   **471**

vez de uma evidência. Não é algo que "desumaniza". Não nos tornamos superiores; nos tornamos cheios do Espírito, não dominadores ou mais importantes que outros. Continuamos sendo nós mesmos, com nossas próprias personalidades, mas elas estão agora purificadas, embelezadas e capacitadas com poder.

Passos simples para ser cheio do Espírito

Passos para ser cheio do Espírito têm sido descritos de muitas maneiras, mas essencialmente eles enfatizam as mesmas coisas. Por exemplo, o Exército de Salvação, em seu livrete *It can happen* [Pode acontecer], lista sete pontos: Aspire, Reconheça, Abandone, Abdique, Peça, Aproprie-se, Aja.

Total rendição significa que confirmamos Cristo como Senhor sobre cada parte de nosso ser. O dr. Harold Lindsell ensina: "Antes que qualquer um possa ser cheio do Espírito Santo, ele ou ela deve voluntariamente colocar-se debaixo do senhorio de Jesus Cristo no sentido de tornar-se um escravo. Essa escolha não poderá ser imposta a ninguém, mas é a [...] condição estabelecida para aqueles que desejam ser cheios do Espírito Santo".

Ele acrescenta que não podemos reivindicar a promessa de Deus para viver nossa vida no plano mais elevado, a menos que façamos de Jesus Cristo o Senhor neste sentido. "A norma para a vida cristã é ter Cristo assentado no trono de nosso coração. Paradoxalmente, quando Cristo se torna verdadeiramente Senhor, é quando o crente alcança o ponto mais elevado de autorrealização".[3]

Billy Graham escreveu: "É impressionante como muitos cristãos nunca de fato encararam essa questão do senhorio de Cristo".[4] Ele declara: "Estou convencido de que ser cheio do Espírito não é uma opção, mas uma necessidade. Ela é indispensável para a vida plena e o serviço frutífero [...]. Ela é para todos, necessária a todos, e disponível a todos. É por essa razão que a Escritura ordena a todos nós: *'Sejam cheios do Espírito'*".[5]

O dr. R. A. Torrey, após falar sobre o novo nascimento, alistou estes passos para a plenitude do Espírito: obediência (que ele define como sendo "a rendição incondicional à vontade de Deus"); estar sedento; pedir; fé.[6]

---

[3]Lindsell, *Holy Spirit*, p. 116.
[4]Graham, *Holy Spirit*, p. 166.
[5]Ibidem, p. 159.
[6]Torrey, *Holy Spirit*, p. 154, passim.

472   Coração em chamas pelo Espírito

O dr. Bill Bright, fundador da Cruzada Estudantil para Cristo, enfatiza primeiramente a fé, mas em sua explanação mais completa sobre o tema ele menciona os seguintes pontos: Desejar, Render-se, Confessar, Apresentar-se e Orar (ou Pedir) como preparação do coração para a fé.[7]

Charles Cowman, fundador da OMS International, esboçou estes passos para a plenitude do Espírito: Reconhecer-se como morto para o pecado, ansiar, crer na promessa e obedecer.

Observe a semelhança básica do que esses líderes espirituais dizem. Vamos resumi-las e reapresentá-las nos seguintes passos simples. Permita que o Espírito Santo guie e capacite você a dar estes passos, caso não os tenha dado até agora:

1. *Certifique-se de que tudo está claro entre você e Deus.* Você já se tornou filho de Deus por meio do novo nascimento? Deus não enche não salvos com seu Espírito. Nem enche aqueles que estão vivendo em desobediência declarada a ele. Graham enfatiza: "Devemos lidar completamente com o pecado em nossa vida se queremos conhecer o enchimento do Espírito Santo".[8] Qualquer coisa que o Espírito mostrar a você, qualquer coisa que o tem separado do melhor de Deus para a sua vida ou que tem afastado a face dele de você deve ser abandonada. Você precisa andar na luz, se for para ser cheio do Espírito (1Jo 1.7).

2. *Reconheça a sua necessidade e a provisão de Deus.* Seja honesto com Deus. Confesse suas derrotas e as áreas de sua vida em que você reconhece sua necessidade espiritual. Não o faça com pressa, fazendo uma simples confissão geral, apenas uma admissão superficial de sua necessidade. "Senhor, seja qual for minha necessidade, venha ao encontro dela", ou: "Senhor, tu sabes como sou fraco". Invista tempo para sondar seu coração perante o Senhor e mencione suas necessidades perante ele. Pode ser útil fazer uma lista de coisas que o Espírito trouxer à sua atenção e então entregá-las uma a uma ao Senhor. Peça a ele para lembrá-lo das falhas que você possa ter esquecido.

Há uma grande bênção em esvaziar o coração de falhas, derrotas, preconceitos, atitudes e ações. Identifique-as uma a uma e coloque-as debaixo da cobertura do sangue purificador de Cristo. O Espírito Santo provavelmente trará à sua lembrança coisas que você não sabia que estavam em seu coração.

E então regozije-se na provisão plena que Cristo fez por você na cruz. Regozije-se na provisão do Espírito Santo que já reside em seu coração e que

---

[7]Bright, *Handbook*, p. 1-11.
[8]Graham, *Holy Spirit*, p. 164.

O *melhor da espiritualidade*   **473**

anseia por encher cada aspecto de seu ser com sua presença purificadora e seu poder para viver e servir. Regozije-se porque a promessa de Deus está disponível a você. "A promessa é para você", disse Pedro (At 2.39).

3. *Tenha fome e sede pela plenitude do Espírito.* Deus é sempre tocado pela fome e sede espirituais e repetidamente promete ir ao encontro das necessidades de nosso coração. Jesus nos asseverou: *Bem-aventurados os que têm fome e sede de justiça, pois serão saciados* (Mt 5.6). Ele se colocou em pé no templo e clamou: *Se alguém tem sede, venha a mim e beba. Como diz a Escritura, rios de água viva correrão do interior de quem crê em mim. Ele disse isso referindo-se ao Espírito* (Jo 7.37-39). A água é o símbolo do Espírito Santo. Ó vós, todos os que tendes sede, vinde às águas (Is 55.1). *Pois derramarei água na terra sedenta [...] derramarei o meu Espírito* (Is 44.3, NVI). A palavra "terra" não existe no hebraico. Trata-se de uma promessa ao "sedento", e o Espírito satisfaz nossa sede.

Enquanto a plenitude do Espírito não for o desejo completo de sua alma, você provavelmente não será cheio. Enquanto tratar essa experiência como algo desejável, mas continuar querendo permanecer como está, você não receberá a plenitude. Torrey disse: "Nenhum homem jamais conseguiu essa bênção sentindo que poderia continuar vivendo sem ela".

Lemos acerca do povo de Judá que *de toda a vontade buscaram o Senhor, e o encontraram* (2Cr 15.15). O texto hebraico literalmente diz: "eles buscaram a Deus com todo o seu desejo". Deus falou por meio de Jeremias: *Vós me buscareis e me encontrareis, quando me buscardes de todo o coração* (Jr 29.13). Provavelmente não desejar o Espírito Santo de todo o coração e não fazer uma rendição total do eu são as maiores razões para o fracasso em obter essa experiência.

4. *Renda-se completamente ao senhorio de Cristo.* Faça uma total consagração de todo o seu ser, de tudo o que você possui e de todo o seu futuro. Coloque-se diante de Deus na totalidade do seu ser — corpo, alma e espírito. Ofereça-se como um sacrifício vivo para pertencer completamente a Deus. Isso poderá incluir um morrer para a sua própria vontade em uma ou várias áreas. Você precisará morrer para seu egoísmo carnal, para tudo o que é mundano. Você poderá agora dizer como Paulo: *Já estou crucificado com Cristo. Portanto, não sou mais eu quem vive, mas é Cristo quem vive em mim* (Gl 2.20).

Assim, também, considerai-vos mortos para o pecado, mas vivos para Deus, em Cristo Jesus. Portanto, não reine o pecado em vosso corpo mortal [...] mas apresentai-vos a Deus como vivificados dentre os mortos, e apresentai os membros do vosso corpo a Deus como instrumentos de justiça (Rm 6.11-13). Fomos

474 Coração em chamas pelo Espírito

crucificados provisoriamente com Cristo em sua cruz. Nós agora afirmamos isso como um ato da vontade, em autorrendição. Este é o esvaziar do eu que precisa preceder o enchimento do Espírito. Faça de antemão uma total rendição de sua vontade, em relação a tudo o que Deus lhe revelar sobre seu futuro. Esteja pronto a abandonar seus próprios planos, ambições e vontade caso Deus revele qualquer coisa a você que seja contrária à vontade dele. A partir de agora você não pertence mais a si mesmo.

Imagine a sua vida como um talão de cheques. Rendição absoluta é assinar todos os cheques em branco, nominais ao Espírito Santo, permitindo a ele preencher os valores conforme considerar o que for melhor para o seu futuro. Você já disse o seu eterno "sim" para a vontade dele, à medida que ele a revela a você. Você pertence a ele. Ele é Senhor, e você lhe obedece, dia após dia, de forma amorosa e com alegria.

5. *Peça-o em oração.* A promessa de Cristo não poderia ser mais clara: *Se vós, sendo maus, sabeis dar boas coisas aos vossos filhos, quanto mais o Pai celestial dará o Espírito Santo aos que o pedirem* (Lc 11.13). Quando nosso coração estiver preparado, ao darmos os quatro passos anteriores, estaremos prontos para clamar a Deus das profundezas do nosso ser para o cumprimento de sua promessa.

Entre o pedir e o apropriar-se não é necessário um período prolongado de oração, pois Deus está sempre pronto a cumprir com suas promessas. Mesmo assim, a biografia de muitos cristãos descreve como eles possuíam fome e sede e oraram por algumas horas ou até mesmo dias antes de terem seu coração pronto para darem o último passo de se apropriarem delas pela fé. É possível que Deus use esse período de oração e busca para nos levar a um aprofundamento de nossa sede por ele, ou nos capacitar a perceber novas profundezas de necessidade espiritual em nosso coração. Do ponto de vista de Deus, não há necessidade de esperar. Ainda assim, ele pode nos abençoar grandemente durante esse tempo de espera na sua presença. Nesse período o Espírito sonda o nosso coração. Jesus nos ensinou, em tal situação, a interromper nossa oração e primeiramente resolvermos nossas questões com outras pessoas (Mt 5.23,24).

A promessa de recompensa da parte de Deus por nossa espera em sua presença em oração é certa. Isaías nos garante: *Mas os que esperam no Senhor renovarão suas forças; subirão com asas como águias; correrão e não se cansarão; andarão e não se fatigarão* (Is 40.31). A palavra hebraica para "esperança" neste versículo significa "esperar com expectativa confiante e fé".

O melhor da espiritualidade **475**

6. *Aproprie-se por meio de uma fé simples.* Que bênção que o enchimento do Espírito é pela fé! É pela fé — portanto, é para qualquer pessoa que o quiser. É pela fé — portanto, ele pode ser seu neste momento. Você não precisa esperar para tornar-se mais digno. Você não precisa provar a si mesmo por meio da autodisciplina ou por meio de oração e jejum prolongados. Não é pelas obras; é uma dádiva de Deus. É pela graça por meio da fé que somos cheios do Espírito.

Quando Pedro descreveu como o Espírito encheu os gentios na casa de Cornélio e comparou isso com o modo como os 120 foram cheios no Pentecostes, ele explicou que Deus deu o Espírito Santo aos gentios da mesma maneira como ele o havia concedido aos que estavam no cenáculo no dia de Pentecostes. [*Deus*] *não faz distinção entre eles e nós, purificando-lhes o coração pela fé* (At 15.9). Deus sempre purifica e capacita quando ele enche com seu Espírito, e o meio de apropriação que Deus ordenou é a fé.

O dr. A. J. Gordon escreve: "Parece claro nas Escrituras que ainda é a responsabilidade e o privilégio dos crentes receber o Espírito Santo por um ato definido e consciente de fé apropriadora, assim como eles receberam Jesus Cristo [...]. É como pecadores que aceitamos a Cristo para nossa justificação, mas é como filhos que aceitamos o Espírito para nossa santificação".

Nada poderia ser mais simples, e ainda assim nada pode ser mais exigente. Quando as linhas de energia elétrica são instaladas e conectadas com a fonte de energia, mesmo uma criança pode acender as luzes ao apertar um interruptor. Da mesma forma, quando temos os nossos corações preparados ao deixarmos tudo claro entre Deus e nós, reconhecemos nossa necessidade e a provisão de Deus, temos fome e sede pela plenitude do Espírito, nos rendemos totalmente ao senhorio de Cristo, e pedimos em oração, tudo o que precisamos fazer é tocar Deus com fé. Não é uma questão de quão poderosa é nossa fé; o que conta é a grandeza da provisão de Deus que está à nossa disposição.

Acredite que Cristo anseia intensamente por encher você com seu Espírito. Ele deseja que você se torne tudo o que ele criou você para ser. Acredite na imensa alegria que isso trará ao coração de Jesus quando ele vir você cheio de sua presença e poder. Acredite no maravilhoso plano de Deus para você! Como ele deseja usar sua liderança e sua vida de maneiras que irão além de seus próprios planos e pensamentos! A plena consciência disso você não saberá até a eternidade, mas Deus o encorajará de tempos em tempos com fragmentos de novidades de como ele tem feito de você uma bênção.

476 Coração em chamas pelo Espírito

Creia e mantenha-se humilde, dando a Deus toda a glória, e Cristo o usará mais e mais enquanto ele o guia em sua procissão triunfal (2Co 2.14). *Já a vereda dos justos é como a luz da aurora, que vai brilhando cada vez mais, até ficar completamente claro* (Pv 4.18).

Lembre-se destas realidades espirituais

1. *O enchimento do Espírito é instantâneo.* A fé não é um processo gradual, nem o enchimento do Espírito. A fé recebe instantaneamente em seu ser mais íntimo a plenitude da presença e do poder do Espírito. Alegre-se! Quando o seu coração preparado crê, naquele momento você está cheio do Espírito.

2. *O enchimento do Espírito não é uma questão de sentimento.* Ele é uma realidade espiritual que recebemos por meio da fé. Sua confiança não está em seus sentimentos, mas em Deus e em sua promessa. Muitos têm testemunhado que experimentaram uma fortíssima consciência da presença de Deus, de seu amor e poder. Deus pode ou não escolher abençoar você dessa maneira. Ele sabe o que é melhor para a sua futura caminhada de fé. Mas o poder está presente, quer você o perceba, quer não. Ele será manifesto na medida em que você servir e obedecer a Deus.

3. *Enchimentos continuados do Espírito estão disponíveis para você.* O capítulo 11 destacou que a Bíblia registra repetidos enchimentos do Espírito. Também mencionei que Zacarias apresenta a imagem do sermos apaixonados por Deus sendo mantidos apaixonados pelo constante enchimento do Espírito. É por essa razão que Zacarias 4.6 pode ser uma experiência contínua no serviço do Senhor: *Não por força nem por poder, mas pelo meu Espírito, diz o Senhor dos Exércitos.*

4. *Regozije-se na plenitude de Deus e continue a orar e a obedecer.* Você tem sido cheio do Espírito. Agora, permita que Deus o use. Ele não o encheu para tornar a vida fácil para você, mas para capacitá-lo a viver uma vida santa e de serviço efetivo. Conforme você mantém limpo o canal entre Deus e você, o poder dele continuará a fluir em sua vida. Você não poderá manter a plenitude do Espírito sem a prática da oração e sem obedecer-lhe.

Às vezes você perceberá que entristeceu o Espírito, e sentirá a perda da abundância da sua presença e do seu poder. Você talvez perceba o esgotamento da obra do Espírito em razão do seu ministério sobrecarregado ou pelos outros motivos listados no capítulo 13. Busque o perdão de Deus e peça que ele renove o seu poder sobre você. Oração e obediência trarão novamente a renovação que você deseja.

O *melhor da espiritualidade* **477**

Haverá muitas ocasiões em sua liderança em que você precisará de uma manifestação especial da presença de Deus, de uma capacitação renovada, de uma nova unção. Louvado seja Deus! Ele está esperando para ir ao encontro de sua necessidade. Ele conhece seu ministério e as situações que você enfrenta bem melhor que você. Todos os recursos dele estão disponíveis para você. Ore e obedeça. Viva a sua vida orando e obedecendo. Deus não irá decepcioná-lo.

Àquele que é poderoso para fazer bem todas as coisas, além do que pedimos ou pensamos, pelo poder que age em nós, a ele seja a glória na igreja e em Cristo Jesus, por todas as gerações, para todo o sempre. Amém (Ef 3.20,21). E a ele seja a glória por meio de sua vida e ministério, à medida que você vive e anda na plenitude da presença e do poder de seu Espírito.

Faça deste amado hino da igreja a sua oração. Ele tem sido entoado em oração ao Senhor por um século. Que ele expresse o clamor do seu coração hoje:

Enche-me agora

Vem sobre mim, Santo Espírito,
Lava meu coração;
Enche-me com tua santa presença,
Vem, enche-me agora.

Coro:
Enche-me agora, enche-me agora,
Jesus, vem e enche-me agora;
Enche-me com tua presença santa,
Vem, enche-me agora.

Tu podes me encher, Espírito de graça,
Ainda que eu não saiba como;
Mas preciso de ti,
Vem e enche-me agora.
Sou fraco, cheio de fraquezas,
Aos teus pés me prostro;
Manifesta-te, Espírito divino,
Enche-me com poder agora.

Purifica e conforta, abençoa e salva-me,
Lava meu coração;
Tu confortas e salvas,
Tu docemente me enches agora.

Elwood H. Stokes

Se Deus usou este livro para abençoar sua vida e você desejar compartilhar um testemunho ou uma palavra de encorajamento, ou se gostaria que o autor lembrasse do seu ministério em um momento de oração, por favor, sinta-se livre para escrever:

Wesley L. Duewel
One Mission Society
World Headquarters
941 Fry Road
P.O. Box A
Greenwood, IN 46142
https://www.onemissionsociety.org/
Tel 317.888.3333
Fax 317.888.5275
Email: info@onemissionsociety.org

Sua opinião é importante para nós. Por gentileza envie seus comentários pelo *e-mail* editorial@hagnos.com.br

Visite nosso *site*: www.hagnos.com.br

Esta obra foi composta na fonte AGaramond 11,5/14,4 e impressa na Imprensa da Fé. São Paulo, Brasil. Primavera de 2018.